U0448342

中国现象学文库
现象学原典译丛·扎哈维系列

现象学的心灵

（第三版）

〔美〕肖恩·加拉格尔 著
〔丹麦〕丹·扎哈维

罗志达 译

商务印书馆

Shaun Gallagher & Dan Zahavi
The Phenomenological Mind
Third Edition
Copyright © 2021 Shaun Gallagher & Dan Zahavi
原书 ISBN：9780367334246
本书根据英国卢德里奇出版社 2021 年第 3 版译出

Authorized translation from the English language edition published by Routledge,
a member of the Taylor & Francis Group
本书原版由泰勒-弗朗西斯出版集团旗下卢德里奇出版公司出版，
并经其授权翻译出版。版权所有，侵权必究。

The Commercial Press is authorized to publish and distribute exclusively the Chinese (Simplified Characters) language edition. This edition is authorized for sale throughout Mainland of China. No part of the publication may be reproduced or distributed by any means, or stored in a database or retrieval system, without the prior written permission of the publisher.
本书中文简体翻译版授权由商务印书馆独家出版并仅限在中国大陆地区销售。
未经出版者书面许可，不得以任何方式复制或发行本书的任何部分。

Copies of this book sold without a Taylor & Francis sticker on the cover are unauthorized and illegal.
如果本书的封面没有粘贴泰勒-弗朗西斯公司的标签，则为未经授权的非法版本。

《中国现象学文库》编委会

(以姓氏笔画为序)

编　　委

丁　耘　　王庆节　　方向红　　邓晓芒　　朱　刚
刘国英　　关子尹　　孙周兴　　杜小真　　杨大春
李章印　　吴增定　　张　伟　　张　旭　　张再林
张廷国　　张庆熊　　张志扬　　张志伟　　张灿辉
张祥龙　　陈小文　　陈春文　　陈嘉映　　庞学铨
柯小刚　　倪梁康　　梁家荣　　靳希平　　熊　林

常 务 编 委

孙周兴　　陈小文　　倪梁康

《中国现象学文库》总序

自20世纪80年代以来,现象学在汉语学术界引发了广泛的兴趣,渐成一门显学。1994年10月在南京成立中国现象学专业委员会,此后基本上保持着每年一会一刊的运作节奏。稍后香港的现象学学者们在香港独立成立学会,与设在大陆的中国现象学专业委员会常有友好合作,共同推进汉语现象学哲学事业的发展。

中国现象学学者这些年来对域外现象学著作的翻译、对现象学哲学的介绍和研究著述,无论在数量还是在质量上均值得称道,在我国当代西学研究中占据着重要地位。然而,我们也不能不看到,中国的现象学事业才刚刚起步,即便与东亚邻国日本和韩国相比,我们的译介和研究也还差了一大截。又由于缺乏统筹规划,此间出版的翻译和著述成果散见于多家出版社,选题杂乱,不成系统,致使我国现象学翻译和研究事业未显示整体推进的全部效应和影响。

有鉴于此,中国现象学专业委员会与香港中文大学现象学与当代哲学资料中心合作,编辑出版《中国现象学文库》丛书。《文库》分为"现象学原典译丛"与"现象学研究丛书"两个系列,前者收译作,包括现象学经典与国外现象学研究著作的汉译;后者收中国学者的现象学著述。《文库》初期以整理旧译和旧作为主,逐步过渡到出版首版作品,希望汉语学术界现象学方面的主要成果能以《文库》统一格式集中推出。

我们期待着学界同仁和广大读者的关心和支持,借《文库》这个园地,共同促进中国的现象学哲学事业的发展。

《中国现象学文库》编委会
2007 年 1 月 26 日

"扎哈维系列"总序

多年来，我欣喜地看到自己的多部著作被译为各国文字。但我从未有如此荣幸见到我的文集被翻译出版。我很高兴商务印书馆愿承担这一工作，也深深地感谢倪梁康教授牵头发起这一浩大工程，感谢所有译者的辛勤付出。

这些著作囊括了多达 25 年的工作，从我于 1992 年开始撰写的博士论文《胡塞尔与超越论交互主体性》(*Husserl und die transzendentale Intersubjektivität*) 直至 2019 年的简短导论《现象学入门》(*Phenomenology: The Basics*)。作为一个整体，这些著作涵盖我一直以来所致力于探究的各类主题和论题。

在博士论文中我指出，胡塞尔如此关注于交互主体性的原因之一是他对于下述先验问题的兴趣：某样事物是真的，这意味着什么，我们如何才能如此这般地体验到它。对于胡塞尔而言，对这些问题的回答需要我们转向先验交互主体性。我也探讨了萨特、梅洛-庞蒂和海德格尔对交互主体性的现象学理论所做出的贡献，并且突出展示了它们所具有的共同特点和优点——相比于在哈贝马斯和阿佩尔的工作中展开的语言进路而言。对交互主体性的聚焦一直都是我的核心关切。我始终思考着社会性和社会认知的问题。我在这部论著中支持对于同感的现象学解读，赞同交互主体间理解的身体性和语境性特征,并且批评在所谓的"心灵理论"论争中占主导的立场,即模拟理论和理论-理论。

我的教授资格论文《自身觉知与他异性》(*Self-awareness and Alterity*)聚焦于反思与前反思自身觉知的关系。常有学者批评胡塞尔把自身觉知看作一种反思性的主客关系。同时,胡塞尔也时而被解读为素朴在场形而上学的拥护者,即把主体性看作纯粹自足的自身呈现,毫无任何不在场、外在性和他异性。《自身觉知与他异性》一书试图表明,胡塞尔与萨特一样接受前反思自身意识的存在。通过对胡塞尔内时间意识的新颖解读,我指出,胡塞尔认为自身觉知刻画了体验维度本身——无论我们意识到或忙碌于怎样的世内存在物。此外,正如标题所示,这本书也试图表明,胡塞尔并不是在场形而上学家,而是他异性思想家,许多为后来的现象学家所发展的思想早已出现在胡塞尔的思考中。通过梅洛-庞蒂、萨特、亨利和德里达的著作,我进一步展示出自身觉知这一概念如何在现象学哲学中起到关键和奠基性的作用。现象学不仅关心意向性,关心意识如何关涉对象的显现,它也不得不面对意识的自身显现问题。自《自身觉知与他异性》这一著作起,我始终努力探究体验、自身和自身觉知三者间的关系。我指出了所有这些概念都相互依赖,并且体验的第一人称或主体特性使得我们可以把一种最小限度的自身性样式归于体验生命本身。

时至今日,我已在自身和他者问题上探索了几十载。2005年出版的《主体性与自身性》(*Subjectivity and Selfhood*)一书展示了我对于自身性问题的核心看法,2014年出版的《自我与他人》(*Self and Other*)则汇集与综合了我对主体性以及交互主体性的双重兴趣。我的研究背景在于经典现象学，但我一直都相信，现象学亟须参与到与其他哲学立场和经验学科之间的对话中去。恰是通过受到普遍关注的富有争议的论题，通过对峙、批判以及向其他进路取经，现象学才能够展示出它的生命力以及与当代的关联性。这一态度贯穿了这两部著作。它们一方面仍然坚定扎根于现象学，同时也广泛参与到与分析哲学和认知科学的讨论中。

使得现象学、心灵哲学与认知科学得以互通的志趣，以及希求对话能使各方受益并带来相互的启迪，这是我与肖·加拉格尔（Shaun Gallagher）一起撰写《现象学的心灵》（*The Phenomenological Mind*）一书的缘由。这本书现在已经出了第三版，它从 90 年代日益广泛传播的现象学自然化呼召中得到了部分的启发。这一自然化究竟可能意味着什么，这本身是一个富有争议的话题，但在《现象学的心灵》一书中，我们仅仅把它理解为下述提议，即让现象学参与到与经验科学的交互中。现象学已经提供了对感知、想象、身体觉知、社会认知、自身体验、时间性等问题的具体分析，并且它并不只给出对那些既定解释对象的精细描述。同时，它也提供了能够挑战现有模型的理论，后者甚而能够导向对相当不同的论题的探索。现象学研究那些同样能以经验方式被考察的现象，因此它应当对下述可能保持开放，即经验发现可以推进或挑战现象学的分析。经验研究者们可能不会过多关心深层的哲学问题，但他们常常比一般的扶手椅哲学家更关注现象的丰富性和复杂性。

在对自身和他者进行系统性研究并努力推动现象学、分析的心灵哲学以及诸如精神病学、发展心理学、认知科学和人类学等经验学科的对话的同时，我也一直持续撰写着哲学史相关的议题，尤其是胡塞尔的著作。我批评了那些在我看来过于简化胡塞尔思想的解读，它们把胡塞尔描绘为一位唯我论者和主观唯心论者。我则强调了胡塞尔现象学与其后现象学家的工作之间的连续性，尤其是与梅洛-庞蒂。除了广泛地分析胡塞尔关于交互主体性和自身意识及时间意识的研究，我尤其关心胡塞尔先验哲学的本质以及它的形而上学内涵。我的两部核心著作是 2003 年出版的《胡塞尔现象学》(Husserl's Phenomenology)以及 2017 年的《胡塞尔的遗产》(Husserl's Legacy)。前者是有关胡塞尔哲学的一般导论，后者则进行了更为技术性的处理——它与《胡塞尔现象学》一书中的观点一致，但通过对近二十年间胡塞尔研究的引述和探讨，该书进一步深化和拓展了我的解读。

我最初追随黑尔德(Klaus Held)和贝奈特(Rudolf Bernet)进行现象学训练。虽然我在现象学领域的大部分工作都是有关胡塞尔的，但我认为，现象学是一个有着共同论题和关切的传统，它统一起并且持续统一着它的支持者们。诚然，在现象学中有着诸多异质性。许多重要的人物在这一运动中持续修正和发展着他们的观点。此外，正如利科曾言，现象学的历史是异端的历史；每一代胡塞尔之后的现象学家都从奠基性的人物那里汲取了灵感，但也一直在变更着方法论、论域以及现象学事业的目标。尽管现象学以多种方式发展为一场具有多个分支的运动，尽管所有胡塞尔之后的现象学家都与胡塞尔原初计划的诸多方面保持着距离，我在这些年里的进路则是试图聚焦于相似性和共同点。如果现象学期许一个未来，那么，在我看来，紧要的是表达和发展现象学工作的共同之处，而不是陷入到不幸侵蚀其历史的那种宗派主义阵地战。太多的精力被耗费在对内在差异而非共同特征的强调上。许多有关现象学的介绍性著作都包含了对现象学主要思想家们的分章讨论，而我的简短导论《现象学入门》则与此不同。这本书并没有表达和突出譬如胡塞尔、海德格尔、梅洛-庞蒂之间的差异，这些差异在我看来往往由于对胡塞尔基本想法的误解而被过分夸大，我的重点在于他们的相通之处。

距离我最初到访中国已有二十多年之久了。此后我曾多次回到这里，每每总会被中国学者们对现象学的浓厚兴趣及深刻认知所触动。我希望我的中文版文集能够进一步支持、激发和鼓舞中国学界对现象学生意盎然的探讨。

丹·扎哈维
2021 年 4 月
（蔡文菁　译）

目　　录

第三版序言 …………………………………………………… 1
第二版致谢 …………………………………………………… 5
第二版序言 …………………………………………………… 6

第一章　导论：心灵哲学、认知科学与现象学 …………… 9
　第一节　对过去120年的一个简化概述 ……………… 10
　第二节　什么是现象学？ ……………………………… 18
　第三节　本书概要 ……………………………………… 27

第二章　方法论 ……………………………………………… 32
　第一节　意识科学中的幻觉 …………………………… 33
　第二节　现象学方法 …………………………………… 42
　第三节　应用现象学 …………………………………… 58
　第四节　结论 …………………………………………… 81

第三章　意识与自身意识 …………………………………… 87
　第一节　意识与前反思的自身意识 …………………… 89
　第二节　前反思的自身意识与"何所似" ……………… 95
　第三节　自身意识与反思 ……………………………… 113
　第四节　结语：开车回家 ……………………………… 120

第四章 时 间 126
- 第一节 缺省解释 128
- 第二节 时间意识现象学 135
- 第三节 意识与自身意识的微观结构 142
- 第四节 内在时间性的动态本质 144
- 第五节 关于时间进程的意识本身在时间上是延展的吗？..150
- 第六节 历史性 154

第五章 意向性 160
- 第一节 什么是意向性？ 163
- 第二节 相似性、因果性以及心灵表征 167
- 第三节 正面的解释 170
- 第四节 意向主义 177
- 第五节 意向性与意识 183
- 第六节 现象学、外在论以及形而上学的实在论 186

第六章 感 知 201
- 第一节 胡塞尔的感知现象学 202
- 第二节 作为非表征的感知 205
- 第三节 感知整体论 213
- 第四节 概念性与含混性 226
- 第五节 他人的角色 233
- 第六节 感知与想象之间的差异 239

第七章 具身心灵、嵌入心灵与延展心灵 247
- 第一节 机器身体与生理学身体 254
- 第二节 整合世界与延展认知 267

第三节　身体如何界定经验的空间 273
　　第四节　作为经验上透明的身体 280
　　第五节　批判性现象学 286
　　第六节　具身性与社会认知 294

第八章　行动与能动性 300
　　第一节　能动性现象学 309
　　第二节　对能动感进行试验 321
　　第三节　我的行动与你的行动 327

第九章　我们如何认识他人 334
　　第一节　心灵理论论辩 335
　　第二节　隐性模仿的问题 345
　　第三节　同感与类比论证 349
　　第四节　心灵主义与他心的概念问题 357
　　第五节　现象学的问题？ 363
　　第六节　互动与叙事 367
　　第七节　集体意向性与社会本体论 382

第十章　自身与人格 392
　　第一节　神经怀疑主义和无自身学说 393
　　第二节　各种自身概念 396
　　第三节　社会性和人格 405
　　第四节　一个发展的故事 409
　　第五节　关于自身的病理学 412
　　第六节　结论 422

第十一章　结　论 ……………………………………… 426

参考文献 …………………………………………………… 433
索引 ………………………………………………………… 481

译后记 ……………………………………………………… 506

图 表 目 录

图 2.1　一个神经现象学实验 ································ 68
图 2.2　行为反应与现象学群组的关联 ···················· 70
图 2.3　受试者 S 在 SR（154 次测试）和 SU（38 次测试）中的
　　　　动力神经信号 ·· 71
图 4.1　一个延续的意识 ·· 132
图 4.2　同时觉知原则 ··· 133
图 4.3　重复性内容问题 ·· 134
图 4.4　时间意识的结构 ·· 138
图 6.1　米勒-吕尔错觉 ·· 216
图 6.2　艾宾豪斯错觉 ··· 217
图 7.1　人类控制 NASA 机器人 ······························ 270
图 9.1　错误信念场景 ··· 338
图 9.2　共有表征 ··· 347

第三版序言

第三版的某些部分做了非常大的修订。在准备这一版本时，我们继续受益于与读者、同事以及批评家的不断讨论。我们在一些章节做了澄清，在其他章节更新了新的材料，并且增加了几个新的章节。我们认为这些澄清和增加的章节使我们保持在现象学依然在追求的研究议程的前沿。

我们不会尝试给出一个详尽的修改清单，但下述修改却是显而易见的。我们对有关方法论的第二章做了实质性的修订。它现在包含了一个如何在定性研究中应用现象学的详细讨论。我们更新了第三章，以便涵括一些有关前反思的自身意识的新近争论。在第四章，我们澄清了有关内时间性之动态本质的讨论。我们重新安排了有关意向性和感知的章节（现在分别是第五和第六章）以提高清晰性，并且在第六章加入了有关预测处理（predictive processing）的简短讨论，其中也包括一个有关感知与想象之间差异的新小节。第七章则扩大了有关具身性的讨论，以便涵括嵌入性的（embedded）、延展性的（extended）和实行性的（enactive）维度，增加了一个有关整合和拓展的小节，以及一个涵盖种族和性别等相关议题的批判现象学。在第八章，我们加入了一个有关能动感与所有感新近论辩的讨论。第九章则更新了一些关于社会认知的思考，以及一个有关集体意向性和社会本体论的新小节。我们对第十章做了一些小的修订与更新。本书对一个丰富多彩的研究领域提供了一个概览,并且我们在其中已然工作了25年之久。通过本书,我们引用并总结了我们对这一领域的贡献;并在合适的时候引用了我们另外一些文章,读者可以在其中找到进一步的且更为详细的讨论。

情况依然是,我们并未处理或讨论与现象学相关的每一个主题,或者现象学与之相关的每一个议题。我们的意图是参与到这样一些议题,一些关于心灵和认知的基本哲学问题,比如意识和自身意识、时间性、意向性、感知、具身性、行动,以及自身理解和他人理解等等议题。我们尽力使之通晓易读、紧跟前沿,同时对现象学、心灵哲学与认知科学之间的交叉保持一个独特的视角。我们现今更加确信现象学哲学能够处理当代心灵哲学和认知科学中的核心议题;与此同时,现象学分析也可以通过与经验科学和分析哲学交锋而受益,得到改进。本书不仅是写给现象学家的,它也是写给那些不熟悉现象学但却对心灵和认知感兴趣的读者。

我们在本书中所倡导的路线是一个开放的、多元主义的方法论,而非一个狭隘意义上的正统且严格的现象学方法论。严格来说,达到最佳说明的推论和通过排除竞争性立场而展开的间接论证本质上并非是现象学的。但我们采用了这样一个观点,也即我们所能收集到的支持本书之概观的论证,自然是越多越好。我们确信,分析的心灵哲学在很多方面不仅能挑战、而且能支持和丰富现象学的讨论。我们想让科学同行确信,认知科学所处理的问题——大脑如何工作,什么可以算是认知,所有这些极端困难的"易问题"(easy problems),乃至有关意识的"难问题"(hard problem)——是如此的复杂，以至于对其中任何一个问题的充分解答都需要一个诸多不同学科所提供的多维视角的研究，包括神经科学、人工智能、心理学、心灵哲学和现象学。一个完满的神经科学（即便它是可能的），也不可能是对认知的完满解释；而一个穷尽所有的心理学也不可能穷尽我们关于人性所能知道的东西；而一个完美的语言学之于我们所要了解的语言的方方面面也不可能是完美的。一如我们在之前的版本中指出，真相依然在于，认知科学如果是为了取消所有其他学科，那它就不可能是跨学科的。相反，对认知科学的最佳说明在于，它包含了（复数意义上的）认知科学，并且这些科学必须站在一起以便发展出尽可能完整的学说。其任务不在于解释性的还原和简化，而在于复多化——也即对一个复杂的问题采用多维的视角。这一路线刻画了我们在《现象学的心灵》一书中辩护的关于认知科学的观点。

我们认为现在可以放心地说，本书有了其历史地位，并且具有其自己的生命。它显然已经超出了作者本人所能提供的东西。它已经被翻译成了八种语言（其中文翻译已近完成）。我们要感谢所有的译者，我们与其中很多人保持了有益的通讯，包括拉斯姆斯·詹森（Rasmus Thybo Jensen）、玛塔·乔巴（Marta Jorba）、河野哲也（Tetsuyo Kono）、帕特里希雅·佩德里尼（Patricia Pedrini）和马勒克·波科罗普斯基（Marek Pokropski）。我们还要再次感谢戈特弗雷德·福斯格劳（Gottfried Vosgerau）和西蒙娜·基奥多（Simona Chiodo），他们作为特邀编辑，编辑了两集有关先前版本的评述；以及罗贝塔·德·蒙蒂塞利（Roberta De Monticelli）——他于2010年在米兰组织了关于本书的冬令营。在此，我们一并感谢这些特别议题的贡献者、冬令营的参与者,感谢他们富有启发和挑战性的评议。最后,我们想感谢劳德里奇出版社的托尼·布鲁斯(Tony Bruce)和亚当·约翰逊(Adam Johnson)鼓励我们出版第三版以及他们所有的实际帮助。

第二版致谢*

我们在此简要交代一下我们如何写这本书。作为一部合写的著作，虽然我们一开始就划分了章节以便能以第一作者的身份来各自完成本书的一半，但这些章节后来经过多次来来回回的改写，以至于它们现在竟成了完全合写的章节。

在本书的写作过程中，我们收到了众多友人大有裨益的评议。在此，我们谨致谢忱——他们是：尼尔斯·G.汉森（Nils Gunder Hansen）、丹尼尔·胡托（Daniel Hutto）、索伦·奥维果（Søren Overgaard）、马修·拉特克利夫（Matthew Ratcliffe）、安德里亚斯·罗普斯托夫（Andreas Roepstorff），其中托尔·格伦鲍姆（Thor Grünbaum）和伊万·汤普森（Evan Thompson）对早期的文稿做了大量评议，在此特致感谢。同时，我们也要感谢麦斯·G.亨里克森（Mads Gram Henriksen），他帮忙统合了文献列表。

其中，加拉格尔在本书的大部分工作是由他在哥本哈根大学担任访问教授时完成的，并得到了哥本哈根大学"前沿领域研究——身体与心灵"以及丹麦国家基金之"主体性研究中心"的赞助。

---

* 英文第三版未保留"第二版致谢"和"第二版序言"。——编者

第二版序言

在准备第二版的修订时,我们不仅受益于与读者和同事的持续讨论;更为重要的是,我们从第一版的各种书评与批判性评议中获益良多。我们为此做了大量的改进、修订和澄清,并以新材料拓展了各个章节。

其中一个特别的变化有待解释。本书第一版题为《现象学的心灵:心灵哲学与认知科学导论》(*The Phenomenological Mind: An Introduction to Philosophy of Mind and Cognitive Science*)。在新的修订版中,我们放弃了副标题。其理由甚为简单。许多读者据此副标题错以为本书是关于心灵哲学和认知科学的综合性导论——虽然这可能并不令人奇怪,但很不幸这并不是本书的内容。跟此类预期一同而来,一些读者因而对我们未能处理并讨论心灵哲学和认知科学中的这个或那个核心议题而大为失望。这也是本书的一些书评者所表露出来的失望与批评。通过放弃这个副标题,我们希望能避免这一误解。一如第一章所表明,本书之目的绝非提供一个现象学、心灵哲学与认知科学的一般性导论——这绝非一本单薄的小书在任何情况下所能达成的。相反,我们的目的是写一部晓畅且紧跟前沿的现象学导论,但因其独特的视角而有别于其他类似的导论。一方面,我们想向受训于现象学(传统)的人展示现象学哲学如何能致力于那些当代心灵哲学与认知科学同样受到争辩的议题,以及现象学分析如何能在与经验科学与分析哲学的交锋中获益并得到提高。与此同时,且更为突出的是,我们想向不那么了解现象学的读者展示现象学哲学能够对当代关于认知与意识的哲学和科学讨论做出何种贡献,不管是描述当前争辩中被忽视掉的经验之不同面向,还是为解释科学数据提供替代性的概念框架。这些抱负显然限制了我们的努力。一方面,我们未能广泛地讨论那些在分析的心灵哲学与认知科学议题中少有关联的现象学论题。与此同时,我们也未能涉及并阐述那些现象学几无贡献的分析哲学与认知科学的领域。人们或许会认为后一个疏忽特别地成问题,因为我们会因此而错失良机,以表明现象学如何能直接被那些它未能攻克之领域的分析所补充。但由于我们的目标以及本书所计划的篇幅,这个局限在实践上变得无可避免。现象学正不断地介入到认知科学和心灵哲学之中并与之交流。本书未曾被预想为一个详尽的解说——现在也是如此,而只是一个导论;并且我们认为它在这方面也取得了成功。

我们在本书中所采用的路线无疑不是狭隘意义上的正统且严格的现象学方法论,而是一个开放的、多元主义的方法论。严格来说,达到最佳说明的推论以及通过排除竞争性立场的间接论证本质上都不是现象学的方法。但我们认为,只要是能支持本书观点的论证,自然是能收集得越多越好。我们坚信,分析的心灵哲学在很多方面不仅能挑战、而且也能支撑并丰富现象学的讨论。我们希望让科学同行相信,认知科学所处理的问题——譬如大脑如何工作、什么是"认知",所有那些极为困难的关于意识的"易问题"与"难问题",它们是如此之复杂,以至于对其中任何一个问题的充分解释都需要在诸多不同学科所提供的视角下做多维度的研究——包括神经科学、人工智能、心理学、心灵哲学以及现象学。一个完满的神经科学(即便这是可能的)也不可能是关于认知的完满解释;一个详尽的心理学也不可能穷尽我们关于人性的知识;而一个完美的语言学也不可能完美地解释语言的方方面面。认知科学之为跨学科的,并不是(或不应该是)为了取消其他所有学科。相反,对认知科学的最佳解释在于,它包含了诸认知科学,而这些科学应该联合起来,以便发展出尽可能完善的说明。因此,我们在本书中所辩护的认知科学并不是减少而是增加关于所研究问题的多重视角。

在结语处,请让我们借此机会感谢拉斯姆斯·詹森——本书的丹麦语译者;他让我们得以发现几处尚需澄清之处,个别笔误,以及一些遗漏的文献信息。我们也感谢戈特弗雷德·福斯格劳和西蒙娜·基奥多,他们作为特邀编辑主编了关于本书的两个评议文集;以及罗贝塔·德·蒙蒂塞利——他于2010年在米兰组织了关于本书的冬令营。在此,我们一并感谢所有特定议题的贡献者、冬令营的参与者,感谢他们富有启发和挑战性的评议。最后,我们特别感谢劳特里奇出版社的托尼·布鲁斯和亚当·约翰逊——他们鼓励我们出版第二版并给予了实际的帮助,以及詹姆斯·托马斯(James Thomas)——他对第二版做出了出色的编校工作。

第一章　导论：心灵哲学、认知科学与现象学

这是一本关于心灵的著作。而心灵是什么，它是如何工作的——这构成了当前许多复杂论辩的主题，而且涵括了诸多学科：心理学、神经科学、人工智能和心灵哲学——它们隶属于一般所说的认知科学。这些论辩的跨学科性质并不是偶然的；相反，由于没有哪个单一学科能够公允地对待这些议题的复杂性，其跨学科性质乃是不得已而为之。在本书中，我们想探讨传统上由心灵哲学家所研究的各类议题。然而，我们并不想采用一条单纯的哲学路线——也即是说，我们不会采用一条可能忽略其他科学的哲学路线。我们会频繁地征引认知神经科学和脑成像、发展心理学与认知心理学以及精神病理学研究中的诸多科学证据及其细节。但是，本书是关于心灵的哲学，不管它是多么的交叉学科，它仍然是一个处理哲学问题的尝试。

但是，我们至此所说的一切可以是一本标准心灵哲学或认知科学哲学教材的基础，而这样的教材已然汗牛充栋。我们想做的东西稍有不同，随着本书的展开，其理由也将不言自明。而且我们认为这个差异重要且有益，因为它标识出认知科学中事情发展方式的改

变。具体来说，我们会就所讨论的议题采取一种现象学的视角，这里的现象学是指源自欧洲的一个哲学传统并且包括埃德蒙·胡塞尔、马丁·海德格尔、莫里斯·梅洛-庞蒂、保罗·萨特以及其他晚近思想家的工作。当然，我们不会尝试去处理现象学的方方面面；相反，我们只选取并处理一些我们认为对于心灵哲学和认知科学的当代讨论特别重要的议题。另外，我们的关注焦点不是历史性的，或者说不是基于对现象学传统中的诸思想家的文本解读，虽然我们肯定会在相关的地方引用他们的著作。为了理解选取这个视角的动机，请让我们简要地看一下过去一个多世纪里哲学和心理学是如何发展的。

第一节 对过去120年的一个简化概述

如果我们对19世纪末有关心灵的哲学与心理学论争做一个快照，我们会发现关于意识之本质（例如，在美国哲学家、心理学家威廉·詹姆斯以及欧洲哲学家埃德蒙·胡塞尔的著作中），关于心灵状态（mental state）的意向结构（例如，在奥地利哲学家与心理学家弗兰斯·布伦塔诺、罗素，以及胡塞尔的著作中），以及关于恰切地研究心灵所需要的方法论（例如，冯特［Wilhelm Wundt］、费希纳［Gustav Theodor Fechner］，以及詹姆斯和胡塞尔）等等的复杂讨论。人们还会注意到，所有这些人彼此间相互影响，有时以直接的方式（在一个前电子化的时代通过信件来通信），有时则以间接的方式（通过阅读彼此的著作）。例如，詹姆斯受到欧洲的理论家和实验家的启发，并且在他1890年的《心理学原理》（*Principles*

第一章　导论：心灵哲学、认知科学与现象学

of Psychology，1950)一书中引用了布伦塔诺及其众多学生的工作，包括心理学家施通普夫(Carl Stumpf)。尽管詹姆斯没有引用胡塞尔——他是布伦塔诺和施通普夫共同的学生，后者则向胡塞尔推荐阅读詹姆斯的《心理学原理》。胡塞尔照做了，而且显然从詹姆斯那里获益良多。胡塞尔也跟逻辑学家弗雷格有过通信。他们都批评了当时非常流行的心理主义学说(psychologism)——也即，逻辑规则可以被还原为心理学规则。[①]他们都对数学哲学和逻辑哲学具有强烈的兴趣——这也是罗素的兴趣，后者因主张公民不服从*而被判入狱期间，在其牢房里保有一本胡塞尔的《逻辑研究》。

当我们进入到 20 世纪，这些思想家及其独特的哲学路线就开始分道扬镳了。詹姆斯越来越少参与到心理学之中，而是投身于美国实用主义哲学的发展。而在弗雷格与罗素著作中呈现出来的那种逻辑分析则成为了分析哲学的基础。胡塞尔则发展出了一种他称之为现象学的研究意识的路线。到了 20 世纪中叶，甚至到 20 世纪的整个下半叶，我们发现在分析的心灵哲学与现象学之间关于心灵（以及其他议题）的讨论甚少交流。[②]

事实上，两边对另一传统的惯常态度，从完全忽视到径直敌对，不一而足。确实，直到 20 世纪 90 年代，通常这些不同传统内的哲学家很少阅读对方，更别说是与之对话。两边都对对方充满了傲

---

* civil disobedience，又译作"政治不合作"，是指宪政体制下处于少数地位的公民表达异议的一种方式。在第一次世界大战期间，英国政府实行征兵法，规定 18 至 41 岁的男子均有服兵役的义务。罗素反对英国参战，并向民众大力鼓吹不要接受政府的征召去从军。后于 1918 年在《法庭》(Tribund)杂志上发表批评美军的文章，而被法院以"涉嫌危害英王与美国的关系"之罪名起诉，并被判到布里斯顿监狱(Brixton prison)服刑 6 个月。另，译注为页下注；作者注为章后注，请见每章结尾。——译者

慢。例如，马里翁（Marion 1998）就提出，在整个 20 世纪，现象学承担起了哲学最重要的角色，这显然忽略了分析哲学的任何贡献。另一方面，杰克·斯玛特（Jack Smart）则断然宣称，"当我想到现象学和生存哲学看起来是充满了如此之多的胡说八道，以至于我甚至不能开始去阅读它，我就对哲学充满了绝望"（Smart 1975：61）。即便当现象学家在跟分析哲学家对话时，我们会发现诸如塞尔（John Searle）的这类反应，也即他在回应德雷福斯（Hubert Dreyfus）的批评时认为，现象学受到了严重的局限，或如他更不客气的话来说，"我几乎要说——（它）破产了——而且（它）对于意向性的逻辑结构或者社会与制度性实在的逻辑结构之类的议题毫无贡献可言"（Searle 1999a：1, 10）。

为了解释这些不同的哲学家为何相互间如此地不待见对方，甚至更糟的是，他们为何相互间漠不关心，这之于本书的目的则有必要提供一个更大的图景。然则，读者会在本书中辨别出分析的心灵哲学与现象学两条路线之间的一些重要差异，以及它们彼此间相互重叠的关切。

另一部分相关的历史则有关于心理学中发生的事情。下面是一个标准表述，尽管它几乎存在于每一本教科书的解释之中，但它却是对实际所发生之事多少有些歪曲的历史。在 19 世纪末和 20 世纪初，人们对注意（attention）与记忆（memory）中所包含的意识体验和认知过程产生了巨大的兴趣。早期的实验心理学家依赖于内省（introspection），将之当作方法以便产生关于心灵的可测量的数据。然则，在 1913 年左右，强调的重点转移到了行为（behaviour）这个概念，认为它才是心理学研究的真正对象。行为主义作为研究动物心理学以及人类心理学的路线,在美国心理学家华生(Waston 1913)的著作中得到辩护和表述,并逐渐主导了(特别是美国的)心理学研究,在 20 世纪 50 年代达到顶峰,并一直延续到了 20 世纪 70 年代。这种转向行为并强调对可观察行动的测量同时也就意味着偏离心灵的内在生活以及内省方法。华生解释道:

> 从冯特的时代开始,意识就变成了心理学的主旨。它是除开行为主义之外所有心理学的主旨。它是个如此平白的假设,正如灵魂(soul)这个古老的概念一样不可证实、不可接近。对于行为主义者而言,这两个概念就其形而上学的内涵而言本质上是相同的……行为主义者为了在研究主旨和方法上取得一致性,在一开始就清除所有中世纪的理解,开始自己表述心理学的问题。他在其科学的词汇中丢弃了所有诸如感觉(sensation)、感知(perception)、图像(image)、欲望(desire)、目的(purpose)等等主观的术语,甚至思想和情绪等术语——因为他们是以主观的方式被界定的。……行为主义者问道:我们为何不将我们能够观察到的东西当作真正的心理学领域呢?……当然,我们可以观察到行为——有机体之所做或所说。并且让我重申这个核心要点:所说即所做——也即,所行(saying is doing-that is, behaving)。公开地言说或对自己思考,正如棒球一样,是一类客观的行为(Watson 1924:5-6)。

然则,行为主义最终又被认知路线所取代——后者又回归到对心灵生活之内在过程的早期兴趣,而且这时则得到了计算机科学发展起来的计算模型以及大脑研究中所有新近科学进展的加持。但对于认知科学而言，内在过程要么意味着次人格的（神经元）机制，要么是指功能性或表征性的状态。最后，在20世纪80年代后期直至20世纪90年代，研究者重又尝试理解和解释意识，其首要目标是识别其神经元的关联项。

4 当然，即便在其粗线条的刻画中，这个故事依然有所歪曲和简化。与这个标准表述完全对立，人们可以很容易就指出一些历史证据，表明行为主义获得客观测量的路线和尝试在19世纪最早期的心理学实验室里再常见不过，而即便在所谓的内省主义者看来，内省也经常被视为是成问题的，尽管它在整个20世纪的心理学实验中持续起到了某些作用。另外，关于心灵的计算概念很可能可以追溯到18世纪；而自笛卡尔时代（即17世纪前半叶）以降，甚至自古希腊时期以来，意识一直就是人们持续的兴趣之所在。人们甚至可以说，这个标准表述就是偏袒性的，它只反映了那些将之拼凑在一块的人的兴趣。例如，科斯塔尔（Costall 2004, 2006）就认为，将心理学的早期历史理解为内省主义不过是华生的发明，他不过是想将行为主义心理学变成所有人的议程。但是，冯特——这位被华生认为与内省联系最紧的心理学家——却对内省表达了自己的不信任；他说："内省方法要么依赖于跑偏了的任意性观察，要么依赖于回退到一个孤立的小房间，其中内省在自我沉醉中也迷失了。这个方法的不可靠性几乎举世皆知"（Wundt 1900：180，见 Blumental 译本，2001：125）。更进一步，即便认知主义者认为他们在心理学里提供了一次革命，但就像科斯塔尔（Costall 2004：1）指出，"认知主义不过就是机械论行为主义的一种延续——（尽管）它宣称削弱了后者"。

那么,真实的故事就比标准解释所暗示的要复杂得多。自1950年之后出现的认知科学——"认知革命",以及20世纪中叶的分析的心灵哲学均受到行为主义思潮的影响。譬如说,赖尔(Gilbert Ryle)在其《心的概念》(*The Concept of Mind*)一书中写道,我们称之为"心灵"的东西不过就是"外显的智力行为"(Ryle 1949:58),而且他承认行为主义之于这类洞见的重要性(Ryle 1949:328)。与之对照,现象学则通常主要被认为是一种内省主义的事业。就如我们接下来将会澄清的那样,这也是一个误解(参见第二章)。然则,就把握现象学与心灵哲学之间的关系而言,众多分析的心灵哲学家显然是将现象学当作了内省主义,而且在他们看来,内省作为一种理解心灵的方法已然成为过去。

如果暂时将内省的问题放在一边,另一个刻画当代主流分析的心灵哲学与现象学之间差异的方式则是注意到:今天绝大多数的分析哲学家都采信某种形式的自然主义,而现象学家则倾向于采纳一种非自然主义甚或反自然主义的路线。但是,事情依然非常复杂,因为"自然主义"绝不是一个词义统一的术语。我们会在第二章更详细地讨论这一点。就眼下而言,我们只需指出,科学倾向于采取一个自然主义的观点,以至于当认知革命最终出现时,也即当心理学在20世纪50年代和60年代开始处于计算式的心灵理论的影响之下时,当认知科学作为对心灵的跨学科研究开始出现时,那个看起来跟科学更亲近的哲学路线正是分析的心灵哲学。而且,当计算模型成为主流时,心灵哲学家正可以大展拳脚。逻辑与逻辑分析在计算模型中扮演了一个关键角色。但更为重要的是,心灵哲学向新兴出现的心灵科学贡献了重要的理论基础与概念分析。譬如，功能主义的哲学定义在解释计算模型时起到了重要作用，从而它可以被应用于自然智能和人工智能。

在这个认知学科的安排中，现象学这个具体的哲学路线则被推到了一旁，而且普遍被认为是不相关的。长久以来，只有德雷福斯孤身一人在坚持现象学之于人工智能以及认知科学领域具有相关性(Dreyfus 1967, 1972, 1992)。但这个处境最近已经改变过来了——恰恰是这个变化促成了本书。计算主义不再像认知科学的前30年那样主流了。三个发展使它丢掉了冠冕。第一个发展是对现象意识重新产生的兴趣。在托马斯·内格尔(Nagel 1974)重要贡献的推动下，心理学家和哲学家开始重新谈论意识的问题，比如马塞尔和比西雅克(Marcel & Bisiach 1988)、丹尼尔·丹尼特(Dennett 1991)、欧文·弗拉纳甘(Flanagan 1992)、塞尔(Searle 1992)、盖伦·斯特劳森(Strawson, G. 1994)和戴维德·查尔默斯(Chalmers 1995)。当关于如何科学地研究体验的维度这一方法论问题被提出时，并且是不再求助于古老的内省主义，一个关于现象学的新讨论就开始了(比如 Gallagher 1997; Varela 1996)。换言之，在某些群体中，当意识作为一个科学问题而被提出时，"现象学"之为一种哲学路线就被认为可能具有重要性。

第二个发展是出现了认知的具身路线，它恰好推动了人们重新将现象学当作是一个哲学的、科学的路线。在认知科学中，具身性认知这个概念在20世纪90年代获得生机，并一直延续到现在。像瓦雷拉等人(Varela et al. 1991)、达马西奥(Damasio 1994)、克拉克(Clark 1997)这些科学家和哲学家反对强版本的笛卡尔式身心二元论,尽管赖尔、丹尼特以及其他哲学家尽了最大的努力,这种二元论仍然在困扰着认知科学。功能主义让我们以为,认知可以在一个无身体的电脑程序或"缸中之脑"中得到示例,而且具身性之于心灵的解释不提供任何重要的东西。瓦雷拉等人,以及克拉克和其他人则重新指出了法国现象学家梅洛-庞蒂(Merleau-Ponty 2012)的洞见,由此而发展出他们对离身(disembodied)认知的反驳。确实,我们将看到,梅洛-庞蒂提供了一个最佳的示例,以说明现象学如何能够在认知科学中扮演一个重要的角色。

第三个发展则是神经科学让人惊叹的进展,它使得现象学的认知路线与实验科学相关起来。在过去的20年间,我们已经对大脑是如何工作的取得了巨量的了解。脑成像(如fMRI、PET)等技术产生了新的实验范式。脑成像科学是极为复杂的,它当然不仅仅是对大脑当中所发生之事拍个快照。但通过使用非侵入式的技术所产生的神经进程的图像使得一系列依赖于实验受试者之体验报告的实验得以可能。为了恰当地设计实验并且为了解释其结果,实验者通常想要知道受试者的体验像是什么。其中方法论议题再次需要考虑描述意识体验的可靠方式——而现象学恰好提供了这一方法。

那么,仔细解释现象学哲学及现象学方法如何有助于认知科学,现在看起来时机已然成熟了。本书正是要做这一尝试。与其他心灵哲学教材相比,本书所涵盖的领域在于:它给心灵哲学发展出了一条现象学的路线。但是,这个想法并不是要取代或者否弃分析的心灵哲学。我们想要探究的一部分正是现象学如何能够以有别于一般化的方式与分析路线重建交流。对于我们而言,过去30多年最让人兴奋的进展在于分析哲学家与现象学家两边都对实验科学展现了越来越浓厚的兴趣。如果说分析哲学与现象学由于各种历史与观念上的理由而一度相互忽视的话，那么关于意识研究和具身认知这个方兴未艾的领域正是交流可以重擦火花的地方。

第二节　什么是现象学？

作为20世纪早期由胡塞尔所发起的哲学路线，现象学具有一个复杂的历史。某种程度上，它是世人所知的"大陆哲学"的基础，其中"大陆"是指欧洲大陆，尽管在1960年以后很多欧陆哲学实际上是在美国完成的。在这个名称下面，人们可以看到众多哲学路线，有些基于现象学的洞见——比如生存主义和诠释学（解释理论），而另一些则激烈地批判现象学——包括某些后结构主义或后现代主义的想法。但是，有一群主要哲学思想家——包括海德格尔、萨特和梅洛-庞蒂——则在胡塞尔的源头处延续了现象学哲学。依循这条谱系就意味着我们将现象学理解为涵括了颇为多元之路线的汇集。但为了展示现象学的基本观点，我们在此会聚焦于这些路线的共同之处。在后续的章节里，我们会有机会探究个别现象学家所提供的洞见。

大部分心灵哲学或认知科学的导论性教材都以描述各种形而上学立场来开始或框定整个讨论：二元论、唯物主义、同一性理论、功能主义、取消主义等等（譬如说，参看 Chalmers 2002；Heil 2004；Kim 2005；Braddon-Mitchell & Jackson 2006）。在我们甚至还不确切地知道自己到底在谈论什么时，似乎我们必须在形而上学上承诺这个或那个立场,并且申明自己属于该阵营。现象学则是将这一类问题放到一边,并且要求我们将目光转到有待研究的现象作为开端。现象学的一个基本想法是说,专注于形而上学议题会堕入一种高度技术化和抽象的讨论,后者却脱离了真正的议题:有意识的心灵。毫不意外的是,胡塞尔的现象学格言正是"回到'实事本身'!"(Husserl 2001:I/168)。他的这句话是说,现象学应该基于事情被经验到的方式来进行思考,而非基于各种可能只是混淆或扭曲了待理解之物的不相关的关切。对于任何可接受的心灵概念的一个重要限制因而在于,它应该考虑对各种经验之结构提供一种现象学上敏感的解释。

但什么是待研究的东西呢?难道我们不需要知道所研究的是心灵,还是大脑,或者它是物理之物还是非物理之物么?意识是不是由特定的大脑进程所产生的?现象学如何能够将这些问题放在一边并且希望有所进展呢?或者人们会反对说,"现象学家如何能够否认是大脑导致了意识呢?"对此的恰当回应是:现象学从未否认之,也未肯定之。他们悬置了这类问题,而是从经验*开始。

以感知(perception)为例。当我朝窗外瞧去并且看到我的车停在街道上,我具有视觉感知。实验心理学家可能会提供一个关于视觉感知如何工作的因果解释,或许是就大脑中视觉皮层(cortex)及关联区域中的视网膜进程与神经活跃度来进行说明,它们使得我得

---

* 原文为 experience。在现象学中,experience 一方面指宽泛意义上的"经验"——比如看一场球赛、去旅行;它也指狭义上的"体验"——也即内在的心灵体验,例如对"看一场球赛"的内在感受或觉知。在这里,我们选取前一个较为宽泛的定义,并在适当的地方做出区分。——译者

以将那辆车认作是我自己的车。她可能会设计一个功能主义的理论，以便解释是什么机制来完成这些工作，或者哪类信息（颜色、形状、距离等）需要被处理以便让我具有关于车的视觉感知。这些之于科学的发展都是重要的解释。但是，现象学家的任务则有所不同。她以经验本身开始，而通过细致地描述该经验，她可以尝试说明感知经验像什么，感知与想象或回忆之间的差别是什么，以及感知是如何组织起来的，以致它能够给出富有意义的世界经验。无需否认说大脑进程在因果性上有助于感知，这些进程并不显现于感知者的经验之中。

当然，现象学家所做之事与心理学家所做之事之间有关系。显然，他们想要对同一类经验给出解释。但他们采取了不同的路线，提出了不同的问题，而且在寻找不同类型的答案。就现象学紧贴经验而言，它被认为是采取了第一人称路线。也即是说，现象学家所关切的是就感知之于主体所具有的意义来理解它。例如，我看到自己在大街上的车这个感知体验完全不包含任何正发生于我大脑之内的进程。另一方面，典型的认知科学家采取的则是第三人称路线，也即基于作为外部观察者的科学家视角，而非基于经验主体的视角。她欲图就有别于经验的其他方面来解释感知，比如说某些诸如大脑状态或功能性机制的客观（通常是次人格的）进程。

人们或许会想，关于经验本身，我们能说的并不多。人们在经验的时候，不过就是在经历这样一个过程。但现象学家却发现可说之处甚多。比如，现象学家注意到，我关于车的视觉感知具有特定的结构——也即，一个意向性结构，它构成了所有意识行为的特征。意向性是意识中普遍存在的特征；就像现象学家所说的，它意味着所有意识（所有感知、记忆、想象、判断等）都是关于某物的。在此意义上，经验绝不可能是一个割裂或基本的（elemental）进程；意识生活也不是简单的一些或强或弱的内部感受与感觉状态的聚合。它总是包含着对世界的指向；在此，"世界"这个术语应该在非常宽泛的意义上来理解，它不但包括物理的周遭，还包括社会与文化的世界，后者可能包括那些不以物理方式存在的东西（例如丹麦王子哈姆雷特）。关于意向性的现象学分析导致了诸多洞察。例如，感知意向性在下述意义上是极富细节的。当我看大街上的一个特定对象时，我将之看作是我的车。感知不是简单的信息接收；相反，它包括了解释，后者时常随着语境而变化。将我的车看作是我的车已然表明，过往的经验为感知提供了信息；起码在这一点上，洛克和经验论者是正确的，他们认为感知是由经验所教化的。我们应该将此理解为，感知是由在先经验以及习惯和传统的经验事物之方式所丰富起来的，而不是"感知+想法"。也即，我不是感知了某个东西 x，然后添加某些不同的和新的东西——即"这是我的车"这个想法。换个说法则是说，感知是"聪明的"（smart）。我们说感知包含着解释，这并不意味着我们首先感知某个含糊的物体，然后再加上一个解释——某个感知之上并有别于感知的东西，它赋予感知以意义。相反，感知就是解释性的。我看到车——这已然是将之看作我的车。

感知是聪明的；它已然是充满了意义。这部分地意味着，感知已然为我的具身性存在与周遭环境的处境与可能性所丰富起来，而不仅仅是由过往的经验。现象学家会说，感知经验被嵌入到一个实践、社会乃至文化的语境之中，而大部分的语义工作（也即感知意义的形成)都是由我所遇到的对象、排布以及事件所促成的。在一个特定情况下,我可能会将对象视作一个我能够借此抵达目的地的实用工具。在另一个情况下,我可能会将同一个对象视作必须清洗、或者必须出售、或者未正常工作的东西。我看车的方式将依赖于一个确定的语境背景,后者同样可以用现象学的方式探究。将车视作可驾驶之物,恰恰是将之视为可以爬进入、停在一个地方而且提供某种运动的东西——这恰恰是车被造出来的目的。因此,我的感知经验将会被我所具有的身体能力与技能所影响(informed)。人们习惯于说,感知具有表征内容或概念内容。但这种讨论的方式或许未能完全把握住感知经验的处境化性质。相较于说我将车表征为可驾驶的,可能更好的方式是说:由于车子的设计、我身体的形状以及它的行动可能性、环境状态,车子是可驾驶的并且我将之感知为如此。

感知的意向结构还包含着空间维度(spatial aspects)——这可以用现象学的方式来探究。我的具身位置正好限制了我所能看到以及不能看到的东西。从我所站之处,我可以看到车子的驾驶舱一侧。车子在这个侧面以这种方式显现出来,以至于我所看到的这一侧遮住了车子的其他侧面。比如说,就我所站立的地方而言,我严格来说不能看到车子的副驾驶舱一侧——它并不在我的视野之内。尽管如此,我仍将车子看作是具有其他侧面,而且如果我绕着车子走一圈并发现副驾驶舱一侧不见了,那我会感到极其惊讶。而我会感觉到惊讶,这就表明,感知隐含着一个缄默的预期——即自己可能的行动在紧接着的未来会带来什么。我之所以惊讶,是因为我的预期被打破了。现象学家对经验的时间结构做出了极为精细的描述,而且我们还会在接下来的章节中不断回到这个特征。

在对一个物理对象的任意感知中,我的感知之于对象总是不完整的——我永远也不可能一下子就看到一个完整的对象。让我们将此称为"视角的不完整性"。即便对最简单对象的感知,我们总是可以看到更多的东西,它们隐含于此。如果绕着一棵树走动以便获得更为详尽的感知,那么这棵树的各个侧面——它的前侧面、旁侧面、后侧面——不是展现为分离的片段,而是被感知为一个综合地融为一体的要素。这个综合的过程本质上还是时间性的。

就现象学而言,我还可以发现感知的某种格式塔(gestalt)特征。视觉感知具有这样一种特殊的结构,以至于通常情况下某物总是在焦点之中,而其他则不是。某个对象处于我焦点的中心,而其他东西则在背景之中,或在视域边缘、或在外围。我可以转变我的焦点并让其他事物进入到前景之中,其代价只在于将第一个注意的对象转移出焦点并移到视域之中。

需要注意的是,在这些解释中,现象学家所关切的是感知的特定经验结构,并且正是因为它们与感知者所处身其中的世界关联起来。也即是说,即便现象学家将注意力转向经验,她也不是被栓锁在纯粹的主体经验之中,或是与世界相脱离。现象学家研究感知,不是将之当作纯粹的主观现象,而是将之当作在世界之中的感知者所体验到的感知,而这个感知者还是一个具有动机与目的的具身施动者。

除了这类对我们如何经验世界或世界如何向我们显现的意向分析,现象学家还能够追问感知者的现象状态。在心灵哲学文献里边,这有时被指称为经验的质性特征或现象特征——或者用内格尔

(Nagel 1974)碰巧弄得声名远扬的短语,即经验某物"会像什么"*。经验的现象特征不是与意向特征相分离的。站在我新车边上欣赏它,跟站在一旁看着我的新车被另一辆车撞坏比起来,其"会像什么"显然非常不一样。

在这个简短的反思中,我们就看到了感知的一些普遍的方面或结构:也即它的意向性,它的格式塔特征,它的视角不完整性,它的现象特征与时间特征。我们将在接下来详加讨论时间性(第四章)、意向性(第五章)、感知(第六章)和现象性(第三章)。但请注意:我们在此所勾勒的东西只是对经验的描述——或者更准确来说,是对经验结构的描述,而我们作为现象学家从未提及这一经验背后的大脑。也即是说,我们没有尝试通过神经机制来给出一个解释——后者可能促成我们以感知的方式来感知车辆。因而就此而言,关于感知的现象学理论就非常不同于心理物理或神经科学的理论。现象学所关切的是获得关于我们心灵/具身生活之经验结构的理解与恰当描述;它并不尝试发展出一种关于意识的自然主义解释,也不寻求揭示其生物学上的发生、神经学的基础、心理学上的动机,或诸如此类。

这种现象学理论与胡塞尔一开始对现象学的理解是一致的。在他看来,现象学对分析人的心理—物理构造不感兴趣,对意识的经验研究也不感兴趣;相反,它所感兴趣的是去理解那些内在地并

---

* "会像什么"是对"what it is like"的翻译,在本书其他地方,译者根据具体语境,也会译作"像什么""会像什么""像是什么"和"何所似"等。——译者

原则上刻画了感知、判断、感觉等等[行为]的东西。

不管怎样——而且这一点之于我们的目的是非常重要的：我们也能看到这一现象学理论之于感知的科学并非不相关。人们现在日益意识到，除非我们对经验的形态有一个清晰的认识，否则我们就不太可能科学地解释大脑、身体与环境如何塑造经验。换句话说，评估将意识还原为神经元结构的可能性，抑或评估将意识自然化是否可能——这些都需要详细地分析和描述意识的体验维度。就像内格尔曾经指出，任何融贯的还原主义的必然要求在于正确地理解所要还原的那个事项（Nagel 1974：437）。虽然不必然要赞同还原论的策略（事实上，现象学支持一种非还原论的观点），就方法论而言，显然如果我们要追求详尽的现象学分析，准确地探究经验的意向性、具身性、时间性乃至现象性维度，那么我们要能描述心理学家与神经科学家在诉诸神经元过程、信息处理或是动力学模型所试图解释的东西。确实，现象学家会主张，相比于直接从常识的直觉开始工作，这种在方法论上受控的分析为科学家提供了一个更为恰当的感知模型。

在此，我们可以比较两种情况。其一，我们作为科学家所感兴趣的是解释感知，而且没有任何关于感知经验的现象学描述。那么，我们应该如何开始建立我们的解释呢？显然，我们必须从某个地方开始。或许，我们会从一个预先建立的感知理论开始，然后测试这个理论所做出的各种预期。这是科学通常的工作方式。我们或许会问，这个预先建立的理论从何而来呢？我们会发现它可能一部分是基于对感知的某些观察或假设。我们可以追问这些观察或假设，并基于对感知实际上是如何工作的思考，我们可以形成相反的论证或者待测试的替代性假设。这看起来并非百发百中,但科学通常就是以这种方式取得进步的。其二,我们对作为意向性、具身性、时间性乃至现象性的感知经验具有非常成熟的现象学描述。我们提议以此描述开始,我们就已经对所需解释之物有了相当好的想法。如果我们知道感知总是在视角上不完整的,但我们感知到对象——好像它们具有体积以及我们在感知时所不能看到的其他侧面,那么我们就知道必须去解释什么,并且我们对如何设计出实验来达及感知的这一特征就有了很好的启示。如果现象学描述是系统且详尽的,那么以该丰富的描述开始就显得更容易命中。因此,现象学与科学可能以不同类型的解释为目标,但现象学之于科学工作显然是相关且有用的。

内格尔的"像是什么"(what it is like)这一概念确实非常抓眼球。但不幸的是,众多心灵哲学家和认知科学家很快就开始用"现象学"和"现象学的"等术语来作为现象性(phenomenality)的同义词,也即作为经验之性质特征(有时被称为"感受质"[qualia])的标签。基于这一理解,现象学则成了心灵状态的一个属性。这一使用显然跟其他使用"现象学"和"现象学的"等术语的人相左——就历史适当性而言,他们用这些术语来指称哲学中一个特定的传统。我们的主要关切显然是后者,一如我们在接下来的章节中会表明,这一传统所能提供的远远超过对经验之描述的简单汇集。

正如前示,很多心灵哲学的教材都以回顾各种心灵理论开始——比如二元论、同一性理论、功能主义,等等。同样的,心理学与认知科学可能已经充斥着某些特定的心灵理论。但现象学并不以理论或者是对这些理论的思考为起点。它所追求的是批判性和非教条性，尽可能地避开各种形而上学与理论上的成见。它努力寻求被实际经验之物引导，而非那些基于自身的理论承诺而预期能够发现的东西。它教导我们不要让预先设想的理论来形塑我们的经验，而是让经验来提示并指引我们的理论。但正如现象学不是反对科学（尽管它的任务不同于经验科学），现象学也不反对理论。倘若我们认为现象学不过是一组单纯描述经验的方法，那这无疑是过度简化了。但现象学家采用这些方法，以获得关于经验的洞见，而且他们同样感兴趣于发展这些洞见，以形成关于感知、意向性乃至现象性等等的理论。本书的一般性主张是说，这些基于现象学的理论解释和描述可以为认知科学中正在进行的工作提供补充和助益。事实上，相较于主流心灵哲学中关于身心问题的标准形而上学讨论，我们认为现象学可以更富成效的方式来做这件事。

第三节 本书概要

与许多心灵哲学与认知科学的教材不同，我们不会从处理各种形而上学立场开始。毫无疑问，我们会在接下来的章节中遇到这些不同的立场，但本书的框架会更贴近经验以及科学实践，并以此作为起点。

在第二章中，我们会处理某些与实验科学和定性科学的实践直接相关的方法论问题。我们想追问在实验室里、在实验中实际上发生的是什么，以及科学家是如何研究心灵的。如果心理学家和神经科学家所研究的一部分是经验，那么他们通达该经验的方式是什么？我们还想提供一个关于现象学方法的清晰说明，以及它们如何在实验心理学和定性研究中得到应用。有些研究者经常要求我们这么做,因为他们对使用现象学路线感兴趣,但却对现象学方法应该如何起作用而感到困惑。

在第三章中,我们会讨论关于意识和自身意识的诸多概念。在当代分析的心灵哲学中,一个重要的论争就是关于意识的高阶理论,我们想审视这个论争,并提供一个研究意识问题的替代性路线。这一论争包含着诸多让人着迷的议题,从驾驶汽车的一般经验到关于经验之不存在的理论主张。

在第四章中,我们探讨意识、认知与行动(action)的一个最为重要同时也是最被忽略的方面——也即时间性,具体而言则是经验的内时间性。詹姆斯曾经用比喻的方式将意识描述为具有流动的结构。他还认为,经验的当下时刻总是以三元的时间性方式而被组织起来,以便包含过去的要素和未来的要素。他追随凯利(Robert Kelly,也作 E. R. Clay),将之称为"似是而非的当下"(specious present)。对于现象学家来说,这个议题涉及经验最根本的结构;我们将会看到,现象学对詹姆斯有关"似是而非之当下"的分析提供了一个重要的更正。

在第五章中,我们将讨论我们在理解心灵是如何存在于世时最为重要的概念之一,也即意向性。其想法是说,不管是感知、记忆、想象或判断,经验总是指向某个对象。意向性反映于意识的结构本身之中,并且包含着心灵行为与心灵内容等概念。意向性这个概念与当代关于外在论与内在论之间的争论也有直接的相关性。

在第六章中,我们将深入研究感知。当代关于感知的解释包括了许多非传统、非笛卡尔式的路线,它们强调感知的具身性以及实

第一章　导论：心灵哲学、认知科学与现象学

行性*方面，或者感知以及更一般的认知都以重要的方式物理性和社会性地处境化这一事实。我们会尝试将这些路线条分缕析，以便弄清楚它们在哪些议题上相互赞同或有所分歧。这将会引导我们去考虑关于心灵的非表征主义与表征主义观点（representationalist）之间的争论。我们还会探究感知与想象之间的差别。

在第七章中，我们会处理具身性（embodiment）这个问题，以及身体现象学与心灵之延展论和处境论之间的关系。在此，我们检讨现象学关于身体（lived body [Leib]）与躯体（objective body [Körper]）之间的经典区分。但我们还会说明，生物学以及身体的形态本身是如何助益于认知经验。我们会探讨具身性空间是如何框定我们的经验，讨论单侧忽略（unilateral neglect）以及传入神经阻滞（deaffectation）等案例。我们还会讨论机器身体（robotic bodies）设计的意涵。

---

* 原文为 enactive，其中 enact 的字典含义为"1. 制定法律；2. 在舞台上扮演"。但在认知科学（特别是 Evan Thompson 和 Alva Noe 等人那里），enactive 或 enactivism 则包含了不同于字典定义的含义。在他们看来，enactive 表示的是某个行动正在进行，以及这种正在进行的状态之于理解行动的首要性。例如，斯图伯（参见 Stueber, K., 2006. *Rediscovering Empathy: Agency, Folk Psychology, and the Human Scienes*. The MIT Press）区分了两种"同感"，一种是 enactive empathy，指的是在感知中直接认识他人，另一种是 re-enactive empathy，指的是通过思考、推理等高阶思维来理解他人。在中文文献中，enactive 这个概念的翻译相对混乱，有的研究者将之翻译为"生成"（参见何静，2014，"具身认知研究的三种进路"，《华东师范大学学报》（哲学社会科学版），第 6 期，第 53-59 页；参见武建峰，2017，"论生成认知科学的现象学基础"，《学术研究》，第 12 期，第 60-65 页），有的研究者将之翻译为"施行"（参见梁家荣 2018，"施行主体、视角主义与尼采"，《哲学研究》，第 3 期，第 117-126 页；姚东旭，2018，"施行论进向中的知觉连续性问题——一种维特根斯坦主义的解决方案"，《理论月刊》，第 10 期，第 37-44 页）。这两个翻译中似乎后者更接近 enactivism 的操作性定义。在本书中，我们将之统一翻译为"实行"，以强调其"正在进行"的含义。——译者

在第八章中，我们将展示，对人类行动的充分科学说明如何依赖于现象学关于身体运动的能动感（sense of agency）与所有感（sense of ownership）之间的特定区分。然则，我们认为，人的行动不能被还原为身体运动，并且当科学实验的焦点被局限于此类身体运动及其神经关联项时，这些实验会是误导性的。在此，包括有关控制的精神分裂幻觉在内的诸多病理学案例会帮助我们理解非病理学的行动。

第九章所关切的是我们如何理解他人心灵这一问题。我们探讨当前一些"心灵理论"（theory of mind）的解释（"理论理论"与"模仿理论"），并且引入一个基于现象学的替代性解释，后者与发展心理学和神经科学的新近研究是一致的。我们还将探究现象学对诸如社会本体论和集体意向性做何贡献。

在第十章中，我们讨论关于自身（self）的问题——它近年在诸多学科中获得了越来越多的兴趣。尽管哲学家长久以来都在探究这一问题，但神经科学家和心理学家最近参加到了有关自身的讨论。我们发现，正如有多少科学家在研究它，就有多少种不同的自身概念。为了在这个议题上能够多少有所推进，我们聚焦于贯穿于时间变化之中的基本的、前反思的同一感（sense of unity），而这种同一感恰恰是隐含于正常的经验之中。我们检讨这种前反思的自身感（sense of self）如何在精神分裂症的案例中破裂，以及它在发展出一种更为反思性的自身感时所起的作用，后者出现于语言、叙事以及文化语境之中。

本章注释：

① 心理主义并未被完全打败，它最近又打着"神经学主义"（neurologism）的名号死灰复燃。著名的神经科学家塞米尔·策基（Semir Zeki）写道：

> 我的路线是由一个我认为不言自明的真理决定的——也即，所有人类的行动都是由大脑的组织和规律所决定；因此，除非是基于神经生物学，也就不会有真正的艺术理论和美学理论"（Zeki 2002：54）。

一旦人们把其中关于艺术与美学的主张换成关于诸如天体物理学或考古学等人类行为的主张，这一路线的局限及其问题也就不言自明了。

② 一个显然的例外在于：在1958年，当红的分析哲学家，如赖尔（Gilbert Ryle）、奥斯汀（J. L. Austin）、艾耶尔（A. J. Ayer）、奎因（W. V. O. Quine）、威廉斯（Bernard Williams）、P. 斯特劳森（Peter Strawson）会见了一些现象学的名人，比如，让·瓦尔（Jean Wahl）、梅洛-庞蒂，以及梵·布雷达（van Breda），以便讨论他们的共同兴趣点（参看 Beck 1962）。这次会议没有取得直接的成功。一如当时的与会者查尔斯·泰勒（Charles Taylor）后来记录道，这是"一个没有实现的对话……跟来的时候相比，没有几个人在离开时变得更智慧——至少就会议的主题而言"（Taylor 1964：132）。就像奥维果（Overgaard 2010）所论述的，其交流的失败更多是源自误解，而非实际不可克服的差异（另参看 Gallagher 2017a）。

第二章　方法论

让我们一开始就承认：讨论方法论是再好不过的催眠药了，它们可以即刻就把我们弄得昏昏欲睡。大部分人都想跳过这一步而直奔主题，"实事本身"、实验，等等。但在这一章中，我们不会给出方法细节的无趣罗列，或是给出一组规则；相反，我们将介入到认知科学内部的激烈争论中间。人们因作为内省主义者、异质性现象学家（heterophenomenologists）或神经现象学家（neurophenomenologists），甚或单纯的现象学家，而被横加指责。更甚至于，最近还爆发了一阵术语上的劫持。也即，有些理论家提出了关于某物的一个绝佳术语，下一件你所知道的事就是——其他理论家用该术语来指称截然不同的东西。我们接下来要做的就是清理这些不同路线之间的差异。

从一开始就注意到这一点或许是有用的：在对认知与意识的哲学和科学讨论中，人们通常发现第一人称与第三人称视角之间的区分。确实，这一区分经常框定了传统以及当代关于身心问题、"难问题"或者"解释性鸿沟"（explanatory gap）等问题的定义。据说，科学的客观性要求对可观察现象采取超然的、第三人称的路线；为此，我们需要并且经常具有对周遭环境中事物的良好观察性通达，其中有些则是大脑。脑科学依赖于采取第三人称的、观察性的视角。与之对照,即便我们从第一人称视角就对自身的经验具有一种直接的通达,有些哲学家和科学家会认为这太过于主观了,以至于不能产生科学的数据。比如说,丹尼特(Dennett 2001)断言,"关于意识的第一人称科学是一个无方法、无数据、无结果、无未来、无许诺的学科。它依然是个幻想。"

如果真是如此,那就真的出问题了。如果:(1)意识内在地就是第一人称的,(2)科学只能接受第三人称数据,并且(3)任何尝试用第三人称术语来解释第一人称的东西都歪曲了它所要解释之物,或者未能把握到后者,那么看起来就不存在"意识科学"(science of consciousness)这回事了。让我们进一步考察这些主张。

第一节 意识科学中的幻觉

> 内省观察是我们必须首先并总是依赖的东西。"内省"这个词几乎无需定义——当然,它意味着朝内看我们自己的心灵并报告我们在此所发现的东西(James 1890/1950:I/185)。

我们首先要问:内省作为关于心灵之实验科学中的一种方法,其命运究竟如何?标准的看法是说,就像19世纪已然成为过去一样,它也随之湮灭了。就像华生在1913年写道:

> 在行为主义者看来,心理学纯粹是自然科学的一个客观的实验性分支。它的理论目标是对行为的预测与控制。究其方法而言,内省是完全无足轻重的;而内省数据的科学价值也不

取决于它们被解释为意识的便利性(Watson 1913：158)。

即便在行为主义正式寿终正寝之后，很多人依然否定内省是可能的；而像里昂斯(Lyons 1986)这些哲学家则宣判了这一个方法在心理学中的完全灭亡。但情况实际上并不是那么清楚。在一篇 2005 年的论文中，普莱斯和艾德德——分别为心理学家和哲学家——认为，内省依旧在实验科学中得到使用，因为"受试者关于其自身认知状态诉诸口头报告[或者像按按钮这种非语言行为]通常都被当作是所设想之认知模型的证据"(Price & Aydede 2005：245)。另一方面，据杰克和罗普斯托夫——两位都是认知科学家："内省观察不只是我们个人生活的普遍特征。认知科学家使用这种证据来源，以便提示他们几乎每个阶段的工作"(Jack & Roepstorff 2002：333)。但詹姆斯可能是错的；因为不同的人用内省所意指的东西可能并不那么清楚。在一个非常基本的层面上，人们或许会认为，受试者所给出的所有报告，即便是直接关于世界的，也在某种意义上是关于他们自身认知(心灵的、情感的、体验的)状态的间接报告。如果人们在一个心理物理的实验中引导受试者在看到光照时按下按钮，或者说"现在"，那么受试者就是在报告光，但同时也是报告其视觉经验。即便人们通过小心地避免提及经验状态(例如"当光照进来时按按钮")，以便将这个引导中立化，那么受试者关于光照进来这一事实的唯一通达方式就是她关于光照进来的经验。就此而言，第一人称视角就内在于所有依赖于受试者报告的实验之中。看起来，这是普莱斯和艾德德所指的意思。但这是否意味着，所有这类报告都是内省式的呢？

例如说,实验者可能会让受试者在看到光照进来时说"现在"。那么,受试者如何准确地知道她什么时候看到光照进来了呢?她是内省自己的经验,寻找"看到光照进来"这个特殊的视觉状态?还是说她径直就看到了光照进来并将之报告出来?人们或许会问,"如果她不是以内省的方式观察到自己看到光照进来,她又如何可能报告出她看到光照了进来呢?"在哲学现象学的悠久传统中,特别是依循胡塞尔的传统,存在着这样的解释。我们不需要使用内省就能觉知到(aware)自己所经验之物,恰恰是因为当我们经历这一经验时,我们对自身之经验具有潜在的、非对象化的、前反思的觉知。在我看到光照的同时,我就觉知到自己看到了它。这一觉知不是基于以反思或内省的方式将自己的注意力转向自己的经验;相反,它是作为经验的本质部分而内在于经验之中;恰恰是这种觉知将我们的经验界定为有意识的经验(第三章将对之做更全面的论述)。据此观点,当我看到光照进来时,我有意识地经验到光照了进来。我不需要通过内省来证实说我刚刚看到了光照进来,因为在此经历中我的一阶现象经验(first-order phenomenal experience)已然是我所觉知到的东西。一如伊万斯同时指出,如果一个受试者被询问"你是否相信 p?"受试者并不是开始在大脑中搜索信念 p。相反,她径直考虑 p 到底是不是世界的一种情形(Evans 1982)。因此,就感知世界而言,感知者并不需要通过内省来找到在心灵中的感知表征(perceptual representations);她可以只通过有意识地感知世界就说出她所感知之物。如果你被问外面是否下雨,那么你只需朝窗外看去,而不是朝你的心灵看去。

就此意义而言,普莱斯和艾德德所说的第一人称视角之"意识经验看起来只有通过内省才能通达"(Price & Aydede 2005：246)，抑或是"内省看起来是通达感受质唯一可用的方法"(Price & Aydede 2005：249)——这看起来并不正确。如果我们将内省当作是反思性意识，那么此类第一人称报告就不是内省式报告。不管怎样，它们仍然是表达经验的第一人称的、前反思的报告。但人们可能会问，即便我不用内省就能报告我所看到之物，那我能不用内省也报告"我正在看"这回事么？那么，如果有人问我"你看到光了么？"，我当然会说"是的"，无需启用一种将自己的经验当作对象的二阶内省认知。相对地，如果问题是"你尝到光了么？"——这很可能会促使我采取一种反思的态度，而且很可能具有这样的目的，也即确定我是否理解了你所用的"尝到"这个语词。但即便这个反思性的态度也不构成内省式认知，因为我的注意力会聚焦于你所用的语词，以及它与我所经验到的东西之间的关系(对于后者，我仍然具有前反思的通达)，而不是指向我对该语词的意识，或者是指向我关于世界的意识细节。如果在语言上对我的经验进行条分缕析，而且这在这类情形下被当作是一种反思，那么当我的注意力聚焦于自己的经验时，这种条分缕析也不必然是一种内省式的反思。相反，我所聚焦的是光、你的问题及其含义。

即便当意识本身就是被研究的对象时，此时我们也需要区分关于世界的直接报告(例如，光照进来了么？)和关于经验的反思性报告(例如，经验到光照进来会像什么？)。在第一个情况中，当光照进来时，我们可能会测量反应时间或者是探究受试者的大脑以便看看什么东西被激活了。而在第二个情况中，我们所追问的是第一人称经验本身。因此，我们看起来获得了一个关于第三人称、客观数据(反应时间、大脑成像)与第一人称数据(感觉起来像什么?受试者聚焦于何物?)之间清晰的区分。但让我们审慎些:就如我们很快就会发现,事情要复杂得多。

起始而言,当研究的对象是意识时,第三人称数据据称应该是关于主体的第一人称经验。毕竟,在此类实验中,科学家所关切的不是光照,而是受试者的经验。即便此尝试所要把握的是大脑之内客观发生的东西,功能性核磁共振造影(fMRI)或者正电子发射断层造影(PET)扫描之于意识研究而言不具有任何相关性,除非它相关于受试者的第一人称经验。确实,大脑状态或功能状态之所以具有相应的重要性,其唯一的理由在于它们与基于其他经验被识别出来的心灵状态之间的假定关联。如果没有经验上的分类与后续的关联,我们只不过是拥有关于神经活动的描述,而这对我们的目的而言却不那么有用。最起码在一开始,我们不知道大脑活动跟记忆、或面部识别、或能动感、或光感知等等是否有关。因此,对第三人称数据的解释——当这些数据是关于意识的——就要求我们对第一人称数据有所了解。故此,在解释方案能有任何意义之前,待解释项(explanandum)的范围必须得到恰当的研究。

在实验心理学的实践中,人们更多是检讨关于所经验之物的非内省式报告,而不是内省式报告。那么,这些非内省式报告有多可靠呢?一般而言,这种报告在大多数情况下看起来确实是非常可靠的。如果实验者采用或者展现一个明显高于阈值的感性刺激,那么受试者报告说他们将该刺激经验为明显在场的——这看起来无可怀疑。但是,当刺激接近于阈值时,其可靠性就可能下降了;而且它可能依赖于报告的模式或者是其他规定该报告之性质的主观因素。

例如，马塞尔（Marcel 1993）曾证实，如果要求受试者用不同的报告模式（单个语词、眨眼、按按钮）来快速报告那些接近于阈值的刺激，这会导致相互矛盾的反应。当一个刚刚可以注意到的光照刺激出现时，受试者会按下按钮以报告说他们看到了光照；但当他们用语词来报告时，结果却相互矛盾。此类数据，或者更一般地说，不平均或不一致的数据会导致两种不同的策略。根据既有的科学程序，数据大多数时候是在测试或受试者中间取平均值，而其不一致性则被抹除了。通常而言，科学家都不具有那么强的动力去认真对待此类数据，并且采用更多的方法来研究主体的经验。

让我们来看看一个关于这种对第一人称数据的第三人称处理是如何开始的方法论说明。[①] 丹尼特将之称为"异质性现象学"（heterophenomenology）（Dennett 1991, 2001, 2007）。丹尼特在很多场合都清楚表明，他的目标是在当代物理科学的框架下解释所有心灵现象。更具体而言，他为自己所设定的挑战，是在第三人称之科学视角中所获取之数据的基础上来建构一个令人信服且充分的意识理论（Dennet 1991: 40, 71）。但是，如果这一企划要成功，我们首先需要一个清楚且中性的方法，它可以使得我们收集并组织起那些后续有待解释的数据。丹尼特将此方法命名为"异质性现象学"。根据后者，我们需要在意识研究中采用严格的第三人称方法。这意味着科学家对现象学领域的唯一通达方式是通过观察并解释公共可观察到的数据。相应地，异质性现象学家想从外部来通达意识。他的关注点是他人就其公共表达或显现出来的心灵生活。换句话说，异质性现象学家会访问受试者并记录他们的言语以及其他行为表现。接着，他会对这些发现做一种意向解释（intentional interpretation），也即，他会采用一种意向立场，并将发出的噪音解释为表达了受试者之信念、欲望以及其他心灵状态的言语行为（speech acts）。如果有什么含混不清之处，他总是可以要求受试者做进一步的澄清，而通过该步骤，他最终能够分门别类整理出受试者（表面上）关于其自身意识经验想要说的东西（Dennett 1982：161；Dennet 1991：76-77）。

对于异质性现象学家而言，受试者关于他们意识经验的报告是意识研究的首要数据："报告即数据，他们不是关于数据的报告"（Dennett 1993a：51）。因此，毫不意外的是，丹尼特将异质性现象学刻画为一个黑箱心理学（Dennett 1982：177）。严格来说，异质性现象学并不研究意识现象，因为它关于它们是否存在保持中立；相反，它研究那些标榜是有关意识现象的报告。因此，丹尼特要求我们采取一个中立的立场并悬置关于受试者所表达之信念的有效性问题；他论证说，这个操作就是现象学方法的第三人称版本（Dennett 2003：22）。

那么，为何要求中立性呢？丹尼特提供了不同的理由。有时他将此中立性与人类学研究中的中立性相比较。正如我们不应通过断言某些神秘神祇具有真正的神性来预先判断人类学的田野工作（Dennett 1993a：51），我们也不应该断言意识现象的真实性来预先判断现象学研究。丹尼特还指出存在着"假阳性"（false positives）跟"假阴性"（false negatives）。我们对自己心灵的通达既不是不可错的，也不是不可更改的。我们有时会搞错自己的经验；而我们关于自己意识状态的某些信念很可能就是错的。我们对发生在我们心灵之中的某些心理学进程一无所知。既然有这些错讹的可能性，丹尼特认为我们最好采取节制的策略，并回避做出任何承诺（Dennett 2001）。

人们相信他们具有经验，而这些事实——也即有关人们所相信以及所表达之物的事实——则是任何科学的心灵研究必须加以解释的（Dennett 1991：98）；但从人们相信自己具有经验这一事实，我们并不能推导出：他们事实上确实具有经验（Dennett 1991：366）。换句话说，我们不应当简单地假定意识生活的每一个显然属性或对象都是真实存在着的，都是经验的真实要素。通过采取异质性现象学的中立态度，我们对表面上的受试者是否是个骗子、僵尸、计算机、学舌的鹦鹉，抑或是真正的有意识存在者这些议题都不做先入为主的判断（Dennett 1991：81）。因此，异质性现象学对受试者是否有意识或者只是一具僵尸（这一问题）就可以保持中立（Dennett 1982：160）；或者更确切地说，既然异质性现象学是种解释行为的方式，既然（哲学上的）僵尸就其定义而言跟真正有意识的人在行为上一模一样，那么就异质性现象学之所关切而言，僵尸与真正有意识的人之间的差别就无关紧要了（Dennett 1991：95）。

但从这个据称中立的立场出发——我们在此悬置了僵尸与非僵尸之间的差异是否存在这类问题，丹尼特很快就更进一步：他否认存在着任何这样的差异。如他所说，僵尸不仅仅是可能的，他们还是真实的——既然我们所有人都是僵尸。如果我们设想自己比僵尸多出了些什么东西，这只不过是因为这一事实——也即，我们都被我们用以思考心灵的一组有缺陷的隐喻所误导或被迷惑住了（Dennett 1991：406；Dennett 1993b：143）。在这个要点上，重要的是不要误解丹尼特。他并不是主张没有人是有意识的；相反，他所主张的是，意识并不具有通常所认为的那种第一人称现象属性（phenomenal properties），这也是为何事实上并不存在真正的现象学（Dennett 1991：365）。因此，以现象学的方式尝试去研究第一人称维度就是一个幻觉。而在近年，这个立场在"错觉主义"（illusionism）这个标签下则被激进化了，当下也被继续发展：我们可能都真诚地认为并相信，我们具有现象意识，但其实质在于这些信念都是错的。存在着某种类似现象意识的东西这一想法本身确实不过是一个认知上的错觉（Frankish 2016; Garfield 2016）。对我而言，相信我在经验着一个高潮——这不过是因某个错觉所致。

然则，异质性现象学本身也包含着某种幻觉。其所在正是这样的想法：在意识或心灵研究中，科学可以将第一人称视角放在一边，或者毫无保留地将之中立化或无效化（neutralize）。在尝试讨论意识（或具体而言讨论经验 X）时，异质性现象学未能承认，它对第一人称报告的解释必须基于科学家自己的第一人称经验（他从自己的经验来理解什么是关于 X 的经验），或者是基于预先建立的（并且看起来是客观的）范畴——后者最终来源于大众心理学或源于某种含混、匿名并且不严格的常识。因此，就像杰克和罗普斯托夫提示的，"从构思一个实验范式的那一刻起，经由对该范式的试行并改进，到对实验结果的解释，我们都被有关于自己的经验以及我们归属于他人的经验（通过逼近自己的经验来理解）的理解所引导"（Jack & Roepstorff 2002：333）。解释受试者的报告要求科学家自身具有意向立场；但该立场本身并没有受到科学的控制；不管怎样，它都直接或间接地受到第一人称视角的影响。这正是为何梅洛-庞蒂在《感知现象学》中批评科学对第三人称视角所能获得之物一边倒的关注，认为这是幼稚且不诚实的，因为科学实践恒常地预设了科学家关于世界的第一人称与前科学的经验（Merleau-Ponty 2012：lxxi-lxxii）。这也是为何在意识研究的语境中第一人称解释与第三人称解释之间通常的对立是误导性的。它使得我们忘记了所谓的第三人称的客观解释是由一个有意识主体的共同体所完成和产生的。正如不存在无所依的视角（view from nowhere），也不存在纯粹的第三人称视角。

第二节　现象学方法

为了理解现象学所能提供的东西，以及它如何应用于经验科学，我们需要首先理解界定现象学立场或态度的方法论。然后我们需要看看这个立场是否且如何能被整合到科学实践中去。

有些人将现象学误解为一个关于经验的主观解释；但我们应该区分关于经验的主观解释（a subjective account of experience）以及关于主体经验的解释（an account of subjective experience）。类似地，有些人混淆了关于经验的客观解释和这样一个想法——即我们能够将主体经验变为一个可以通过第三人称方法来检验的对象以便理解它。其问题在于，"主观/主体"和"客观"这些术语是相当含混的；在不同的语境下，它们意指着不同的东西。

首先，让我们回到一个可能让人困惑的议题。现象学是否跟内省一样？胡塞尔（Husserl 1987：102）曾经提出下述问题：既然已经有了一门处理人类和动物心理生活的完善的解释性科学——即心理学，为什么还要引入一门名为现象学的新科学呢？如果现象学所

第二章 方法论

能提供的不过是关于经验的描述,那么我们是否可以认为,它并不构成对心理学切实可行的科学替换,而不过是关于心灵之真正科学研究的一个描述性预备——[尽管]可能是必不可少的预备?就像胡塞尔在这些 20 世纪早期讲座中所评议的,这一思考路线是如此之有力,以至于"现象学"这个术语在所有的哲学与心理学著作之中被采用,并指称一种基于内省的、有关意识的直接描述(Husserl 1987:103)。这与当代讨论的相似之处无疑让人惊讶。眼下,"现象学"这个术语越来越被认知科学家用作"现象性"的同义词或第一人称描述的标签,后者所关涉的是关于经验的"会像是什么"到底是什么。基于此背景,就很难理解为何现象学不可以被直接视为一种心理学甚或一种内省主义。

譬如说,在《解释意识》(*Consciousness Explained*)一书中,丹尼特就批评现象学采用了一种不可靠的内省主义方法,并且认为它未能找到一个所有人都能赞同的单一、已确立的方法(Dennett 1991:44)。梅青格尔也表达了一个类似的观点,他甚至认为,"现象学是不可能的"(Metzinger 2003:83)。这些理论家所提供的是哪种论证呢?其主要论证看起来是关于数据生成的第一人称方法相关的认识论困难。如果两组单独数据之间的不一致性是显然的,那么就没有办法来解决其冲突。更具体来说,梅青格尔所理解的数据是指用技术测量设备从物理世界中抽取出来的东西。这个数据抽取包括界定明确的人际间步骤:它发生于科学共同体之内,可供批评,并且持续追求独立的证实方式。对于梅青格尔而言,现象学的问题在于对个人心灵状态之现象内容的第一人称获取并不满足这些关于数据概念的界定标准。事实上,"第一人称数据"这个概念本身在术语上就是自相矛盾的(Metzinger 2003:591)。

但是,经典现象学真的就是基于内省吗?让我们看看胡塞尔的《逻辑研究》——它是20世纪哲学公认的里程碑,而且在现象学哲学内也是无可争议的巨著。事实上,胡塞尔本人将之当作现象学的"突破"。那么人们可以在这本书中发现的是哪种分析呢?稍微列举几个该书所处理的众多议题:人们可以看到胡塞尔对心理主义的著名反驳,对逻辑之不可还原性与意义之观念性的辩护,对图像表征的分析,关于整体与部分之间关系的理论,关于意向性的精细学说,对概念与直观之间关系的认识论澄清。那么胡塞尔所采用的是内省方法吗?该书是一部内省心理学著作吗?任何阅读《逻辑研究》的读者都会说"不",因为我们在这里所看到的显然是哲学的论证与分析。与其盖棺论定说该书不是现象学,人们更应该重新思考将现象学与内省心理学的仓促等同。

现象学的争论乃至现象学家之间的争论都是哲学上的争论,而非关于人们所内省之物的争议。尽管主张说胡塞尔在《逻辑研究》中的分析在后代的现象学家中得到了普遍认同无疑是夸大其词,但我们尚未找到任何这样的例子,即胡塞尔的立场由于"更好的"内省证据而被否定掉。相反,胡塞尔的分析在现象学哲学家中间引起了广泛的讨论,而其中许多分析后来都被萨特、海德格尔、列维纳斯以及德里达等思想家所改进和完善(参看 Zahavi & Stjernfelt 2002)。这显然与梅青格尔的主张相对立——即认为现象学方法不能提供一种促进知识增长的方法,因为人们不能在诸如"这是所有人都能感知到的最纯粹蓝色"与"它不是蓝色,而是浅绿色"等等主张之间达成主体间的共识(Metzinger 2003:591)。此类主张根本

第二章 方法论

就不出现于现象学哲学家的著作之中；如果认为它们确实如此，这不过表明了人们对该传统的无知。

尽管现象学所感兴趣的是诸现象（即事物是如何被经验的，或者现象学家喜欢说，事物是如何在经验中被给予或者向主体展现出来的），现象学家通常会认为，将现象领域置于心灵之内并且将目光转向内部（introspicio）来通达并描述现象领域：这是一个形而上学的谬误。正如胡塞尔早在《逻辑研究》中已经指出，将内在与外在轻易地划清界限源自于一个素朴的、基于常识的形而上学；如果要理解意识之本质，这在现象学上恰恰是可疑且不适宜的（Husserl 2001a: II [1900-1901]/281-282, 304）。但这个"划界"恰恰是"内省"这个术语所承诺并接受的。谈论内省恰恰（潜在地）赞同这样的想法，即心灵是内在于头脑之中的，而世界是外在的。我们可以在海德格尔处找到同样的批评，他否认说人的实存（Dasein）与世界之间的关系可以通过求助于"内在"（inner）与"外在"（outer）这样的概念来把握（Heidegger 1986/1996: 62）；以及在梅洛-庞蒂那里，他认为人们在此语境下不可能在内在与外在之间画出一条界线（Merleau-Ponty 2012: 430）。确实，现象学传统中所有的主要人物都公开且异口同声地否认说，他们所参与其中的是某种内省心理学、他们所采用的方法是一个内省方法（参看 Gurwitsch 1966: 89-106; Heidegger 1993: 11-17; Husserl 2008: 197-210; Merleau-Ponty 2012: 57-58）。胡塞尔断然拒绝认为"现象学直观"这个概念是一种内体验或内省（Husserl 1987: 36）；他甚至论证说，将现象学当作是一种重建内省或内观察（innere Beobachtung）的尝试这种提议本身就是荒谬的（Husserl 1980: 33）。那么这种断然拒绝背后的［理据］是什么呢？其理据各有不同。为了理解其中的一部分，我们必须回到现象学方法这个议题。

现象学还原

现象学所应关切的是现象、显象及其可能性条件，但什么是"现象"呢？对于众多哲学家而言，现象被理解为对象的直接"被给予性"，它如何向我们显现，它如何显然（apparently）所是。人们经常预设说，现象只是主观的东西，某种遮蔽了客观存在之实在性的外衣或烟雾。据此，如果人们想发现什么是对象之真实所是，他们必须超越单纯的现象。如果现象学采用了这个现象概念，那么它就不过是关于单纯主观、表象或者是表面之物的科学。毫不奇怪的是，现象学家所支持的是一个截然不同的关于现象之所是的理解。在他们看来，对象的实在性不是位于其显象之后，好像显象以这种或那种方式隐藏着真实的对象。*尽管我们还必须坚持显象与实在之间的区分（因为有些显象有误导性），现象学家并不将此当作是两个独立领域的区分（也即分别落入现象学和科学的领域），而是当作内在于现象、内在于我们所生活之世界的区分。也即，这个区分是关于对象向一个肤浅之探视，或从一个非最佳视角来看可能如何显现出来，以及对象在最佳情形中可能如何显现出来——不论是在实践使用中，还是广泛的科学研究中。确实，只有当对象以某种方式显现

---

* 作者这里区分了 phenomenon 和 appearance。尽管在现象学中（例如胡塞尔的著作），appearance 有时被当作 phenomenon 的同义词；为做术语上的区分，此处谨将 phenomenon 译作"现象"，将 appearance 译作"显象"。——译者

出来，它对我们而言才具有某种意义。现象学家不是将显象的结构与模式视为某种无关紧要或单纯主观的东西；他们坚持认为，这样一种研究在哲学上具有关键的重要性。

从胡塞尔早期关于现象学研究议程的表述来看，显然他认为现象学的任务在于为科学提供一项新的认识论基础。但他很快就认识到，这个任务要求一种"非自然的"兴趣转变。与其全然聚焦于知识的对象，我们还应该描述和分析经验的维度，以便揭示认知(knowing)主体在认知上(cognitive)的贡献(Husserl 2001a：I/170)；在他看来，这个贡献几乎被一般的科学忽略了。当然，一般的科学是如此地潜心于研究自然(或者社会、文化)的世界，以至于它不会停下来反思自身的预设及其可能性条件。一般的科学所运作的基础是自然(且必要)的素朴性。其基础是某种潜移默化之信念——也即存在着独立于心灵、经验乃至理论的实在性。它们假设实在性径直就存在于那里，等待着被发现和研究。那么，科学的目的就是获得关于这一给定领域的尽可能严格且客观的有效知识。[②]这一实在论假设是如此地根深蒂固，以至于它不仅为实证科学所接纳，甚至于弥漫于我们日常的前理论生活——基于此，胡塞尔将之称为"自然态度"。但这一态度必须与真正的哲学态度相对照，后者批判性地质疑经验以及科学思想的根基本身(Husserl 1987：13-14)。严格的自然主义否认存在着独一无二的哲学方法，并且主张哲学家应该将其工作视为自然科学的直接延伸。与之对比，现象学家认为哲学所做的工作不同于自然科学的研究。哲学作为一门学科并不是简单地助益或扩大实证知识的范围，而是研究该知识的基础并追问它是如何可能的。正如海德格尔所评议的，"进行哲学的沉思就意味着，全然并恒常地被那些常识所认为自明且无疑的全然神秘的东西所搅扰，并对之保持警觉"（Heidegger 2010：18）。确实，据一种解读，现象学所要研究的恰恰是这个被忽视的不言自明性（obviousness）的领域。

但现象学是如何达成这个任务的呢？它应该如何开展？就第一步而言，我们需要悬置所接受的自然态度（也即将之放入括号），以避免常识的素朴性（以及各种关于实在性之形而上学状态的思辨假定）。这一"加括号"不是一种怀疑论。如胡塞尔写道，世界存在这一事实是无可怀疑的。但关键的任务在于真正理解这一无可怀疑性（它持存于生活和实证科学之中），并澄清其合法性；但只要我们将其有效性当作是理所当然的，那我们就不能开展这一任务（Husserl 1970：187；1989：420）。将这种自然的实在论倾向悬置起来的步骤，胡塞尔在术语上称之为"悬搁"（epoché）。

悬搁的目的不是在思考中怀疑、忽视、放弃甚或是排除实在性，而是将关于实在性的某些教条式态度悬置起来或将之中立化，以便让我们可以更为聚焦、更为直接地专注于实在性——一如其被给予的那样，也即它如何在经验中向我们显现出来。简言之，悬搁意味着对实在性的一种态度的转变，而非排除实在性。作为悬搁的结果，唯一被排除的东西则是某种素朴性，也即将世界当作理所当然的素朴性，从而忽略了意识的贡献。

通常，对现象学方法的描述好像是说，一旦人们实施了悬搁，人们就可以完完全全达及某种态度，并且可以径直开展现象学的描述事业。但人们不应该将悬搁理解为某种可以一劳永逸地完成的东西，然后继续其他的程序。相反，悬搁是人们必须不断去成就的态度。

重要的是，悬搁并不包含一种断然的向内转向。相反，它允许我们从一个新的反思态度去研究我们所生活于其中的世界：也即就世界之于意识的意义与显现来研究它。尽管这一反思性的研究不同于对世界的直向探索，它仍然是对实在性的一项研究，而非对某一别于世界的、心灵领域的研究。因此，我们不应犯这样一类错误，也即以纯粹心灵的术语来解释经验这个概念，好像它是某种发生于纯粹心灵空间中的东西。

譬如说，我们要如何描述品尝红酒与品尝白水之间的经验性差异，乃至于听到号角与看到满月之间的差异，或者肯定与否定埃菲尔铁塔比帝国大厦更高之间的差异？我们是通过斩断我们与世界之间的意向联系并将观察目光转向内部来达成此事的吗？不。相反，我们通过注意世间对象与事态如何向我们显现出来，从而发现这些差异，并以描述之方式来分析它们。现象学描述的出发点就在于我们所生活于其中的世界。确实，正如沃尔顿（Welton 2000：17）所指出，对于现象学而言，心灵行为"并不隶属于一个只为内省所通达的封闭的内在领域；相反，它们通过与超越于它们的东西之间的关系而具有其存在"。

这正是为何梅洛-庞蒂在《感知现象学》中宣称，现象学在所有的方面都异于内省心理学，而其差异乃是一个原则性的差异。内省心理学家只是将意识当作存在的一个区域，并且像物理学家研究物理世界一样来研究这个区域；而现象学家则意识到，意识最终要求一种超越论的澄清，这种澄清超越于常识的设定，并且让我们直面世界之构造的问题（Merleau-Ponty 2012：59-60）。

但是,这里的"超越论的"(transcendental)这个概念需要进一步的澄清。理解梅洛-庞蒂主张的最简单方式就是承认现象学就是紧紧内在于某种康德式或后康德式的框架之内——而不管所有其他的差别。其中,解释康德在认识论中的革命性的"哥白尼转向"(Kant 1956/1999:B xvi)的一种方式就是将之视为一种识见——也即,我们对实在性的认知把握不仅仅是预先存在之世界的单纯镜像。相反,在哲学上分析实在性、反思某物之为"实在的"所必须满足的条件,都不应该忽略意识的贡献。因此,这指出了[现象学]与大多数新近分析哲学对意识之思考的主要差异,也即现象学对第一人称视角的兴趣首先不是由一个相对平庸的洞见所推动的——也即如果我们想理解心灵现象,我们需要纳入第一人称视角。相反,推动现象学家关注第一人称视角的,不仅有对意识之主体性的兴趣,也有理解客观性之本质的意图。确实,与其将客观世界当作出发点,现象学所追问的是:某种像客观性这类的事情首先是如何可能的。那些先于相信客观性的初始理解之模式是什么?客观性是如何被构造的?

在现象学的文献中,"构造"(constitution)是一个技术性术语。这一概念不应被认为包含着任意形式的创造(creation)或编造(fabrication)(Heidegger 1985:71)。构造必须被理解为一个让对象及其意义显现出来的过程;也即,它是允许被构造者显现、并且作为其自身而呈现出来的一个过程(Husserl 1973a:47;1973b:434)。而这一过程在很大程度上包含了意识的贡献。没有意识则无显象;或者说,意识以不可分割的方式被包含于世界显现其意义的方式之中。顺便来说,这也表明:尽管现象学强调事物是如何在经验中被给予的，但它却并不屈服于哲学家所称的"所予之神话"——也即经验是对世界的单纯接受，而认知不过是单纯的接受性态度。

因此，现象学对第一人称视角的兴趣是由超越论的哲学关切所推动的。它获益于这样一个区分：主体作为世界之内（within the world）的对象，以及作为为世界（for the world）的主体——也即作为认知与意义之必要的（尽管不是充分的）可能性条件（参看 Carr 1999）。由于意识被组织的方式，对象以其方式而被构造，也即被经验并且被揭示出来。如胡塞尔写道：

> 我们"意识到"的对象并不是像在一个箱子内一样内在于意识之中，以至于它们可以径直在其中被发现并被抓住……在变化着的对象意向形式中，它们首先被构造为存在、它们对我们来说是什么，以及它们对我们而言意味着什么（Husserl 2001a：I/275）。

因而，现象学家否定了这样的提议——也即意识只不过是世界诸多对象中的一个对象，尽管可能比火山、瀑布、冰晶、金属块、杜鹃花或者是黑洞等等更为复杂，但也跟它们是同一类，因为他们认为意识是任意实在物如其显现为对象并具有意义的一个必要（虽然不是充分）之可能性条件。[3] 现象学家认为，一个无所依的视角是不可接受的，正如他们会否认我们可以从旁观者的角度来看我们的经验以便看看它们是否与实在相吻合。之所以如此，并不是因为这种视角难以企及，而是因为关于这种视角的想法本身就是荒诞的。

在这里，我们有必要引入另一个技术性术语，也即"现象学还原"这个概念。悬搁和还原（reduction）可以被视为两个紧密联系在一起的哲学反思的要素，其目的是将我们从自然［主义的］（natural[istic]）教条中解放出来，并让我们意识到我们自身的构造性（也即认知的、揭示意义的）贡献。相对而言，悬搁的目的是悬置关于世界的特定自然态度或者将之放入括号之中，以便让我们聚焦于事物向我们显现的模式或方式；而现象学还原的目标则是分析主体的具体结构与显象或被给予性的具体模式之间的联结依存。当胡塞尔谈及还原时，他因而提及一种反思性步骤，以脱离一种非反思的、未经检查的在世界之中的沉浸，并"回返"（re-ducere）到世界向我们显现自身的方式。因此，当我们感知所获得的日常事物"经过现象学还原之后"，它们不会被怀疑或者被当作错觉，而是径直作为"被感知"（类似地，回忆之物之为"被回忆"、想象之物之为"被想象"等等）而得到设想与检验。换句话说，一旦我们采取了现象学态度，我们首先就不再感兴趣于事物之所是（what）——即它们的重量、大小、化学构成等等，而是它们如何（how）显现，并因此而作为我们经验的相关项。

一个物品、一个用具、一件艺术品、一段旋律、一个事态、一个数字、一只动物、一段社会关系等等显现自身之方式彼此存在着本质性差异。并且，同一个对象也可能以诸多不同的方式显现：从这个或那个视角，显现在或强或暗的光照中，作为被感知、被想象、被欲求、被害怕、被预期或者被回忆的对象。与其将有关事物之在经验中被给予的方式的问题视为无关紧要的或者仅仅是主观的，不如说这些问题所关切乃是非常基本的东西，也即为所有一般科学所预设的东西。对于一个科学家询问 X，检查 X 是如何工作的，它的原因是什么，她就必须首先意识到 X。在后续的章节中，我们还会讨论一些跟意识研究和认知科学直接相关的现象学发现——感知总是以自我为中心的、具身化的，并且它总是从一个视角出发，从而在一系列不完全的侧面中给出被感知之事物，它总是具有一个意向结构，它不是片段性的，等等——乃至于有关记忆、想象、判断等等的不同维度。

当我们感知、判断或者评估对象时，彻底的现象学检查会将我们引到这些显象模式所关联的那种经验结构以及理解模式。我们被引到表象*行为——即感知、判断或者评价，由此而被引到经验着的主体（或诸主体）——作为显现的对象必须在与主体的关系中才必然得到理解。通过采纳现象学的态度，我们注意到公共对象（树、行星、绘画、交响乐、数字、事态、社会关系等等）如何在经验中显现出来。但我们并不仅仅就其显现来专注于对象；我们也专注于意识的主体一侧，以便注意到主体的成就以及正在运作的意向性。如果我们想理解物理对象、数学模型、化学过程、社会关系或者文化器物如何能够如其显现的样子显现出来、如何具有其含义，那么我们还需要检查它们向之显现的体验之主体。

---

* 原文为 presentation——它在宽泛的意义上指感知、想象、回忆等带有直观内容的意识行为，而在狭隘的意义上则指"感知"这一种行为，因为感知对象是直观且具身在场的。与之相对是 representation 这个概念，现象学中会强调其"再-表象"（re-presentation）的特征。但是这个概念在分析哲学中（比如后续章节对表征理论的讨论）有其特定的规定。为做区分，本书谨将 presentation 译作"表象"，视不同语境将 representation 译作"再现"或"表征"。——译者

现象学的意识研究动机并不是欲图在一个已然确立好的唯物主义或自然主义框架内为意识找到一个位置。事实上，这种尝试本身非但假定了意识不过是世界中的另一个对象，还妨碍我们去发现并澄清意识之最为让人感兴趣的方面，包括第一人称视角真正的认识论意义与本体论意义。意识问题不应在一个未经检讨的客观主义背景下来讨论。人们经常假定说，更好地理解物理世界就能让我们更好地理解意识；人们却很少会想到，更好地理解意识或许可以让我们更好地理解某物之为实在的到底意味着什么。我们可以有意识地把握到世界——这件事不仅告诉我们意识之事，同时也告诉我们世界之事。当然，这种讨论意识的方式——也即作为构造性维度、作为世界在其中揭示并陈说自身的"场所"，截然不同于任何将之仅仅当作世界中的另一个（心理或物理）对象的自然主义尝试。

至此，我们清楚为何现象学不单单是一组对现象意识的描述；只要我们开始内省自己的经验，我们就能给出这种描述。就某些方面而言，现象学确实是投身于一种反思性过程。但现象学也关心描述世界以及世界在此类经验中如何显现。并且，尽管它要求悬置自然的、日常的态度，它同时将这种态度——即"在世中存在"（being-in-the-world）——当作了有待研究的事情之一。在此意义上，现象学不单单是关于意识的，好像意识能够脱离生活中的所有其他事情而被考虑。它是关于我们如何沉浸于日常的处境与计划之中，我们如何经验世界，如何与他人建立关系，以及如何参与到那些界定了我们生活的行动与实践之中。

本质变更与交互主体性确证

现象学的目标不是去描述一种特殊的经验——即"此时此地，这正是我所经验的"；现象学对理解加拉格尔、扎哈维或者你眼中的世界并不感兴趣。它对个别之事件或生活片段是如何被特定个体体验的也不感兴趣，而是对那些刻画了我们的经验、其相关项以及这两者之间的联结的本质结构感兴趣。作为哲学家，现象学家不关心偶然的特征和属性，而是关心那些必然的、不变的特征和属性。这就是为何现象学更像是科学而非心理治疗。或者略带悖谬地说，现象学家所感兴趣的是隶属于真理、理性、实在、存在、本体论、科学和客观性的哲学问题。他们对意识本身不感兴趣；他们对意识感兴趣，这只是因为它是揭示世界的，因为他们确信前述问题的答案只能得到哲学上的澄清，如果我们严肃地对待主体性和经验的话。

任何对研究意识之现象学路线的说明都必须提及悬搁与还原，其理由之一便是它限定了相关研究，提供了它的系统性脉络。悬搁与还原是反思性步骤的要素，后者使得现象学成为一项超越论的哲学事业。任何贬低这些方法论要素之意义的企图都伴随着这一危险——也即混淆现象学分析与心理学或人类学描述。

但现象学家又是如何达成这些的呢？除了悬搁与现象学还原之外，现象学在其方法的工具箱里还加了两件东西。其一被称为"本质变更"（eidetic variation）。哲学家自始至终都在寻找柏拉图称之为艾多斯（eidos）或者叫事物之本质的东西。胡塞尔在发展其现象学方法时，提出了一种可以刻画我们所经验事物的本质与不变特征的方式。简言之，它包括使用我们的想象力，以去除掉事物的非本质属性。如果我所检验之对象刚好是一本书,那么它的哪些性质可以通过想象变更而不破坏它是一本书这一事实?我可以改变封面的颜色和设计,我可以在想象中增减页数,我可以改变它的大小与重量,甚至于变更它的书脊。在所有这些变更中,我可以采用以前有关书的经验,可以想象更多的变更。其结果是:一组抵制改变的核心属性构成了本质——也即那些隶属于书本身的属性,而它们一旦改变就会使得对象不再是一本书,即"构成书之为书的东西"。

你可能会说,"且慢!这看起来不错,但认知科学家不想要研究书——至少不是在这种意义上"。没错。但我们还可以对体验书籍的认知行为做同一种本质分析。例如,如果我正在回忆某本书,我可以改变这个回忆过程的哪些部分而依然具有记忆,哪些是我不能改变并且保持为回忆这一认知行为的本质部分?现象学家可以对感知、面部识别、决策、社会感知等等做同样的分析。当然,这对于认知科学家来说会是有趣且有益的。事实上,它能够为她提供关于她所研究之对象种类——认知行为——的良好理解。

重要的是不要神秘化本质变更。其想法不是说,我们只通过被动地盯着对象就可以获得有关它不变结构的绝对可靠之洞见。事实上,就认知现象这个领域而言,胡塞尔相当清楚地指出,所有这些现象都被一种本质的模糊性(vagueness)所刻画,因而他认为,任何以几何学所具有的同一类精确性与准确性来区分并界定它们的尝试都可能对之造成破坏。

> 这些概念的模糊性,它们适用范围之场合的流动性,并不使之成为缺陷;因为在它们被采用的知识范围内,它们都是绝

对不可或缺的；或者说，在这些范围内，它们是唯一合法的概念(Husserl 1982 [1913]:166)。

因此，当胡塞尔提到本质变更作为现象学家的工具之一时，这不应被视为这样一种主张，貌似现象学家可以直观到譬如记忆或想象的永恒且不可更改的本质。现象学对这些高度复杂之议题的研究包括要求极高的分析，它们在很多情况下都是可废止的——这意味着现象学家并不是不可错的。在新的证据下，这些结果必然向未来的修改保持开放。这一事实使得现象学家手头的另一个工具变得极为重要了。

另一个工具就是现象学家不必独自完成其现象学分析这一事实。这些分析和描述允许主体间的确证。当然，对经验之不变的、本质的结构的追求并不是局限于我自己经验的独特性。我们可以并且应该将自己的现象学解释与他人的解释相比较。当然，正如异质性现象学对报告的解释一样，这不是个简单直接的过程。但它也不比科学更混乱，而且我们在这个过程中得到所遵循之方法论步骤的引导。

根据有待研究之经验的类型，现象学方法可以更为专门化。但这四个步骤是其基本：

1. 悬搁或悬置自然态度；
2. 现象学还原——专注于经验之对象与经验本身之间的联结；
3. 本质变更——解开这一联结的本质的或不变的维度；
4. 交互主体性确证——关心所发现之结构的重复性及其普遍

性或至少其共通性的程度。

我们之所以有必要花时间来讨论这些方法论概念,其理由之一在于我们可以由此避免许多流传甚广的误解,它们一而再、再而三地妨碍了人们恰当地理解现象学的重要性及其影响,特别是胡塞尔所提倡的现象学。因此,根据一种解读,胡塞尔采用一种方法论的程序来分离心灵和世界(Dreyfus 1991:73-74)。其结果在于,他不仅忽视了世界,也不能对诸如交互主体性、具身性等核心议题提供一个令人满意的学说。基于上述对胡塞尔之现象学方法的目标与焦点的说明,我们可以看到这种解读为何是非常成问题的。在后续的一些章节中,这会变得更为清楚。

第三节 应用现象学

对于现象学方法是否可以应用于有关心灵的实验性自然科学(认知科学),其争议的议题之一围绕于这一事实:即胡塞尔不断地强调对意识之自然主义解释的局限。而他自己的现象学方法恰恰是作为一个非自然主义的替代方案而被引入的。对于胡塞尔而言,任何将意识当作世界当中的另一个对象的尝试都不能揭示出意识的某些最让人感兴趣的维度,包括它的真正的认识论含义和本体论含义。与其仅仅作为世界之中的一个对象,对于胡塞尔来说,意识乃是为世界的主体,也即,使得任意世界之显现得以可能的维度,世界在其中可以揭示自身并勾画自身的维度,以及任意实体以其方式、并以其所具有之意义而显现为对象的可能性条件。就此而言,

第二章 方法论

意识显然也是必要条件(sine qua non),是从事科学的先天条件。如此,对意识的自然科学研究就预设它所要研究的东西本身。如果我们将意识当作一个对象来研究,我们就必须(以第一人称的主体性方式)是有意识的。现象学会追问,"意识通由其主体性结构并以其运行的方式,以何种方式使得科学实践得以可能,并对之构成限制?"事实上,一如我们已注意到,这正是胡塞尔发展现象学的动机——就此而言,他的动机一如笛卡尔和康德,也即尝试为真正的科学实践提供认识论的根基。

但提供这类根基甚至是可能的吗?即便在现象学之内,关于此也存在着诸多争论;但这不是我们在此需要处理的问题。相反,我们想要针对的议题正是现象学是否可以用于经验的和实验性的科学。在接下来的章节中,我们会提供大量的证据,以说明事实正是如此。我们会表明现象学所处理之议题与所提供之分析在何种程度上对于理解意识与认知的真正复杂性是极为关键的,并且表明现象学如何能够提供一个理解心灵的概念框架,这相较于当下流行于认知科学的某些模型可能更具价值。在本章的接下来部分,就现象学如何能够与科学一同工作而非与之对立的几种新近的倡议,我们会简要地评述一下。

一如我们所见,现象学是一门哲学事业,而非一门经验学科。当然,这并不排除它的分析在意识的经验研究与认知科学中具有影响与相关性,即便这不是胡塞尔及其追随者的首要目的。胡塞尔与现象学并不是反对科学(anti-scientific),尽管他们反对科学主义(anti-scientistic)。事实上,由于胡塞尔发展现象学的首要关切之一便是恰当地从事科学研究,我们可以将现象学理解为正是为支持科

31

学而设计的路线。至于我们是否能够将超越论现象学中所获得的洞见用于科学之中，胡塞尔本人如此说道："超越论现象学的每一个分析或理论——包括客观世界的超越论构造理论，都可以通过放弃其超越论态度而在自然领域中得到发展"（Husserl 1999：131）。也即，正如我们可以通过方法论步骤而进入现象学的立场，我们也可以采用在此立场中发展出来的洞见并将之带回到科学之中。

就自然化现象学（naturalizing phenomenology）这个议题而言，重要的是要意识到，这一标语具有多种不同的含义；其发展与其中所涉及的两个术语的模棱两可不无关系。据某些解读，承诺自然主义就相当于以自然之物（而非超自然之物）作为出发点。公平地说，这个术语在当下讨论中的使用主要意味着导向自然科学。另一方面，很多当代的自然主义者都采取了一种科学主义，也即认为自然科学是所有事物的准绳。换句话说，依据主流的解释，自然主义正是承诺了这样一个想法：也即研究心灵的唯一合法方式就是通过客观的自然科学。

就"现象学"这个术语而言，它也以诸多不同的方式被使用着。如我们在第一章就注意到的，人们可以区分这一术语的技术性与非技术性用法。就后者而言，"现象学"只不过是经验的别名。因此，讨论现象学是否可以被自然化就是讨论经验是否能够被自然化这个形而上学问题。比如说，是否可以将经验与发生于有机体（大脑）之内的生物学（神经学）进程等同起来？显然，这不是本书所标画之路线所要关心的主要问题。而其更为技术性的用法则是，"现象学"指称的是我们所讨论的哲学传统与方法论。可以想见，追问这类现象学是否能被自然化则意味着很多不同的东西。

第二章 方法论

梅洛-庞蒂的《行为的结构》(*The Structure of Behavior*)一书的最后一小节题为"自然主义就没有真理么?"它包含一个对康德的超越论哲学的批评,而且在该书的最后一页,梅洛-庞蒂呼吁重新定义超越论哲学,以让它关注实在世界(Merleau-Ponty 1963:224)。因此,不同于让我们在外在的科学解释与内在的现象学反思之间做出选择,梅洛-庞蒂认为这一选择会撕裂意识与自然之间活生生的联系,他让我们重新思考这一对立,并寻找一种超越客观主义与主观主义的维度。然则,有趣且重要的是,梅洛-庞蒂并不将现象学与实证科学之间的关系理解为如何在经验议题上应用已然确立的现象学洞见这种问题。这不止是现象学如何能限定实证科学的问题;相反,梅洛-庞蒂的想法是说,现象学本身可以在与经验学科的对话中得到改变与改进。事实上,现象学若要在正确的方向上继续发展,它就需要这一交锋。重要的是,梅洛-庞蒂并没有因此而将现象学还原为另一个单纯的实证科学,没有因此而丢掉其真正的哲学本质。

正如我们在本书一再表明的,现象学不仅从事基础的超越论哲学澄清,它还研究向经验研究开放的具体现象。只要现象学关心这些现象,我们就主张:现象学应该受益于最合宜的科学知识——反之亦然,以至于对经验的更为整全的解释将包含现象学与科学的某种整合。

更具体而言,现象学的口号"回到实事本身"(To the things themselves [zu den Sachen selbst])要求我们让经验来指引理论。我们应该关注我们经验实在性的方式。认知科学家可能不会太关注经验的形式结构,但作为经验研究者,他们事实上却极为关注具体的经验现象,因而相较于一般的哲学家,他们更不会低估现象的丰富性、复杂性以及多元性。即便现象学的目标之一是提供超越论的哲学澄清,现象学并不止步于此。它还提供了有关意识之诸多面向的细致分析,包括感知、想象、具身性、记忆、自身经验、时间性等等。在提供这些分析时,现象学所处理之议题对于理解意识的真正复杂性是极为关键的,并且提供一个理解心灵的概念框架,以切实可行地替代流行于认知科学的某些模型。但基于同样的理由,显然现象学处理着其他学科共有的课题,因而坚持认为现象学应该直接忽略与这些课题本身相关的经验发现——这显然是错误的。如此,现象学研究不仅能从以下洞见直接获益,即通过对心理病理学或神经病理学的失常现象、对儿童的社会交往,以及对感知、记忆与情绪等等进行经验研究所得到的洞见;还能间接地受益于这些经验科学中以问题为导向的路线。与认知科学进行对话这一尝试本身就促使现象学更加聚焦于具体的论题,因而或许可以克服其中依然存在的一个最大弱点——也即对注解(exegesis)的沉迷。我们显然不是要否定我们还可以从胡塞尔、海德格尔、萨特、梅洛-庞蒂、列维纳斯等作者那里学到很多东西,但现象学不应忽略与经验科学乃至其他哲学传统进行批判性对话的机遇。恰恰是通过交锋、讨论并批判其他的路线,现象学才能证明其生命力及其当代的相关性。

有人或许会说,"且慢!你真的提议说,现象学对感知或行动的解释有必要受到有关行动与感知所包含之神经机制与过程的研究的助益与限定?"这个问题的动机在于,一般而言,对感知与行动的现象学解释尝试忠实于第一人称视角;它要以经验之于主体的意义来理解经验,而不处理那些可能促成我们现在进行经验的次人格

(subpersonal)机制。作为回应,我们可以说两个事情。首先,我们不应忽视这样的事实,即心理病理学、神经病理学、发展心理学、认知心理学、人类学等学科都能提供具有现象学相关性的人格层面的描述。这有大量的例子;如果只是提及几个,我们可以列出下述几个:

1. 神经心理学对各种身体觉知失常的描述。例如,乔那森·科尔(Cole 1995)对伊安·华特曼(Ian Waterman)的仔细分析——后者在19岁时由于疾病而丧失了颈部以下的所有触觉与本体感(proprioception)。科尔分析了这一缺陷是如何地惊人且妨碍健康,可将之与现象学关于活生生的身体(the lived body)的经典研究相比较。
2. 心理病理学关于自身经验与意向性的精神分裂症困扰的分析。比如,精神病学家与心理治疗师有时会细致地分析精神分裂症患者所受扰的自身经验与世界经验;可以将这些解释与现象学关于自然态度与非对象化的前反思的自身觉知的讨论相比较。
3. 发展心理学关于早期儿童的社会互动的分析。比如,当代发展心理学家提供了关于在婴儿与少年儿童中所发现的初始但却是基础的社会理解形式的细致分析,可将之与我们在舍勒、施泰因、胡塞尔与梅洛-庞蒂那里所发现的关于同感、结对(pairing)和肉体间性(intercorporeity)的著作相比较。

其次,不仅人格层面的解释,而且次人格层面的解释对现象学分析都可能是相关的。例如,假定初始的现象学描述所提供的是某物显现为一个简单、统一的感知现象。当研究这一现象的神经关联项时,我们却发现不仅与感知相关联的区域而且那些与短期记忆相关联的区域都被激活了。这一发现促使我们回到初始的现象学描述,以便看看该现象是否确实如我们所想的那么简单。假定现象学家并非不可错的,他们一开始的尝试并不总是完美的,那么一个更为细致的现象学分析有可能揭示出经验所具有的隐藏的复杂性。但是,重要的是要强调,仅就这个简单例子而言——在次人格层面上发现一个重要的复杂性这件事本身并不能迫使我们改进或修改现象学描述。它只能作为进一步探究的动机。在次人格层面与人格层面之间并不存在直接的同构(isomorphism),而最终,证实一个在现象学层面上的复杂性的唯一办法就是以经验之语词将之兑现出来。

相应地,我们所提议的事实上不仅是说,现象学的分析与区分对于认知科学可能是有用的。其要点不仅在于,如果我们想获得关于待解释项的精确描述——这对任何成功的认知神经科学都是必要条件,现象学就可以证明其不可或缺性。相反,我们的想法是说,其影响是双向的,也即其问题在于让现象学受益于经验发现,同时也是被后者所挑战。正是由于这个理由,我们说"相互启发"(Gallagher 1997)才是完全恰当的。换句话说,现象学并不必然是对待解释项的最终说明,因为现象学的描述在合宜的解释影响下是可修改的。简言之,我们所提供之描述与我们所采用之(理论)概念之间存在着一个对话关系,而后者也可以影响前者。换句话说——当然,这是一个众所周知的解释学观点,人们可以质疑现象学描述的纯粹性。它们是否不可避免地包含着一个概念重构的要素?如果在现象学描述与理论预设之间存在着矛盾,我们不应该在每个情形中都要拒绝理论。我们在某些情况下也可能必须去重新考虑描述;确实,新的理论可能提供新的描述并鼓励我们去尝试这些描述。因此,描述与理论之间的关系是辩证的,它是双向的。问题不仅在于用描述来限制可用的理论。至于如何更好地寻求这种启发,它能走多远,这些都是有待争议的话题。

在下面的小节中,我们会展示三种不同的路线,以说明如何最好地在经验研究中应用现象学这一问题。

神经现象学与微观现象学

在直到 20 世纪 90 年代的一系列发表中,弗朗西斯科·瓦雷拉(Francisco Varela)采用了"神经现象学"(neurophenomenology)来命名一种认知科学当中的新路线,它认为对体验进行现象学上得到过训练的分析所产生的数据,与认知神经科学中基于实验的解释均具有同等的地位,并且两者之间相互限制(Varela 1996, 1997)。对瓦雷拉来说,如果认知科学要实现自身的目标——也即提供一个真正的有关意识的科学理论,那么它就不应该忽视现象学的维度。换言之,如果我们想要获得关于心灵的全面理解,那么狭隘地聚焦于那些经验之底层的次人格事件的性质,而没有考虑到经验本身的性质和结构,这不会让我们取得多大的进展。更为确切地说,神经现象学试图整合三个要素:1)对经验的现象学分析;2)动力系统理论;以及 3)生理学系统上的经验实验(参看 Thompson 2007,第 10 章)。神经现象学坚持认为,为了研究意识与认知,经验科学家与实验受试者都应该接受一定程度的现象学方法训练。瓦雷拉提议说,该训练包括学习练习悬搁与现象学还原，也即将受试者关于经验或意识所可能具有的意见或理论放在一边（或者是"加括号"），以便集中注意力于事物被体验的方式。如果一个包括以这种方法来训练实验的受试者的路线一开始看起来在方法论上就不切实际，请记住——实验心理学家经常花费大量时间来训练大猩猩和猴子来完成实验任务。那么用现象学的方法来训练人类受试者是否就更加困难呢？不管怎样，鲁慈等人（Lutz et al. 2002）正是这样做的，他们已经在一定程度上成功地表明它的可行性。让我们来看看他们的工作——作为神经现象学的榜样，它结合了上述三个要素：现象学、动力系统理论以及实验脑科学。[④]

在很多针对明确认知任务的实验测试处境中，与重复和相同刺激（例如EEG所记录的活动）[*]的连续反应相关的大脑活动都是高度可变的。人们假定这种可变性的来源主要在于那些源自各种由受试者注意力状态所界定的认知参数的波动，比如分心、自发的思维过程、完成任务的策略决定，等等。换句话说，实验受试者有时受实验任务的干扰，有时受他们自己的思绪的干扰。对于我们的目的而言，让我们将这些分心的原因称为"主观参数"（subjective parameters）。而在实验上很难对之进行控制。其结果是，它们通常被归为不可理解的噪音（Engel et al. 2001），并且通过一系列测试和不同受试者取平均值的方法而被忽视或无效化。鲁慈和他的同事决定用一个不同的方式来处理主观参数的问题。他们跟随神经现象学的路线，结合第一人称报告与神经进程的动力学分析，来研究

---

[*] EEG, 即脑电图（Electroencephalography）。——译者

处于三维感知错觉之中的受试者(参看下页方框中的图 2.1)。他们不是将第一人称数据仅仅当作更多的分析数据，而是作为有助于一个规整的分析原则。

在开始的测试中，鲁慈等人给受试者展现视觉刺激，并要求他们详细报告出现于该刺激中的东西。受试者受过现象学的训练，以便自己展开关于出现于任务过程中的主观参数(分心等)的描述。用于描述这些经验的语言是形式化的，然后再被用于主要的实验测试。在主要测试中，对主观参数的报告跟回应的反应时间以及大脑活动的 EEG 测量相结合。

需要讲清楚的是，这个实验中的现象学训练并不包括给受试者讲授胡塞尔或现象学传统的哲学著作。相反，如鲁慈等人所描述，依据瓦雷拉(Varela 1996)，它在于训练受试者应用悬搁，并且对他们的经验给出一致且清晰的汇报。具体而言，瓦雷拉(Varela 1996)在现象学方法中发现了三个步骤：

(1) 悬置有关经验的信念或理论(悬搁)
(2) 熟悉所研究的领域(专注的描述)
(3) 提供描述并使用主体间的确认(主体间的确证)

其中，悬搁可以是熟悉它的受试者自己引入，也可以是实验者通过开放性问题来引导——这些问题不是指向意见或理论，而是指向经验。相较于采用预先界定好的范畴，并问："你认为这个经验是像 X 或者 Y 或者 Z？"开放性问题则只问："你会如何描述你的经验？"⑤ 在这个实验的语境内，紧随着任务而提出的问题有助于受试者将其注意力重新转向她在任务过程中所采用的隐藏策略或者专注度。受试者可以再次暴露于刺激之中,直到他们找到"他们自己稳定的经验不变项(invariants)"用以描述其经验的具体要素。这些不变项则成为主要测试中所采用之分析工具的界定性要素。

一个神经现象学实验

在鲁慈等人(Lutz et al. 2002)那里,测试根据受试者关于其主观参数之经验的描述性报告而进行分组。每个分组(或经验组)都采用了单独的脑电活动(由EEG所记录)的动力学分析。相较于对测试取均值而言,其结果是非常不同且极具意义。

实验的现象学部分包括采用著名的深度感知任务(参看图2.1),通过一系列初始或实践性测试来开发出关于主观参数的描述(改进过的语词报告)。

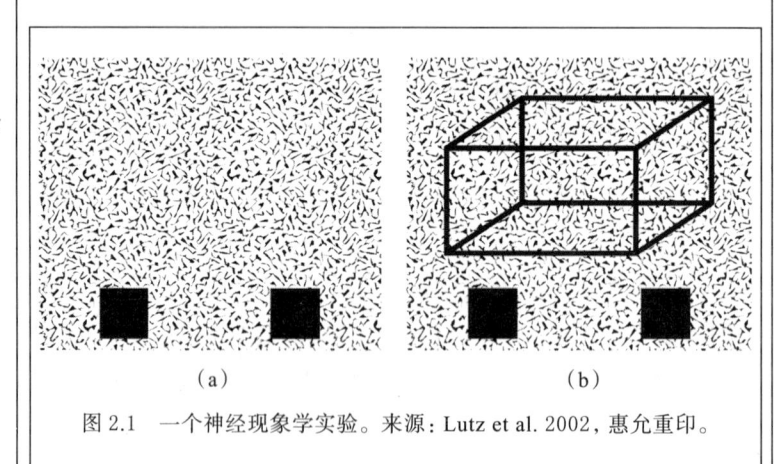

图2.1 一个神经现象学实验。来源:Lutz et al. 2002,惠允重印。

在这些测试中，受试者看电子屏幕上的布满随机点的静态图（如图 2.1a）。在听到听觉信号后，受试者被要求调整其焦点，以便融合（fuse）屏幕底下的两个方块，并让这个眼睛的姿势保持 7 秒钟。然后，实验者用一个双眼视差（一个立体图）将其图案改为一个稍微不同的随机点状图。在这个条件下，受试者可以在他们的视域里看到一个三维几何形状的错觉（图 2.1b）。他们要在形状完全出现时就按下按钮，然后对其经验给出一个简短的语词报告。

在预备性测试中，受试者反思其经验，定义自己的范畴来描述主观参数，并汇报有没有分心或分心的程度、不专心时刻、认知策略等等。基于这些受训的报告，描述性范畴以事后的（a posteriori）方式来定义，并用来将这些测试划分为基于现象学的群组。例如，就受试者所体验到的对刺激的准备状态（readiness）而言，其结果确定了三种准备状态：

(1) 充分的准备（steady readiness，简称 SR）：受试者报告说，当图像出现在屏幕上时，他们"准备好了"、"在场"、"在此"，或者是"做好了准备"，并且他们"直接"并且"断然"地做出了回应；

(2) 断断续续的准备（fragmented readiness，简称 FR）：受试者报告说，他们需要主动花心思去准备，但要么是（因为暂时的"疲惫"）而不那么"敏捷"，要么是（因为一些小的"干扰""内心说话"，或者"不着边际的想法"）而不那么"专注"；

(3) 完全没准备（unreadiness，简称 SU）：受试者报告说，他们没准备好，他们只是因为双眼处于恰当的位置而看到三维图像。他们感到很奇怪，并且报告说，他们在一个不相关的想法中被图像所"打断"。

之后在主要的测试中，实验者记录脑电活动以及受试者自己在每次测试时的语词报告，受试者就可以用这些范畴作为一类报告的速记。在主要测试的报告中，受试者的经验由于主观参数的存在与变更而出现了一些细微的变化。第一人称数据这个群组关联于反应时间（图 2.2）以及动力的神经信号（neural signatures [DNSs]）——也即对局部与更为全局的同步的过渡形态的动态描述，这些同步出现于摇摆不定的神经元之间（图 2.3）。根据神经科学的动力系统路线，作为经验之基础的神经活动不是局限于特定的大脑区域，而是包括功能上不同的、且广泛分布的大脑区域的快速且转瞬即逝的整合。这种整合是由不同区域之间的动

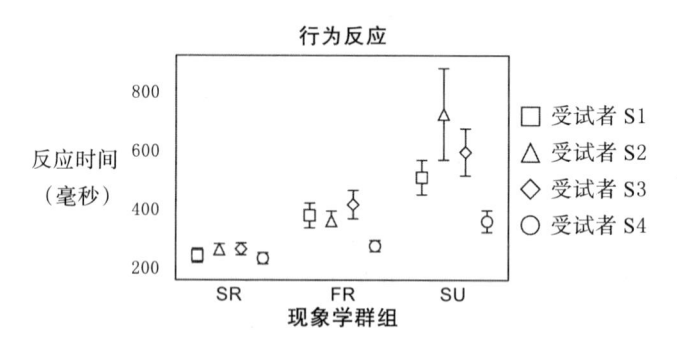

图 2.2 行为反应与现象学群组的关联。注意：其中四个受试者的反应时间在 SR 中更快，在 FR 中更慢，在 SU 中最慢。来源：Lutz et al. 2002，惠允重印。

第二章　方法论

力关联所实现的。因此，通过复杂的数学与动力系统理论模型，神经现象学家就可以就这种整合所出现的变化着的形态来研究经验的神经元联结，也即此处 DNS 这个概念所表达的（参看 Thompson 2007, Varela et al.2001）。

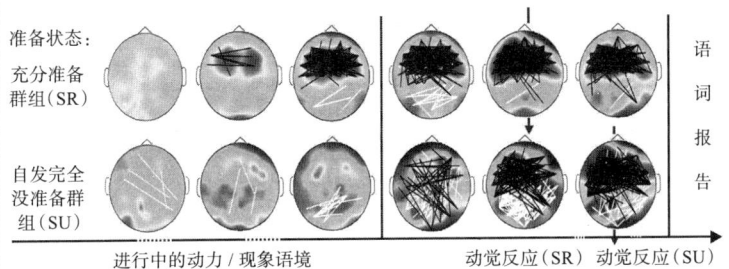

准备状态：
充分准备
群组（SR）

自发完全
没准备群
组（SU）

进行中的动力／现象语境　　　　　动觉反应（SR）　动觉反应（SU）
[-5200,-4200]毫秒 [-3200,-2200]毫秒 [-1200,-200]毫秒 [0,100]毫秒 [250,350]毫秒 [450,550]毫秒 ~3000毫秒

语词报告

图 2.3　受试者 S 在 SR（154 次测试）和 SU（38 次测试）中的动力神经信号。注意：黑白线分别对应是同步中的增加与衰减。来源：Lutz et al. 2002, 惠允重印

实验者能够表明，那些得到现象学训练的受试者的报告中所描述的特殊主观参数，它们恰好在刺激出现之前就跟特殊的 DNSs 关联起来。例如，在刺激出现之前，在脑前叶电极中所记录的阶段性同步的特殊形态依赖于受试者所报告的准备程度。

总而言之，在鲁慈等人（Lutz et al. 2002）所采用的实验方案中，受试者被要求使用开放问题的形式来提供关于其经验的描述，从而不用引入预先确定的理论范畴。他们得到训练，以熟悉他们在研究领域中的经验。这些描述性范畴得到了主体间以及科学的确认，并被用以解释那些与行为和大脑活动的客观测量相关联的结果。如

前面方框中所示，实验显示出，在刺激刚刚出现之前，受过训练的受试者的现象学报告中所描述的特殊主观参数就关联于特殊的动力神经信号，而这些动力信号又以不同的方式决定了对刺激的行为反应与神经反应。⑥

这种对行为、神经元与现象学维度的结合，以及它们彼此间密切关联的建立，展示出一种在经验性实验中整合现象学方法的有益且富有成效的方式。对第一人称方法的使用以准确的术语澄清了第三人称数据所测量的到底是什么，而行为结果与神经元结果又将经验奠基于具身性的感知过程。相似的神经现象学程序在癫痫病研究也得到采用，并且有助于对特定种类癫痫的认知治疗（Le Van Quyen et al. 2001; Le Van Quyen & Petitmengin 2002）。

尽管瓦雷拉认为，我们可以训练受试者以便让他们进一步熟悉自身的经验，从而成为更好的观察者和描述者（Varela 1996），佩蒂特孟津（Claire Petitmengin）继而发展出一个被称为"微观现象学（microphenomenological）访谈"的技术，它结合了定性研究、现象学以及认知科学的方法，并试图教导访谈者去帮助引导受试者去逐渐地展开并扩充其注意的领域，从而使其经验中迄今尚未被注意到的方面以及微妙的细节可以被发现，并被描述出来（Petitmengin 2006）。据此，只有通过悬搁，我们自己的意识生活才能变成真正的研究议题。我们自然而习惯的专注点乃是非心理的世界。当我们生活于自然态度之中时，我们就不可避免地全神贯注于世间的对象和事件，专注于经验的什么或事实（what of experience）。而通过悬搁，我们最终可以重新将注意力导向经验的如何（how），从而揭示出主体生活中我们通常未注意到并忽视的方面和维度（Petitmengin et al. 2019：692)。

现象学心理学与定性研究

从其一开始，现象学哲学就对经验科学产生了影响。实验心理学跟临床精神病学是最先从中获得灵感的学科——也即胡塞尔的呼吁：注意到整全之具体性中的现象。早在1912年，雅斯贝尔斯发表了一篇简短的论文，勾勒了精神病学如何能够从胡塞尔现象学中获益(Jaspers 1912)；而在后来几十年间，诸如卡茨(David Katz)、希尔德(Paul Schilder)、宾斯旺格(Ludwig Binswanger)、施特劳斯(Erwin Straus)、拜腾迪克(F. J. J. Buytendijik)和闵可夫斯基(Eugène Minkowski)等主流的心理学家和精神病学家全都在实践和研究中参与到现象学之中。

卡茨著作包括多达20多部书籍和专著，其独特的统一特征在于他对人类经验以及被经验之世界的深厚兴趣。卡茨参加过胡塞尔哥廷根时期的讲座和研讨班，并最终认为胡塞尔的现象学和现象学方法之于心理学是不可或缺的(Katz 1950：18)。对卡茨来说，现象学方法首先是要寻求一种对现象之如其显现的不偏不倚的描述，这也是他自己在研究触觉和颜色时应用该方法的方式。比如说，在其有关触觉的著作中，卡茨非常细致地区分了表面的触觉、浸入的触觉以及体量的触觉(Katz 1989：50-53)，从而指出下述三种触觉之间的差异：触摸桌子的顶部，将自己的手浸入一个充满液体的容器里，通过触摸皮肤表面来感受下面的骨折。重要的是，卡茨根本就不是反对定性研究和主流的心理学理论，或者对之不感兴趣。确实，对他来说，现象学心理学并不回避实验和理论建构的严格性。

相反，源自现象学的洞见和观点可能不仅可以导向更好的实验和更佳的理论思考，实验技术也可以被用于改进现象学的观察和探究，从而使得其发现更加可靠，在主体间更易获得。

在受到现象学影响的研究者中，卡茨只是这个示例性名单中最早的一批人之一。他们批判性地参与了其时代的主导理论，不管是行为主义或精神病学，而且对人类生存的各领域提出重要且有见地的分析。起先，他们活跃于德国，并最终其影响扩散开来；在第二次世界大战之后，在比如瑞士、法国、荷兰、丹麦、瑞典和美国，都存在着活跃的研究者。

如果我们跟着时间前进，近年也出现了一个显著增长的兴趣，也即将现象学当作定性研究的方法。这一发展主要是发生于应用心理学，但也出现于护理研究和教育研究等领域。其中几位广受引用和采信的贡献者包括教育学家梵·曼能（Max van Manen）、心理学家史密斯（Jonathan Smith）和吉奥尔吉（Amedeo Giorgi）。但很不幸的是，这三位作者在其方法论的推荐上却差别相当大，而且他们对人们应该如何或宽或窄地界定现象学之为什么，也是如此。

在其早期的一个相关文本中，史密斯解释说，他为自己的路线选择了"解释的现象学分析"（Interpretative Phenomenological Analysis[IPA]）这个术语，因为其目的是要"探究参与者对世界的观点，并尽可能地采取所研究之现象的'局内者的视角'"（Smith 1996: 264）。他还写道，IPA 是一个现象学的路线：

> 因为它包含了对参与者之生活世界的详细检查；它尝试去探究个人的经验并关心个体关于某个对象或事件的个人感

知或解释，而不是尝试给出关于对象或事件本身的客观陈述（Smith & Osborn 2008：53）。

史密斯的路线显然是定性的。它也是非还原论的，并且寻求给出丰富的经验之描述。尽管它坚持要求考虑提供信息者的视角，但我们却很难看出到底什么东西使得它成为特殊的有关定性研究的现象学路线。史密斯并未求助于上述勾勒的任何一个方法论步骤；更为重要的是，我们在史密斯的方法中难以看出胡塞尔、海德格尔、梅洛-庞蒂，萨特以及其他现象学哲学家之理论工作的任何痕迹。

或许，并不让人意外的是，史密斯的工作遭到其他定性研究者的批评。比如说，梵·曼能就认为，史密斯的框架"在任何可接受的意义上，都不可救药地误解了现象学"（van Manen 2018：1962）；与之相反，梵·曼能坚持认为，"现象学分析的基本方法包括悬搁和还原"（van Manen 2017b：820）。对于梵·曼能而言，现象学的目的以及人们必须采用悬搁和还原的理由，在于描述体验会像是什么（van Manen 2017a：776），并且他提到诸如"嘬一口咖啡会像什么"这样的问题（van Manen 2014：35）作为核心现象学问题的一个例子。当梵·曼能主张，现象学是"追寻有关体验之现象性的洞见"（van Manen 2017a：779），他看起来像是接近于一种关于现象学的肤浅理解，就跟我们在当代的一些认知科学和分析哲学中所看到的一样——其中"现象学"一词经常被用来指称经验的性质特征。在这个语境中讨论现象学因而就是讨论经验的某个特定维度，并最多是对经验到 X 的"像什么"（what it is like）给出第一人称的描述。但这种讨论现象学的方式显然必须区别于哲学之中作为特定方法或传统的那个现象学。除此之外,梵·曼能还强调了征询"现象学的一手文献、传统乃至运动"的重要性(van Manen 2018:1966)。他在其著作中不断强调,以非技术性的方式向那些不是专业哲学家的研究者介绍现象学是很重要的(van Manen 2014:18)。但不管怎样,他自己在解释现象学的哲学方法时,梵·曼能却展示不少于九种不同的还原。在他看来,不仅有启发式还原(heuristic reduction)、解释学还原、经验还原、方法论还原,他还区分了本质还原、本体论还原、伦理还原、彻底的还原和源初的还原(van Manen 2014:222)。如果这看起来远不是以非技术的、且通俗易懂的方式来介绍现象学哲学,那么也不清楚这些区分对于护理心理学、临床心理学或者医疗保健中的专家们会有何价值,他们对在研究或医疗实践中使用现象学的观念可能感兴趣。[7]

吉奥尔吉的路线则是异常清楚地采用一种胡塞尔式的导向,并且他明确地认为,他的现象学心理学包含了一种对胡塞尔所发展的哲学方法的适应和改变(Giorgi 2009:104)。其路线的一个总体目标在于,对经验的本质结构提供一个忠实的描述。为此,吉奥尔吉经常强调三个方法论步骤的重要性。首先,现象学的心理学家必须采用现象学还原,并抵制"这样一种设定——也即认为任何存在于面前的对象或事态都是存在着的"(Giorgi 2012:4)。他对这一要求倒是坚定不移,并且经常认为任何一个想要实践应用现象学的人——也即那些想要在非哲学语境中采用现象学观点的人,如果他们的工作还称得上是现象学的话,那他们就必须采用悬搁和还原(Giorgi 1994:206)。其次,现象学心理学必须是"描述性的",而非解释性的(Giorgi 2009:9)。心理学家应该描述被给定之物是如何被经验者所经验到,而这不应该对被给定之物有所增加或削减。人们应该避免通过求助于在先的理论预设来解释这个被给定之物,而是应该培养出对实际当下之物的一种警觉。最后,人们所追求的知识应该是一般化且系统的。基于对其具体案例的仔细检讨,人们应该寻求抽取出不变的结构。就更为实践性的指导而言,吉奥尔吉的方法首先是关切对数据的分析,而不是对数据的收集。在结束一个定性的访谈并对之进行转录之后,他勾勒了一个研究者在对从参与者那里收集而来的描述进行分析时应该采用的、包含多个步骤的流程:研究者首先应该阅读整个访谈,从而理解其大致的含义。在这个阶段,不应该做任何分析。下一步则是将描述分解为若干个更小的意义单元。——就这些意义单元而言,研究者应该寻求去发现、阐明并解释其心理学的价值与重要性。在最后一步,研究者应该综合这些不同的发现,以便抓住所研究之经验的本质(Giorgi 2009:128-137)。

在神经现象学与微观现象学中,以及梵·曼能与吉奥尔吉的著作中,不断重复出现的一个主张在于,任何一个真正的现象学应用都必须实行悬搁和还原。检讨这个主张是非常有用、且能澄清事情。那么,除非一个研究被这些现象学的步骤所支撑,否则它们就真的不能主张其现象学的地位么?不同的人所给出的论述稍有不同,但他们通常假定——悬搁是必须的,它可以将我们的焦点从对象重新导向经验;要么是说,悬搁是必须的,它使得我们得以将各种理论的前提和成见放入括号之中。但一如我们已经论述的,这两个论述都充满了谬误。就像布伦塔诺、詹姆斯和冯特等心理学家所表明的,我们可以小心地专注于经验,而无需烦神于任何像现象学悬搁这种神秘难懂的东西。并且，一如我们已经指出，认为现象学应该包含一种对外在对象的无兴趣，并完全转向内在——这是一个严重的错误，因为现象学的注意点恰恰是心灵与世界之间的界面或联结。

那么关于下述主张呢——也即我们需要悬搁以便对无关主题的成见加括号？至少，我们注意到这跟胡塞尔在这个议题上的实际论说并不一致。胡塞尔非常清楚地认为，悬搁并不具有排除所有成见以便构造一个无理论之科学这样的目的（Husserl 1982：62）。相反，悬搁之所要加括号在于，"隶属于自然态度之本质的一般性设定；就存在而言，我们将该设定所包含的所有东西都放入括号之中"（Husserl 1982：61）。换言之，悬搁所瞄准和所悬置的是一个非常特殊的、本质上隶属于自然态度的前科学之假定。通过悬搁我们关于世界之绝对存在的缄默信念，通过不再将实在当作是未经检讨的出发点，我们可以开始处理一系列根本的认识论与形而上学的问题。依据胡塞尔，只有以这种方式，现象学家才可能将"世界之存在的普遍显然性——这对于他而言是最大的谜题"转变为"某种可以理解的东西"（Husserl 1970：180）。胡塞尔这里所提供的是重要的超越论哲学的想法。更为不清楚的地方在于，这些想法也是定性研究者在哲学之外尝试应用现象学时必须时时记在心里的（Zahavi 2020a）。确实，坚持让那些想要援引现象学的发展心理学家、认知神经科学家、人类学家、护士或语言学家参与到这一种超越论练习——这到底是合理的吗？在我们看来，恰当地应用现象学必须在过于浮皮潦草地参与哲学观念与过于教条地参与这些观念之间保持恰当的平衡。实际上，真正地应用现象学面领着三重挑战：其一是错误地认为现象学不过是专注于经验，因而过于肤浅；其二是采用了太多的理论概念，但却少有经验上的相关性，因此过于哲学化；其三是受到错误的方法论要求的误导。

前置现象学

在下面，我们引入一个替代的选项，以避免刚刚提到的危险。这就是"前置现象学"（front-loaded phenomenology）（Gallagher 2003a），它之于后续章节中的讨论将会是富有启发性的。其基本的想法是说，让现象学中所发现的洞见、概念、分析影响设计实验的方式，或者影响实施访谈的方式。但是，将现象学前置并不意味着简单地预设或者采纳其他人所获得的现象学结果。相反，它包括测试这些结果并更为一般地纳入一种对话运动，也即在现象学或神经现象学中所获得的在先洞见，与那些为了特定实验或者经验研究而细化或者拓展这些洞见的预备实验之间展开对话。为了看看这是如何进行的，让我们来看一个例子。

首先，我们要注意到，依据这个路线，人们可以在实验的流程中加入现象学的洞见，而无需在方法上训练受试者。这并不意味着要拒绝神经现象学的路线。如上所示，在神经现象学的实验中所发展起来的现象学洞见可以被前置于后续实验的设计之中。但前置现象学可以处理涉及训练的神经现象学流程中的一些局限。确切地说，不是每一个心理学实验都可以被设计为允许训练受试者。比如在某些情况下，人们希望受试者对被测试的东西保持朴素的状态。而在别的情况下，人们可能测试那些不能跟随现象学方法的受试者，比如他们可能受到疾病的困扰。在这种情况下，我们依然可以在实验设计中将现象学前置。

作为例子,我们关注一些采纳了现象学区分的实验,也即关于我对自己行动所具有的"能动感"(sense of agency)与我对自己身体及其运动所感觉到的"所有感"(sense of ownership)。在正常的意向行动的经验中,这两个方面几乎是无法区分的。但可以考虑一下非自发行动的现象学。例如,如果某个人从背后推我,我感觉到我自己的身体在运动——它是我的动作,而非他人的,因而我体验到该动作的所有感——但我并未体验到初始动作的能动感,因为我并未感到是我自己意图或造成这个动作。也即,在非自发动作这个例子中,我直接体验到动作发生在我身上(所有感),但不是我自己造成了它(没有能动感)。能动感与所有感(现象学家称之为"为我"感[sense of for-me-ness])都是一阶的、前反思的现象体验。

采用这一区分,神经科学可以追问哪些神经进程产生了这些一阶体验。进而言之,如果这个区分事实上是潜在于一阶的体验之中,而非二阶内省归属的产物,那么这就提示说,神经科学家应该找到一组更为基本的初始进程,它们是在本体感或动觉控制机制(motor control mechanism)中被激活,而非在那些可能负责高阶认知程序的区域中被激活。

这一基于现象学的设想不仅在经验上可供测试,它已经启发了好几个实验设计,它们试图去区分与自我行动之能动感(自我能动性)相关联的神经元以及与隶属于他人的行动感(他人能动性)相关联的神经元(例如 Chaminade & Decety 2002; Farrer & Frith 2002; Farrer et al. 2003; Nahab et al. 2011)。[8] 我们将在第八章详细地讨论这些实验。但就目前而言,我们只需注意到,这些实验中的受试者对于自身经验的现象学细节是完全无知的。他们甚至于无需报告自己的经验。但在这些实验中,对能动感的现象学描述不仅提示了其实验设计(该实验恰恰是为了找到这个经验构成的神经元关联项而建立的),并且构成解释其结果的分析框架的一部分。并且,这些实验并不是简单地预设现象学描述;相反,它们测试并且尝试去证实现象学描述。

第四节 结论

自其创始,现象学就对经验科学和学院派哲学之外的世界产生了影响。如果人们看看其早期的应用,比如卡尔·雅斯贝尔斯、戴维德·卡茨、埃尔文·施特劳斯、澳根尼·闵可夫斯基以及阿尔弗雷德·许慈等人,对于他们而言,重要的是胡塞尔早期坚持要仔细地关注于整全之具体性中的现象,以及保持一种开放的态度,以免受到预先设想之理论的干扰。他们中的很多人对具体的现象学概念也很感兴趣,比如意向性、具身性、同感或者生活世界。与之相对,胡塞尔对悬搁和还原的更为理论性的论述看起来则并没有产生多大的影响。因此,斯皮尔格伯格(Herbert Spielgelberg)在其令人印象深刻的巨著《心理学与精神病学中的现象学》(*Phenomenology in Psychology and Psychiatry*)的结尾处,他明确地警告"对胡塞尔的教条主义回归"——这并不是偶然的;他认为,如果心理学和现象学之间真正的双向交流是可能的话,那么人们就应该避免采用胡塞尔哲学当中的一些技术性细节(Spiegelberg 1972:366)。

在我们看来,相较于悬搁与还原,哲学现象学当中的某些特征对于经验研究者可能更为相关。现象学能够对各种经验中所关联之认知机制的研究有所贡献,其理由之一在于,它提供了概念工具与描述性区分(比如反思与前反思的意识,作为主体的身体［身体,Leib］与作为对象的身体［躯体,Körper］,源印象、滞留和预持之间的区分——我们会在后续的章节里继续检讨这些概念),这些区分可以(让我们)更好地把握待研究的课题。只要这些概念工具与描述性区分富有成效地有别于研究者所采用的(概念与区分),只要他们还在尚未受到现象学启发的不同种类的认知科学领域工作,那么采用现象学的步骤就会有所收获。

现象学的应用所包含的东西远不止是简单地在受访者那里诱发第一人称报告。它在于积极地在研究中采用一个综合的理论框架。当引用现象学的观点时,极为重要的是,研究者应该以一种保持透明的方式,以便让所采用之概念、它们所可能起到的作用都是一清二楚的。引用无数与经验无关的技术性的哲学概念,这并不明智。因而,我们有理由期待,被采用的现象学工具必须展现其相关性,必须产生一种有价值的差异,必须允许新的洞见或者更好的治疗上的干预。

人们可能会想,现象学对科学的真正的独特贡献在于,它能够提供有关待解释项的精细分析,这可以作为后续解释理论的基础,后者则为底层的因果机制提供达到最佳说明的推论。毕竟,现象学不是神经科学,其所从事的并不是对认知的真正神经元基础提出解释。它不是心理学或精神病学;它也不是计算科学或人类学。尽管现象学确实可以提供细致的描述,但我们也认为现象学在与这些科学合作时,其所能做的远不止于此。这不仅因为它能处理那些对于理解意识之真正复杂性极为关键的议题,而这些议题在当下的讨论当中经常是缺席的,而且因为它还能提供一个理论与概念上的框架,用以挑战对经验数据的标准解释,并提供可通过经验进一步检验的替代性解释。

我们想强调现象学与譬如认知神经科学之间的互动,而且我们认为这个互动所能提供的往往比现象学和认知神经科学各自提供的都多。与此同时,我们的观点并不是现象学的所有门类都适用于认知科学的议程;事实上刚好相反,因为我们在其他的著作中已经清楚地表明,现象学的某些部分具有不可还原的哲学性质。

本章注释:

① 参考《现象学与认知科学》(*Phenomenology and the Cogntive Sciences*)关于"异质性现象学"的特刊(Noë 2007b)。丹尼特(Dennett 2007:252)在对该特刊的回应中坚持认为,异质性现象学描述了经验科学已然开展其工作的方式,但他反对将异质性现象学刻画为对第一人称数据的"平均化抹除"(averaging out)。但如果平均化抹除不是准确的说法,那么"消除"(elimination)第一人称数据可能就是更恰当的表达。毕竟,丹尼特确实主张,意识并不具有一般以为的第一人称之现象特征(Dennett 1991:365)。某个东西对于主体而言具有主体或经验的实在性不过是说主体具有关于它的信念(Dennett 1993b:139)。存在着我们说出来的公共性报告、命题思考的片段,那么就存在着内省所抵达不了的黑暗之处(Dennett 1979:95)。对于丹尼特来说,

意识流所包含的东西不过就是命题性的片段(Dennett 1979:94-95, 109)。

② 当然，物理学的发展，特别是相对论以及量子物理的兴起，已经质疑了这一基本假设。然则，同样可疑的是，爱因斯坦与波尔想法的全部理论意涵——其准确解释依然有待争论——是否已经被标准科学所吸收并反映于它对实在性的理解之中。稍带提及的是，我们应该注意到杰出的数学家赫尔曼·外尔(Hermann Weyl)，他是爱因斯坦在苏黎世的同事，并且对广义相对论以及量子机制领域的解释及后续发展做出了决定性的贡献，他不仅广泛地引用胡塞尔对自然主义的批评，而且深受胡塞尔的超越论观念论的影响(参看 Ryckman 2005)。另参看加拉格尔(Gallagher 2018)对波尔和胡塞尔的讨论。

③ 正确地理解现象学的意识分析必须认识到它们的超越论哲学特征。但涉及海德格尔与梅洛-庞蒂的工作时，有些人还是觉得这个主张是有争议的。对这一解读的辩护，并且强调这三位现象学家之间的共同性，参看 Zahavi 2006, 2008b, 2019a, 2019b。

④ 以下概述基于 Gallagher 2003a，更详尽的解释则参看 Thompson 2007。

⑤ "为了训练受试者，在录像开始之前，开放性问题被用于将他们的注意力重新导向他们自己直接的心灵进程……例如，实验者：'在图像出现之前和之后，你感觉到什么？'受试者 S1：'我的预期感越来越强，但不是针对特定的对象；但当图形出现时，我具有一种确认感，毫无意外'；或者受试者 S4：'就好像图像在我注意力的边沿出现一样，但之后我的注意力一下子就被这个图形给吞没了'"(Lutz et al. 2002:1587)。

⑥ 关于这个实验的进一步理论与方法论讨论，参看 Lutz 2002; Lutz & Thompson 2003; 以及 Thompson et al. 2005。汤普森表明，实验神经现象学中所采用的现象学方法并不必然局限于胡塞尔现象学的传统。它们可以包括"任何研究与描述经验的系统计划。基于此理解，现象学包括亚洲的传统，特别是各种佛学以及印度哲学基于冥想的心灵训练，从而对心灵与意识的本质做哲学的分析"(Thompson 2007:474)。

⑦ 关于进一步的批评和反驳，参看 Zahavi 2019c, 2020b 和 van Manen 2019。

⑧ 这些区分还启发了心理病理学和理论神经科学中的研究(参看 Arzy

& Schacter 2019 关于一个最近的应用，以及 Braun et al. 2018 的一个评述)。

延伸阅读：

· Shaun Gallagher, Bruce Janz, Lauren Reinerman, Patricia Bockelman, and Jörg Trempler. *A Neurophenomenology of Awe and Wonder: Towards a Non-reductionist Cognitive Science.* London: Palgrave-Macmillan, 2015.

· Aron Gurwitsch, *Studies in Phenomenology and Psychology.* Evanston: Northwestern University Press, 1966.

· Anthony Jack and Andreas Roepstorff (eds.), *Trusting the Subject I?* Special double issue of *Journal of Consciousness Studies* 10/9–10, 2003.

· Dermot Moran, *Introduction to Phenomenology.* London: Routledge, 2000.

· Alva Noë (ed.), *Dennett and Heterophenomenology.* Special double issue of *Phenomenology and the Cognitive Sciences* 6/1–2, 2007.

· Claire Petitmengin, Describing one's subjective experience in the second person: An interview method for the science of consciousness. *Phenomenology and the Cognitive Sciences* 5(3–4), 2006: 229–269.

· Jean Petitot, Francisco J. Varela, Bernard Pachoud, and Jean-Michel Roy (eds.), *Naturalizing Phenomenology: Issues in Contemporary Phenomenology and Cognitive Science.* Stanford: Stanford University Press, 1999.

· Robert Sokolowski, *Introduction to Phenomenology.* Cambridge: Cambridge University Press, 2000.

· Evan Thompson, *Mind in Life: Biology, Phenomenology, and the Sciences of Mind.* Cambridge, MA: Harvard University Press, 2007.

· Francisco Varela, Evan Thompson, and Eleanor Rosch, *The Embodied Mind: Cognitive Science and Human Experience.* Cambridge, MA: MIT Press, 1991.

· Donn Welton (ed.), *The New Husserl: A Critical Reader.* Bloomington: Indiana University Press, 2003.

· Dan Zahavi, *Husserl's Phenomenology*. Stanford, CA: Stanford University Press, 2003a.
· Dan Zahavi, *Phenomenology: The Basics*. London: Routledge, 2019a.

第三章　意识与自身意识

在完成漫长一天的工作之后，我爬进了光鲜亮丽的混动车，开上高速回家。我跟自己说，参加今天的这些会议真是惊人地浪费时间。从来就没有什么事情可以在这些会议上得到解决。认为计划 A 超出预算的那个蠢材明摆着就对经济学一窍不通。但新来的那个伙计看起来还知道自己在说些什么。或许可以找时间跟她喝上一杯。

……呃，我居然到了。我开进我的车道，然后就到家了。这并不需要很久。事实上，既然我想起这茬，我几乎都不记得我是怎么回来的。我记得自己上了高速，下一件事就是我到这了。让我想想——我到底走了哪条道呢？呃，我现在居然想不起任何关于实际开车这件事——而我确实开了。我很可能是用了自动驾驶。但这意味着我对自己开车这件事毫无意识么？

我们刚刚描述的情境就是文献中非常有名的"长途卡车司机"问题的一个版本（Amstrong 1968）。我能具有无意识的感知并做出无意识的行动么？若此，那么当感知事实上是有意识时，其差异又是什么——如果真有差异的话？我们应该称哪些感知与行动为"有意识的"呢？如果有意识的感知除了是对世界中某物有意识的感知之外，它本身也是人们对之有所意识的东西，那么它是否意味着一种自身意识（self-consciousness）？我们在此所面对的是一个有关意识与自身意识之间关系的宏大哲学议题。我们应该怎么正确地思考这些概念呢？

在本章，我们所要讨论的是任何意识理论都必须处理的一些核心问题。我们会专注于现象学的解释，并跟其他理论相比较。正像任何其他传统，现象学传统也具有众多差异。但即便现象学家们在方法与关注点等重要问题上有分歧，他们在意识与自身意识之间的关系上面几乎没有异议。其中几乎所有主要的人物都辩护这样一种观点——也即，一种极小的（minimal）自身意识形式是意识体验的恒常的结构性特征。体验直接地发生于体验着的主体，而作为这种直接性的一部分，它被潜在地标识为"我的"体验。对于现象学家而言，体验现象的这种直接的第一人称特征必须用"前-反思"的自身意识方式来进行解释。

将这类自身意识称为"前反思的"，我们想强调一点：它并不包含额外的二阶心灵状态——即以一种清晰的方式指向体验本身。相反，前反思的自身意识必须被视为源初体验的内在属性。进而言之，它不是以或课题化或专注化或主动的方式被给出的，而是缄默的（tacit），更为重要的是，它是彻底非观察式的（也即它不是对自我的内省式观察）、非对象化的（也即，它不将自己的体验变为被感知或被观察的对象）。当然，我可以反思并专注于自己的体验，我可以将之变为注意的课题或对象；但在反思它之前，我不是"心盲的"或"自身盲目的"。体验已然呈现给我，它已然像"为我"的某物，并且在此意义上它称得上是前反思的自身意识。

第一节　意识与前反思的自身意识

透过窗户，我看到自己刚刚停在车道里的小车。在这个例子中，我可以说我对车有所意识，或者我对之有一阶的意识。我可以告诉你它看起来像什么，可以告诉你——是的，它就在那，位于车道上。但除非我在某种程度上也熟悉或者是亲知到我对小车的经验，我能够对车有所意识吗？我能够告诉你我所意识之物是什么吗？既然我熟悉或亲知到我对小车的经验相当于说我有对自己有意识的意识，那我们可以说它是一种自身意识。那么问题就会变成，这种自身意识的本质到底是什么？是否可以正确地说，在所有对某物有所意识的情形中，我们也意识到自己对之有所意识；或者这不会造成无穷后退吗？

例如，胡塞尔争辩说，个体的体验流被一种自身显现(self-appearance)或者自身展现(self-manifestation)所刻画(Husserl 2019：388)。他认为，自身意识是一种刻画着体验维度本身的特征，而非只出现于例外情形中的东西——也即当我们专注于自己的意识生活，而不管我们可能对之有所意识并为之忙碌的世间之物到底是什么。如他写道：

> 不管我何时进行反思，我都发现自己与某物"在某个关系之中"，作为被感触的或主动的。我与之相关联的东西在体验上是有意识的——它作为"体验"(lived-experience)已然为我而存在于那里，以便让我能将自己与之关联起来(Husserl 2006：196)。

51 我们可以在其他现象学家那里找到非常类似的观点。例如，海德格尔认为，每一个世间经验都包含着一个自身亲知（self-acquaintance）与自身熟知（self-familiarity）的要素。一如他在1927年的一个讲座课中写道，"在'回转'（turning back）意义上的反思只是一种自身把握（self-apprehension）的模式，但它不是首要的自身揭示（self-disclosure）的模式"（Heidegger 1982:159）。

现象学家将意识是之于或关于某物的这个想法称为意识的意向性（详见第五章）。萨特——他可能是现象学自身意识理论的最为著名的辩护者了——也主张说，每一个意向体验都为自身意识所刻画。萨特认为前反思的自身意识构成了意识到某物的必要条件。有意识地感知到一棵枯萎的橡树、舞蹈表演或者红色枕头，但却未觉知到该感知——也即没有感觉到我正在经验它或者未亲知到正在进行的体验，这在萨特看来显然是荒谬的（Sartre 1967, 2018:8-23）。一个体验并不是径直就存在的，它以潜在地自身被给予的方式而存在着，或者用萨特的话来说，它是"自为的"。体验的这种自身被给予性并不仅仅是一个附加到体验的性质、单纯的一层清漆，而是构成了体验的存在模式本身。在《存在与虚无》的重要导论中，这一想法得到详细阐述；其中萨特主张说，对意识的本体论分析——也即对意识之存在本身的分析——表明，它总是包含着自身意识：意向意识的存在模式是"自为的"（pour-soi），也即它是自身意识的。"我们不应该将这个（对自身的）意识视为一种新的意识（行为），而是视为对某物的任意意识而言唯一可能的存在模式"（Sartre 2018:13）。

我们不应误解这些主张。现象学家并不是提倡一种有关完全且绝对无误之自身知识（self-knowledge）的强论题；相反，他们提醒人们注意体验现象与第一人称视角之间的构造性关联。正如我们一会所见，许多分析哲学家最近也提出了类似的主张。

　　胡塞尔、海德格尔、萨特以及其他人都强调，在澄清现象意识时需要考虑第一人称视角的重要性。在讨论第一人称视角时，重要的是要弄清楚具有这一视角或具身化这一视角跟用语言来表述该视角之间的区别（我们将之分别称为弱的第一人称视角与强的第一人称视角）。后者预设了对第一人称代词的把握，而前者则不过是关于自身体验生活之第一人称的、主体性显现的问题。尽管这两类能力都值得研究，现象学家主要是强调前者的重要性，因为他们认为它能为后者提供经验基础。因此，强调第一人称视角之重要性就不应被视为是赞成一种自身知识的感知模型，好像我们对自己体验的亲知正是通过对自己采取某个立场，或者是通过明确采取一个视角。相反，其要点在于，体验片段之呈现给具有这些片段的主体具有一个独特的方式。用萨特的术语来说，体验片段一开始就具有第一人称本体论，也即这甚至先于主体获得了概念语言能力，以便将其归属给自己。

自身意识的不同形式

　　虽然我们所列举的这些哲学家之间存有共识，"自身意识"这个术语却是出了名的模棱两可，而哲学、心理学与神经科学的文献遍布着相互竞争、相互冲突、相互补充的定义。让我们先快速看看一些主要的选项：

1. 在哲学中,许多人尝试将自身意识与思考"我思"(I-thought)的能力联系起来。在巴克(Lynne Rudder Baker)的著作中,我们可以看到对这一路线的辩护;他认为所有有感知能力的存在者都是体验的主体,他们都具有视角性态度,他们都从自己的自我中心视角来经验世界。由此,他们显现出他们具有巴克所说的"弱的第一人称现象"(Baker 2000:60, 67)。但是,仅仅具有一个主体性的视角并不足以具有自身意识。为了具有自身意识,人们必须能够将自己视为自己——这对巴克来说是一个"强的第一人称现象"。具有欲望与信念是不够的,具有视角性态度也是不够的,而能够去区分自身与非自身也还是不够的;人们必须还能够将这个区分诉诸概念。因此,巴克论证说,自身意识预设了对第一人称概念的把握。人们只有在能够将自己理解为自己,并具有使用第一人称代词来指称自己的语言能力时,人们才是有自身意识的(Baker 2000:67—68;另参看 Block 1997:389)。基于这个定义,自身意识显然被当作是发展过程中出现的东西,而且它依赖于对概念以及语言的最终习得。

2. 另一个流行的相关哲学主张则认为,自身意识就这个术语的准确意思而言要求对"自身"的意识(consciousness of a self)。换言之,一个生物体之所以是自身意识的,那么它能够在个体的基础上将体验归属给自身,却未能认识到该体验所被归属者的同一性——这是不够的。相反,生物体必须能够将被归给自身的体验理解为隶属于同一个自己(self)。因此,真正的自身意识要求生物体能够意识到自己作为不同体验的主体、载体或所有者的同一性(参看 Cassam 1997)。

3. 如果我们将领域换到社会心理学，我们经常会遇到米德（George Herbert Mead）所辩护的著名主张——自身意识是通过自己与他人的社会关系而成为自己的一个对象的，也即自身意识是由采用他人之于自己的视角而被构成的(Mead 1962)。依此理论，自身意识本身就是一个社会现象。它不是你依靠自己就能获得的东西。如米德写道：

> 如其通常使用一样，意识正是指称着体验领域，但自身意识则指的是这样一种能力，也即将在自身内唤起一组隶属于群组内其他人的明确回应。意识与自身意识不是在一个层次上的。一个孤独者可以通达他自己的牙疼——不管是有幸还是不幸，但这不是我们所意指的自身意识(Mead 1962: 163, 171-172)。

4. 在发展心理学中，所谓的"镜像识别任务"有时候被当作是自身意识的关键测试。大猩猩（以及少数其他动物）可以在镜子中认出自己，而人类则在 18 个月左右可以这样做。因而，人们认为自身意识只有当小孩能够在镜子中认出自己时才存在(参看 Lewis 2003；Rochat & Zahavi 2011)。

5. 但一些研究者将赌注进一步提高，认为自身意识预设了对心灵理论的掌握。简言之，其想法在于，自身意识要求具有将体验觉知为体验的能力，而这反过来又要求掌握关于体验的概念。然则，这个概念不能孤立地存在；它从它所嵌入的理论概念网络中获得其意涵。特别地，将体验视为体验要求人们具有关于对象或事态的概念——它们能够被体验到，但它们即便不被体验到也能存在。这致使一些人认为，儿童直到 4 岁左右才获得自身意识，而且人们可以通过经典的心灵理论任务来测试自身意识是否存在，比如错误信念测试或者显象-实在测试（参看第七章）。这类主张又变得更加复杂，因为一些实验可能表明小至 13-15 个月的婴儿也能通过错误信念测试（例如，参看 Baillargeon et al. 2010）。但如何准确地理解这些实验依然存在争议（但参看本书第五章和第九章）。

6. 最后，叙事理论则提议，一个完全成熟的自身意识只有在能够描述自己生命故事的基础上才出现。自身意识所关联的是发展自我叙事、讲述有关自己的故事、以叙事的方式来理解自己生命的能力。

所有这些定义中都有一定的道理，因为它们都把捉到自身意识现象的各种重要侧面，但它们却没有一个切中一个极小的、前反思的自身意识概念。相反，现象学的思路则可以表述如下：自身意识不仅仅是某种人们在专注地审查自己的体验时才出现的东西，更别说是某种只有当人们认出自己的镜像时，或者当人们使用第一人称代词指称自己时，或者是具有一个心灵理论时，或者是辨别自己生命故事的知识时，才会出现的东西。相反，自身意识具有多种形式与程度。当我有意识地感知一个外在对象——椅子、栗子树或者朝阳，完全可以合理地言及"自身意识"——因为有意识地感知某物不是简单地对感知对象有所意识，而且是亲知到对该对象的体验。在最初始、最基本的形式上，自身意识正是体验生活持续地以第一人称显现出来的问题。

第二节 前反思的自身意识与"何所似"

前反思的自身意识这个概念所关联的是这一想法：体验具有一种对体验的主体"感觉"，一种具有它们"看起来怎样"或"感觉起来怎样"的（现象）性质。正如人们经常在现象学文献以外所表达的那样，经历有意识的体验必然意味着，主体具有该体验会有个"像什么"（something it is like）（Nagel 1974；Searle 1992）。像疼痛这种身体感觉显然就是这样的；但在感知经验、欲望、感觉和思考等经验中，也是如此。品尝巧克力会有"像什么"，而这又不同于回忆或想象品尝巧克力的"像什么"，或者是闻香草、跑步、站立、感到嫉妒、紧张、绝望或开心，甚或思考哥本哈根是丹麦的首都等等的"像什么"。但是，所有这些不同的经验都被其特殊的第一人称特征所刻画。真正说来，现象片段的"像什么"（what-it-is-likeness）就是对于自我而言的像什么（what-it-is-like-*for-me*-ness）。

重要的是不要误解经验之"为我性"（for-me-ness）或"属我性"（mineness）的本质。① 以这种方式来讨论并不意味着说，我具有体验的方式甚至于神似于我占有各种外在对象的方式（汽车、裤子或者是在瑞典的房子）。它也不应首先被视为一种对比性的界定。当孩童开始使用物主代词时，它通常意味着"不是你的"。但正如胡塞尔在他的一份手稿中所观察到的，当谈到刻画体验生活的特殊的属我性（Meinheit）时，它能够、也应该以不与他者对比的方式来理解（Husserl 1973b：351），尽管它可能形成自身与他者之区分的基础。换句话说，这一"为我性"并不是像黄色、咸淡或者海绵吸水这类具体的经验性质。它并不指称体验的具体内容，一个具体的"什么"（what），而是指称一种独特的被给予性模式或体验的"如何"（how）。它指称体验的第一人称在场性，指称这样一个事实，我正在经历的体验——相较于它向他人的显现——以不同的（但并不必然是更好的）方式向我显现。它所指的是主体对自己之显现经验的一种特殊的觉知。你可能看到我很伤心，但我经历自己之悲伤的方式在性质上不同于你对我自己之悲伤的觉知。因此，我们可以主张，任何否定体验之属我性或为我性的人都不能认识到体验的一个本质的构成性维度。正如我们所做的，强调意识与自身意识之间的密切联系不过是严肃地对待体验的主体性。换言之，我们认为每一个体验都具有这样一个特征——也即所谓的"视角性所有"（perspectival ownership）（Albahari 2006）。对于主体而言，在视角的意义上拥有某物就意味着，该体验以独特的方式将自身展现给具有该体验的主体。

因此，关键在于不要误解前反思的自身意识的普遍性，仿佛它是某种独立于现象意识的东西，某种在通常关于甜橙子或热咖啡的现象意识之外可以被找到且应该被找到的东西。相反，我们的主张在于，前反思的自身意识是现象意识的构造性属性，是其内在部分。简言之，除非某个心灵状态是自身意识的，否则经历该状态就不会有任何"像什么"，因而它也就不可能是一种现象意识状态（Zahavi 1999，2005a，2014）。这一主张显然就意味着，我们所探讨的自身意识是如此之根本和基础,以至于它可以被归属给所有具有现象意识的生物体,包括各种非人类的动物。

为了避免误解,让我们强调,现象学家并不赞同这样的观点,也即意识和自身意识是同一的;相反,其主张只是说,(现象)意识蕴含着(一个弱的或薄的)自身意识。我们可以比较一下三种不同经验:闻碾碎的罗勒叶,看一轮满月,以及听巴托克的《为弦乐、打击乐和钢片琴写的音乐》。* 尽管这三种体验都具有同一种前反思的自身意识特征,后者告诉我是"我"在体验这些不同的事物,它们却在体验或经历的"像什么"方面有所区别。这可以充分地表明,意识与自身意识不能被简单地等同起来。

如前所示,人们也可以在分析哲学中找到类似的观点。例如,下述分别来自法兰克福(Frankfurt)与戈德曼(Goldman)的引文:

> 意识到某物,但却未觉知到这个意识:这看起来会是怎样的呢?它可能意味着具有体验,但却未觉知到它到底是什么。准确地说,这会是一种无意识体验的例子。那么,它就好像是有意识跟自身意识就是等同了。意识就是自身意识。清醒意识是自身意识这一主张并不意味着意识始终都是二元的——也即它的每一个示例都包括一个初始觉知以及另一个与之不同、与之相分离、且将之当作对象的意识。这会导致意识之示例

---

* *Music for Strings, Percussion & Celesta* 是匈牙利著名作曲家贝拉·巴托克(Bela Bartok,1881-1945)最具代表性的曲目。他属于浪漫主义晚期的风格,后期有机地融合了原始主义和新民族主义风格。——译者

的无限激增——而这是让人无法容忍的。相反，自身意识是一种内在自反性（reflexivity），由此每一个有意识状态都不仅把握到它所觉知到东西，而且还有对自身的觉知。它像是一束光源，它不仅照亮了落入其范围的其他事物，同时也让自己变得可见（Frankfurt 1988：162）。

考虑一下思考 x 或者注意到 x 这件事。在思考 x 的过程中，已然存在了一个潜在的觉知——也即自己在思考 x。此处无需反思，无需从思考 x 中后退一步以便检讨它。当我们在思考 x 时，心灵专注于 x，而非我们对 x 的思考。然则，思考 x 的过程伴随着一个非反思的自身觉知（Goldman 1970：96）。

弗拉纳甘（Owen Flanagan）也辩护了相关的观点。他不仅认为意识在弱的意义上包含着自身意识——也即主体之具有体验看起来像什么，而且他还讨论了一种将自己的经验体验为"我的"［的过程中］所包含的低阶自身意识（Flanagan 1992：194）。克里格尔（Uriah Kriegel）也持有类似的想法；他主张，边缘的自身意识是现象意识的整合性要素。他写道，"有意识地思考或体验某个事物而未以自身意识的方式去思考或者体验之（也即未能边缘地觉知到对它的思考或者体验）：这是不可能的"（Kriegel 2004：200）。②

一阶与高阶的意识解释

意识与自身意识之间存在着紧密的关联这一主张可能并不像人们的预期那么的罕见。事实上，我们甚至可以认为，这种主张是当前正统说法的一部分,因为很多高阶理论者都在辩护这一主张。让我们看一下当下关于意识的辩论,人们习惯于区分"有意识的"这个术语的两种用法:一是及物的,另一个则是不及物的。一方面,我们可以说某人对某物有意识(conscious of),而不管它是苹果、柠檬或者是玫瑰。另一方面,我们也可以说某人(或心灵状态)是有意识的(being conscious)(而非是无意识的)。后一用法显然与现象意识这个概念相关联——也即处于某个心灵状态会有个"像什么"(而非无一物)。在过去的三四十年间,认知科学与分析的心灵哲学中解释不及物意识的流行方式是通过某种高阶理论(参看 Amstrong 1968;Carruthers 1996;Lycan 1987;Rosenthal 1986)。根据这些作者,有意识与无意识的心灵状态之间的差别在于是否有一个相关联的元心灵(meta-mental)状态。如卡卢瑟(Peter Carruthers)写道,体验的主体感受预设了一种高阶觉知的能力;"这种自身觉知之于一个生物体作为现象感受的主体——或者之于它的体验之像什么——是一个概念上的必要条件"(Carruthers 1996:152)。

阐明这一路线的指导思想,其办法之一便是比较意识与聚光灯。有些心灵状态是被照亮的;而其他则在黑暗中工作。而使得心灵状态成为"有意识的"(被照亮的)则是这一事实——也即它被相关的高阶状态当作了对象。正是高阶表征的出现才使得我们对一阶心灵状态有所意识。简言之,意识状态是我们对之有所意识的状态;或者如罗森塔尔(Rosenthal)写道,"心灵状态之为不及物的意识仅在于人们对之有及物的意识"(Rosenthal 1997:739)。因此,非及物的意识就被当作是非本质的、关系性的属性(Rosenthal 1997:736-737),也即一个只有当心灵状态与其他事物处于相对关系时才具有的一种属性。

对此,现在一般有两种解读方式。要么我们通过某种高阶感知(high-order-perception[HOP])或者监测(monitor)才对一阶的心灵状态有所觉知(Amstrong 1968;Lycan 1997),要么我们通过某种高阶思想(high-order-thought[HOT])才对之有所觉知——只有当我们在某个状态之中并且对之具有大致上同时性的思考,该状态才是有意识的(Rosenthal 1993a:199)。因此,HOP模型与HOT模型之间的基本区分正在于这一议题:即造成意识的元心灵状态本质上到底是像感知(perception-like)还是像思想(thought-like)?③
但在这两种情形中,意识都被当作是心灵将其意向目标指向自己的状态与运作这一问题。自身指向性被当作了(非及物)意识的构成要素;或者说,高阶理论典型地以自身意识来解释(非及物的)意识。

基于这种反思性觉知的认知要求,众多辩护高阶表征主义的心理学家、哲学家和神经科学家已经做好准备,以否认婴儿与动物具有现象意识。早在20世纪80年代,盖路普(Gallup)认为,只有那些具有监控自己心灵状态之能力的生物体才具有意识体验——也即那些他认为能够通过镜中自身识别任务的生物体(Gallup 1982,1985)。之后几年,卡卢瑟认为,绝大部分动物和三岁以下的儿童都缺少一个心灵理论,也都缺少有现象意识的心灵状态(Garruthers 2000:203)。而最近,乐多斯(LeDoux)和布朗(Brown)辩护了这样一种观点,即现象经验乃是这样一个问题,也即以内省的方式觉知到一个无意识的高阶表征,以及认为以自我为中心的高阶状态之于情感经验乃是本质性的。基于此,他们认为,人们应该避免将主体状态归属给动物,并否认后者具有有意识的情感经验(LeDoux & Brown 2017)。

尽管现象学家同意高阶表征主义关于意识与自身意识之间紧密联系的看法,但却不同意他们有关该联系之本质的看法;确实,现象学家最终提供了一个彻底不同的解释,也即无论如何都不会排除动物和婴儿具有有意识的经验。与高阶理论相对照,现象学家明确拒绝,以某种反思、内省或高阶监测的方式来理解在我有意识地经验到某物时出现的自身意识。自身意识并不包括一个额外的心灵状态,而应被理解为初始经验的一个内在属性。也即,不同于高阶的意识解释——即主张非及物意识是那些具有它的心灵状态的外在属性,一个由某些额外状态从外部附加的属性,现象学家通常认为,非及物意识是这些心灵状态的一个内在属性及其构成性特征。进而言之,他们不仅否认心灵状态之为有意识的是因为被某个高阶状态当作了对象,他们还否认另一个观点,即心灵状态之为有意识的,是因为它将自己当作了对象——这一般被认为与布伦塔诺相关。

> 弗兰兹·布伦塔诺(1839-1917)是19世纪富有影响力的哲学家和心理学家。胡塞尔参加了他在维也纳的讨论班——同时还有弗洛伊德以及格式塔心理学的几位创始人。布伦塔诺的著作不仅有关心理学,也有关亚里士多德的形而上学。他的著作《从经验观点而来的心理学》(*Psychology from an Empirical Standpoint*)对胡塞尔具有决定性的重要性,其《论亚里士多德中存在的多重意义》(*On the Several Senses of Being in Aristotle*)则对海德格尔产生了重要影响。

58　根据布伦塔诺，当我倾听一段旋律时，我觉知到我正在听旋律。他承认，我并不具有两个不同的心灵状态：我对旋律的意识跟我对听到它的觉知是同一的；它们构成了一个单一的心理现象。与高阶表征理论相反，布伦塔诺以及现象学家在这点上是普遍一致的。但依据布伦塔诺，通过这个统一的心灵状态，我觉知到两个·对·象：其一是旋律，另一个则是我的听觉体验：

> 在声音向我们的心灵呈现出来的同一个心灵现象中，我们同时把握到了这个心灵现象本身。并且，我们依据它的双重本质来把握它，只要它在其内部具有声音作为其内容，以及只要它同时将自己当作其内容。
>
> 我们可以说，声音是听这个行为的·首·要·对·象，而听这个行为本身是其·第·二·对·象 (Brentano 1995：98)。

胡塞尔、萨特乃至海德格尔不同意的正是这一点：从前反思上说，我的体验本身并不是我的对象。我并不居有一个专注于这个体验的观察者、旁观者或内省者的位置或视角。某物之被体验到，"在此·意·义·上是有意识的，这并不而且不可能意味着这是意识行为的·对·象，一如感知、表象或判断对之有所指向"(Husserl 2001a：I/273)。在前反思或者非观察性的自身意识中，体验不是作为对象而被给予的，而正是作为主体之体验而被给予的。据此观点，我的意向体验是被经历的 (lived through [erlebt])，但它并不以被对象化的方式显现给我，它既不是被看到、被听到，也不是被思考到 (Husserl 2001a：II/105；Sartre 1957：44-45)。

第三章 意识与自身意识

我们前已强调,前反思的自身意识不是采取一个意向性的立场或者对象化的立场,因而它不是某种内感知,也不是一般类型的概念知识。有些人反驳说,即便某种类似于非对象化的自身意识是可能的,这也太弱且太含混了,以至于不能允许或者解释第一人称知识的独特性(Caston 2006:4;Thomasson 2006:6)。在我们看来,这反驳相当让人困惑。正如查尔默斯论证说,具有一个体验就是自动与该体验处于密切的认知关系之中,该关系甚至于比"亲知"(acquaintance)知识更为初始(Chalmers 1996:197)。我们会赞同此说,经典的现象学家亦会如此。在他们看来,前反思的自身意识不等同于第一人称知识。例如,这正是为何萨特会仔细地区分自身意识(conscience de soi)与自身知识(connaissance de soi)。为了获得关于自身体验的知识,我们需要比前反思的自身意识更多的东西。这正是为何在现象学家的核心著作中我们会发现大量关于反思的精细分析。作为课题性的自身经验,反思并不是简单地未经变更地再造体验;被反思的经验在这个过程中被改变了,其程度与方式则依赖于该反思的类型。正是这种改变使得反思具有认知上的价值。前反思的自身意识对于第一人称知识是不充分的——但人们显然不能从这一事实推论说,如果要获得这类知识的话,它因此也是不必要的。确实,一个自然的提议会说,现象的有意识状态是对于主体的像什么,而这使得这些状态相对于任意关于其本质和存在的高阶信念而言,能够起到一个证成的作用。简言之,为何不论证说,现象的有意识状态为任意的后续自身归属、反思性占有以及课题性自身识别提供了经验之根基,并且就此程度而言前反思的自身觉知在认识论意义上是使其得以可能的?

由大部分现象学家所主张的观点来看，现象意识所蕴含的弱自身意识并不具有意向结构；它并不包含一个主体-客体关系。这并不在于自身意识不同于一般的对象意识；相反，它根本就不是一个对象意识。当人们在前反思上是自身意识的，他们并不将自己当作一个意向对象；他们并不是将自己觉知为一个对象，而这个对象碰巧是自己；他们也并不将自己觉知为一个特定的对象——而非其他。相反，我的第一人称的、前反思的自身体验是直接的、非观察性的。它包含着被称为"无识别的自身指涉"（self-reference without identification）(Schoemaker 1968)或"非归属性的自身指涉"（non-ascriptive reference to self）(Brook 1994)。

那这些主张的实际论证是什么呢？当它辩护一个缄默的、非课题性的自身意识的存在时，其论证有时是通过排除法来间接进行的，包括对两个明显候选项的反驳。现象学家首先否认我们可以有意识地体验某物而未觉知到或者亲知到该体验。他们接着论证说，这种对自身体验的第一人称觉知相当于一种自身意识。其次，他们拒绝这样一种提议，即我们专注地意识到我们所体验到的一切，包括自己的体验——也即他们认为存在着未被注意到或未被关注到的体验。例如，我可能在路上开着车而且注意力集中于前面的车，它们在车道上开进开出。但是，当我专注于汽车时，还有很多事情是我所不能专注的，包括我对车的感知方式。我可能反思自己的感知经验来开始关注它，尽管在这类情形下这么做是挺危险的。但其要点在于，即便我以有意识的方式感知到前面的车，我却不是以专注于该感知的方式意识到这个感知。现象意识蕴含着一种极小的、薄的自身意识形式，这并不意味着我在日常生活中以课题性的内省来觉知到自己的意识流,将其觉知为一系列内在的边缘对象。在否定了这两个候选项之后,前反思的自身意识这个概念看起来就成了解释体验如何运作的唯一可行方式了。

关于前反思的自身意识之存在的另一个间接论证是说,高阶的意识解释导致了无穷后退。就其表面而言,这是一个非常古老的想法。这个后退论证的典型方式如下:如果一个出现了的心灵状态是有意识的,仅因为它被一个出现了的二阶心灵状态当作了对象,而这个二阶心灵状态——如果它是有意识的话——必须被另一个出现了的三阶心灵状态当作对象,由此以致无穷。对这个论证的标准回应在于,二阶心灵状态是有意识的这个前提是错误的,而且它犯了乞题谬误。换言之,一个停止后退的简单方法就是接受存在着无意识的心灵状态。毋庸赘言,这正是高阶理论的辩护者所采纳的立场。对于他们来说,二阶感知或思想并不必须是有意识的。只有当它伴随着一个(无意识的)三阶思想或感知时,它才是有意识的(参看 Rosenthal 1997)。但现象学对这一"方案"的回应则相当直接。现象学家会承认说,可以通过设想存在着无意识的心灵状态来停止后退,但他们会坚持认为,求助于无意识之物会置我们于一种解释上的茫然境地。也即是说,他们并不信服这一主张,即两个无意识的心灵进程之间的关系会使得其中一个变得有意识;他们认为这相当不清楚——即仅仅通过在关系上增加一个以一阶状态当作其意向对象的无意识的元状态,一个没有主体或现象性质的心灵状态如何能够被转换为具有这类性质——即转变为第一人称的主体体验。高阶理论者与现象学家都寻求用某种自身意识来解释非及物意识。但高阶理论者将自身意识视为一种两个不同的无意识心灵状态之间建立的元觉知,现象学家则认为我们最好将非及物意识理解为一种初始的自身意识形式,后者是心灵状态的整体且内在的部分。

但非及物意识(这也意味着自身意识)是内在属性这个主张遭到了罗森塔尔的攻击。他认为,将某物称为"内在的"(intrinsic)不过是暗示说,它不可分析且又神秘,因而超出了科学与自然主义解释的范围:"只有当我们确认说有意识缺少一个条分缕析的结构并因此拒绝解释时,我们才会坚持认为有意识是心灵状态的内在属性"(Rosenthal 1993b: 157)。尽管罗森塔尔承认,将非及物意识视为内在属性在直观上是有吸引力的,但他依然认为,如果人们想要提出一个不平庸的、有益的解释,也即一个试图通过求助于无意识心灵状态来解释有意识的心灵状态,并通过求助于非心灵状态来解释无意识的心灵状态,那么人们就必须避免上述路线(Rosenthal 1993b: 165; 1997: 735)。

但在我们看来,一旦人们将待解释项视为内在且不可还原的,人们就终止了任何后续的分析——这无疑是个错误。一个很好的示例可见于现象学家所提供的关于意识各个侧面的极为丰富的分析(例如,参看第四章关于时间意识的分析)。但自然化这个议题又该如何呢?意识的同一层面解释是否允诺了某种超自然的二元论?根本就不是。人们可以辩护前反思的自身意识概念,而对自然化议题保持中立。更具体来说,在拒绝意识的关系性解释时,这并不排斥说意识之出现要求一个必备的神经基底。因而人们应该避免混淆两个不同的议题:一个是关于神经层面与心灵层面的关系,另一个则是关于不同心灵进程之间的关系或其结构。同一层面的解释并不处理有关大脑进程与意识之间从下到上的关系,而只是否认心灵状态因为被一个相关的高阶心灵状态视为对象而变成有意识的。从自然主义的角度看,同一层面的解释比高阶的关系性解释更为简洁和经济,而且更契合于一个流行于神经科学中的观点——即意识不过是达到了神经活动的某个阈值。

如前所示,现象学家主张,前反思的自身意识是非对象化的——也即,不应被理解为一种对象意识,因而它不是任何指向自身之意向性的结果。当然,这一主张的可能性很大程度上依赖于"对象"究竟是指什么(参看 Cassam 1997:5)。但现象学家并不是认为,体验的对象必须总是在本体论上有别于体验的主体,好像体验的主体与对象必须是两个不同的实体。相反,其主张只是说,体验自身在前反思中不是被体验为对象。据他们的理解,某物之为对象说的是某物以特定的方式在意识中显现。更具体而言,X 之被视为对象,就是说 X 显现为超越于将之当作对象的主体意识。它显现为某个与它的主体体验相对立的东西(参考德语术语 Gegenstand)。正是在此背景中,人们否认体验被前反思地给予为一个对象。因为,在反思中,我们所面对的是包含着两个体验的处境,其中一个(被反思的)可以向另一个(反思着的)显现为一个对象,而在前反思层次上,我们只涉及单一的体验,而一个体验不能以所要求的方式向自身显现为对象,不能被体验为自身超越的,也不能与自己相对立。

那么,如果体验可以被视为我的体验,那么它在前反思中为什么不能作为一个对象被给予呢?一个额外的论证已然出现于多个后康德时期的德国哲学家那里,且最近为肖梅克所复活。他认为,我们不可能用成功的对象同一化（object-identification）来解释第一人称的自身指涉。将某物等同（identify）为自身，人们显然必须真正地掌握了它，以至于人们已经真正地知道了自己。这种自身知识在有些情况下可能植根于某些进一步的同一化，但设想说每个自身知识的示例都依赖于同一化：这会导致无穷后退（Shoemaker 1968：561）。

透明性与普遍性

相较于 20 年前，前反思的自身意识这个概念已经为更多人接受，并且成为心灵哲学当中标准论述中的一部分。这个概念越来越受欢迎，也毫不意外地导致了更多的批评。下面我们讨论两条攻击路线。其一是不同意这个主张——也即前反思的自身意识这个概念乃是植根于现象学的；其二则聚焦于或许可以被称为"普遍性"的问题。那么，所有有意识的心灵状态是否都包含前反思的自身意识、为我性以及一种所有感？这个联系是否必然成立，以至于它刻画了所有经验；还是比如说，它可能只是在一群更为有限的经验中才成立，比如说正常成人的经验？

加菲尔德（Jay Garfield）认为，如果人们接受这样的观点——也即意识同时指向世界并自身揭示，如果人们接受经验的第一人称被给予性特征，那么人们就会像布伦塔诺一样承诺一种现象学上不可能的主张，也即每个日常的意向经验都具有两个对象——外在对象和对外在对象的经验；而这显然是太多对象了（Garfield 2015：163-164）。如果我们考虑对一个瓶子的视觉感知，加菲尔德当然是正确地反驳了这样的主张——也即在瓶子旁边应该还有一个对象，即感知状态，后者要么妨碍我们的视野，要么是争抢我们的注意力。但正如我们上述已经解释过，前反思的自身意识不是一种对象意识。然则，加菲尔德还有一个更为深刻的反驳，因为他还认为不存在诸如"具有质性经验"（qualitative experience）这样的东西（Garfield 2016：73）。这并不是否认说，经验天空的蓝色或芒果的甜味存在着某种"像什么"，但蓝的性质或甜味完完全全是对象的属性，而非感受质。短语"像什么"（what it is like）当中的 it 所指的就是对象。因而除了经验对象像什么之外，再没有额外的东西了。"意识总是对某物的对象，而当对象被减去之后，就没有什么东西可以被刻画了"（Garfield 2016：75）。因而说我们觉知到对对象的经验，而非简单地是觉知到对象，这混淆了认知的工具与认知的对象（Garfield 2016：79）；因为正如德雷斯克曾经说过，心灵状态乃是我们因（with）之而有所意识的东西，而非我们对（of）之有所意识的东西（Dretske 1995：100-101）。

加菲尔德所倡导的立场作为"透明性观点"（transparency view）而为人所知。我们会在第五章关于意向性的讨论中重新回到这个观点；但正如我们可以看到，其基本的观点在于，只有外在对象及其属性才是呈现出来的。与之相对，经验本身乃是透明的，也即我们正是透过它们"看到"它们所相关的任何对象。但这类观点的一个显然的问题在于，它并没有全然讲清楚，它到底是如何让我们得以区分有意识和无意识的意向状态——这些都应表征了环境中的对象。一旦人们否认有意识的意向性与无意识的意向性之间存在任何关键差别，那么人们就开始严肃地对待"无经验"这一假设，而加菲尔德最终也辩护了一种取消主义。换言之，我们可以设想并相信我们是有意识的,我们具有现象意识,但所有这些信念都是错的。存在着诸如现象意识这个想法本身就是一种认知错觉(Garfield 2016)。简言之,如果某人用一柄大锤狠狠地砸在我脚上,我可能会想并相信我感觉到了疼,但事实上并非如此。认为我确实经验到了疼——这不过是因为这样一个错觉而导致的。在我们看来,接受一种内在的、非对象化的前反思的自身意识形式之存在,这显然是更为合理的立场,即便它让人更为疼痛。

其他批评者更同情这样的想法——也即经验是为一种"对自我而言像什么"(what-it-is-like-for-me-ness)所刻画,但他们认为这只在某些特定的例子中成立,而非是普遍成立的。考虑一下丹顿(Barry Dainton)的例子:如果我看着鱼店橱窗里的鳟鱼,那么以非人称的术语(比如"几步远之外像鳟鱼的对象")来描述我的经验——这显然是不对的;相反,如果描述想要把捉到经验,那么它就必须像是这样的——"正被我看着的像鳟鱼的对象"(Dainton 2016:121)。尽管丹顿乐意承认,某些诸如此类的经验具有为我性的特征,他却拒绝这样的主张——也即为我性是经验的首要属性,正如他也会挑战这样的主张——也即它必然刻画了所有的意识状态(Dainton 2016:129)。

对于丹顿而言,经验的视角性特征首先是通过指称经验的特定空间维度而得到说明的(Dainton 2016:129)。你所感知的桌子之所以向你呈现,恰恰是因为你自己看起来具有一个确定的空间位置。确实,丹顿写道:

> 同一点可以更为一般地适用:在任意感知中,不管是什

么类型的经验内容看起来只能被呈现给主体,如果主体本身具有这样的印象——也即它跟所感知之物具有一种空间关系。一般人类的现象域因而是有中心的(centred),而非无中心的(Dainton 2016:130)。

丹顿的解释在某种程度上复现了早期由布兰科(Olaf Blanke)和梅青格尔所提供的解释。他们坚持认为,一种弱的第一人称视角可以被理解为我们关于实在之视觉空间表征的"一种纯粹的几何学特征"。当我们感知对象时,我们将对象看作是在右边或左边、在远处或在近处。基于这个解释,弱的第一人称视角不过就是投射的零点,其作用是作为正在观看的有机体之具身视角的几何学来源(Blanke & Metzinger 2009)。这类提议所面临的一个困难在于,它们太过于局限在感知了。但显然还有其他的经验,它们是第一人称的,并且被"为我性"所刻画,比如说诸如喜悦、愤怒、嫉妒、绝望或羞愧等情感。我们很难看到,它们的第一人称视角、其为我性如何能够通过指称这样的事实而得到解释或阐明——也即经验主体看起来具有一个确定的空间位置。

一如前述,丹顿还主张,尽管某些经验可能是有中心的,并且被具有,但"为我性"不是经验的普遍性质。丹顿认为正常成年人的经验可能很典型地具有为我性,但更为原始的经验则缺少这个,比如新生儿的经验,或者他提到的另一个例子,即漂浮在外太空中一个保温舱内的一个又聋又盲的小狗的身体经验(Dainton 2016:139)。丹顿的保留为豪威尔(Howell)和汤普森(Thompson)所继承和加强,他们辩护了一种他们称之为"非反思性的素朴透明性论题"(unreflective naive transparency thesis)。根据他们的解释,我们的前反思意向生活是如此完全地忙于世界之中,以至于它完全对自身视而不见。在这个阶段、在此层面上,不存在任何自身意识或为我性的空间;相反,经验的所有性乃是一个元认知操作的结果,它包含概念以及语言上的资源。只有通过反思,通过在源初经验上强加一个理论框架,我们才能对之有所主张和占有(贝尔木德斯也表达了相似的观点[Bermúdez 2011])。豪威尔和汤普森当然赞同,很少人经过反思会倾向于否认他们的经验乃是"他们的";但在他们看来,没有任何现象上的东西会激发这种占有(Howell & Thompson 2017:114)。在他们看来,认为经验总是被"为我性"刻画不过是堕入所谓的"冰箱谬误"(refrigerator fallacy)——也即,只因为不管我们何时打开冰箱门,其灯都是亮着的,就认为灯总是亮着的(Howell & Thompson 2017:114;参看 Schear 2009)。存在着两种理解他们主张的方式:其一,他们是在推动一个更为激进的观点——也即经验根本就不是以前反思的方式被给予的。那些并未(或尚未)具有反思其经验的认知熟练能力的生物体对其所经历的任何"经验"片段也就保持熟视无睹,因为对他们而言不存在任何感觉恶心或口渴的"像什么"。其次,豪威尔和汤普森不过是同意丹顿,认为不存在任何诸如前反思的所有感的东西,后者是"某种在流变着的思想、感知、意愿、情感、记忆、身体感觉等等上面(over and above)的东西"(Dainton 2008:240;着重号为另加)。如果豪威尔和汤普森倾向于更为激进的观点,那么他们就是辩护某个版本的高阶表征主义,并容易受到前述反驳的攻击。如果他们倾向于更温和的观点,那么来自现象学家的回答就很清楚。现象学的主张不在于前反思的自身意识或所有感是某种经验"上面"的东西，某种作为额外材料而被增加上去的东西。相反，其主张在于，它是经验本身的内在属性。就此而言，现象学的主张乃是通缩性的，一如其批判者所希望的那样（Gallagher 2017b；另参看第八章）。

换言之，如果普遍性主张认为所有经验都具有前反思的自身意识、为我性和所有感，那么婴儿的、操劳的、病理学的、迷幻的或冥想的经验是否构成了相关联的例外？——这在很大程度上取决于人们在多宽泛的意义上解释这些概念。如果前反思的自身觉知被简单地解释为一种人们所具有之经验的非推论性、内在的觉知，而非一种指向某种自身对象的觉知，如果为我性和所有感不是被解释为包含一种对自身与经验之间的占有性关系的觉知，而是被解释为经验的一种特殊的视角的被给予性或第一人称的在场，是否真的存在这些例外就并不那么明显了（Zahavi 2014, 2018a, 2020c）。在第十章中，我们会重新回到其中的某些议题，并更详尽地讨论特定的精神病理学。

第三节　自身意识与反思

前反思的自身意识是内在的、隐含的、非对象化的；与之对照，反思的自身意识则是一种明显的、概念化、对象化的觉知，它将低阶的意识当作其注意的主题。我可以在任意时候直接专注于自己的认知体验本身，将自己的体验转变为思考的对象。倘若前反思的自身意识是体验的内在且非关系性的维度，那么反思则是一种复杂的自身意识，它用二元要素来运作并包含着一种自身分裂（selffission）。反思造成某种内部的多极化。它以一种包含着自身分化（self-division）或自身疏远（self-distanciation）的方式将主体性生活课题化（参看 Asemissen 1958/1959：262）。

在反思中，我们可以区分出反思着的体验以及被反思的体验。前者将后者当作了对象。在反思之前，被反思的体验已经是自身意识的了；而如我们所见，这个在先的自身意识是一种非反思、非设定性的（non-positional）（非观察性的），也即它不具有一个反思性结构，而且不将自己所觉知到的东西设定为对象。如萨特写道："这里并没有无穷后退，因为意识根本就不需要一个反思性意识，以便对自己有所意识。它根本就不将自己设定为对象"（Sartre 1957：45）。

依据萨特，我们可以说，意识具有两种可能的存在模式：一种是前反思式的，另一种则是反思式的。前者具有优先性，因为它可以独立于后者而存在，而反思性的自身意识则总是预设了前反思的自身意识。萨特再次澄清道：

> 反思之于被反思的意识没有任何首要性：并不是通过前者，后者才向自己揭示出来。相反，非反思式的意识使得反思得以可能：存在着前反思的我思，它是笛卡尔式我思的前提（Sartre 2018：12）。

澄清

萨特有时写道，我们以前反思的方式觉知到自己的体验，而且有一种关于自身的前反思的意识（在法语中，自身意识[conscience de soi]这个术语在字面上意味着对自身的意识）。因而

第三章 意识与自身意识　　**115**

> 他好像是在提议，即便前反思的自身意识也有一个对象。但如萨特明确地指出，只是句法的必要性才迫使他采用这样的修辞。因此，萨特很快就承认，使用"的"（英语的 of 或法语的 de）是比较可惜的，因为它暗示说，自身意识不过就是对象意识的子类，好像我们觉知到自己的方式在结构上类似于我们觉知到苹果与云朵的方式。我们不能避免"的"（of），但为了表明它仅仅是为了满足语法的要求，萨特将它放入括号之中，并且经常言及 conscience（de）soi（对自身［的］意识）以及 conscience（de）plaisir（对愉悦［的］意识），等等（Sartre 2018：13）。因此，萨特非常热切地避免任意可能误导性的修辞，以免提示说，我们为了具有有意识的心灵状态，必须将它们觉知为对象。

这个对反思与前反思的预备性区分并没有充分地解释反思。我们还需要更为详尽地检查反思的与前反思的自身意识之间的准确关系。显然，这一议题具有方法论的相关性：反思在何种程度上使得我们可以揭示出体验的结构？如前一章所示，现象学方法依赖于反思。如果反思歪曲了一阶的前反思的体验——比如说，那么我们就需要考虑这个问题了。对于现象学家与认知科学家而言，为了采用现象学的（反思）方法来本真地描述体验，这个议题就是非常重要的。④

胡塞尔与［其他］现象学家坚持认为，我们的体验都是缄默地有自身意识的，并且它们可以为我们所通达并对之进行反思。它们可以被反思并由此被注意到，这仅仅是因为我们对之具有前反思的意识。检查这一过程的特定意向结构，我们就可以证实这一主张。

反思性的自身意识通常被当作是一种被专题性表述并得到强化的自身意识，并且一般是为了将初始的意向体验变成焦点才开始反思。如胡塞尔指出，反思的本质在于，它把握住了某种在把握之前已经被体验到的东西。因此，反思的特征则是揭示而非创造自己的主题：

> 当我说"我"时，我在一个径直的反思中把握到自己。但这个自身-体验（self-experience [Selbsterfahrung]）正如其他体验，特别是像每个感知，单纯地将自己转向某个已然为我而存在于那里的东西，已然被意识到、但尚未被课题化地体验到、未被注意到的东西（Husserl 1973b：492-493）。

我们在反思中所专注的体验被凸显了出来（accentuated [herausgehoben]）；胡塞尔提示，反思揭示、理顺、说明并澄清了所有那些潜在地包含于体验中的要素以及结构（Husserl 1991：132；2008：242；另参看本书第四章与第六章的诸分析）。反思所揭示的不是体验之无形式、无结构的变动统一体；相反，而是一个可以做概念澄清的形态学结构及内部区分。当然，通过注意到某物，将之凸显出来或进行澄清，我们确实改变了它显现的方式。进行反思时亦是如此。反思不仅仅是复制或重复了源初的体验，而是改变了其形式。但这一变形并不必然引入某些并不存在于一阶体验之中的要素或维度，即便它改变了这些维度显现的方式。反思性澄清并不必然是从外面加入进来的；它并不必然异于体验自身。如胡塞尔写道，起初我所面对的是一个缄默的体验，它只有通过反思才能表达其自身

第三章　意识与自身意识

的意义(Husserl 1999：38)。这个表达则要求一种得到现象学方法启发的解释实践(参看第二章)。

海德格尔也做了类似的论证。他也坚持认为，我们的体验充满了意义。它具有内在的环节与合理性；重要的是，它具有一种自发的、直接的自身理解——这是它为何能够最终从自身、并就其自身而得到解释。现象学研究必须建立于体验维度对自身已然具有的熟悉性；它必须依赖于某种内在于意识流之中的、潜在的、前反思的自身指涉维度。一个真正的现象学描述并不破坏体验，或者是在体验维度之上强加一个陌异的系统性，而是植根于体验生活本身之中并为之所推动(Heidegger 1993：59；1994：87)。

那我们应该如何理解对体验意识的反思性占有？反思能够让我们通达前反思的维度吗，还是彻底地歪曲了它？反思性变更是否包含着一个必然的附加还是一个不可避免的损失？一方面，人们认为反思只是忠实地重复或者反映了前反思体验；另一方面，人们认为反思歪曲了体验。当然，中间路线则是认识到，反思包含着所得与所失。对于胡塞尔、梅洛-庞蒂等人来说，反思受到前反思中所经历之物的限制。它可以回应体验之事实并且在构造上不是自身充盈的。但与此同时，他们认识到，反思之为课题性的自身体验并不是简单地、不加改变地复制体验，而这恰恰使得反思具有认知的价值。这不是说，现象学家会断言反思总是可信的；相反，他们的要点只是说，反思并不必然是不可信的。

这也即是说，反思与被反思的前反思体验之间的关系包含着一个来来回回的解释过程。既然被反思的体验已经包含着前反思的自身意识，它就具有依据来肯定或否定我们对它的反思性解读。对体验的误读可以在后续的体验以及新的反思中得到更正。就此而言，反思之中并没有什么得到了保证或者唾手可得。另外，由于现象学反思可以通过主体间的报告以及经验研究来平衡，诸多技术也可以帮助我们肯定或否定反思的个别结果，包括反思性报告与行为的和心理学的测量之间的一致性（或不一致性）（例如参看第二章对 Lutz et al. 2002 研究的讨论；以及 Schooler & Schreiber 2004：22 及以下——他们审视了有关想象任务、心绪漫游、评估自己喜悦与痛苦的研究证据）。

我们已然注意到的一个属性在于，反思性自身意识包含着一种在前反思的自身意识层面不会遇到的自身分化或自身裂化(self-fragmentation)。这一观察至少有三个重要的意涵，涵盖本体论、方法论乃至规范性等维度。

- 如果反思包含着一种自身分裂，则有必要解释这种有裂隙的自身意识如何能够出现于一个据说是统一的前反思的自身意识之中。萨特曾深刻地提醒我们：问题并不在于找到前反思的自身意识的示例——它们无所不在，而是在于理解人们如何能够从一个构造了意识之存在的自身意识中过渡到关于自身的反思性知识，后者奠基于前者(Sartre 1967)。因此，我们对前反思的自身意识的设想不能使得向反思性自身意识的过渡变得不可理解。萨特当然不是要否定反思的与前反思的自身意识之间的差异，但他坚持认为，这两种自身意识的模式必须分有某种亲缘性，某种结构上的相似性。否则的话，我们就无法解释，前反思体验如何能够形成反思。

我们体验的一种重要特征就在于，它允许反思性的占有；一个只能解释前反思的自身意识的自身意识理论并不比一个只能解释反思性自身意识的理论来得更好。换言之，我们说前反思的自身意识并不是偶然的；语词的选择本身恰恰说明了某种关联的存在。反思之为一个恒定的可能性，其原因正在于，前反思的自身意识已然蕴含着一个时间性的勾连与差异化的底层结构（Sartre 2018：222-224）。因此，大部分现象学家（亨利［Michel Henry］倒是个例外）会主张，前反思的自身意识必须被当作一个动态的、时间性的自身差异化（self-differentiation），而非是一个静态的自身同一性。我们会在下一章回到时间性议题。

- 如果反思的特征是一种自身裂化，那么主体的生活中就始终存在着某个未经课题化的点。每个反思都将包含一个素朴性的要素，因为反思必然阻止对自身的把握（Husserl 1973b：29）。体验生活可以将自己课题化并揭示自身，但它不可能完全彻底地这样做。梅洛-庞蒂重复了这一洞见；他写道，我们的时间性存在是自身理解的条件，也是其障碍。时间性包含着一个内在的裂隙，它可以让我们返回到自己的过往体验以便反思性地研究它们，但这个裂隙本身又不让我们完全地与自己相吻合。在所体验之物与所理解之物之间，总是存在着一种差异，一种不一致性（Merleau-Ponty 2012：359）。因此，胡塞尔与梅洛-庞蒂都质疑了反思的绝对权能。
- 反思是批判性地审视自身（deliberation）的前提。如果我们批判性地、规范性地评估自己不同的信念与欲望，那么只是对待检讨之状态持有第一人称体验显然是不够的。对它们有直接而潜在的觉知也是不够的。相反，当我们反思之时，我们从持续的心灵行为中抽身而出；如理查德·莫兰（Richard Moran）所指出的，这一抽身而出不仅隐喻着疏远与分裂，也暗指着观察与遭遇。这种反思性的疏远——科斯佳（Korsgaard）也将之描述为包含了一种自身分化——使得我们可以批判性地与自己的心灵状态关联起来，并质疑它们（Korsgaard 2009：213；Moran 2001：142-143）。⑤

第四节　结语：开车回家

在结尾处，让我们回到车上，看看我们是否能理解自己是如何到这里的：

> 如果你长时间开车没有休息，你可能会体验到一种神奇的自动状态，它可能在这些条件下出现。人们可能突然意识到，自己已经开了好长一段路但却没有觉知到自己到底在做什么，或者是没有觉知到任何事情。人们在路上开着车，可能踩了刹车、离合，但人们在做这些事的时候都没有觉知到自己在做了些什么（Amstrong 1981：12）。

那么阿姆斯特朗的主张是否正确呢——也即我们在这种情形中是在无意识地驾驶？当然，如果副驾驶上的朋友突然问我是否看到路上穿梭的车辆，我的反应很可能不是"抱歉，我没有意识到任何车；我并未那么注意到路况。"倘若我这么回答，很大可能是我永远也拿不到驾照。

当我们开车回家时，我们显然意识到了路况；即便我们迷失于思考之中，我们也不一定会迷失在路上。那么，为什么我们不能回想起如何回家的呢？解释的办法之一便是求助于这类证据：在某些情况下，人们很可能有意识但又很快忘掉其所意识到的东西（Wider 1997：167）。因而开车这个例子经常被解释为这样的情况：有意识但又很快忘记了。

那么自身意识呢？阿姆斯特朗否认司机是有自身意识的。但如本章所示，如果司机是有意识的，那么他也就有前反思的自身意识。在开车回家时，我知道自己所做的事并且我可以快速地回答有关路况的问题。但我为何没有记住路程的细节？这不是因为缺少专注力。相反，这是实践行动的一个本质方面，即如果我们对自己所做之事有自身意识，那么我们的觉知以及所回忆之事则在最适宜报告的实用层面而被具体化。我们将在第七章中看到，就我们行动的某些方面而言，我们并未觉知到其中所包含的感知-动觉细节，例如从方向盘移到挡把的手形。就我们行动的其他方面而言，我们则必然觉知到周遭的对象（例如车辆与路况），并且对自己的动作有极小的自身意识。后一类觉知被一个更低阶的描述层面所确定，但它却必然被忘记，而且越快越好。我们很快忘记细节则是大多数动觉行为的自然构成要素。如果不是这样，我们可以设想一下其后果。我们的注意力会很快返回到开车过程中自己刚刚完成的动作细节。例如，我在一个弯路上很艰难地完成超车。做完之后，我不想紧接着复盘或者再考虑自己的动作。相反，我需要专注于新的路况。如果我必须在短期记忆的回路中处理行动的每一个细节，我的大脑会充斥着无用的信息，以至于会干扰到我当前的开车动作。为了更好地开车，我需要让之前的经验细节滑过去，并且我需要保持专注于当前的状况。无疑，我能够告诉你我刚刚从办公室开车回来（就这个行动而言的最为适宜的实用层面），但显然合理的是：我并不能告诉你细节，超了多少辆车，甚或记得自己走的通常路线。这个层面的意识与自身意识的体验存在于我行动的时刻，但我并没有为了记忆的目的而将它们保存在自己大脑里面。

如果说辩护一种初始的前反思的自身意识的存在就构成了整个现象学对意识与自身意识的研究，这显然是错的。恰恰相反，现象学对意识与自身意识之间关系的研究具有这样的特征，也即它被整合到对一系列其他议题的研究之中，比如意向性的本质、具身性、行动、自身性、时间性、注意力、社会性，等等。作为现象学家对意识结构的分析的一部分，他们还讨论了下述几个论题：1）我们是否应该接纳一种生态学或非生态学的意识理论，也即每一个体验片段是否总是包含着一个体验的主体；2）如何理解意识流的时间性；3）前反思的自身意识是否为一种内在的差异化或底层结构所刻画；4）自身意识在何种程度上总是具身的（embodied）且嵌入环境之中的（embedded）；5）社会性互动如何可能改变自身意识的结构；6）反思能否揭示前反思的意识的结构，或者它必然会歪曲其研究对象；7）尽管自身意识本身不是一种对象意识，但自身意识在何种程度上预设了与世界的意向相遇。我们会在后续的章节中返回到这些议题。

本章注释：

① 桂罗特（Marie Guillot）最近论述说，我们应该区分更小的为我性概念和更为复杂的属我性概念。前者指的是这样的事实——也即主体以他人所不是的方式觉知到自己当下的经验；而后者指的是这样的处境——也即经验显然地作为"我的"被给予，因而主体觉知到自己与其经验之间的占有性关系，也即觉知到她占有该经验（Guillot 2017: 31, 43）。我们赞成这两种现象必须得到区分，但我们在过往交换着使用"为我性"和"属我性"，以便指称更小的现象，并在接下来还会这样做（另参看 Zahavi 2018a）。

② 有关克里格尔理论更多具体细节的批判性评述，参看 Zahavi 2004b。

③ 关于高阶思想与高阶感知两个模型之间极富洞见的比较，参看 Van Gulick 2000，后者所提出的高阶全域状态（Higher-order Global State [HOGS]）模型可以被视为标准高阶理论以及以现象学为导向的理论之间的混合体。

④ 从经验的视角对这个议题做出的一个出色讨论，参看 Schooler & Schriber 2004。另参看 *Journal of Consciousness Studies* 第 18/2 期（2011）的论文。

⑤ 我们在前面的段落里讨论了前反思的自身意识，并与通过反思可以获得的那种自身意识相对照。在当前有关另一组术语的争论中，存在着一个稍微有些混淆的因素，也即自反性（reflexivity）以及自反性自身意识等概念。例如，在新近的一篇文章中，梵·古里克（Van Gulick）写道，现象意识的体验性在场必然要求某种程度的自反意向性，而世界的同一性与自身的同一性是相互依赖的；基于此理由，这两个同一性在本质上必然包含一定程度的自反性高阶意向性与自身理解（Van Gulick 2006: 28-30）。那么，反思与自反性是同一回事吗？就我们所能判断而言，"反思"这个术语在大多数作者那里都是同义的，而"自反性"这个术语则非如此，而且有些作者事实上是用它来指称完全不同的现象。一些人在相同的意义上使用反思与自反性，而另一些人则用自反性这个术语来指称我们所讨论的前反思的自身觉知——这显然让人感到困惑，特别是因为在德语中反思（reflection）正好写作 Reflexion。莫汉提（Mohanty）正是这样做的，他将自反性定义为意识的前反思的透明性，而且将之与作为高阶意向行为的反思相区别开来（Mohanty 1972: 159, 164, 168）。我们怀疑这也是阿姆斯特朗在

上述引文中的用法。塞格尔(Jerrold Seigel)在他的《自身的观念》(*The Idea of Self*)中写道,自反性必然跟某种自动、不自觉、类似反射的东西有关,而反思则通常被视为是有意向的、有意愿的东西(它也可以构成意识及其内容之间的距离)。因此,在他看来,这两个术语意味着两种不同的自身指涉方式,一个是被动的,另一个则是主动的(Seigel 2005:12-13)。我们认为这是个有益的澄清,但关于这个议题尚未有共识。在某种程度,我们恰恰需要注意到这个含混。

延伸阅读:

· José Luis Bermúdez, *The Paradox of Self-Consciousness*. Cambridge, MA: MIT Press, 1998.

· Henry Ey, *Consciousness : A Phenomenological Study of Being Conscious and Becoming Conscious*. Bloomington: Indiana University Press, 1978.

· Manfred Frank (ed.), *Selbstbewußtseinstheorien von Fichte bis Sartre*. Frankfurt am Main: Suhrkamp, 1991.

· Rocco Gennaro (ed.), *The Routledge Handbook of Consciousness*. London: Routledge, 2018.

· Uriah Kriegel (ed.), *The Oxford Handbook of the Philosophy of Consciousness*. Oxford: Oxford University Press, 2020.

· Jean-Paul Sartre, *Being and Nothingness: An essay in phenomenological ontology*. Trans. S. Richmore. London: Routledge, 2018.

· Jean-Paul Sartre, Consciousness of self and knowledge of self. In N. Lawrence and D. O'Connor (eds.), *Readings in Existential Phenomenology*. Englewood Cliffs, NJ: Prentice Hall, 1967, pp. 113-142.

· Max Velmans and Susan Schneider (eds.), *The Blackwell Companion to Consciousness*. Oxford: Blackwell, 2007.

· Dan Zahavi, *Self-Awareness and Alterity: A Phenomenological Investigation*. Evanston: Northwestern University Press, 1999.

· Dan Zahavi, *Subjectivity and Selfhood: Investigating the first-person perspective*. Cambridge, MA.: The MIT Press, 2005.

· Philip D. Zelazo, Morris Moscovitch, and Evan Thompson (eds.), *The Cambridge Handbook of Consciousness*. Cambridge, MA: Cambridge University Press, 2007.

第四章 时　间

　　让我们想想自己是如何经验这个世界的。在日常活动中，我们在世界中来来往往，却没有磕着碰着。比如说，我看到一个焕发着魅力的人在狭窄的过道里向我走来。我预期着在某一点我们需要相互避让一下；我们看起来都能够预期到彼此的动作并且通常能够相互谦让。与此同时，我可能会想，这个人看起来很眼熟。我在哪见过她？哦，是的，我记得她参加了昨晚的哲学讲座。正当她经过的时候，我停下来并问她，"嘿，你是不是去了昨晚的哲学讲座呀？"她显然看起来听懂了我的语句，也停下来回答我，"你为什么想知道这个？"我马上会开始想这个对话会扯到哪。

　　这类日常的相遇或者说我们参与其中的所有活动都充斥着时间性的维度。我们预测着某些正要发生的事情——比如我们在过道里的某点绕过迎面过来的人。我们回忆过去发生的某些事情——比如昨晚的哲学讲座。但我们必须同时保有刚刚所发生之事的工作性觉知——比如我知道这个刚刚走过去的人此刻正在我背后，并且我仍对她的外貌有一种感知性觉知。当我转过身来说话时，我预期着她还在那里。我语句的表述，她理解语句并做回应的能力，都要求具有产生并掌握意义单位的能力，而意义单位则是在很短的时间内铺展开来的。我的预期则投向了尚未发生的未来——如果我对这个人还有所预期,并且不管这些预期是被充实还是失落。

我们生活于一个融贯且充满意义的世界之中,这恰恰是因为我们能够在经验之流中自我导向而不至于迷失。而我们其他的能力——比如通过空间,或在社会世界中进入某个关系之中——都完全依赖于时间性的导向。让我们设想一下,倘若体验的时间结构被扰乱了,这会造成什么状况?让我们考虑一个非常窄小的经验领域中与之相似的扰乱情况——也即视觉。在内侧颞叶皮层中的神经元组织负责对运动的视觉探测。如果这部分皮层受到了损害,例如遭受了撞击,那么视觉上对形状与颜色的感知可能会得到保存,但对运动的感知则受到了干扰,以至于造成一种叫作"运动盲视"[*]的情况,运动盲视患者所经验的世界看起来是没有运动的,在某个地方好像被冻住了几秒一样。这个世界中的东西好像突然在新的位置上重新整合。运动盲视患者与周遭打交道时经受了非常大的困难,即便他们对形状、距离以及颜色等等具有清晰的视觉。设想一下你通过一个拥堵的街道,你看到车辆,或许通过声音的提示,也知道它们在移动,但你就是看不到它们的运动(参看 Schenk & Zihl 1997;Zihl et al.1983)。

运动盲视中运动的视觉经验方面的扰乱对人们理解世界以及在其中行动的能力造成了巨大的破坏。亚里士多德注意到运动与时间之间的紧密联系。而且我们对运动以及我们自身运动的感知通常都具有一种融贯性,它在连续并且看起来是无缝的流动中贯穿于时间的所有三个维度。因而,时间的连续性(continuity)对于理

---

[*] motion blindness,也叫 akinetopsia 或 motion agnosia。——译者

解我们的日常经验而言，看起来是绝对本质性的。这不是要否定中断的存在。我们可以快速地从一个行动转向另一个行动，我们可以从一个处境移到另一个完全不同的处境，甚至当信息流或行动流变得非常混乱时，我们可能体验到干扰与中断。最终，如果我们要恢复这些经验的意义，我们就不得不将之整合到一个更为凝聚的时间框架之内。尽管有运动感知方面的困难，运动盲视患者依然能够活动，因为其绝大部分的经验依然维系于一个凝聚的时间结构。

我们可以考虑一个更为严重的时间经验之扰乱。也即，如果持续的当下经验缺少一个时间融贯性，这会发生什么呢？比如，我不能足够长地记住刚刚过去的经验以便将它写下来，或者不能预期下一秒可能发生的事情。我的经验还能具有任何意义吗？我还能够，甚或是被激发去转过身来跟刚刚急匆匆走过的女士说话吗？如果她跟我说话，我还能记得句子的第一个单词，以便能够理解整个句子吗？抑或说，如果我的经验缺少了时间的完整性，它会缺少融贯的意义吗？

第一节　缺省解释

有关记忆研究（它涉及诸多不同的学科，包括认知心理学、认知神经科学、神经病理学）的核心发现之一就是，记忆不是心灵的单一功能。相反，它包含着众多不同且不相关联的进程。当我们短时间内持有信息时，当我们学习技能并获得习惯时，当我们辨别日常对象之时，当我们保留概念信息之时，记忆都被涉及；自然，当我们回忆过去的特定事件时也是如此（Schacter 1996：5）。标准教材会区分短期记忆、工作记忆、程序性记忆,以及语义记忆;也即,它们会区分我们对过去之暑假的记忆,阅读并保存一个8位数电话号码的能力,以便能够在电话上按相应的按键,以及对如何骑自行车(一项多年前习得的技能)的记忆,以及联合国现任秘书长的名字(一个我们曾经学到的名字)。

那么对这些不同类型的记忆做出区分,其动机是什么呢?这个区分显然可以用现象学的方式以及概念化的方式来说明。但在标准的文献中,人们通常是求助于神经病理学,以及各种脑成像技术中的发现。如果扫描进行不同记忆任务的参与者的大脑,那么依据他们所参与之不同类型的记忆任务,他们大脑的不同部位会显得特别的活跃。更让人感兴趣的可能是一些病理学发现,其中具有不同大脑损伤的人可能会失去一种类型的记忆,而保持其他类型的记忆。

就顺行性遗忘症(anterograde amnesia)而言,新发生的事件在心灵中停留的时间不够长以便形成短期记忆。患者一旦将其注意力转向新的事件,那么他就不记得任何有关自己经验的事情。其中一个有趣的例子可见于电影《记忆碎片》(*Memento* 2000)。莱纳德是其中的主角,他想要侦破一个案件,但由于他不断忘记发生的事情,包括他想要侦破某个案件这件事,他不得不将自己所经验之事全部写下来。他把重要的信息和一系列计划文在身上,这样就不会忘记它们。由于他的过去受到了扰乱,以至于他的未来也受到了扰乱——也即哪个计划对他来说是重要的取决于他的过去经验,因而如果他的过去经验被全部抹除的话,那么一个有意义的未来也随之被抹除了。

一个著名的真实例子是患者 HM。他患有严重的癫痫，因此医生决定切除他海马体前叶的三分之二以及他的扁桃腺。当 HM 从手术中醒来时，他不再记得过去两年间发生了什么事情（他当时是27 岁）。他对 25 岁之前的事情记忆正常，但却不记得任何之后发生的事情。但他不仅记不起就近的过去，他术后所发生的一切也只是停留几分钟，之后便消退了。[①] 因此，HM 实际上被困在了一个很小的时间舱室之内。他的个人生活在 25 岁的时候就结束了。后来，当被人们问起时，他说自己是个年轻的小伙子。他谈论早已去世的亲朋好友，一如他们还在世一样。当看到自己镜中的样子，他吓坏了，里边是一个在盯着他的老人。他唯一的安慰是——虽然他并未意识到这一点：几分钟之后，他就忘了这个片段。每次他碰到一个人都好像是第一次见面。他对完成枯燥的心理学测验从不抱怨，因为对他来说，它们从来都是全新的。然则，HM 保有一些程序性记忆。他能够获得新的动觉技能，尽管他对自己曾经学习过这些技能一无所知（Schacter 1996：137-139, 164）。

一个相关的案例则是有关一个患有严重逆行性和顺行性失忆症的患者。他缺乏短期记忆，但他是一个狂热的高尔夫运动员，他不仅保有语义记忆，这让他能够使用诸如"标准杆""小鸟球""楔子"这些高尔夫术语，而且还保有程序性记忆以及打好高尔夫的能力与技巧。但由于他缺少短期记忆，如果找球被延误的话，他就不能找到球了。他可能一下子就忘了球落在哪里（Schacter 1996：135）。

各种记忆错乱所造成的破坏性效果可以示例一个更为重要的论点——也即，时间性以及特定的时间结构之于经验、感知以及行动而言是绝对本质性的。一如梅洛-庞蒂会说,通过分析时间,我们就获得了主体性之具体结构的入口(Merleau-Ponty 2012:432)。相应地,如果我们想要公允地看待经验的动态特征,那么就不能忽视时间的角色。这一时间结构是什么?它如何工作?为了回答这些问题,我们需要分清几个议题。其一,经验从来都不是独立出现的。我们所面对的并不是一个单纯的时间原子的聚合。意识流是一个在任一时刻以及随着时间推移都是统一的经验之整体,它既是共时性的,也是历时性的。因而,我们必须解释这种时间的统一性及其连续性。另一方面,我们不但能回忆起早先的经验,并将之识辨为自己的经验,我们还可以感知持续的,也即时间上延展的对象与事件——比如歌曲、句子。因而我们所面对的问题是,意识是如何被组织起来的,以便它成为关于某个历时之统一体的意识。我们还必须考虑到,我们当前的经验以及认知进程受到自己过去经验以及未来之筹划与期待的共同塑造和影响。

作为开始,我们可以快速描绘出一个简单的关于经验的时间性——也即现象学家说的"时间意识"——的缺省解释。在日常生活中,我们都假设自己对变化与持存确实有直接的经验。我们可以听到旋律,正如我们可以看到一个静止的金字塔或者飞翔的小鸟。然则,如果我们在任意给定时刻只觉知到感知的当下之物,也即很短片刻的此时此地,那么我们如何能感知到——更别说是想象、回忆或者是判断——一个时间上延展的对象?一个自然的提议是说,我们应该认识到,感知(听觉、视觉等)本身就时间上延展的过程。对旋律的感知自旋律开始之时开始,当旋律结束的那个瞬间就结束(参看图 4.1)。

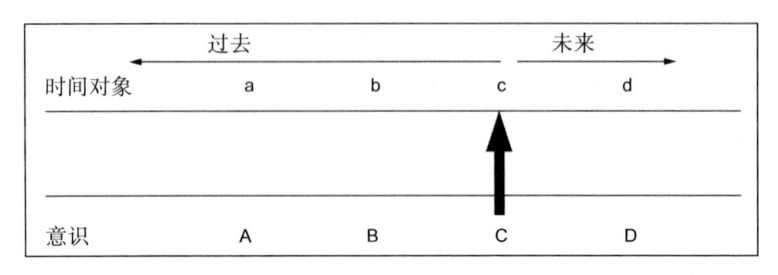

```
┌─────────────────────────────────────────────┐
│            过去              未来            │
│                ←――――――――|――――――――→         │
│   时间对象     a      b      c      d        │
│  ─────────────────────────────────────      │
│                              ↑              │
│                              ┃              │
│                              ┃              │
│  ─────────────────────────────────────      │
│    意识        A      B      C      D        │
└─────────────────────────────────────────────┘
```

图 4.1 一个延续的意识

但不幸的是，事情并没有这么简单。如果感知具有自己的延续性（duration），它就会包含一个自身的时间相位。也即，当开始的两个感知瞬间（A 和 B）过去了之后，第三个瞬间（C）是当下的，而一个未来瞬间（D）还不存在时，就有一个时间了。因此，当 C 是当下出现的，就会对 c 有个觉知——也即时间对象的这个当下片段（比如，一段旋律的一个音符）。但这不过意味着，在每个瞬间，我们都觉知到当下之物，而没有其他东西。

另一方面，进一步考虑来看，显然这样一种意识相位的单纯相续（succession）并不能给出一个关于相续的意识。为了真正地将一个对象感知为时间上延续的，意识的相续相位必须在经验上是统一起来的，而其关键的挑战在于：我们要解释这个时间上的联结，而又不至于导致无穷倒退——也即，不至于要设定另一个时间上延展的意识，其任务是统一一阶意识，如此往复，以至于无穷。为了避免这个问题，许多理论者倾向于接受丹顿所谓的"同时觉知原则"（principle of simultaneous awareness）（Dainton 2000：133）。根据这个原则，只有当对象之时间片段的序列或相续同时被一个单一的、瞬时的意识行为所把握，该序列或相续才被经验为一个序列或相续（图 4.2）。这个想法一开始是由 19 世纪的心理学家所发展起来的（比如 Lotze 1887），并且之后被威廉·詹姆斯所继承（James 1890/1950）。

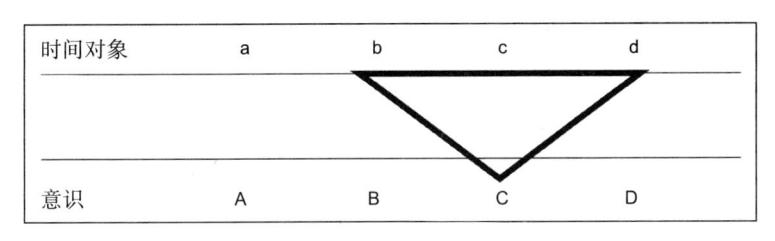

时间对象	a	b	c	d
意识	A	B	C	D

图 4.2 同时觉知原则

同时觉知原则通常伴随着这样一个主张——也即，对时间对象的感知本身并不在时间之中延展，而是瞬时性的。当我们觉知到某个时间上延展的东西，某个包含着直接的过去的东西，这个觉知本身必然被定位在当下；它必然是某种点状的、瞬时性的。那么，为何我们需要设定一个瞬时的感知行为来涵括对象的全部时间序列呢？这是因为，如果它是延展的，那么我们会再次面临着这样一个问题——也即一个延续的意识本身不是一个关于延续性的意识。显然，同时觉知原则并不否定说，在听到三个相续的音符与同时听到三个音符之间存在着差异。这个原则只是主张，相续之被把握为相续，它必须在一个单一的、瞬时性的觉知中被把握为一个整体；而这个觉知则定位于一个纯粹的、作为不可划分的点或瞬间的"现在"。

如果人们倾向于这个模型，那么人们就必须在它的不同版本之间做选择了。一个选项是坚持认为，瞬时的觉知行为直接把握到了一个具有真实时间延展的内容之相续。根据这个观点，觉知行为可能是瞬时的，但它的范围却不是。但这一版本却面临着一个所谓的"重复性内容问题"困难。考虑这个情形：任一觉知行为的范围必然是有限的。那么为了论述的简便，让我们假定它是限制于对两个相续音符的把握；而作为示例，让我们来看一下对 Do-Re-Mi 这三个音符序列的觉知。首先，我们具有一个行为（C），它把握的是 Do-Re，然后是行为（D），它把握的是 Re-Mi。与同时觉知原则一致，让我们假定这两个瞬时行为是不同的，那么相同的内容就会被经验两次，一次是在 C，一次是在 D（参看图 4.3）。但显然，经验不是这样的。我们并没有听到 Re 两次，而是只听到一次（Dainton 2000：141）。

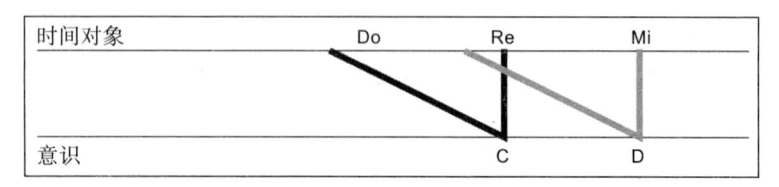

图 4.3 重复性内容问题

另一个选项是采纳这样的观点，也即被瞬时的觉知行为所把握到的内容本身与瞬时行为是同时性的。但这显然也有问题，因为一个时间延展对象的相续时间片段恰恰不是同时性的。那么，我们就被引导到下述想法。既然对象的当下片段可以以感知的方式被给予，而其先前的片段已不再在场，因而当当下片段出现时，它必须被再-现出来（re-presented）（或者被回忆）。因而，尽管我们看起来直接地以感知的方式觉知到时间延展的事件（也即尽管我们看起来真的听到了旋律），我们实际上只是觉知到这些事件的再现（representation）（Dainton 2003：8）。这一立场的诸多支持者总结说，对时间进程的真正感知是不可能的。我们对时间序列的觉知总是一个同时性的再现。它基于复多内容的同时被给予性,而这些内容则是作为对时间延展之对象的再现而起作用,因而缺乏那种刻画感知表象的直接性和非中介性。这一版本的同时觉知原则可以通过求助于时间的被给予模式,从而避免了重复内容的问题。同一个内容从来就不会以相同模式被给予两次;相反,每一次它都是以不同的时间模式而被给予的,首先是作为现在(now),之后是作为刚刚过去(just-past),再然后是作为进一步的过去(further-past),等等。因而,不同于以相同的表象时间模式来重复性地经验相同的内容,我们是将之经验为平滑地向过去沉落。然则,尽管它尝试提供一个解决方案,最终的问题还在于——一个拒绝认为我们对变化与相续具有直接经验的解释是否令人满意。我们需要记住的是,任意感知上被经验到的对象片段本身就必然具有某种时间的延展——即便是非常短暂的,比如一个旋律的音符本身就具有延续性。因而,上述的立场最终看起来会被迫拒绝对任意事物之感知的可能性——除非是瞬时的当下。我们甚至不能听到一个完整的音符。这看起来与我们的经验相矛盾(参看 Gallagher 2003c)。

至此为止所考虑的提议看起来都不是那么有前景。让我们看一下替代模型——它由胡塞尔所发展出来,他在其现象学中欲图忠实于我们经验事物的方式。

第二节 时间意识现象学

任何人讨论时间,其标准的程序都是引用奥古斯丁在其《忏悔录》中著名的话(第11卷,第14章):"那么,什么是时间呢?如果没有人问我,我知道它是什么。如果我想向问我的人解释它,我又不知道了。"胡塞尔在他关于时间意识问题的讲座中,也是遵循着这一实践,并认为一旦我们尝试去解释时间意识,"我们就陷入最为特别的难题、矛盾与困惑之中"(Husserl 1991:3)。事实上,对时间意识的分析通常被视为构成了现象学中最为困难的话题之一。

胡塞尔的主要主张在于,如果意识只给我们提供关于对象的瞬时或纯粹现在的片段,并且意识流本身是一系列不相连接的经验点,像珍珠串那样,那么对一个时间延展之对象的感知,以及对相续与变化的感知就是不可能的。如果我们的感知被限制为对当下存在之物的意识,那么我们就不可能感知任何具有时间延展与延续的事物,因为一个分裂的、点状的意识状态的相续本身不可能让我们意识到相续(succession)与延续(duration)。既然我们显然确实经验到相续与延续,那么我们就必须承认,我们的意识以某种方式可以包含比当下之被给予更多的东西——它必须共同意识到刚刚过去之物、将要出现之物。关键的问题在于:我们如何意识到过去之物或未来之物?有人提议说,想象或者回忆可能扮演了一个关键的角色,而且这些能力使得我们超越出点状的现在。我们感知正当下出现的东西,回忆不再存在的东西,并想象尚未发生的东西。但依据胡塞尔,我们需要区分直接经验到变化与延续,以及单纯地想象或回忆它。在他看来,我们对相续有一个直观的表象。因而,胡塞尔会坚持认为,在看到一个运动(这必然在时间之内延展)、听到一段旋律与回忆或想象这两个东西之间,存在着一个显著的现象学差异。更进一步说,他会否认,对一个刚刚过去的再现进行当下把握会提供关于某个刚刚过去之物的直观觉知。

第四章 时间

在他自己的分析中，胡塞尔强调了当下（presence）的"宽度"（width）或"深度"（depth）：当我经验一段旋律时，我不是简单地经验一个音符的锋刃般的表象，它紧接着被完全冲走了，然后被下一个音符的新的锋刃般的表象所取代。相反，在我听到第二个音符时，意识已然持有第一个音符的意义——这个"听"也被对下一个音符的预期所丰富起来（或者我最起码知道会有下一个音符，倘若我对这段旋律一无所知的话）。例如说，让我们想象一下自己在听一个包含了 C、D、E 音符的旋律序列。如果我们聚焦于这个感知的最后部分，当音符 E 响起时的感知，我们发现意识并不是唯独对音符 E 有所意识，而是对前两个音符 D 和 C 之为旋律的一部分依然有所意识。这并不意味着，在对当下音符 E 的意识以及对音符 D 和 C 的意识之间不存在任何差异。音符 D 和 C 跟音符 E 也不是同时的；相反，我们经验到一个时间上的相续。D 和 C 是"已经"的音符，它们被感知为向过去沉落，这也是为何我们能够实际经验到时间延续中的序列，而不是经验到彼此间突然相互取代的、互为分离的音符。②换言之，在胡塞尔看来，我们之所以能感知到旋律的原因在于，意识具有这样一个结构，以至于它允许这个时间表象。当我经验某物时，意识的每个当下瞬间并不是在下一个瞬间简单地消失了，而是被保持在意向流中，从而构成一个贯穿于所经验到的时间延续之中的融贯性。用詹姆斯的话来说，活生生当下的基本单位不是"锋刃状"的当下，而是一个"延绵块"（duration-block）——也即，一个包含了当下、过去与未来三个时间模式的时间场（参看 James 1890/1950）。

胡塞尔采用三个技术术语来描述意识的这个时间结构。首先是"源印象"(primal impression)，它狭义地指对象严格受限的"现在"片段。源印象从不单独出现；就其自身而言，它是一个抽象要素，它不能为我们提供一个关于时间对象的感知。源印象还伴随着一个"滞留"(retention)，或者滞留维度——它提供了对象刚刚过去片段的意识，由此为源印象提供了一个指向过去的时间脉络，以及一个"预持"(protention)，或者预持维度——它以或多或少不确定的方式意指对象即将出现的片段，由此为源印象提供了一个指向未来的时间脉络(Husserl 1977：154)。

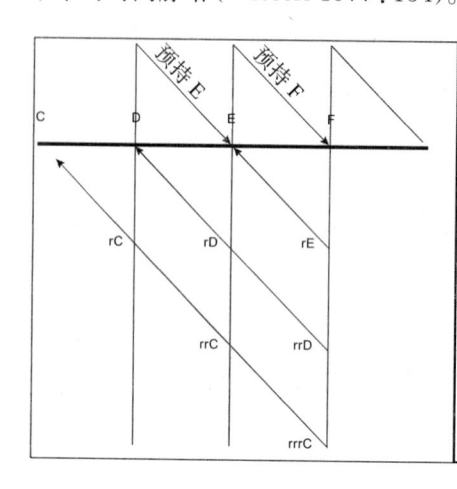

图4.4 时间意识的结构

注：这个图是胡塞尔关于时间的手稿中的一份图表的修订版(Husserl 2001b：22)。水平线指的是音符(C、D、E、F)的序列；垂直线指的是意识的相位，包括预持(水平线上面)、源印象(水平线与垂直线交叉的地方)以及滞留(水平线下面)。斜线(比如 rC、rrC、rrrC)则示意的是，具体的音符 C 如何在持续增长的滞留行列中保持为相同的。

如果我们倾听一个对话，即便听觉信号已经不再存在了，滞留维度依然可以将句子中在先语词的意向意义保持在可获取范围内。另一方面，当我说完一个句子时，我对句子的走向有某种预期感，或者最起码预期到句子会在某个地方结束。这个意义上的知道句子(或思想)走向哪里——即便还不是完全明确的——对于我所具有的以富有意义的方式说话这种经验是至为重要的。而意识的预持维度则提供了对将要发生之物的这种意向预期。一如胡塞尔指出,恰恰是预持使得惊讶经验得以可能。如果我们在听一段著名的旋律,而某个人弹错了一个音符,我会感到惊讶或失望。如果有人没能完成一个句子,我就经验到一种不完全感。这一部分是因为意识包含着一种对紧接着的经验进程会提供什么的预期;而在这些情形中,实际发生的东西未能符合我的预期。然则,被预持的东西并不总是完全确定的,它也可能具有最为一般的意义——也即"接下来必然发生一些事"。③

根据胡塞尔的论述(参看图 4.4),滞留不是我们在意识中感知到的一个特殊之物;相反,我们将刚刚过去的音符听成"刚刚过去的",这是因为意识具有滞留结构。在意识的滞留维度(这是当下的)与被持有的东西(这刚刚过去)之间并不存在同时性。刚刚过去的音符在意识中并不保持为当下的,像某种回响一样;相反,它被意识表象为"刚刚过去的"。这不是对实在内容的滞留(刚刚过去的音符无论如何都不是物理意义上的当下);而是说,意识将之持存为意向结构的一部分。它持存了意识中刚刚过去之物的意义,持存了我刚刚意识到之物的意义。因而,滞留就是一种特殊的意向性。不像源印象,滞留所意指的是过去。不同于短暂回忆,滞留表象了过去;它并不是再现(re-present)或重构过去。简言之,滞留提供了一种对刚刚过去之物的直接的、直观的把握,因而不是对当下之物的一种特殊统握。一如胡塞尔写道,"滞留不是一种变更,在其中源印象的被给予性被实项地(reell)保留下来,只是以变更了的形式;相反,它是一种意向性——确实是具有其确定特征的意向性"(Husserl 1991:122)。需要再次强调的是,对对象或事件刚刚过去片段的滞留性觉知并不意味着该"刚刚过去"以某种奇怪的、扭曲的方式在感性上共同在场,好像人们在看一个渐渐消退的图像或者听到一个逐渐减弱的声音。

让我们看看一个具体的例子。如果我们看一个正在通过街道的行人,我们的感知不是局限于捕捉他运动中没有延续性的当下片段,好像我们在看着一个瞬间姿态的快照。从感知上说,行人不是突然就出现了,好像是从虚空中而来一样。另一方面,我们也不必须实行一个明确的回忆行为,以便建立起他当下位置的时间脉络,以及它从一秒钟之前是如何变化的。然则,他运动的所有过去片段也不会像他当下位置那样以同样的感知方式在场。如若这样,这个行人就会在感知上充斥了他所走过的整个空间。我们必须避免这样一个想法,也即他运动的过去片段以某种模糊的、幽灵般的方式在视觉上停留于当下。一如前述,时间上向过去"消退"并不等同于一个依然是感知在场之图像的消退。滞留持有我所具有的刚刚看到行人这一经验的意义,但它并不是通过在意识中保留一个消逝了的图像来达成其目的。相反,滞留意味着,在任意时刻,我们所感知到东西都被嵌入一个时间视域之中。我们保留了刚刚所经验之事物的感知意义,从而刚刚发生的东西依然以意向的方式保留于我们的觉知之中,但现在是作为"刚刚的过去"。

不同于一个再现相关对象的记忆,滞留所提供的是对刚刚发生之事的直接的直观(Husserl, 1991: 43)。这恰恰是对相续进行感知的可能性前提。胡塞尔会同意说,意识状态的单纯相续并不能保证对相续的意识,但这并不意味着对延续和相续的感知是不可能的,除非人们同时也接受这样的观点——也即感知被还原为对单纯当下点的把握，而这个观点恰恰是胡塞尔所拒绝的。感知之当下不是点状的，而是一个场域（field），其中当下（now）、不再当下（not-now）、尚未当下（not-yet-now）在一个视域格式塔中被给予。

既然滞留构成了当下的时间性视域，既然它构成了一个隐喻上可被称为视野边缘域的时间等价物，它就应该被视为感知意识的一个部分，而非一种被加到感知之上的记忆形式。刚刚过去的瞬间并不是被回忆的。一如詹姆斯曾经说过：

> ［一个］被回忆之对象，就其恰当的意义而言，是一个曾经完完全全消失于意识之中但现在重又复活的对象。它被带回来，被记得，或者说从一个蓄水池中被钓出来——它在其中跟无数其他对象一样被掩埋着，从视线中消失了（James 1890/1950：I/646）。

我们只能回忆某些曾经在场但现在消失于过去的东西。与之对照，滞留紧系着某个东西——刚刚出现之事物的含义或感觉——它尚未从意识之中不在场。

意识产生出一个活生生的当下场域。这个场域的具体的、完整的结构则由预持-源印象-滞留这个意识结构所界定。尽管这个结构的具体经验内容随着时间的演进而不断变化，但在任意给定的时刻，这个三元结构都是作为统一的整体而（共时地）在场。这个分析为我们提供了关于延展之"现在"这个概念的解释，后者散见于詹姆斯、卜罗德（Broad）等人。在后面这些作者中，我们所经验的不只是锋刃般的当下——这个事实被当作解决时间感知问题的一个方案，但它本身并未得到解释。胡塞尔的分析则构成一个改进，因为它通过明确意识的时间结构，对包含于活生生当下的动力学提供了一个现象学的解释，而非仅仅将活生生当下当作一个粗糙的给定物（参看 Gallagher 1998）。

第三节　意识与自身意识的微观结构

一如前面提到的，关键是要将作为任意意识行为之结构属性的滞留与预持，与作为特定心灵行为类型的回忆与期望区分开来。在听一段旋律时持留刚刚响起的音符、预持即将响起的音符，与回忆上一个暑期度假时听的同一段旋律或者期待晚上的音乐会之间，存在着显然的差异。回忆与预期预设了滞留与预持的作用，而预持与滞留则是人们所可能具有的任意当下经验的内在要素，不管这种当下经验是感知、记忆、幻想，等等。不同于回忆与预期，它们是一个被动的（非自主性的）且自发的过程，它们无需我们主动或刻意为之就发生了。

滞留与预持是不变的结构属性，它们使得我们所知道和体验到的意识之时间流得以可能。换言之，它们是经验之中存在"同一性综合"的先天可能性条件：比如说，如果我绕着一棵树运动，为了获得这棵树更为整全的感知表象，那么这棵树的各种侧面——它的前侧面、旁侧面、背侧面——就不是作为离散的片段出现，而是被感知为综合的、整合起来的要素。时间综合是感知综合及其内含的语义整合的前提。因而，这个内在的时间结构必须被视为对任意对象的意识在形式上的可能性条件。

胡塞尔对意识之内在时间性的分析服务于双重目的。它不仅想解释我们是如何觉知到具有时间延展的对象,而且要解释我们是如何觉知到我们自身的经验流。换言之,胡塞尔的研究不仅要解释我们如何觉知到时间上延展的统一体,而且要解释意识如何在时间跨度中统一自身。④一如我们所见,对旋律的过去音符的滞留不是由对这些音符的实际再现来达成的(好像我是第二次听到这些音符并与当下的音符同时),而是通过持留我对该旋律的刚刚过去之经验来达成的。每个意识相位都持留着意识的在先相位。既然在先的相位包括它自己对之前相位的滞留,那么这里就有一个滞留的连续统,它贯穿于之前的经验之中。比如说,在我觉知到旋律的同时,我也通过这个经验的滞留结构共同觉知到自己对旋律的持续经验(参看 Zahavi 2003b)。

因而,这个滞留之连续统包括两个重要的方面。一方面,滞留的"纵意向性"(Längsintentionalität)提供了意识本身的意向统一化,因为滞留是对意识先前相位的滞留。另一方面,由于意识的在先相位包含着对刚刚过去的被经验之对象的源印象,那么所经验之对象的连续性也随之得到了确立。胡塞尔将之称为滞留的"横意向性"(Querintentionalität)(Husserl 1991:86)。虽然预持与滞留在许多方面都是不对称的(Gallagher 1979;Varela 1999),预持显然也有纵意向性。也即,我对旋律下一个音符,或者对自己句子之走向,或者我会继续思考的预期感,等等,潜在地也是这样一种预期感——这些经验还会是为我的经验,或者我还会是倾听者、说话者或者思考者。事实上,预持包含了我对即将要做、即将要经验之物的预期感。

正是这个潜在的、非观察性的、前反思的自身意识,这个在时间意识的这些基本的意向进程中构造起来的自身意识,使得经验可以被感觉为自我意识流的一个部分。因而,这种"为我性"(或"属我性"或所有性)的根本含义不在于它是反思性的、二阶元认知的产物。相反,胡塞尔对意识之时间结构的解释恰恰被理解为一种对前反思的自身意识之(微观)结构的解释(参看第三章,以及 Zahavi 1999, 2003b)。这一内在的时间结构之所以被称为内时间意识,因为它隶属于行为本身的最内在结构。另一方面,这恰恰是不会导致无穷后退的原因:

> 构成了内时间的意识流不仅存在,而且它是以如此瞩目且可理解的方式形成着,以至于这个意识流的自身显现必然在其自身中存在着,因而这个意识流本身就必然在其流动中可以得到理解。意识流的自身显现并不要求第二个意识流;相反,它在自身之中将自己构造为一个现象(Husserl 1991:88)。

第四节　内在时间性的动态本质

为了将关于时间意识的现象学分析与认知科学联系起来,一些理论家探讨了这样一个想法——也即,这个预持-滞留的过程也许正好可以用自组织的动力系统[*]来解释(Van Gelder 1999;Varela

---

[*] 原文为 dynamic system,在此译为"动力系统";但单个单词 dynamtic 根据语境也会译为"动态的"。——译者

1999)。我们不能基于一个构成系统的独立部件的行为来解释动力系统(或预测其行为),也不能根据在离散的时间片段之中各部分之间共时性的、静态的或纯机械的互动来解释。对于静态模型而言,时间不过是机械系统在其中运作的一个中介,但它本身并不内在于这个系统的运作之中。而在动力系统中,过程则是以非线性的方式相互作用,通过一个自组织的过程来相互决定彼此的行为。根据这个路线,那么每一个认知经验,从感知动觉行为(perceptual-motor behaviour)到人类推理,通过大脑中多个功能上不同、位置上处于不同的区域、以及它们的感觉动觉具身性都同时参与进来而发生的,以至于当这个过程展开时,大脑、身体与环境以动态的方式相互间保持着协调(Varela et al. 2001)。这些不同过程的整合横跨三种不同刻度的延续性(Pöppel 1988; Varela 1999; Varela et al. 1981):

(1)初始刻度(也即 1/10 刻度,在 10 到 100 毫秒之间变化);
(2)整合刻度(也即 1 刻度,在 0.5 到 3 秒之间变化);
(3)叙述刻度,包括记忆(也即 10 刻度)。

其中第一个刻度的证据可见于我们为了将两个刺激一致地感知为非同时性的所需要的最少时间,该最少时间是随每个感官模态而变化的阈值——这一刻度对应着神经元放电时内在的细胞节律的神经生理学过程。这些有节奏的过程之后被整合到第二刻度之中,对应于被体验到的活生生的当下,也即一个被完全构造的、基本的认知操作层面——这反映滞留-源印象-预持结构。[5] 尽管瓦雷拉用客观的度量（毫秒、秒）来刻画这些不同的刻度，但并不存在一个固定的、严格的完成时间或固定的整合时期。基于不同的因素，其整合窗口必然是弹性的（0.5 到 3 秒之间）：比如语境、疲惫、感官模态、受试者的年龄，等等。这一神经元整合的结果在全局层面上呈现为一个认知行动或行为。这不是一个抽象的计算，而是包含着一个动态的自组织，一个隶属于初始条件（比如，细化为经验主体所意图去做或已经完成的东西）的具身行为，以及非具体参数（比如，感知条件或注意力模块的变化）(Gallagher & Varela 2003; Thompson 2007; Thompson & Varela 2001; Varela 1999)。一如汤普森写道，"任意认知行为的出现都要求许多不同的能力（注意力、感知、记忆、动机等等），以及为这些能力服务的广泛分布的神经元系统之间的快速协调"(Thompson 2007: 331)。

基于这个解读，整合过程对应着活生生之当下中滞留、源印象与预持的动态整合。然则，格鲁师（Grush 2006）指出，瓦雷拉等人所提供的动态分析并不完美地配适于胡塞尔的时间性分析。我们应该注意到两个事情：首先，一如格鲁师进一步主张，我们不是很清楚这个动态分析是否混淆了工具和内容。格鲁师将滞留等同于"觉知之当下内容的某些维度"(Grush 2006: 425)。但滞留并不是觉知内容的某个维度，而是经验的结构属性。其重要的关联乃是结构性的。如果瓦雷拉等人所描述的动态过程登记了（register）系统之中刚刚发生之事的信息，这不过是说动态过程是滞留性的。

其次，我们可以说，胡塞尔（Husserl 2001b）本人在其《贝尔瑙手稿（1917-1918）》(*Bernau Manuscripts 1917-1918*)中发展出了关于内时间性的更为动态的解释（参看 Gallagher & Zahavi 2014）。

第四章 时间

在后一个解释中,源印象不是被理解为源泉和出发点(作为"所有后续意识与存在的源初来源")(Husserl 1991:70),而是作为滞留和预持之间的"边界"(Husserl 2001b:4)——也即滞留与预持之间动态互动的结果。具体来说,胡塞尔现在认为,出发点不再是源印象,而是这个空的(也即尚未充实的)预持性预期(Husserl 2001b:4)。他认为,滞留与预持之间的复杂交错构成了当下,以至于源印象乃是空预持的充实,而"现在"(now)乃是由预持之充实所构造(Husserl 2001b:4,14)。由此,胡塞尔写道:

> 首先存在着空的[未充实的]期望,然后是[源印象的]点,它本身是一个意向体验。但[源印象]只有通过作为与先前空洞意向相关联之内容的充实出现,才会在时间流中存在,由此将自己变为源初的展现感知……每个构成要素的完全相位是对被充实之预持的滞留,其视域性的边界乃是一个未被充实的、就其自身而言持续被中介的预持(Husserl 2001b:4,8)。

相应地,当我在听着一段旋律的当下音符时,我已经准备着向前移动了,而这个预持性的/预期性的超越已然是滞留当中的一种遗留了。经验的基本材料(datum)乃是这样一个过程——由此源印象已然堕入滞留之流中,即便它在预持中是指向前的。听一段旋律(甚或某些语境中的单个音符)从来都不包含着听当下发声的音符(或其部分),然后(and then)再越过它;相反,这个"然后"已然生效了,已然隐含于经验之中。源印象不是对某个刺激之当下点的直接的、直向的、径直的把握,好像它不受滞留和预持的影响。

就滞留而言，比如对当下一个正在发声之音符的感知已经被我刚刚过去的、正在过去的觉知所变更，而不管被觉知的刚刚过去的东西是什么。在此意义上，源印象已然被意识的滞留行为所变更，因而不存在尚未被滞留所规定的源印象。这并不是说，在意识的当下相位，我具有对过去之相位的滞留加上对当前刺激的源印象。如果说我首先（在源印象中）经验到音符 A，然后（在新的源印象中）经验到 B，正如我保有 A，这种对旋律之完整经验的描述就不是一个很好的表述。它不是像这样的一个加和的功能。相反，对 B 的源印象已然被刚刚在先之经验所调整了。而如果对 B 的源印象不是接续着对 A 的源印象，而是接续着对某个非 A 的东西的源印象，那么它就会是一个不同的经验。例如说，从现象学上说，降 B 音符在巴赫的《B 小调协奏曲》某个点的声音并不等同于维瓦尔第《B 小调协奏曲》中降 B 音符的声音。

预持也包含着相似的动态效果。一方面，对 A 的源印象出现之时，它对我当下预持视域之所是进行了规定——例如，对 B······C······D······等等的预持。不管我预期什么，它都必须关联于我当下正在经验的东西。另一方面，对 B 的源印象出现之时，它已然被在先的（当下被保有的）预持所规定，不管它是对 B 的预持（现在被充实了），还是其他东西（现在未被充实）。源印象限制了当下的预持，并且被在先之预持所限制。当下的源印象一部分是对在先之预持的充实、或是缺乏充实，并对我正在预期的东西提供了部分的明确化。一如胡塞尔（Husserl 1991：313）写道，"每个生活都是向前的生活（Entgegenleben）"。相应地，预持在［时间］流的自身运动中扮演了重要的角色。

与动态现象学的进路相一致,这种可能与预持相关联的神经生物学过程更应该用那些广泛分布、且动态的过程来解释,而非用局部的功能来解释。预持所关联的是特定的主体的感受性基调,这一基调所反映的则是特定的具身化和境遇化处境;由此,它们帮助我们界定了神经动力学的确切边界与初始条件(Thompson 2007;Varela & Depraz 2000)。在意向认知行为的一开始——比如我决定要在周遭中找到一个特定的对象,我会引入一个被感受性趋向(affective disposition)所影响的变形,预期着感知之中的变化。[6]

因此,神经系统的动力学并不是封闭于或脱离于身体-环境这个更大系统的动力学,而且更大的、整合了大脑-身体-环境的动力学复合体则反映于经验之中。更一般来说,基本的时间(滞留-源印象-预持)结构也适用于动觉控制进程以及身体行动(Gallagher 2010a)。我们可以在"开放的动力系统"中把握到这个更为整全的具身性、嵌入性认知模型;这个系统显示了经验主体的动力学在不同的环境中是如何被改变的(Hotton &Yoshimi 2010)。吉见杰夫(Yoshimi 2011)[*]基于胡塞尔所提供的例子,认为一旦人们扫视一个熟悉的环境,一组动力学规则就可以确定预期性的身体运动(例如眼睛的运动)。人们在环境中所感知到的东西(或许是某些未曾预料到的东西)会改变身体运动的动力学、大脑动力学乃至任何更多的预持进程。

---

[*] 吉见杰夫,即 Jeffrey Yoshimi,目前是加利福尼亚大学默塞德分校认知科学的副教授。——译者

第五节　关于时间进程的意识本身在时间上是延展的吗？

那么，关于时间进程的意识本身是否是时间上延展的，并且可以用客观时间来测量呢？一方面，心理学家经常尝试用钟表来测量时间体验，即便他们认识到，依据经验中的特定认知维度，时间会过得或快或慢（例如，参看 Friedman 1990）。另一方面，许多现象学家质疑钟表的客观时间能否充分展现我们实际体验到的时间。这里只需提一个简单的例子：在诸如希望、焦虑、失眠、无聊等等不同的状态中，其时间体验是以非常不同的方式被勾勒出来的（例如其中三个不同的时间维度之间的相互作用）。根据你是否焦虑、无聊或被迷住了，"同样的" 30 分钟会以不同的方式被体验到。这不是说秒表不能测量某些东西，其问题恰恰在于到底是什么东西被测量了？"钟表时间"的序列到底是一种内生于经验之中的时间性形式，还是说它不过是派生性的，是后续客观化的结果？

自亚里士多德开始，时间的一个本质性悖论就在于，"现在"同时是变化着的，又保持为同一；而考虑时间问题的哲学家们都尝试去解决这个悖论。它总是"现在"，而与这个现在相对，总是存在着过去与未来。而时间的结构又不曾改变。然则每个"现在"看起来都在不断地滑过去，并且我们说一个现在接着另一个，以至于任意特定的"现在"都掉到过去之中，越来越远。与胡塞尔差不多同时期的英国哲学家麦塔格（McTaggart 1908）尝试通过区分两个系列的经验来解决这个悖论：A 系列（过去-现在-未来），它是一组包含

第四章 时间

着不断生成的、关于相续的心理学经验（事物不断成为当下，然后移到过去之中，然后到更遥远的过去），即便它保持着相同的结构；以及 B 系列（之前-现在-之后），它是在诸事件中保持其恒定关系的相续（维京人在哥伦布之前发现了美洲，而这个时间关系不会改变）。*许多理论家辩护这一想法——即时间实际上是 B 系列，而 A 系列不是客观真实的，而只是一个主观的或心理学的现象。

胡塞尔在其生涯的不同阶段以不同的方式处理过这一基本问题。在 1904 年，他写道，"对时间的意识本身（需要）时间；对延续的意识本身需要延续；对相续的意识本身则需要相续"（Husserl 1991:198；另参看 Husserl 1991:24）。但如果经验上的延续以及旋律的统一性是由意识来构成的，并且如果我们对旋律的意识本身是伴随延续与统一性被体验到的，那么我们是否被迫设定另一个意识，以便来解释对这个延续与统一的经验，如此等等，以至无穷（Husserl 1991:84）？胡塞尔最终意识到这些问题，他写道：

> 将时间流视为一个客观的运动是否本身就是荒诞的？当然如此！另一方面，记忆肯定具有自己的现在，例如说，跟音符一样的现在。不。这里潜伏着根本性的错误。意识模式之流不是一个进程；对现在的意识本身不是现在。与对现在之意识"一道"存在的滞留不是"现在"，与现在并不是同时存在，而且说它是则毫无意义（Husserl 1991:345）。

---

* A 系列是指 past-present-future，而 B 系列是指 before-now-after。——译者

时间体验不仅不是时间之中出现的一个对象，它也不单纯是关于时间的意识；相反，它本身就是一种时间性形式，而问题最终则变成：将时间述谓归属给时间本身到底是否合理？或许这个担忧可以解释胡塞尔的一些晦涩说法。即便我们基于意识流的动态的及自身区分的（self-differentiating）特征而将某种时间性归属给意识流，我们也不应该混淆内在于意识之中的时间性与那种隶属于意识对象的时间性。胡塞尔会否认下述主张，也即意识流与它所意识到的时间对象和事件之间存在着时间上的吻合。预持、源印象与滞留之间的关系不是一种位于时间流之内不同事项之间的关系；相反，这些关系构成了这个时间流。简言之，我们必须区分：由预持、源印象与滞留所构造的时间对象，与意识的构造性结构之间的关系。正如我对一个红色圆圈的经验既不是圆的也不是红色的，在意向对象的时间被给予性与经验本身的时间被给予性之间也存在着一个差异。它们并不是以相同的方式具有时间性。如胡塞尔写道，以经验对象的方式来讨论时间构造现象（源印象、滞留、预持），说它们是"当下的""过去的""未来的"——这是荒诞的（Husserl 1991：79，345，386）。相反，它们之间的结合使得过去、现在与未来的意义得以可能。

有时候胡塞尔将时间意识视为一个不变的当下形式（作为现在状态［nunc stans］）（Husserl 2002：384）。但值得注意的是，胡塞尔明确否认这种恒常的当下要被理解为三种时间模态之一的指称（Husserl 2002：384）——相反，它包含了所有三个时间模态。而从第一人视角来说，我们确实可以说我具有一个愉快的经验，或者感知到一朵花，以及可以说这些经验持存着，现在已经消逝并变成了过去——毕竟，否则我们很难合乎常理地说，我可以回忆一个过去的经验。内时间性这个结构，乃至这个预许了在场与不在场的经验场域，对自我而言就不能变成过去的和不在场的。

基于描述意识流这个任务，表达意识流的特定方式要么捕捉到它，要么错失了它；或者说，要么在其中沉了下去，要么随之流动。这个任务一定程度上要以交互主体性的方式来解决。在我们看来，滞留这个概念在现象学上是一个合法的描述之抽象，而非一个理论方案。倾听一段音乐的现象学是如此进行的：比如说，当旋律中的音符系列演奏出来，我所听到的是旋律，而非这会儿一个音符，下一会儿是另一个音符，等等。先前响起的音符在意向体验中被持留，由此我才能在听到音符时将之听为音符之延续的一部分。这无需持续存在的感觉材料，也无需我激活关于先前音符的记忆。在胡塞尔的文本中，我们发现了关于这些体验的现象学描述，它们看起来正中标的。基于体验以及对它的描述，胡塞尔提议，滞留这个概念可以用来尝试刻画体验中的这些方面。这是一个描述性的抽象，而对现象学家来说，唯一相关的问题在于，它是否捕捉或者歪曲了体验。胡塞尔偶尔确实用过于具象的方式来描述事物——意识的交叉部分、单个的滞留与预持，仿佛它们是我们可以直接体验到的要素一样。在这些情形中，我们的任务是要找到一个更为恰当的表述体验的方式，或者是引入各种限定，以便将这些抽象拉回到体验。这或许是理论化过程的起始，但它无疑具有现象学的根据。不管怎样，胡塞尔总是将现象学设想为一个主体间的事业，可供修正。基于这个精神，他亦会欢迎任何改进。

第六节 历史性

我们日常的经验通常遍布着一种时间强力胶——它们在极短的时间内被一个强大且实践上极为重要的结构组合在一起。当我走过走廊时，我对自己穿过这个环境的运动经验是融贯的，一如我遇到另一个人，做了简短的交流。这正是滞留-源印象-预持这个意识结构所解释的。但对于我们的生命而言，并不只有短暂的相遇、流逝的体验，而人类生存的时间性也不只是预持与滞留之间的相互作用。

例如，记忆以其在叙述时间刻度上相对较弱的黏合力，有时明显地、有时潜在地提供一个更大的但有时不那么融贯的框架，以便让我们理解自己的体验。当我们理解自己所经验之物时，我们对处境与事件的过去知识就被持续且毫不费力地激活。然则，我们可能对基于这一知识的推导依然一无所知，有时它们潜入我们的回忆并歪曲我们的记忆和叙事。事实上，我们的记忆显然是可以被歪曲的。这也是为何诸多心理学家与认知科学家（从巴尔列特［Bartlett 1932］到沙克特［Schacter 1996］）都竭力要求我们放弃这一神话：记忆是对现实的被动的或如实的记录。一如沙克特（Schacter 1996: 5）写道，它们不像"心灵相簿里储存的一系列家庭照"。

其中一个重要的错误来源就是受损的记忆来源。你可能准确地记得自己过去看过、听过或经验过某个事件，但你却可能搞错了自己回忆的来源。比如，你可能在超市一份可疑的杂志上看到一位名人的头条。几个月后，你谈及这个人的忠诚，并且记起那个负面新闻,但却不记得它的来源。你已经忘记它源自一个可疑的来源,这个事实使得你更加倾向于相信这个新闻。因而,记忆来源的错讹会打开一扇门,也即会形成未经证实的信念(Schacter 1996:116-117)。这只是一个例子,说明我们的认知系统是如何受到自身过去经验之局限及其后果的塑造(有时是错误的塑造)。

现象学家当然认识到潜在记忆的影响,比如这样一些情形,人们受到过去经验的影响,但却未明确地觉知到这件事。这些也包括那些深深具身化了的记忆,这些记忆可能塑造了你行走于世的方式(参看 Fuchs 2012,论身体记忆)。甚至于那些显现为最直接的经验,它们也可能充满了早先经验以及习得知识并受其影响,乃至于受到文化与语言等更为强大力量所塑造之背景知识的影响。一如狄尔泰曾经说过,在成为历史的观察者之前,我们首先是历史的存在者,而只有因为我们是后者,我们才能变成前者(Dilthey 1992:277-278)。类似地,狄尔泰还会说,人性的丰富性只有在历史之中才展现开来。说我们是历史的存在者,这是说,一如我们存在于世界之中,我们也存在于历史之中。我并不是简单地存在于当下,碰巧具有预见未来、回忆过去的能力。相反,人类的实在性是由一种时间的延展所刻画的。过去持续地作为当下经验的视域与背景而起作用,而当沉浸于行动之中时,我们的焦点、关切的中心则不是当下,而是我们所意图或筹划的未来目标。未来是凸显的,而当下与过去则构成了它的背景。作为人类,我们已然处身于世界之中,出生于其中(或者像某些现象学家所说的,"被抛"于其中)而不能有所选择,在场于自己的周遭之中,在对未来的筹划中先行于自身(参看 Heidegger 1996)。

在时间视域形成并塑造着当下的意义上,可以说人类的生存是由历史性所刻画的。历史性不仅意味着我局域于历史的某个点,而是说我随身携带着自己的历史;我的过去经验影响着自己现在理解世界以及在世界中所遇到之人的方式。只要我回忆,那么我就已经处身于他人之中;而我的预期也依据传承下来的统觉与理解形式而被组织起来(参看 Husserl 1973a:117,125;1973b:136)。我们以他人看待事物的方式来看到事物,从他人那里学习什么是规范,由此参与到一个共同的传统之中——它可以追溯到几个世代,直到晦暗的过去。而规范性则反映于一组由传统所设定的规范之中。这也就是胡塞尔为何会认为,任意正常(normal)的人作为历史共同体的成员都是历史性的(Husserl 1973b:138-139,431)。社会世界不仅是由个体之间相互重叠的过去所组成,而且还由群体与共同体所分有的过去所组成。正如我们栖居于一个由更为古老的个人与事物所组成的世界,我们也参与到群体、共同体与机构之中,它们自我们出生之前便一直存在着。我将自己理解为传统的继承者与延续者;或者如胡塞尔所说:

> 我是"时间之子";我是最宽泛意义上的"我们共同体"的一员——这个共同体有其传统,而且就其自身而言,以一种新颖的方式联结着世代性的主体,这些主体包括最切近的与最古远的先人。而这些均已"影响了"我:我正是作为后裔而成为自己(Husserl 1973a:223)。

在此意义上,历史性既不是主观的意识时间,也不是客观的宇宙时间。相反,它跨过了现象学时间与宇宙学时间之间的裂隙。人类时间是我们生命故事的时间。它是被叙述的时间,一个由叙事之符号中介所组织和表述的时间(Ricoeur 1988：244)。我自己故事的起始总是已经由他人写就,而这个故事展开的方式只是部分地由我自己的选择与决定所决定。事实上,任意个体生命的故事不仅与他人的生命故事(父母、兄弟姐妹、朋友等等)相交织在一起,而且还总是被嵌入到一个更大的历史的和共同体的赋意结构之中。我们在第九章和第十章会再回到社会性与叙事这些议题。

本章注释：

① 人们在严重的脑肿瘤以及科尔萨科夫综合征(Korsakoff's syndrome,一种由于过度饮酒而导致的严重神经元受损)中也会遇到相同类型的症状。

② 感知的准确跨度会变化,并且依赖于我们的兴趣。如果我们是在听一段(简短的)旋律,我们可以说在其时间的延展中感知到整一段旋律；但如果我们聚焦于单个的音符,那么当一个音符被新的音符所取代时,它就不再被感知到了(Husserl 1991：40)。

③ 胡塞尔对滞留之角色的分析较之于对预持之角色的分析要详尽得多,这也是为何二手文献主要是关注于前者。关于胡塞尔对预持更为完整之处理的概述与讨论,可参看 Rodemeyer 2006。

④ 一个更为细致的解释可见于 Husserl 1991。对于胡塞尔模型与詹姆斯有关"似是而非之当下"(the specious present)这个概念之间的异同,详尽的分

析可见于 Gallagher 1998。

⑤ 瓦雷拉等人认为(Varela 1995；Varela et al. 2001)，这个整合是由于神经元的活动形成了来自多个区域的相位锁定的信号的传递性聚合。也即是说，神经元的响应频率被协调起来或被耦合起来，从而在初始刻度中有一段延续的神经元层面的事件同步了起来，从而形成聚合起来的神经元行为模式，后者与整合刻度上的认知操作相关联。这目前是神经科学中的一个工作假定。汤普森(Thompson 2007：332)解释说：

> 整合发生于某种时间编码(temporal coding)的形式，其中单个神经元激活的准确时间决定了它们是否参与到某个给定的集结之中。这种时间编码中被研究得最好的一个候选项就是相位同步。神经元在一个较宽的频率范围内展现出了共振放电，并且在有限的时间范围内（几分之一秒）能够进入到准确的同步或相位锁定之中。越来越多的证据表明，相位同步指示着一个大刻度的整合（或者是它的机制）……对动物与人的研究表明，同步中的特定变化会出现于发起、感觉动觉整合、注意力选择、感知乃至工作记忆之中。

同时也要注意到，在神经元事件与相关经验之间并没有固定的时间关系。丹尼特与金斯伯恩已经清楚地表明了这一点(Dennett & Kinsbourne 1992)。

⑥ 关于这一点的经验证据可见于意向运动的研究。执行某个运动的意向耦合于一个情感基调的变化——而后者具有不同程度的变化。一个著名的例子表明，在意向运动之前就有一种潜在的预备状态。比如说，为了一个意向中的手指运动，那么在这个运动之前的短暂时间内，可以在整个头皮中测量到大范围的缓慢电势。这不必然是一个意向的相关项(其意向可能比运动手指头要复杂得多)，但它至少提示说，在预期一个被完全构成的行动中，包含着多大范围的动力场景的重置。这些弥散的效果跟神经递质相关联的机制相一致，这些神经递质构成了神经元层面反应模式的条件(Gallagher & Varela 2003)。

延伸阅读：

· David Carr, *Time, Narrative, and History*. Bloomington: Indiana

University Press, 1986.

· Barry F. Dainton, *Stream of Consciousness: Unity and Continuity in Conscious Experience*. International Library of Philosophy. London: Routledge, 2000.

· William J. Friedman, *About Time: Inventing the Fourth Dimension*. Cambridge, MA: MIT Press, 2000.

· Shaun Gallagher, *The Inordinance of Time*. Evanston, IL: Northwestern University Press, 1998.

· Martin Heidegger, *Being and Time*. Trans. J. Stambaugh. Albany, NY: SUNY Press, 1996.

· Edmund Husserl, *On the Phenomenology of the Consciousness of Internal Time (1893–1917)*. Trans.J. Brough. Collected Works IV. Dordrecht: Kluwer Academic Publishers, 1991.

· Toine Kortooms, *Phenomenology of Time*. Dordrecht: Kluwer Academic Publishers, 2002.

· Paul Ricoeur, *Time and Narrative*, vol. 3. Trans. K. Blamey and D. Pellauer. Chicago, IL: Chicago University Press, 1988.

第五章　意向性

　　就在你读这些语词时，你是有所意识的。你可能是意识到这些语词，或者当你的眼睛扫过文本的这些字句时，你可能主要是意识到这些语词的意义。如果你抬起头，你会发现自己处于某种环境之中。可能你是拿着这本书坐在自己的书桌上；或者你在看这本书时可能正泡着澡喝着香槟。确实，你可能正以非凡的姿态研究自己的哲学。不管怎样，如果你抬起头，你就会看到某些东西。就我们的目的而言，到底看到什么并不重要。我们知道，不管你是正在读书、环顾房间、品尝香槟或者是听到隔壁屋的广播，你是有所意识的，因为这是意识运作的方式。如果你意识不到任何东西——如萨特曾经说过的那样，那么你就会是无意识的。在现象学传统之中，意识总是对某物的意识这一观念被称为意识的意向性。在这一章中，我们想要弄清楚，这为何构成理解认知的一个重要概念。

　　让我们以下面这个问题开始：一个意识理论必须包含意向性概念吗？倘若如此，这又是为何？在《有意识的心灵》(*The Conscious Mind*)一书中，查尔默斯引入了一个得到众多讨论的区分——也即意识的"难问题"与"易问题"。后者所关切的是心灵如何能够处理信息，对环境刺激做出反应，并显现出识别、分类以及内省等意识能力等问题(Chalmers 1995：200；1996：4)。所有这些能力都令人印象深刻；但对于查尔默斯而言，它们在形而上学上并不难懂，因为它们都可以通过认知科学的标准程序来处理，并且以计算或神经元机制来解释。这个任务可能是困难的，但科学具有处理它的方式。与之相对，意识的"难问题"则在于解释心灵的现象维度或经验维度；而为了解决这个任务，我们可能需要更为彻底的方法。

查尔默斯后来澄清其立场，认为诸如注意、记忆、意向性等概念包含了难的维度和易的维度（Chalmers 1997：10）。例如，对意向性完整而周全的理解因而也就意味着解决其"难问题"；或者换句话说，对思维、信念、分类等等的分析倘若忽略了其经验的维度，也就不过是对"伪思维"或者"伪信念"的分析（Chalmers 1997：20）。这个澄清呼应了查尔默斯早在《有意识的心灵》一书中所做的观察：也即，人们可以分别使用一个"通缩式"以及一个"通胀式"的信念概念。前者纯粹是心理学的（功能上的）概念，它不涉及任何对有意识经验的指涉；而后者则意味着有意识之经验对于真正的意向性则是必要的（Chalmers 1996：20）。在1997年，查尔默斯承认自己在这个议题上精疲力尽，并且渐渐地他越来越倾向后一个概念，认为意识是意义的首要来源。故此，他认为意向内容事实上可能是植根于现象内容，但他认为这需要进一步的检讨（Chalmers 1997：21）。

我们欢迎这个澄清；但我们稍觉惊讶的是，查尔默斯居然可以做这么大的让步，因为一旦人们接纳了通胀式的概念，那么有关意识的"难易问题"之间的区分本身就变得可疑了。基于这个概念，那么实际上就不存在什么意识的"易问题"了。真正的"易问题"无非就全是关于伪意向状态的问题，也即关于无意识之信息处理的问题。对这些议题的处理不应混淆于对我们在人类存在者中所遇到的那种意识意向性的解释。换言之，我们不可能理解人类存在者是如何有意识地意向、辨别、分类、回应、报告和内省，除非我们理解了主体性体验在这些进程中所扮演的角色。

尽管查尔默斯对"难问题"的讨论确认了意识中不可忽略的一个方面，而界定"难问题"并将之区别于"易问题"的初始方式却是源自查尔默斯所反对的还原主义。如果人们认为认知与意向性基本上就是信息处理和因果共变（covariation），而这些原则上可以在一个无心的电脑上运作（或者用查尔默斯本人偏好的例子，即在一个无体验的僵尸之中），那么人们就会产生这样的印象，也即意识唯一真正特别的地方在于它的性质的（qualitative）或现象的维度。但这意味着，除了一些转瞬即逝的感受质，意识的所有方面（包括意向性）都可以通过还原的（计算机的或者神经元的）方式来解释；若此，人们可能轻易就拥抱了副现象主义（epiphenomenalism）——也即意识不过是一个副产品，它在行为或认知中并不扮演任何因果角色。

查尔默斯对意识之"难问题"与"易问题"的区分，跟分析哲学中新近诸多对意识之非还原主义的辩护具有一个共同的特征：他们都对对手让步了太多。还原主义典型地采用了一种经典的"分而治之"（divide-and-conquer）策略。相应地，人们应该区分意识的两个维度：意向性与现象性。我们眼前还不知道如何还原后一个维度，那就让我们将它们区分开来，并集中于第一个维度。如果我们成功地以还原主义的方式解释了意向性，那么其现象的或体验的维度就不再那么重要了。许多非还原论的物理主义者都不加批判地采用了同样的策略。他们通过将主体性等同于副现象的感受质来将主体性边缘化,继而主张恰恰是这个维度逃避了还原主义[的解释]。

与之相对,现象学中主流的倾向则质疑这一区分,并认为体验与意向性的问题紧密地联结在一起。确实,正如我们接下来会看到的,现象学家认为,除非将体验、第一人称视角、意指等等考虑在内,否则我们就不可能恰当地研究意向性。或者反过来说,如果忽略了意向性,那么我们就不可能理解主体性与经验的本质。如果不这么认为的话,我们就会再犯笛卡尔式的主体与世界二元论的危险,也即忽略了"在世中存在"这个短语所表明的一切。

第一节 什么是意向性?

意向性这个概念具有悠久的历史,它至少可以追溯到亚里士多德。它在中世纪的经院认识论中扮演着核心的角色,但"意向性"这个术语在当代的复兴则要归功于布伦塔诺。布伦塔诺在其著名的《从经验立场出发的心理学》(1874)一书中,尝试在心理学领域与自然科学领域之间建立起一个清晰的划分。他写道,心理学是关于心理现象的科学,而自然科学则是关于物理现象的科学(Brentano 1995:74—77)。那么这两类现象之间的差别是什么呢?

> 每个心灵现象都具有中世纪经院主义者称之为对象的意向的(或心灵的)内存在(inexistence)这个特征,以及我们可以称之为对一个内容的指称,对一个对象的指向(这还不能被理解为意指一个事物)——虽然这也还不是完全无歧义的。每个心灵现象都在自身之内包含着作为对象的某物,尽管并不是

以相同的方式。在表象中，某物被表象；在判断中，某物被肯定或否定，在爱中被爱着，在恨中被恨着，在欲望中被欲求着，等等。

这种意向的内存在是心灵现象所独有的特征。没有物理现象表现出相似的特征。因而我们可以以此来界定心灵现象——它们是在自身之中以意向的方式包含一个对象的现象（Brentano 1995：68）。

依据布伦塔诺，所有心理（也即心灵）现象都展现出了意向性，而没有物理现象如此——这就是为何他不仅宣称意向性是心灵的界定性标志，而且心理与物理分属不同的领域。而在这语境内，"意向的"的意义就不应混淆于人们行动时内心具有某个目的这个更为熟悉的意义，后者在现象学意义上只是意向性的一种。相反，"意向性"是个类概念，指的是意识所特有的"越过自身而指向"（pointing-beyond-itself）。（这来源于拉丁文 intendere，意指指向某个特定的方向，类似于拉弓瞄准某个目标。）意向性所关切的是意识的指向性或相关性，也即这一事实——当人们感知、判断、感觉或者思考时，人们的心灵状态都是关于某物。

布伦塔诺的论题极富影响力。然则，它对意向性的描述与刻画不仅让人困惑，而且还非常不合宜。就像齐硕姆（Chisholm）后来论述的，布伦塔诺的描述包含了本体论论题与心理学论题之间的张力（Chisholm 1967：6）。一方面，布伦塔诺显然采用了一个经院主义的术语，并谈及对象在意识之中的"意向内存在"（inexistence），而"内存在"应该被解读为"内在存在于"（existence within）或者"内在的存在"(inner existence)。意识对象以内在的方式被包含于心理行为之中,而该对象的存在模式,即其本体论地位,因而被称为"意向的"。另一方面,布伦塔诺还声称心理现象具有指向性或指称对象的特征(Brentano 1995:74)。因而,我们可以换种方式讨论对象的意向内存在,以及心灵行为的意向指向性。尽管这两种特征并不是同一的,它们在布伦塔诺(早期的)意向性理论中却被并置,因为他主张意识以意向的方式指向意向内存在的对象。因此,布伦塔诺看起来是关注于心灵指称或指向仅仅存在于心灵之内的对象这一能力。

我们一会将回到关于意向对象之本体论地位的棘手问题,但就现在而言,我们可以容易观察到,布伦塔诺的讨论激起了激烈的论辩。

布伦塔诺将意向性视为心灵之不可还原的属性,并且在此基础上尝试建立作为自主科学的心理学。与之相对,人们可以在分析哲学以及认知科学中大致区分出三类不同的处理意向性的路线:

- 其一是语言哲学的路线。它尝试通过仔细地研究那些用来描述心理现象的语句所特有的逻辑性质,来澄清意识的意向性。[①]
- 第二种路线则主要是着眼于如何自然化意向性这一问题——也即如何以非意向的机制来解释意向性,其主要的代表包括奎因、丹尼特、佛多(Jerry Fodor)、德雷斯克,以及邱启兰(Churchland)等人。例如,佛多写道,"如果一个人不是某种程度上的还原论者,那么很难理解他在意向性(问题上）如何还是一个实在论者。如果'关于性'（aboutness）是实在的，那么它就必须实在地是其他事物"（Fodor 1987：97）。因而，其假定在于，你要么通过将意向状态向下还原为行为、神经生理学，乃至最终还原为物理学，从而自然化意向性；要么认为这样的还原是不可能的，然后主张意向语词都是空谈，并且应该在科学话语中被清除出去。

- 第三种路线则可见于诸如塞尔、G. 斯特劳森、西威特（Charles Siewert）、克瑞恩（Tim Crane）和克里格尔等人新近的著作中。他们都认为有必要纳入对第一人称视角的研究，认为仔细地描述意向性的结构之于意识的哲学研究是不可或缺的部分。

现象学的意向性解释不同于前两种路线。现象学家的兴趣首先是作为意识之关键属性的意向性。进而言之，他们特别聚焦于从第一人称视角（也即从主体的视角）来解释意向性。事实上，没有一个现象学家会致力于对意向性的自然化，如果自然化被理解为这样一种尝试——也即通过诉诸非意向的机制与过程来还原论地解释意向性。如果人们认为意向性理论必然导致一种还原论的学说，那么人们就必然会发现，现象学对意向性的处理着实令人失望。

那么，现象学有关意向性解释的目的是什么呢？首先，它是要提供关于意识意向性之结构的描述性分析。不过在这样做时，现象学家还尝试澄清心灵与世界（而非心灵与大脑）之间的关系。后一个研究基本上是想证明心灵包含着世界这个特征，并拒绝这样一个观点——也即意识是一个独立于它所揭示之世界的主体领域，并且这个特征具有一些更为宽泛的哲学意涵。我们会在本章最后一部分来讨论这些议题。

第二节 相似性、因果性以及心灵表征

在更为细致地讨论现象学有关意向性的解释之前，让我们先简短地考虑一下其他非现象学的替代选项。为了排除一个可能的误解，我们需要开始对"表征"(representation)这个术语做些说明。分析哲学与认知科学都经常采用所谓的"心灵表征"。那么，"表征"术语的这个用法又如何与现象学对这个术语（在德语中是Vergegenwärtigung）*的使用相联系呢？当现象学家使用这个术语时，他们通常是强调第一个音节。再现(re-presentation)是指重新表象(re-present)；它向我们提供了一种与对象的派生性的、居间的接触。举例来说，我们考虑一下感知埃菲尔铁塔与看一张埃菲尔铁塔照片之间的差别。在两个情形中，我们大致上可以说是在意向上指向同一个对象，也即埃菲尔铁塔；但在第一个情形中，我们是直接面对着铁塔本身，而第二种情形则示例了一种间接的意向性——我们通过一种居间的实体来指向铁塔，也即铁塔的图像或是其图像之再现。

正如我们将在下一章有关感知的讨论中所见，一些作者在谈论

---

* 即德语中的 Vergegenwärtigung, 通常翻译为"再现"(re-presentation)，其字面义是指"当下化"(make present)；在胡塞尔的术语系统中，它通常相对于 Gegenwärtigung，即 presentation（中文译作"当下拥有"）。在术语上说 Vergegenwärtigung 即是英语术语 representation 的对应。——译者

"心灵表征"时设定了一种居间的心灵实体；但当今许多研究者只是用这个术语来指称一种呈现出意向性的心灵状态。尽管这个术语可能确实会产生一些含混的含义，但对这个术语的使用本身并不让人们承诺这样的想法——也即我们与世界的认知性接触包含着某些居间的实体，不管是心灵图像、感觉材料，还是类似的东西。

一如前述，大部分的努力都是用于尝试将意向性自然化——也即提供一个关于心灵状态如何能够关于某物的还原论解释。其主要的着眼点在于用非意向的机制来解释意向性，并且将心灵状态还原为大脑之内复杂的信息处理事件。目前市面上存在着大量极为技术化的提案——尽管尚没有一个获得广泛的接纳。一旦我们尝试公正地对待所有这些不同的提议，我们就会离题太远；② 因此，与之相反，我们会相对简要地勾勒两个标准的提案——它们实则具有悠久的历史：也即要么用相似性（resemblance），要么用因果性（causation）来解释意向性。

初看起来，相似性很可能是表征之自然形式的候选项。设想一下一个镜像表征它的映像，或者图像抑或照片表征其描画者。但与表面看起来相反的是，相似性并不是表征的一个充分条件。显然，它也不是其必要条件，因为语词无需相似性就可以表征其被表征者。森林里的树彼此相似，但这并不会使得一棵树成为另一棵树的表征。每个对象都与自己相似，但每个对象并不表征自身。进而言之，相似性是一个相互的关系，而表征并非如此；也即，丹麦女王可能相似于她的画像，但她并不是该画像的表征。

如果我们想自然化意向性，如果我们想将之还原为自然出现的表征形式，那么因果性看起来是另一个有潜力的选项。设想一下烟如何表征火、红点如何表征风疹。在这两个例子中,我们所处理的并不是表征与被表征者之间单纯约定俗成的关系。相反,烟和红点中存在某种东西,以自然地将它们分别与火和风疹关联起来。确实,在这两个例子中,被表征者与表征之间存在着某种因果关系——这也是为何这两者应该更恰当被标识为某物的符号(signs *of* something),而非为某物的符号(signs *for* something)。那么我们是否可以说,因果性构成了心灵与世界之间的黏合剂,以至于一个意识状态可以被认为是表征(指向)一个对象,当且仅当它通过"恰当类型的因果链条"而与该对象联结起来?若此,我们确实可以自然化意向性。然则,这个相当粗糙的因果解释面临着明显的困难。问题之一在于,如何在不犯循环论证的情况下,明确"恰当"(或"相关的")这个概念的确切含义。当我们通过望远镜看着远处的山丘时,我们一般会说,感知的对象是"山丘"。然则,尽管山丘(从中反射过来的光)可能在因果上影响我的视觉系统,它显然不是唯一的原因,但只是相当远的原因。那我为何不是感知(表征)望远镜的透镜,更别说我视网膜上切近的刺激了?另一个问题在于,因果性这个概念太粗糙了,以至于不能捕捉到意向性指称的角度性(aspectual)性质。人们根本就不可能意识到对象本身(simpliciter);人们总是以特定的方式意识到对象,不管是从特定视角、还是基于特定的概念或描述。

另外,在我直接的物理周遭中真实存在的空间对象,那些看起来具有真实因果效力的东西,只是构成了我所能意识到的东西非常小的一部分。当我坐在桌子上时,我不仅可以思考月亮的背面,还可以思考方的圆、独角兽、下一个圣诞节、或者无矛盾律。但这些不在场的对象、不可能的对象、虚构的对象、未来的对象或者观念的对象又是如何对我的思想产生因果影响呢？我们可以意向不存在的对象这个事实本身看起来构成一个关键的反例，以反驳这样的理论——它主张如果我对对象有所意识，那么对象必须以因果的方式影响了我。最后，对于表征理论而言，关键是要解释误表征（misrepresentation）以及出错的可能性，因为表征的核心特征之一就是它们具有真值以及真值条件。它们可以是真的、假的，并且存在着它们为真的条件以及它们为假的其他条件。但这对因果理论构成了一个问题：如果 x 表征 y，当且仅当 x 以恰当的方式被 y 所产生（caused），那么误表征基本上就被排除在外了。故而，一些更为精致的因果理论继而被发展出来，以解决这些不同的问题。但它们是否做到了这一点——这到目前为止尚无定论。

第三节　正面的解释

胡塞尔的《逻辑研究》包含了对意向性的第一个真正的现象学研究。一如布伦塔诺，胡塞尔认为，我们不仅爱、怕、看或者判断；我们爱着被爱者、害怕某个可怕的东西、看到一个对象、判断一个事态。不管我们是否在讨论感知、思想、判断、幻觉、怀疑、期待、或者回忆，所有这些不同的意识类型都具有意指对象这个特征；如果不考察一下它们的对象相关项，也即被感知、被怀疑、被期待的对象，它们也就不能得到恰当的分析。反过来亦是如此：倘若不考察其主体相关项、其意向行为，意向对象也不会得到恰当的分析。意向对象与意指该对象的心灵行为离开了对方都不可能得到理解。

意识行为与意向对象在本质上是相互依存的；它们之间的关系是内在的、而非外在的。也即是说，人们不可能先识别出关联的项，然后再探讨它们之间的关系。相反，人们只有通过参照一个项所关联的另一个项，才能识别出该关系之中的每个项。胡塞尔因而认为，如果我们忽略了将对象揭示给我们的意向状态（感知、回忆与判断），那么我们也就不能在哲学上把握某物之为被感知的对象、被回忆的事件、被判断的事态到底意味着什么。尽管我们在日常生活中倾向于忽略这些主体状态，但现象学的任务从一开始就在于摆脱日常生活的这种素朴性，并让我们注意到并研究我思（cogito）与我思对象（cogitatum）之间——也即行为与对象之间——的关联性。

布伦塔诺认为，意向性是体验与对象之间的二值（dyadic）关系。他假定，意向关系即是我们可能会称为日常的关系，后者预设了关系项的实存；而且他还明确引入"意向的内存在"这个概念，以便处理当我们意向非实存对象时所产生的问题。当我们想象一个农牧神或者幻想一头粉红色大象，我在意向上依然指向［该对象］，但农牧神与粉红色大象实际上都不存在。这个二值路线因而被迫主张，农牧神与粉红色大象是具有一种非常特殊的（意向内）的存在形式。这个方法本身并不是非常令人满意的方案；并且由于需要一个统一的意向性理论，在我们解释本真的感知时，它还造成了巨大的难题。例如，当我看一棵开花的苹果树时，那我是实际上看到一个具有非常特殊的本体论地位的意向对象么（它跟我单纯幻想苹果树时所看到的东西具有相同的地位）？并且，幻想苹果树与感知苹果树之间的唯一差异在于一个（现象上不可察觉的）事实——也即在后一种情况中，这个不同寻常的意向对象对应着一个真正的日常对象?

胡塞尔发展出一个规避了这个难题的意向性概念。对他而言,意向性并不是与一个超凡对象的一般关系而是一种与被意指对象的特殊关系,不管它是时空对象还是观念对象。即便该对象不存在,这个特殊"关系"依然成立;而且即便该对象不再存在,这个关系依然持存。可能存在着一种特殊类型的意向状态,除非其对象存在,否则它们就不存在;反之亦然。感知即是这样一种情形。感知的确意味着其对象的实存。如果你看起来像是看到一颗红色的西红柿,而它最终却并不真实存在,那么你实际上并没有感知到它。更为一般而言,人们并不能从某个行为存在这个事实推导出它的对象也存在。当意向是指向"非实在"的对象时,它们跟一般的感知一样也具有其指向性特征。与正常的感知相对照,其所指并不存在,不管是内在于心灵还是外在于心灵。而在幻想的情形中,粉红色大象既不是内在于、也不是外在于意识而存在,但幻想依然是关于粉红色大象。这个解释不再需要为了保留行为的意向性而给幻想对象加上一种特殊的存在(或意向的内存在)。胡塞尔写道:

> 如果我向自己表征上帝,或者一个天使,或者一个可设想的物自身,或者一个物理物,或者一个圆的方,等等,我在每一个情况下都意指一个超越对象——换言之,我的意向对象:不管这个对象存在,还是想象性的或者荒谬的,这都没有任何差别。"对象纯粹是意向性的"当然不意味着它只存在于意向之中——它构成了其中的实项部分,或者它的某些影像存在。相反,它意味着意向——如此被规定的对对象的指称——存在

着,而非其对象存在。如果意向对象确实存在,那么意向、指称不是单独存在的,而被指称的对象也存在(Husserl 2001a：II/127)。

简言之,尽管心灵的特殊性之一在于它有思考并不存在之对象的能力,我们并不应该接受非实存对象的实在性。主张某些意向对象不存在——这并不是说存在着非实存对象,也即某些非实存的意向对象存在着;相反,这不过是说,意向状态可以指向(关于)某物,即便其所指并不存在。[3]

也即是说,即便意向状态的所指(referent)不存在,该意向状态也具有一个指称(reference)。这不是说某个具有神秘存在形式的其他对象走了进来,而仅仅是说,意向状态依然指称、依然关于某物;用其他术语来说,它保留着某个满足条件——如果该对象本来存在,它就得到满足,而在当下的事态下它仍未得到满足。

意向对象不是特殊类型的对象,而是对特定意向状态之所涉这一问题的回答。如果答案指向某个非存在的对象,那么意向对象就不存在。如果答案指向某个存在之物,那么意向对象就是这个实在之物。因而,如果我看着自己的自来水笔,那么这个实在的笔就是我的意向对象,而非这支笔的某种心灵图像、拷贝或者表征(Husserl 1979：305；1982：219；Crane 2001：26)。通过这种论述方式,胡塞尔就与各种居间项理论拉开距离——也即认为我们与诸如石头、台灯等时空对象的意向关系是由某种居间实体联结起来的;同时,他也与下述理论拉开距离——也即认为当我们意指并不真实存在的对象时——比如永生或者永动机,我们依然与某种具有不同寻常的存在类型的对象保持一种关系（比如梅农［Meinong］所提议的存在类型），否则的话，我们就不能指向它们。

我们可以继续明确意向之指向性的特征。通常人们认为意向"关系"是角度性或视角性的。人们不仅是意识到对象，而总是以特定方式意识到对象。人们总是对对象具有特定的视角；而对象也总是以特定之方式或从特定角度呈现给主体。然而，更具体来说，我们可以区分出"规定之如何"中的意向对象，以及"被给予之如何"中的意向对象（Husserl 1982：314）。举个简单的例子，我们可以看一下对一辆红色跑车的感知。我们总是从一个或另一个视角来看这辆车；我不可能一下子在其总体性之中看到它。进而言之，车子总是在特定的光照、特定的背景中向我们显现出来的；而且它也在确定意义的语境中显现。基于我先前的经验以及当前的兴趣，我可以将车子视为必要的交通工具，某种享乐的来源，一个让人头疼的烧钱物（因为它坏掉了，而我必须去找修理工），一个后资本主义最新的邪恶产物，或者是环境变化的罪魁祸首，等等。然则，现象学家并没有将之刻画为在粗糙的感知内容上加入额外的思想；相反，他们强调了感知与思想之间的连续性。感知内在地就是富有意义的——这一事实使得感知到思想之间的过渡可以轻易达成。在上述情形中，我们最好是说，我对车子的感知以不同的方式受到评价、感觉、过往经验以及指称与兴趣框架的影响，而这些因素塑造了我实际观看事物的方式。但除了意向对象的不同属性或者在其不同意义之中的对象，除了变更我所意指之对象到底被呈现为什么，我也可以变更意向性的形式本身。除了感知车子，我也可以想象它，对之下判断，或者是回忆它，等等。

第五章 意向性

实际上,每个意向体验都包含两个不同但不可分割的要素。每个意向体验都是确定类型的体验,比如可以是感知、判断、希望、欲望、悔恨、回忆、肯定、怀疑、猜想、害怕,等等。胡塞尔将体验的这个维度称之为体验的"意向性质"(intentional quality)。每个意向体验也指向某物,它关于某物,比如可以是一头鹿、一只猫或者一个数学事态。胡塞尔将这一要素称为体验的"意向质料"(intentional matter)——它不仅明确哪个对象被意指、而且明确什么对象被统觉或视为存在(Husserl 2001a:II/119-120)。胡塞尔对意向质料与意向性质的区分因而与当代命题内容与命题态度之间的区分具有某种相似性(尽管需要强调的是,胡塞尔无论如何都不会将所有的意向体验都当作本质上是命题性的)。

毋庸讳言,相同的意向质料可以与不同的意向性质相结合,而相同的意向性质可以与不同的意向质料相结合。因而,可以怀疑"通货膨胀还会继续",怀疑"这次选举是公平的",或者怀疑"这个人的下一本书会成为国际畅销书",正如可以否定"百合花是白色的",判断说"百合花是白色的",或者质疑"百合花是白色的"。

有趣的是,胡塞尔进而认为这些认知差异是体验性的差异。在肯定黑格尔是最伟大的德国观念论者与否定这个想法之间,存在着一个体验性的差异;正如在预期与怀疑丹麦会赢得下一个世界杯之间存在着体验性的差异一样。一种有意识的意向状态中的"像什么"不同于另一种有意识的意向状态中的"像什么"。相似地,不同的意向对象,正如它们之被体验到,构成了体验的现象特征。在否定"埃菲尔铁塔高于帝国大厦"与否定"朝鲜具有可行的经济"之间,存在着一个体验性的差异,正如在相信"正义终将来临"与相信"从等数中拿出相同的量,结果依然相等"之间,存在着一个体验性的差异。胡塞尔因而否认了这样一个观点——也即认为只有感性与情绪状态才具有现象性质,而是辩护了被称为"认知现象学"的存在(Bayne & Montague 2014)。在他看来,在意识状态之中就有一种"像什么",而不管它到底是感受性的,还是认知性的。事实上,将现象性还原为感受的"粗糙感觉",这不仅边缘化并庸俗化了现象意识,这对于准确理解其认知意义也是有害的。④

但有些人或许会反驳说,思想具有一个独特的现象性。其论证大致是说:抽象思想伴随着心灵图像,而抽象思想中所能遇到的现象性质事实上是由这个图像所构成,而非由思想本身所构成。然则,我们有时候正在思考的思想——比如"每一个奇数次的代数方程都至少有一个实根"——事实上并不伴随任何图像。这意味着现象性并不隶属于思想本身。然则,现象学家反驳这样一个结论——也即该思想完全缺乏现象性。让我们考虑一下胡塞尔的下述例子:

> 让我们想象一下某些对我们产生审美影响的阿拉伯花纹或图案,然后我们突然明白我们所处理的是象征或语词符号。这里的差异到底在哪呢?或者让我们考虑一下,一个专注的人将一个完全陌生的单词听成一个语音复合,甚至都未想到它是一个单词;试比较一下这个情形:这个人后来在一次交谈中听到一个单词,而这时习得了它的含义,但还未直观地对之有所示例。那么,一般来说,哪个额外的要素能够区分理解一个符号上起作用的表达跟一个未被理解的语词声音?在看一个具体的对象A,以及将之当作"任意A"的代表之间,其差别到

底是什么呢？在这类以及无数相似的情形中，其差异在于其行为特征（act-character）（Husserl 2001a：II/105；参看 2001a：I/193-194）。⑤

换言之，即便心灵图像或形象或语词声音保持为相同的，当思考到它是有意义的时候，我就体验到一种现象上的差异。

通过这类分析，现象学认为意识具有一个内在的意向性特征，并抵制对意向性进行还原解释的尝试——比如通过求助于诸如因果性等非意向性因素。那么，意向性到底是如何工作的呢？我们是如何意指对象的呢？在此，"意指"（meaning）这个概念就成为核心（我们会在本章的最后一节回到这个议题）。对于现象学家而言，意向性是一个意指问题。我们通过意指关于对象的某物来意向它（Husserl 2001a：I/201）。⑥

第四节 意向主义

至此，我们考虑了指向对象的意向性，但众多体验并不指向对象——例如，痛感、恶心感，以及诸如焦虑、绝望、无聊等情绪。那些认为意向性概念只局限于对象指向性的哲学家认为，这些体验不是意向性的（比如 Searle 1983）。然则，现象学家则有一个更为宽泛的意向性概念，并区分对象指向的意向性，以及作为逾越指向（pointing-beyond）、作为向异于主体之物敞开的意向性。确实，诸如悲伤、无聊、怀旧以及焦虑等无处不在的情绪必须区别于诸如欲望一颗苹果、爱慕某个人等意向感觉。然则，情绪也不是没有对世界的指称。它们并未将我们包含于自身之内，而是作为无处不在的氛围被经受着，并深刻地影响着世界向我们揭示的方式。像好奇心、紧张或者开心等情绪揭示出我们嵌入于世界之中的状态，并勾画或者变更着我们的生存可能性。它们被吸纳于我们体验的意向结构之中。一如海德格尔所论述的，情绪不是单纯附加性的现象，而是根本的揭示方式："情绪总是已经将'在世中存在'揭示为一个总体，并且首次使得人们指向某物得以可能"（Heidegger 1996：129）。

那么疼痛呢？萨特在《存在与虚无》中对眼睛疲劳所做的经典分析是极富启发性的。想象一下，你大半夜还坐在那，试着看完一本书。你已经看了一天书了，眼睛有些疼。那么这个疼痛一开始是如何显现出来的呢？依据萨特，它一开始并不是作为反思的课题对象，而是通过影响你感知世界的方式显现出来的。你开始变得不耐烦、易怒、变得越来越难以集中注意力。页面上的字词变得模糊起来。这个疼痛还未被把握为一个意向对象，但这并不意味着它在认知上是缺失或无意识的。它作为意向性质的一个方面而显现出来，或者作为一个情感性的氛围而影响并提示你与世界之间的意向互动（参看 Sartre 2018：444-445）。一如拜腾迪克观察到：

> 当眼睛在阅读过程中变得疲乏时，读者并不是首先感知到他的疲惫，而是感知到光线变弱了、书籍变得非常无聊或者不可理喻……病人并不是首先确定哪个身体功能被干扰了，而是抱怨这样的事实——"事情不再对头了"，"工作不顺利"，周遭变得"烦人"，"令人乏味"（Buytendijik 1974：62）。

最近一些分析哲学家批评了这一类观点——也即认为现象性质就其本身而言是非意向的,并且辩护了一种可称之为现象性质的"意向主义"(intentionalistic)解释。其出发点是观察到,通常都很难区分出对特定对象的描述与对同一对象之体验的描述。早在1903年,摩尔(G. E. Moore)就曾提醒过这一事实,并将之称为体验的特殊透明性(diaphanous quality):当你尝试将注意力专注于体验的内在属性时,你总是看起来像是专注于体验所关切的对象。泰尔(Michael Tye)认为,这一透明性的教诲在于,"现象学并不是在大脑之中"(Tye 1995:151)。为了发现其"像什么",你需要仔细研究意向中被表征的是什么。因而,该论证认为,体验本身并不具有内在的、非意向的性质;相反,体验的性质特征完全在于——一如德雷斯克写道——对象之被体验为具有的性质属性(Dretske 1995:1)。声音的响度,表面的柔软度,味道的甜味,气味呛鼻的程度,都不是体验的性质,而是被表征对象的性质。其中"像什么"的差异实际上是意向上的差异。因而,对一颗红苹果的体验,在主体上就不同于对黄色向日葵的体验,其原因在于这一事实——不同种类的对象被表征了。体验不过是通过表征外在的世界而获得其现象特征。其结果是,所有现象性质都是表征性的。不存在非意向的体验。因而,对于泰尔而言,疼痛不过就是对身体之受损或失常的一个感觉表征(Tye 1995:113)。

德雷斯克和泰尔对现象性质的解释与任何类型的感觉材料理论都划清了界限,因而具有巨大的优势。一如前示,它跟现象学中的观点也具有一定的相似性。正如梅洛-庞蒂指出,诸如红、绿这些颜色"不是感觉材料,它们是可感觉的,而性质不是意识的要素,而是对象的属性"(Merleau-Ponty 2012:5)。将被感觉者视为意识的成分，这就犯了"体验错误"，并且是将被感知之物变成了感知本身(Merleau-Ponty 2012:5)。对这个错误的一个彻底批评可见于萨特对意向性的解释。对于萨特而言，肯定意识的意向性就意味着否定任何类型的心灵内容的存在(包括任意类型的感觉材料或感受质)(Sartre 2018:19)。意识之内是虚无的，没有对象，也没有心灵表征。它是完全的空无。因而，对于萨特而言，意向意识的存在就在于它对超越之存在者的揭示(Sartre 2018:21)。他继而将现象性质视为世间对象的性质，而非位于意识之内。意识正是对超越之存在者的揭示，或者像泰尔与德雷斯克可能会说，它在对外在实在的表征中就已穷尽其自身——然则，从这个事实出发，萨特无论如何不会推导出，意向意识对科学还原论而言不再成其为问题。

　　泰尔与德雷斯克均明确地批评了在心灵生活的意向或表征维度与其现象的或主体性的或被感受到的维度之间做出泾渭分明的区分。但有趣的是，他们批评这个分离的理据跟我们的理据恰恰相反。通过提出对现象性的意向主义或表征主义解释，他们希望能完全规避"难问题"。为何？因为如果现象性只是一个意向性的问题，并且意向性可以通过还原的方式、通过功能或因果关系来解释，那么人们就可以接受现象性的存在(德雷斯克与泰尔都不是取消主义者)，而仍然保持其物理主义的立场(Tye 1995:153,181)。

　　但这个结论看起来恰恰是错的。还原主义的关键困难不在于副现象感受质的存在——也即作为原子式的、非关系的、难以形容的、不可比较的、不可更正的心灵现象这个意义上的感受质。而如果人们(合理地)拒绝了这类实体的存在，如果人们因而将"现象之

第五章 意向性

物"从"内在"重新归为"外在",这个"难问题"也不会消失。"难问题"并不是关于体验的非物理对象的存在问题,而是关于主体性体验本身的存在问题;它是关于这个事实——对象被给予我们(参考 Rudd 1998)。

因而,我们不应该忘记,现象性不只是关于被表象之物的什么(what),而且还是关于它是如何被表象的。"像什么"这个问题包含了两个方面。追问对象之被体验为具有某些属性(也即对象之于感知者感觉起来像什么,比如桌子的表面感觉起来如何不同于冰块的表面),与追问对象之体验的属性(也即感知行为之于感知者感觉起来像什么,比如感知冰块感觉起来如何不同于想象冰块),这两者之间是有差别的。这两类问题同属于现象性维度,但第一类问题关切的是世间的属性,而第二类问题所关切的则是体验的属性。[7] 与德雷斯克和泰尔的主张相反,我们因而需要区分:1)对象之于主体像是什么,以及 2)对对象的体验之于主体像是什么(参看 Carruthers 1998;McIntyre 1999)。值得注意的是,甚至摩尔好像都认识到了这一点。如果我们试着将注意力集中到意识之上,意识好像就消失了;如果我们试着内省蓝色的感觉材料,我们所能看到的就是蓝色,因为感觉材料本身好像就是透明的(diaphanous)——在做出这些断言之后,摩尔继续写道,"然则如果我们看得够仔细,如果我们知道那里存在着可以找到的某物,那么这仍然是可区分的"(Moore 1903:450)。

如果我们比较一下两个处境——一个是你在感知一个黄色的柠檬,另一个是你回忆或想象一个柠檬,这些不同的处境之间就存在一个体验上的差异;我们也很难看出,它如何能够仅通过指称柠檬的客观属性来解释。类似地,如果我们比较一下这两个处境——一个是存在着一个对柠檬的无意识感知,另一个则是对柠檬的有意识经验,后者并不会给我们更多的"柠檬"(属性);它并不会增加世界之中客观属性的数量。我们可以解释黄色柠檬像什么,并且列出它的属性(比如它的重量、颜色),但这些属性很不同于隶属于有意识地感知柠檬的"像什么"(例如,体验到意向对象的具身在场)。

相同的对象,以其相同的世间属性,可以以不同的方式呈现出来。它可以是被感知到、被想象到、被回忆到,等等。当我在现象上熟悉不同的对象,我对自身或自己的心灵并不是盲的。这些对象以不同的意向体验模式为我(for me)而存在于那(作为被想象、被感知、被回忆、被预期,等等;或者被自我不同的情绪所提示,被眼睛干涩的疼痛所扭曲);而认为这种"为我性",这种体验的属我性不过是所表象对象的外在属性——这无疑是无稽之谈。与泰尔和德雷斯克的主张相反,我们应该认识到,现象性不仅是呈现世界的,它同时也包含了自我。

当对黄色柠檬的无意识感知可能建立起有关柠檬与"我的"视觉系统之间富含信息的因果联结,这并不会使得柠檬是"为我"而显现的。如果视觉片段是无意识的,那么柠檬根本就不会以视觉的方式显现。这并不是说,我对柠檬的通达是间接的、有中介的,或者被我自己关于该体验的觉知所污染或妨碍了。与其说体验是与柠檬同等层次的对象,是某种阻碍了视野或争夺注意力的对象,不如说体验恰恰是构成了我对柠檬之现象性通达的东西。

简言之,从关于现象性质的意向主义解释中得出的错误结论在于,不存在什么关于意识的"难问题",只有关于意向性的"易问题"

(也即可还原为信息处理)。正确的结论应该是,意向性具有第一人称维度,后者构成了"难问题"的一部分,并且它跟现象性一样抵制任何还原论的解释。

第五节 意向性与意识

即便意向性与现象性是相互关联的,但这个关联的性质依然有待讨论。它是内在的抑或是外在的?它是本质性的抑或是偶然性的?主张它是偶然的,也即主张意向性之于它到底是发生于有意识的中介或无意识的中介都没有差别——这就意味着接纳麦金(Colin McGinn)所说的中介概念(medium conception)。根据这个观点,意识与意向性之间的关系就像表征的中介与它所传达信息之间的关系。一方面,我们具有声音、形象或体验这些中介;另一方面,我们具有意义与指称的内容。每个方面都可以进行分别的研究,因为它们之间的关系完全是偶然的。因而根据这个观点,意识不过就是一个(相当神秘的)中介,其中某些相对世间的东西(也即意向性)被偶然嵌在其中(McGinn 1991:35)。但这真的令人信服吗?

从表面上看,体验看起来像什么与体验所关于的东西之间无论如何都不是独立的属性。现象学家通常会认为,每个显象都是某物向某人的显象。麦金也主张同一个论点,认为体验具有两面性:它们具有指向世界的一面,以特定方式呈现世界;但它们与此同时还包括主体的在场,因而具有一个主体性的视角。简言之,它们是关于(of)异于主体的某物,并且对于(for)主体而言像是什么。就像麦金继续写道:

但这两面并不具有不同的表述:因为体验的"像什么"是它所关于之物的一个功能,而它所关于之物则是其"像什么"的一个功能。如果有人告诉你一个关于鲜红色球的体验,你知道具有这个体验会"像什么";而如果你知道具有这个体验会"像什么",那么你就知道它如何表征事物。这两个面向实际上是相互依存的。主体与语义彼此之间相互串联了起来(McGinn 1991:29-30)。

换言之,体验的意向或语义维度与其现象特征保持着密切的关系,反之亦然。但如果我们所觉知之物密切地跟它如何显现给我们联结在一起,那么现象意识就不是副现象,而是认知上不可或缺的了。

这提出了无意识意向性的可能性问题。如果意向性与现象性之间的密切关系意味着所有的意识状态都展现出某种意向性,这是否也意味着意识之于真正的意向性不仅是充分条件,也是其必要条件?这是否意味着不可能拥有无意识的信念?当然,对于这一点,我们可以找到不同的观点。一些人会说,只有意识具有真正的意向性,而对意向性的其他归属要么是派生性的,要么是隐喻性的(Searle 1998:92-93)。根据这个观点,图像、符号、象征、海报、语词等都进行着指称,它们都是关于某物。但它们所展现的意向性不是源初性的,也不是内在于图像或符号的;它是派生的。它们的意向性归功于这一事实——即它们为有意识的心灵所解释。它们的意向性是由意识所赋予的。一些人认为,意识之所以能做到这一点,是因为相比之下,它具有一种内在的、非派生的意向性形式。其意向性不仅仅是一种言语样式、或者来自他人对它的解释性立场(否

第五章 意向性

则的话,我们就面临着无穷倒退的情况)。

然则,除了断然否定真正的无意识意向性的存在,另一个选项也是开放的。人们可以接受存在着无意识形式的意向性,但依然认为无意识意向性与有意识意向性没有(或很少)共性,因而对第一类意向性的说明并不能解释我们在意识生活中所发现的意向性。因而如果不解释体验的现象维度,就不可能解释自我体验的意向性;如果不涉及体验的意向性,也就不可能解释体验的现象维度。对意向意识的任何解释如若忽略了现象意识这个问题(反之亦然),这都是严重的缺陷。简言之,就有意识的意向性而言,我们需要一个整合的方案。

当然,这里还有很多额外的问题未曾触及。比如说,有关无意识或所谓的倾向性(dispositional)信念是否存在的问题。它们如何能够与上述框架相契合?⑧ 我们该如何处理下述反对意见——也即认为,主张意向性与体验之间的密切关系就意味着某种细微的心理主义?主张说存在着一种特殊的理解体验,这就必然会激怒维特根斯坦主义者。我们该如何去处理他们的批评呢?最后,关于心灵内容的内在论与外在论也存在着巨大的争议。外在论者通常认为,思想中的差异可以通过现象之外的东西来界定。若此,它对意向性与体验之间的关系又有何意涵呢?进而,现象性质的意向主义解释又如何能够处理幻觉的情形?所有这些问题都需要进一步处理。但为了结束本章,我们只能将考虑限制于这个问题——即现象学的意向性解释如何与内在论和外在论之间的争论关联起来。

第六节 现象学、外在论以及形而上学的实在论

"内在论"与"外在论"都是伞概念(umbrella terms)。因而,一般性地问某人是个内在论者还是外在论者,这是不够的,因为其答案依赖于其中所涉及的内在论或外在论到底是何种类型。然则,就当前的语境而言,内在论是指这样的观点——即主体的信念与体验完全由该主体的心灵之内所发生的东西构成,因而该主体之自然、文化环境中的因素之于其内容没有任何意义。根据这个观点,心灵状态就其内容而言并不依赖于主体之外的东西,这些状态隶属于主体——也即心灵具有指称的能力,而不管世界到底怎样。这不是要否定说,我们的某些心灵状态——比如感知——可能在因果性上依赖于外在因素;其要点仅在于,内在状态——不管它们是如何被造成的——决定了我们所意识到的东西。与之相对,外在论者认为,心灵状态是以外在的方式而被确立的(individuated)。我们所思考之物,我们所指称之物,都依赖于(物理、社会乃至文化上的)周遭环境中实际存在的东西;我们的体验依赖于具有该心灵状态之主体以外的因素。

那么在内在论与外在论的光谱中,现象学应该放在哪里呢?一个流传甚广的倾向认为,胡塞尔是个经典的笛卡尔式内在论者,而海德格尔、萨特与梅洛-庞蒂等存在主义现象学家则偏爱一种外在论,因为他们都完全承认,心灵本质上是由它与世界之间的意向关系所决定的(参看 Dreyfus 1991;Keller 1999;McClamrock 1995;

Rowlands 2003)。尽管后来的现象学家确实比胡塞尔更加强调实践与身体类型的意向性及其重要性——正如我们在后续章节中会看到的那样,海德格尔讨论了一种指向上手之物(ready-to-hand)的行为,而梅洛-庞蒂则强调动觉意向性(motor-intentionality)的重要性,并认为意识首先不是一种"我思",而是一种"我能"(I can)。——但这种解释依然太过简化了。它忽略了大量提示了胡塞尔现象学与某种外在论之间具有亲缘性的证据(Zahavi 2004a, 2008a, 2017b)。与此同时,海德格尔或者梅洛-庞蒂并不能直接被归结为外在论者。例如,尽管海德格尔在使用"在世中存在"这个概念时,希望能强调自身在根本上是包含着世界的——也即此在(人的生存)是在世之中的;这不像是水在瓶子之中,而是一种通过基本的自身超越而实现的绽出;他还不断地谈到(体验)生活的自足性(Selbstgenügsamkeit)(参看 Heidegger 1993:261),并否认感知只有在其对象与之达成某种关系时才成为意向性的,好像如果对象不存在时,它就会失去其意向性。海德格尔写道,作为感知,它内在地就是意向性的,而不管被感知者到底是实际上在手与否(Heidegger 1985:31)。海德格尔后来认为,将意向性解释为一种心理主体与物理对象之间的关系,这是关键的错误。实情在于,此在就其自身而言具有意向性的结构。意向性并不是通过对象的实际在场才首先出现的,而是在于感知行为本身,而不管它是本真的感知抑或是错觉性的感知(Heidegger 1982:60)。就我们对海德格尔的理解而言,这些声明背后所潜在的假定在于,1)即便是误感知、错觉、幻觉依然是包含着世界的意向行为;2)其中包含世界(world-involvement)这个性质是内在于行为本身之中的,而非从外面附加上去的。

然则,这个简短的勾勒却遗留了一些疑难。我们应该总结说,现象学对心灵与世界之间关系的解释一般具有这么一个特征——也即同时指向内在论与外在论两个方向?这是否反映出一种混淆,或者它提示说,现象学家倾向于一种双重要素理论,以便在内在论与外在论的直觉之间寻找一种妥协?又或者,就现象学对心灵与世界之间关系的理解而言,它恰好指出了在内在论与外在论之间做出取舍恰恰是不可行的,因为这种取舍乃是基于内在与外在之间的划分。

为了更切近于答案,让我们回到意指这个议题。如果外在论否认意向性是由意指所确定的、并且为主体性所奠基的,而是认为它可以被还原为某种因果性共变,那么没有一个现象学家会是外在论者。但这并不是界定外在论的唯一方式。正如内在论一样,外在论也可以认为,意指确定了指称,只要该意指是以外在的方式嵌入到世界之中、或者包含着世界。麦道(John McDowell)明确认为,对意指的外在论解释需要一个关于心灵的外在论解释作为补充。普特南的一个著名论断便是,意指"不在头脑之内"(Putnam 1977:124),但正如麦道所补充的,它也不在心灵之内(McDowell 1992:36)。一旦心灵与意指都被视为嵌入到环境之中,那么将一个内在的指称性或世界指向性归属给心灵就不是什么神秘的事情了:

> 构建一个理论上的"钩子"以便将思维与世界联结起来的需求就不再出现,因为如果说我们视野里所具有的一切只是思维——比如说被"人们听到水滴答声"这一想法打动,那么我们在视野里所具有的东西就已然是跟世界挂钩起来了;作为拥有对实在性的指称性指向,它已然在视野之中(McDowell

1992:45)。

我们可以在麦克库洛赫(McCulloch)那里发现类似的想法,他认为我们需要拒绝一个自身包含的心灵与一个无心灵的世界之间的二元论。主体性并不是内在于心灵之中,而客观性也不是外在于心灵。与麦道相呼应,麦克库洛赫写道,意指并不是在头脑里边,而是在心灵之内,但心灵并不是在头脑里边(McCulloch 2003:11-12)。在他看来,如果现象学与外在论得到恰当的理解,那么这两者之间并不存在什么张力(McCulloch 2003:12)。

尽管麦克库洛赫犯了语法的错误,[*]他还是说出了某些道理。现象学家(这包括胡塞尔式的现象学家)对于麦道和麦克库洛赫所拥护的某些想法抱有同感,显然他们面临着共同的敌人。他们不仅否决了作为笛卡尔式的唯物主义的内在论——也即认为心灵可以等同于大脑,而大脑是一个自身包含的器官,可以独立于世界而得到理解;而且他们同时也反对这样一种外在论——也即尝试将意向性与指称还原为赤裸裸的因果机制。

尽管胡塞尔确实认为意指决定了指称;但如果认为他的理论只是用于处理特定类型的指称,其中意指与内容通过描述性地详述对象的属性来规定这个对象:这则是不对的。相反,胡塞尔主张,可获得的意指包含着这样一类构成要素,以便使得我们能不需要确定

---

[*] 这里作者揶揄了麦克库洛赫的一个拼写错误。原文中,麦克库洛赫写道"meanings ain't in the head, they are in the mind, but the mind just ain't in the head"。后一句应为单数,而非复数。因而作者这里说,"although it 'ain't' correct grammer"。中文很难体现这种上下文之间的语言游戏,故采取平译。——译者

的描述而指称一些个体。指示性（demonstrative）指称恰恰是这种情形。胡塞尔从一开始就注意到了"this"这个单词直接进行指称，而非以定语的方式（attributively）进行指称；更为重要的是，他还认识到感知在何种程度上包含着指示性的含义内容。当我看到一颗红色的球，这颗球是我的意向对象；这不是因为它满足了"红色的球"这一一般性的意义，而是因为它满足了"这颗(this)红色的球"的指示性内容。感知一个对象不仅仅是感知特定对象的类，也即由其内容所规定具有某类属性的任意对象，而是感知这个(this)个别对象。人们或许会认为，指示性指称的指向性是因为这一事实——也即它不是基于意指，而是基于因果性。但这个想法假定了，意指之"把握住"个体的唯一方式就是以定语的方式，也即基于确定的描述［或摹状词］。但胡塞尔的观点恰恰在于，"这"（this）是一个非描述性的意指，并且它直接就进行指称，而非以定语的方式进行指称。对他来说，指示性指称的指向性乃是奠基于直观的直接性。

自然，在内在论与外在论之间做出取舍的一个方式在于提出下述问题：意向性是否由内在于心灵的因素来决定，还是由外在于心灵的因素来决定？然则，这个看起来简单明了的表述诸选项的方式，一经仔细审查，就变得不那么充分了，因为内在论通常会在心灵与世界之间构想一个裂隙，而外在论则恰恰认为世界并不外在于心灵。然则，一旦外在论被视为是主张心灵与世界之间不可分离，人们又可以轻易地将之界定为这样一种立场——也即认为意向性是由内在于这个整体的因素所决定。如此，外在论就很难跟下面的内在论相区别了——也即坚持认为意向性是由内在于心灵的因素所决定，但这里的"心灵"被理解为一个足够宽泛的词项。一种解读是说，胡塞尔哲学恰恰可以被视为尝试去削弱任意一种心灵与世界之间的常识性划分。一如我们在第二章对"内省"的讨论所示，胡塞尔早在《逻辑研究》中就拒绝了内在与外在之间肤浅的划分，认为这对理解意向性并不相关。正如他在后期的一个文本里写道，"因而，对象、客观存在以及意识先天地就是不可或分地共属一体"（Husserl 2003：73）。[9]

海德格尔也提到了一个相关的论点。他否认此在与世界之间的关系可以通过求助"内在"与"外在"等概念来理解：

> 在将自身指向……和在把握某物时，此在并不是首先从它一开始被封闭于其中的内在领域走到外面去；相反，在其源初的存在模式中，它总是已经与某些存在者"在外面"共存了，与世界之中已被发现的存在者相遇。当此在与某个有待认识的存在者共存并确定其特征时，也没有任何内在领域被放弃掉。相反，即便在这个与对象"共存于外"，此在准确来说依然是"内在的"；也即，它本身作为"在世中存在"而实存，它本身就认知着。进而言之，对已知之物的感知并不是在自己外出并抓住它之后，将自己的战利品带回意识的"柜子"。相反，在感知、保存与记住时，作为认知的此在依然是作为此在而存在于外（Heidegger 1996：58）。

内在论与外在论的概念依然牵连于内在与外在的划分，但现象学所质疑的恰恰是这个划分。

鲁德（Anthony Rudd）在其《表达世界》（*Expressing the World*）

一书中，引入了一个实在论的外在论与康德式的外在论之间的区分（Rudd 2003：44）。这两种外在论都严肃地对待意向性。它们都否认了心灵本质上是自身包含的，认为它连接着世界。但康德式的外在论增加了一个转折点，认为这反过来也成立。康德在反驳观念论时认为，我只有在觉知到周边的世界时，才能觉知到自身。但心灵与之相连的世界是现象世界，后者也相连于心灵。这个步骤使得康德可以否决这样一种怀疑论——也即尝试在心灵与世界之间打下一个楔子。但由于康德（至少依据一个标准解释）继而区分现象世界与物自体的本体实在性，我们可以说他不过是重置了怀疑论的问题（Rudd 2003：5）。而现象学家则走出了更为彻底的一步，认为本体的物自体概念是不可理解的、且毫无意义，因而应该加以拒绝（参看 Heidegger 1982：297；Husserl 2001c：57）。在他们看来，心灵与世界不是分别的实体，而是在构造上联结在一起的。一如梅洛-庞蒂写道：

> 世界与主体不可或分；但从主体而言，它不过是对世界的筹划，与世界不可分离；但从世界而言，主体则是自身筹划的。主体是在世中存在，而世界依然是"主体性的"——因为它的肌理与勾连都是由主体的超越性运动所勾画（Merleau-Ponty 2012：454）。

换言之，现象学家通常会认为，心灵与世界之间的关系是一个内在的关系，是由其关系项所构成的关系，而非一个外在的因果关系（参看 Rudd 2003：53, 60）。

考虑到现象学家理解意向性、理解心灵与世界之间关系的方式,那么最终成问题的恰恰在于,将他们的观点要么归结为或者承诺了内在论,或者是承诺了外在论,这到底是否真的有意义。而避免这两个术语显然不会解决所有的问题,但它至少可以让我们避免自己的研究被这些误导性的隐喻所指引。心灵一开始且就其自身而言不是一个自身封闭的领域,然后等待着来自其他地方的因果影响,以便与世界关联起来。将世界视为在某种程度上外在于我们,就像将意识视为在某种程度上位于一个内在领域(在那里意识只是处理关于世界的内部表征)一样,都是误导。主张意识要达及世界就必须在字面意义上走出自身,就像声称心灵必须以某种方式吸收或消化世界以便觉知到它一样,都是错误的。所有这些提议都同等地有问题,它们都未能意识到意识既不是一个容器、也不是一个特殊的地方,而是应该用其开放性来界定。与其以心灵主义的方式来解释现象、将之视为心灵清单中的一部分,并因而犯错,我们应该将现象学对现象的强调视为尝试去质疑主体-客体这一分裂,也即,将之视为尝试去强调心灵与世界的共同呈现。这个作为胡塞尔的观点,也为萨特所清晰地承认,后者在一份1939年的文稿中写道:

> 与哲学对经验批判主义、新康德主义的消化相反,与所有的心理主义相反,胡塞尔坚持确认人们不能将事物消融于意识之中。确切来说,你看到了这棵树。但恰好是在它之所在的地方看到了它:在路边、在灰尘中间、在热浪中独自翻腾着、离地中海海岸八英里远。它不能进入到你的意识之中,因为它与意识具有不同的本质。……但胡塞尔不是一个实在论者:这棵在

干涸土地上的树木不是一个绝对者，可以而后进入与自我的交流之中。意识与世界乃是一下子就被给予了：世界在本质上外在于意识，但它无论如何又在本质上关联于意识（Sartre 1970：4）。

我们可以得到的信息恰恰是，现象学能教导我们，在内在论与外在论之间做强加取舍恰恰是被误导了。还存在着其他的选项。⑩

就此而言，我们也注意到，现象学的解释与实行主义关于认知的观点具有一些相似性，因为后者的一个明确目标就是要在实在论与观念论之间沟通出一条中间道路——前者将认知视为重新揭示一个预先给定的外部世界，后者则将认知视为投射一个预先给定的内部世界，从而跳出这种进退维谷的状态（Varela et al. 1991：172）。实行主义路线不是将认知者的世界看作是一个外在的领域，该领域以内在的方式在大脑中得到表征（镜像），相反，实行主义路线将世界视为一个被实行（enacted）的认知领域，也即通过生物体与其环境之间的耦合所产生或构造的领域（Thompson 2007：154, 158）。其意涵之一在于，这种受到现象学启发的实行主义不仅可以被视为一种心灵哲学，而且可以被看作是一种自然哲学（Gallagher 2017c）。

因而，重要的是要认识到，现象学对意向性的分析超出了与心灵哲学相关议题的狭隘贡献。我们在现象学中发现的是对本体论与认识论之间一个故意的模糊化，而这隐含着对形而上学实在论与科学实在论的明确拒绝。事实上，只有当它与超越论之广泛哲学考量的联系清楚可见时，现象学分析的系统性贡献才能得到全面的理解（参看 Zahavi 2017b）。

界定科学实在论的一种方式是说,它为特定的知识理解所引导。而知识则被视为包含了对独立于心灵之实在性的忠实映射。它是关于实在性的知识;而实在性则独立于该知识、并且独立于任意思想与经验而存在(Williams 2005:184 及以下)。如果我们想要知道真正的实在性,我们应该着眼于描述世界存在的方式,不仅是独立于它所被相信的存在方式,而且独立于它碰巧向人类显现的所有方式。以此观点,一个绝对的概念应该是去人性化的概念,其中所有人类的痕迹都被抹除掉了。没有任何东西能再提示它是谁的概念,那些形成或具有这个概念的人是如何经验这个世界的,以及他们在何时、或何地于其中发现自身。它是我们所可能达及的关于这个世界的不牵涉个人的、中立的、客观的图景(Stroud 2000:30)。

科学实在论假定,日常的经验结合了主观与客观的特征,并且认为我们可以通过去除掉主观性来抵达世界之真实所是的客观图景。因此它认为,在事物"自身"所具有的属性与"我们所投射"的属性之间存在着一个清晰的区分。那个显象的世界,也即在日常生活中为我们而存在的世界,结合了主观与客观的属性;而科学则抓住了客观的世界,也即自在存在的世界。但认为科学可以提供关于实在的绝对描述,这对应于一个无所依的视角,或认为科学是通往形而上学真理的唯一道理,或者认为科学只是反映了自然划分自身的方式:这对现象学家而言不过是个客观主义与科学主义的错觉(参看 Zahavi 2003a)。我们不可能将自己当前关于世界的所有信念与世界对立起来,然后通过某种方式来衡量两者之间的对应程度。

现象学所赞同的是关于客观性与实在性的一种"此世"(this worldly)的理解,并寻求克服一种怀疑论——即认为世界向我们显现的方式与世界本身其实具有完全不同的样子之间是相容的（Heidegger 1996：210；Husserl 1999：84）。现象学也拒绝这样一种为许多自然主义者所赞同的观点——也即自然科学是一切事物的尺度，是存在者存在的尺度，也是不存在者之不存在的尺度（参看Sellars 1963：173）。对于现象学来说，科学不是一组系统地关联起来的得到证实的命题。科学是由人来完成的；它是朝向世界的特定理论立场。这一立场并不从天而降，它具有自己的预设与源起。科学之客观性是有待追求的，但它奠基于个体的观察与经验；它是经验主体所组成之共同体所分享的知识，并预设了视角之间的相互确认（triangulation）。简言之，如果我们想理解知识、真理、客观性、意义以及指称，我们就必须研究认知与行动主体所采用的意向性形式与结构。

我们可以总结这一章的两个主要结果：其一，现象学的意向性解释明确地尝试要从第一人称视角来检讨意向性，而非求助于各种非意向的机制；其二，现象学对心灵与世界之间关系的解释本质上很难用内在论或外在论这种非此即彼的方式来刻画和说明。

本章注释：

① 人们发现，"一般的共指称性表述的可替代性"以及"存在概括"这两

第五章 意向性

个原则并不适用于一些包含着心理学动词的句子。比如说，下面这两个论证是有效的：

  斐多是条狗；

  因而存在着一条狗。

以及

  斐多是条狗；

  斐多属于屠夫；

  因而屠夫拥有一条狗。

但下面这两个论证则是无效的：

  约翰认为斐多是条狗；

  因而存在着一个对象，约翰认为它是一条狗。

以及

  约翰认为斐多是条狗；

  斐多属于屠夫；

  约翰认为屠夫拥有一条狗。

② 新近一个颇受欢迎且得到众多讨论的理论叫作"目的语义学理论"（teleosemantic account）。依据一个标准解释，它认为心灵表征的语义内容是由其真正的功能或目的所决定的，也即通过进化或学习而最终去表征的东西。然则，依据这个理论最重要的辩护者之一，目的语义学理论实际上并不解释意向性，如果它被理解为"关于性质"（ofness or aboutness）这个属性。一如米立坎（Ruth Millikan）写道：

  即便我们消费了目的语义学理论，对意向表征理论的核心任务都还没有开始。它是个肩负式的理论，也即依赖于更为基础的表征理论，或者是因果理论、图像理论、信息理论，或者是其某种结合"（Millikan 2004：66）。

③ 这个观点表面上跟内在论相似——也即认为心灵具有独立于世界之所是的指称能力，因为心灵状态就其内容而言并不依赖于个人以外的东西，而其状态正隶属于这个人。但正如我们一会将看到，事情更为复杂，并且人们不应该混淆这两点：我们可以指称并不存在的对象；以及我们可以指称对象，而

不管世界是否存在。

④ 对于进一步尝试辩护一个更为宽泛的现象意识概念，可参见 Smith 1989；Flanagan 1992；Van Gulick 1997；以及 Siewert 1998。

⑤ 一个新近的相似论证，可参看 Strawson, G. 1994, 页 5-6。

⑥ 在此，让我们引入胡塞尔的技术性概念"意向相关项"（noema）。大量的学术讨论都在讨论解释胡塞尔这个概念的恰当方式（对此的概览，参看 Drummond 2003）。这个讨论所关切的是作为被意指的对象（object-as-intended，即 noema）与被意指的那个对象（object-that-is-intended，即对象本身）之间的关系，比如作为被感知的酒瓶以及酒瓶本身。依据其中一个解读，意向相关项是一种表象性实体，是一种在心灵行为与对象之间搭建起意向关系的观念性意义。据此，意识是通过意向相关项来指向对象，因而只是通过这个居间的观念性实体来达成对世界的开放性（Smith & McIntyre 1982：87）。而依据一个竞争性的解读，意向体验内在地就是自身超越的；它们的存在由其关于某物的存在来构成，并且它们并不是首先通过某种居间的表象性意义来达成对世界的指称。因而，他们认为意向相关项既不应该被理解为观念性的意义，也不是概念、命题；它不是主体与对象之间的居间实体，不是某种将意向性附加给意识的东西（好像在引入意向相关项之前，意识不过是一个封闭的容器，与世界毫无关系）。相反，它是现象学反思中所考察的对象本身，也即恰恰是作为被体验的对象。意向相关项是在其感知中的被感知对象，在回忆中的被回忆片段、在判断中的被判断事态，等等。然则，这并不意味着，在反思的立场中，作为被意指之对象与被意指的那个对象之间不存在区分，而是说这个区分正好是内在于意向相关项之中结构性差异（Drummond 1990：108-109，113）。只要对意向相关项的研究是就其显现、就其之于意识的意义而相关于任意种类的对象、侧面、维度或区域，那么对象与意向相关项就是同一个，尽管是基于不同的考虑。基于这个背景，第一个解读所遭到的批评是说，它混淆了在抽象思考中的一般对象，以及非日常的（现象学）态度中的非日常的抽象实体（Drummond 1992：89）。如果继续考察这个争论的详情，我们就会离题太远，因而我们应该只是声明，基于不同的理由，我们认为关于意向相关项的第一个表征主义的解读是错误的（参看 Zahavi 2004a, 2017b：82-94）。

⑦ 在这个语境中，我们不应该误解这里所言及的世间属性（wordly

properties);它并不意味着该属性独立于主体而存在的任何形而上学主张。该主张仅仅是说,该属性是被体验之对象的属性,而非对对象之体验的属性。

⑧ 弗拉纳甘曾提议说,可以区分"体验上的敏感性"(experiential sensitivity)和"信息上的敏感性"(informational sensitivity)。人们对某些差异可能在体验上不敏感,但在信息上却敏感。当我们只是在信息上对某物敏感时,我们并没有意识到它;也即,纯粹的信息敏感性、或者纯粹的信息提取与处理是无有意识的。它作为一个处理过程,并没有现象觉知(Flanagan 1992:55-56,147)。而主体性则必然与体验敏感性有关,也只有后者才使得我们可以对对象有现象的通达。尽管采用无意识的敏感性这个概念可能是合宜的,但人们应该小心些,不要假定它为我们提供了有关经验之敏感性的非现象版本,并且在所有方面都一样。做这样的提议不过是再次操弄这一想法——也即意识是认知上的副现象。关于无意识现象学的一个更为充分的讨论,参看 Zahavi 1999:203-215。

⑨ 我们在此可以预见到一个显然的反驳。难道胡塞尔不就是因为未排除一个无世界之心灵的存在而闻(恶)名于世吗?正如他在其著名的《观念I》第49节中写道,"纯粹"意识可以被视为独立的存在领域;如果对象世界被取消了,即便意识被改变,意识就其自身的存在而言也不会受到影响(Husserl 1982:109-110)。但我们应该注意到,胡塞尔对世界的想象性取消跟全局性的怀疑论无关。他并不是要区分作为我们所体验的世界与实在的世界。他不是主张,现象学的被给予性依然保持为相同的,即便世界本身不再存在;他认为这样设想是毫无意义的。实际上,他所主张的恰恰相反,因为他明确地说明,这样的提议是荒谬的(Husserl 2002:402)。胡塞尔的观点在于,我们可以设想经验不再以和谐或融贯的方式而井然有序;并且,他认为,我们在这样的情形里将不再有任何理由可以相信一个融贯世界的存在。因而,胡塞尔显然不是在主张,每个种类的经验都与世界之不存在相容,或者每一种体验依然保持为相同的,即便世界不存在。他不过是说,即便缺少了一个有序的客观世界,某种意识形式也是可能的。

⑩ 以现象学的视角进一步讨论内在论与外在论,参看 *Synthese* 的一个特刊(Zahavi 2008a)。

延伸阅读：

· Franz Brentano, *Psychology from an Empirical Standpoint*. Trans. A. C. Rancurello, D. B.Terrell and L. L. McAlister. London: Routledge & Kegan Paul, 1995.

· Tim Crane, *Elements of Mind*. Oxford: Oxford University Press, 2001.

· John J. Drummond, *Husserlian Intentionality and Non-foundational Realism*. Dordrecht: Kluwer Academic Publishers, 1990.

· Edmund Husserl, *Logical Investigations*. 2 vols. Trans. J. N. Findlay. London: Routledge & Kegan Paul, 2001.

· Edmund Husserl, *Ideas Pertaining to a Pure Phenomenology and to a Phenomenological Philosophy, First Book*. Trans. F. Kersten. The Hague: Martinus Nijhoff, 1982.

· Uriah Kriegel, (ed.). *Phenomenal Intentionality*. Oxford: Oxford University Press, 2013.

· William Ramsey, *Representation Reconsidered*. Cambridge, MA: Cambridge University Press, 2007.

· Matthew Ratcliffe, *Real Hallucinations: Psychiatric Illness, Intentionality, and the Interpersonal World*. Cambridge, MA: MIT Press, 2018.

· Carl Sachs, *Intentionality and the Myths of the Given: Between Pragmatism and Phenomenology*. London: Routledge, 2015.

· John Searle, *Intentionality: An Essay in the Philosophy of Mind*. Cambridge, MA: Cambridge University Press, 1983.

· David W. Smith and Ronald McIntyre, *Husserl and Intentionality*. Dordrecht: D. Reidel, 1982.

第六章 感　知

《感知的首要性》(*The Primacy of Perception*)——梅洛-庞蒂最为著名论著之一的标题，它提示了我们大部分现象学家是如何看待感知的。它被视为是"首要的"。现象学的格言"回到实事本身"可以被视为是回归到感知世界——也即先于任何科学之概念化与表述并为之奠定基础的感知世界。一如梅洛-庞蒂与胡塞尔指出，相较于科学理性中所呈现的与世界之间的关系，存在着一个更为源初的关系。在我们前科学的、感知性的相遇中，世界是具体的、感性的、直观的被给予者。在日常生活中，我们并不与观念的理论对象打交道，而是与工具、价值、绘画、雕像、书籍、桌椅、房屋、朋友和家人打交道(Husserl 1989：29)，而且我们的生活由实践的关切所引导。现象学家提醒我们，我们对世界的知识(包括科学知识)，首先是从第一、第二人称视角出发的；而没有这一经验维度，科学也将不可能。

强调前科学感知这个尝试因而可以被解释为对科学主义的含蓄批评，也是对这一观点的拒绝——即"科学是所有事物的尺度，是存在者之存在的尺度，也是不存在者之不存在的尺度"(Sellars 1963：173)。这个批评无论如何都不应被解释为对科学理性的拒绝。其想法不在于说对实在性的科学探讨是错的、无效的、浮于表面的。这个批评的目标不在于科学本身,而在于科学某种膨胀的自我解释。科学的话语是嵌入到经验世界之中的;而在经验世界中,如果我们想要理解科学的操作与界限,我们就必须研究有关世界的源初经验,而科学不过是对此的高阶表达(Merleau-Ponty 2012: lxxi-lxxii)。即便是最为精确、抽象的科学成果也预设了直观被给予的、与主体相关的生活世界之证据——这种形式的证据不仅作为通向科学知识的不可避免的、但在其他方面则无关紧要的路标,而且也作为意义与确证的恒定且不可或缺的来源(Husserl 1970: 139)。科学流程的标准化,能提供准确测量的科学仪器的发展,二者方便了第三人称数据的生成与采集,也有助于建立主体间的共识。但没有一个感知的具身主体去操作、解释并讨论这些数据,那么仪器装置、计算机打印、fMRI 成像等等就依然是毫无意义的。科学知识依赖于(当然不是完全依赖于)个体感知者的行动与经验:它是由一个经验主体所形成之共同体共享的知识。

第一节 胡塞尔的感知现象学

一般地就认知与行动而言,感知是基础且首要的。因此,它在现象学家的清单里总是排第一位。比如,胡塞尔经常区分意向一个对象或事态的符号的、图像的以及感知的方式:我可以讨论一棵从未见过的枯萎着的橡树,但我听说是在后院里;我可以看到一幅翔实的橡树绘画——或者我可以感知到橡树本身。[①]类似地,我可以谈论无家可归者睡在大街上会有多么糟糕;我可以看一个关于此的电视节目——或者我自己可以成为一个无家可归者,并亲身经历之。对胡塞尔来说,这些意指的不同方式并不是不相干的。相反,它们之间具有一个严格的等级关系,也即根据它们提供对象之直接性、源初性乃至理想性的能力,其模式可以被排列出来。对象可以或多或少被直接经验到,也可以或多或少地在场。

其中最空洞、最低等的意向对象的方式是符号行为。这些(语言)行为确实具有一个指称,但除此之外,对象不以任何具象的方式被给予。在符号行为或其他人的话语行为的基础上,我可以相信某件事的情况,但这远不是感知到这件事的情况。图像行为具有一定的直观内容,但跟符号行为一样,它们以间接的方式意指对象。根据胡塞尔,符号行为通过一个偶然的表象(语言符号)来意指对象,而图像行为则通过表象(图像)来意指对象——后者跟特定视角中所看到的对象具有一定的相似性。然则,只有真正的感知才直接向我们给出其对象。这是唯一一种向我们呈现了在其具身在场(leibhaftig)中的对象本身的意向方式。因此,基于现象学的解释,感知并不将对象的绘画或图像放在我们面前,而是对象本身——除非说,我们所感知的正是绘画或照片。因此,当我们说某物以感知的方式显现,这不应被理解为感知的被给予者是他物的一个图像或符号(Husserl 2003:107)。

我们也可以言及不同的认知层次。讨论我的笔记本,看到它的一张照片,或者在上面写作:这并不涉及三个不同的笔记本,而是同一个笔记本以三种不同的方式被给予。如果我正在找自己的笔记本并找到了它,我们所处理的情况是:这个被找到的笔记本,或更为准确地说,这个感知上被给予的笔记本,满足或充实了我的意向。一开始我只具有一个符号意向,现在它被一个新的意向充实起来，其中同一个对象以感知的方式被给予。先前所设想的东西现在也被看到了。胡塞尔将空洞的语言意向及其在感知中的充实这种关系类比于经典的概念/思想与直观之间的关系（Husserl 2001a：Ⅱ/184）。

感知充实具有不同的范围。它不是一个非此即彼的情况：要么是（绝对的）充实，要么是完全没有。相反，存在着不同程度的充实。其范围可以变化，而且它的清晰性也可以变化。如果我远远看着一棵凋零的橡树，那么显然我所面对的正是橡树本身——它直观地在场。但它不像我靠近点、可以辨别更多的细节那样更为理想地被给予（Husserl 1982：155-156；2001a：Ⅱ/238）。与此同时，需要强调的是，胡塞尔并不是通过光和空间在场这些参数来定义最佳感知。在黑暗中，我们会很难看清大部分东西，但星星却属于例外。胡塞尔通常将最佳感知理解为一种为我们提供尽可能多的信息、并尽可能以细化的方式来提供对象的感知（Husserl 2001c：257）。

胡塞尔与梅洛-庞蒂都认为，相对于感知意向性而言，语言指称不是那么源初与根本。他们会说，后者是基于与世界的前语言、前述谓的相遇，因而他们会反对这样一个建议——也即所有意义本质上都是命题性的。[②]将含义（Sinn）与感受性（Sinnlichkeit）彼此分开，否认对对象的感知及对对象的述谓性表述之间的连续性，这是一个知性主义抽象的产物，它会使得我们无法理解被感知之物如何能够作为语言表述的导引。否认前语言认知的存在，并主张每个将某物把握为某物都预设了语言的使用，这会使得我们无法理解我们最初是如何习得语言的。这个语境中的前缀"前"（pre-）不仅指称这一事实——也即经验在时间上先于语言（或语言习得），它还指这一事实——我们对世界的感知性亲知之于语言意义而言是恒定的前提与源泉。即便一个人可能知道诸如"深红""猩红色"以及"亮红色"这些语词，但如果他是眼盲的话，他对这些颜色就缺少真正的知识。

第二节 作为非表征的感知

感知意向性之现象学路线的另一个标志性特征在于，它强调其直接性或非中介性。感知的直接性意味着，在感知者与被感知对象之间不存在居间物（图像或者表征）。不存在一个内在的东西来代表世界之中的对象。现象学家因而批评感知的表征理论。根据表征理论的一个经典表述，我们的心灵不能依靠自身而径直抵达对象本身，其典型主张是说，如果我们想要理解、解释感知的话，我们需要在心灵与世界之间引入某种界面。我们对世界的认知性通达必须以某种心灵表征作为中介，该表征关联着我们通常以为能感知到的日常对象，这个中介乃是外部原因的内部效果。感知世界因而就是在心灵内部产生一种表征结构，它有点像一幅表征外部实在性的图画或地图。其极端形式是说，感知被视为一种心灵中产生的有关世界的点对点的描述性表征，是对原子论感觉的融贯重组，或者是相当于内部同构的神经元对照，后者由不断变化着的视网膜刺激的模式所产生。

举例来说，让我们假定我正在看着一朵红色的玫瑰。在这个情形中，我对玫瑰有一个经验，但这当然不意味着这个作为物理对象的玫瑰在物理上内在于我的意识之中。感知的表征理论主张，玫瑰影响了我的感性器官,并且这致使出现一种关于玫瑰的心灵表征。依此理论,每个感知都隐含着(至少)两个不同的实体——一个心外的对象,一个心内的表征。首先,让我们看看这类表征主义的一个经典表述:

> 我倾向于研究,而非教导;因而我不得不在此再次承认,外部与内部感觉是我所能找到的从知识到理解的唯一通道。就我所见,只有这些才是光照进暗室的窗口。因为我认为,理解与一个完全与光隔绝的小房子没什么不同,只需向左边开一点点,让外面的视觉相似物,或外部事物的观念进来;如果图像进入这个暗室并留在这,正如偶尔发现的那样秩序井然,这就很像是一个人对所有视觉对象及其观念的理解(Locke 1975:162-163)。

那么现象学家会如何评价这一澄清心灵与世界之间关系的努力呢?我们可以承认,没有什么比说我所觉知之对象外在于我的意识更加自然了。而当我的经验(不管是感知还是其他类型的心灵行为)向我表象对象时,除了通过某种表征的中介,否则这怎么可能发生呢?我所意识到的对象外在于我的意识,但在我意识之内,我发现了这些对象的表征(图像或者符号),而这些内部对象使我得以意识到外部对象。但正如胡塞尔指出,这个理论不仅在经验上是错误的,而且它完全就是荒谬的。它将意识当作了一个装着表征的盒子,后者与外部对象相类似;但它却忘了追问,主体是如何知道这个表征事实上就是外部对象的表征。有人已经论证过,一个图像相

第六章 感　知

类似于它所描绘的东西,恰恰是这个相似性使得图像具有其表征性质。这就是著名的图像表征的相似性理论。但为了使我理解 x 基于相似 y 而表征 y,我必须无需 x 的中介就通达到 y,因而我才能比较这两者,以便考察其相似性。如果我只知道这个表征,我就不能知道它是否类似于被表征之对象。另外,如果人们将心灵表征视为一种日常的表征(照片、绘画、符号),他就即刻面临着所谓的"侏儒问题":

> 自我不是一个箱子里的小人,看着图画,然后偶尔离开这个盒子以便比较外部对象与内部对象,等等。对于这种观察图画的自我,这个图画本身又成为外在的;它会要求一个与之相吻合的内部图画,由此以致无穷(Husserl 2003:106)。

就其极限而言,为了使表征作为表征起作用,我们必须设定一种非表征的感知。胡塞尔在考虑外部(也即非心灵)的表征时,否认图画或符号是一个对象,后者除了诸如形式、大小、颜色等其他性质,还具有一个内在表征的图画或符号性质。根据胡塞尔,图画或符号必须被把握为图画或符号,以便作为其他东西的表征而起作用(Husserl 2003:106-107)。它只有通过特殊的认知性把握才能获得表征性质。如果 x 要表征 y,那么 x 需要被解释为 y 的表征。恰恰是这个解释,也即这个特定形式的意向性赋予 x 某种表征性功能。具体而言,如果 x(绘画、照片、肖像、符号等)作为其他东西的表征,我们首先需要感知到 x,以便赋予它表征性质。与"侏儒问题"一样,这是我们必须拒绝感知的表征理论的另一个理由。它预设了尚待解释的东西。

只要这一种观点是想要提议说,我们实际上感知的是内在图像,那它就会遭到现象学的批评;这不仅是因为它与现象学的证据不一致,而且因为这个观点还意味着对"感知"和"图像"两个概念极有问题的使用。与其说感知着的大脑建构了有关被感知之世界的内在表征,较为不那么有争议的是主张我们的大脑使得我们得以看到视觉的场景。

然则,人们可能会反驳说,这个经典且相当粗糙的表征理论并不是当代版本的表征主义。毕竟,对感知的洛克式解释及其对内部图画的指称,在很大程度上已经被放弃掉了。但作为答复,我们可以补充说,这主要是被哲学家(所放弃)。这一观点的某些版本依然被大量神经科学家所采用。试比较下面来自达马西奥(Damasio)的引文:

> 当你和我看着外在于我们的一个对象时,我们在各自的大脑里形成可比较的图像。我们知道这个,是因为你和我能够以极为相似的方式来描述这个对象,甚至知道其翔实的细节。但这并不意味着,我们所看到的图像是外部任意相似对象的摹本。不管它像什么,在绝对的意义上,我们都不知道(Damasio 1999:320)。

克里克(Francis Crick)也提出了类似的想法,并在其对所谓的"捆绑问题"(the binding problem)的描述中主张,我们关于视觉世界的内部图像的一个让人震惊的特征就在于,它是如此精致地组织在一起（Crick 1995：232），以至于尽管我们知道大脑的视觉部分如何分割开图像（视觉域），我们仍然不知道大脑如何将它们全部组装在一起（Crick 1995：22）。更为一般地说，许多视觉科学家依然将视觉视为一个进程，我们基于最切近的东西，也即头脑或眼睛里边的图像，就能尝试去发现（通过推理的方式）世界那里在场的都是些什么。如格里高里（Richard Gregory）写道："我们在眼里所被给予的是小小的、被扭曲的、上下颠倒的图像，而我们在周围空间中看到的是固体对象。由视网膜上的刺激样式，我们感知对象的世界，这无不充满了神奇"（Gregory 1997：9）。

在第五章，我们已经表述了一些论证来反驳心灵的表征主义解释。这个观点的一个新近且广为流传的版本则是"预测编码进路"（predictive coding approach）——它跟随冯·赫姆霍兹（Hermann von Helmholtz）的思路，把感知当作是内在的推理。众多神经科学家和哲学家（比如 Frith 2007；Hohwy 2013；Metzinger 2009）都辩护了某种版本的预测编码（这有时也被称为"预测处理"或"预测错误极小化"［prediction error minimizatin］），它们支持某种激进的神经表征主义。它之所以是"激进的"，因为其主张不是简单地说我们对外部世界的通达是通由神经表征的中介，而是说被经验的世界本身就是一个表征的建构。依据预测处理的观点，感知就是这样工作的：大脑接收到感性输入，将后者当作是世界当中所发生之事情的证据。为了减少那些高成本的意外，感知系统尝试去预期输入的信号。为了尽可能高效地做到这一点，大脑建构了对所预期之输入的可能原因的预测（也即贝叶斯式的统计学推理）。然后这些预测不断地跟实际进来的感性输入相比较。当预测与当前输入之间发生不匹配时，其模型就得到了修改和改进（Frith 2007：126-127）。也即是说，如果其预测搞错了，它登记这个预测错误，改进其预测，以便消除这些错误。通过"预测错误极小化"，它用持续的改进来建立起有关世界的"生成"（generative）模型。因此，大脑就被理解为一种测试假说的器官，而感知则等同于统计学的推理。

  这个预测处理模型包含更多我们不能讨论的技术性细节。但这个观点的一个主要假设在于，认知系统"在推理上是孤立的，以神经元为中心并局限于头骨之内"（Hohwy 2016：259），因而它只能通达到被刺激之感官的内部效果。这些效果的外部原因依然是隐匿的。我们永远也不能爬出大脑之外，并直接将我们的模型、表征或预测与外部的事态相比较（Hohwy 2016：265）。我们意识经验的内容因而必须被视为一种神经元的构造、一个大脑生成的刺激。视觉上出现的玫瑰、被触摸的冰块、听到的旋律等，全都是大脑所生成的表征，并且是内在于、并被局限于大脑之内。一如弗里茨（Frith 2007：132）写道，"我的感知不是关于世界的，而是关于我的大脑对世界的模型"。不管我们看到什么，听到什么，触摸到什么，闻到什么，等等，它们都被包含于大脑之内，并被向外投射和外在化，从而我们在一般的生活中不能识别出它乃是一个建构，并将之错当作是实在性本身（Metzinger 2009：6-7）。[③]

  如果人们从未直接接触过外部事态——因为它们依然隐藏于表征之帷幕后面——那么人们应该拒绝所有关于心灵与世界之间存在着无缝联结的主张。相应地，霍依（Hohwy）讨论了内在与外在之间严格而绝对的断裂，并且承认这个认知二元论"意味着怀疑主义"（Hohwy 2016：265）。但即便我们的表征过滤器"阻碍了我们看到

第六章 感　知

世界之所是"（Metzinger 2009：9），这并不被视为会造成严重的问题。一如梅青格尔一再向我们确保，"确实存在着一个外部世界，而知识与行动确实以因果的方式将我们与之连接起来"（Metzinger 2009：23）。相似地，弗里茨接受了一种工具主义的路线，完全不顾这样的担忧——也即我们根本就不知道我们内在的模型是否真的与外部世界相匹配。其关键在于，预测与控制的可能性——也即这个模型在起作用。至于它是否如实地描述了实在则是不相关的（Frith 2007：136）。

由于预测编码路线所讨论的表征过程都是次人格的（sub-personal），我们不由得会好奇——现象学到底能不能给神经表征主义者提供什么相关的东西。但这当然是低估了现象学论证的力度。不仅存在着这样的问题——即在次人格层面上，表征与推理到底意味着什么；而且还存在着一个开放的问题——即次人格表征的存在是否支持表征主义的感知解释。认为次人格表征（这不过是说，与刺激相同时变化的神经元激活模式）是感知之内在的可能性条件之一，这是一回事；而认为感知本身的特征就是表征（也即，我们之所看、所听、所触等都是内在的表征），这当然是另一回事。我们注意到，胡塞尔总是拒绝这样的主张，也即感知上显现的对象不过是某种主观的，是其隐藏原因的单纯符号或幻觉图示（Husserl 1982：§§42, 52）。确实，他甚至认为，这样一种主张不过是一个神话（Husserl 1982：122）。

让我们简要地再思考一下，为何人们会主张感知的对象不过是内在所生成的建构。其答案在于，这是我们对大脑的神经科学研究所提示的。但这显然是有问题的。这个理论让我们放弃关于日常经验对象之客观存在的确信,同时还假定我们可以观察并描述大脑实际的样子。我们看起来是面临着一个两难。要么大脑也是一个表征的建构,要么它是某种实在的东西,我们可以对之进行科学的研究。如果是前者,上述解释看起来就是循环的,而且在解释上也是空洞的。毕竟,在解释表征是如何出现时,这个解释必须求助于表征。如果是后者,大脑不是一个表征之建构。但它不仅没有说清楚这个理论如何能够持有这样的观点,也没有说清楚为何大脑应该是唯一的例外。简言之,如果我们真的是像最近神经科学主张的那样在认知上是包含于内的,那么我们就难以理解这个立场如何能够得到融贯的表述,更别说是被证成了。④

现象学家将感知视为与世界直接的、具身的参与;而且这个观点也有其当代的辩护者。比如说,诺伊(Alva Noë)提供了一个非表征主义的感知理论:

> 主张感知经验包含着世界这个特征——也即经验是与事物、处境的相遇,这与有关感知及其本质的任何旧形而上学或经验的图景都是不相容的。因为,通过将感知经验表述为一种对处境与事物的包含(involvement)或纠缠(entanglement),现象学将经验表述为一种处境与事物不在场时就不会出现的东西。现象学将感知揭示为一种条件,其本质根本上依赖于所遭遇之世界的在场与卷入。如果没有对象或处境,那么也就不会与它们相遇或卷入其中,这不过是说就不会有感知经验(Noë 2007b:235)。

诺伊在这里所提出的是一个实行主义的感知理论，它首先由瓦雷拉等人（Varela et al. 1991）提出，后者则是基于梅洛-庞蒂感知现象学的一些方面。诺伊也表明，当现象学家讨论直接感知时，这并不意味着一个无语境的感知；感知总是处于某个物理环境之内，而且通常处于社会、文化的周遭之中。它还是一个时间性进程，其中包括对感知之物的辨别在内的意义也被过去经验以及当下预期所限定。这个观点也不否认存在着复杂的次人格进程和具身进程，它们包含大脑进程，形成了感知之整体的一部分。更为具体地说，对于这类实行主义的现象学而言，感知应该就其直接、整体地包含着动觉行动这方面来理解。

第三节　感知整体论

现象学对感知的首要性的强调让我们想起了某种经验论；但更仔细的检查会表明，两者之间存在着重要的差异。[5] 在 18 世纪，法国哲学家孔狄拉克提出了一个思想实验。他提出，我们设想一个没有任何感知能力的雕像，然后每次给它加上一个感知模态，以便看看视觉、触觉、听觉等领域的感知效果。然则，问题在于这个雕像——也即这个不会移动的东西，没有能力移动——到底能否具有感知经验。进而言之，孔狄拉克预设，通过一次一个模态来构建感觉经验，这是说得通的。作为一个经验论者，他以为我们可以通过思考分离的感觉材料如何将自己整合到对象感知之中，从而理解感觉。而现象学与科学都告诉我们，实际情况并非这样运作。我们不应该将感知当作是建立于感觉材料的微小原子之上，我们也不应该将之视为独立感觉模态的组合。确实，我们有非常好的理由认为，感知本身就是更大之整体的一部分。让我们逐步来检讨这些主张。

在《感知现象学》中，梅洛-庞蒂批评经验论的想法，也即感知（perception）是由感觉（sensation）所构成的、被视为经验的单位。他指出，我们并不经验到感觉本身，"这个概念在我们的经验中没有任何对应项"（Merleau-Ponty 2012：3-4）。或者如海德格尔指出：

> 我们从来都不是在事物的显象中先感知一组感觉，例如音调和噪音……而是听到烟囱里呼啸的风暴，听到带有三个发动机的飞机，直接就听到奔驰汽车与大众汽车之间的区别。比所有感觉离我们更近的是实事本身。我们听到房间里门关上了，而从未听到单纯声音的听觉材料。为了听到单纯的声音，我们需要远离事物，将我们的耳朵转离它们，也即抽象地听（Heidegger 1964：656）。

与其说感觉材料是感知经验的真正要素，不如说它是理论的建构。考虑一下经验到背景中一块白颜色这个最简单的例子：

> 这个色块中所有的点都有一种共同的"功能"，也即将自己整合到一个"形状"之中。这块形状的颜色比背景颜色更浓，并且比它更凸显；白色色块的边缘"隶属于"它，而非背景的一部分——尽管它们在其边缘。色块显得是被放在背景之上，但又没有打破它。每个部分都唤起了比它所包含的更多的预期，而

这个初始的感知因而已经充满了意义（Merleau-Ponty 2012:4）。

人们可能会反驳说，色块的每个点都有助于并增加到最后的构型，因而只有通过感觉其中每个点，我们才获得对整体的感知。然则，梅洛-庞蒂指出，这个反驳忽视了我们感知到一个格式塔这一事实，其中每个点，以及对象本身都相对于一个背景——"感知上的'某物'总是在其他东西中间，它总是隶属于一个'场域'"（Merleau-Ponty 2012:4）。另外，经验论还忽略了感知的主体。被感知对象总是处境化的，不仅是其物理的周遭，还有感知者特定的筹划与兴趣，感知者所参与或可能参与其中的特定行动与可能行动，以及在跨感觉模态以及跨情感维度中被构造起来的经验之其他方面。只有与这些跨模态的经验、情感、行动以及处境处于某个关系中，我们才能把握到感知的本质。

感知语境与实践语境的作用，以及复杂、可变的神经生理学进程之中感觉系统与动觉系统的"协作"，在感知的不稳定性中产生了稳定性。在这个稳定性与整合过程中，我们所发现的不是孤立的感觉材料，而是"已然与一个更大整体结合在一起的构型（formation），它已然具有了意义"（Merleau-Ponty 2012:9）。现象学对这个理论的批评——也即它忽视了感知者的语境与实践目的——暗含着一组更大的、有关如何开展认知科学的问题。在我们实验并构建理论时，我们会冒险设定实际上并不存在的理论机制。一个尝试用客观语言来解释经验的科学：

    会引入感觉材料——就像事物一样，经验恰恰揭示出那里已然具有富含意义的整体……科学要求两条被感知的线像两条真实的线那样要么是等长的，要么是不等长的……但它却未注意到，被感知者就其本质而言能容忍模糊性、一定的游移或"朦胧"，并且让自己被语境所塑造（Merleau-Ponty 2012：11）。⑥

考虑一下著名的米勒-吕尔线（Müller-Lyer lines）（图 6.1）。这些客观上等长的线为何会显出看起来不同的长度呢？它们画有箭头或尾巴这个事实就改变了它们，以至于它们在感知上并不是等长的。如果这些线是我可以捡起来加以使用的物理对象，比如铁杆，那么我们必然会将它们当作不等长的，这不仅在于我将如何握住它们，也在于我能如何使用它们。我的感知将这些实践维度附加到它的视觉评判上面。如果我们将这些箭头和尾巴擦掉，那么我们就会有两个等长的东西，因而可以很容易看出它们是等长的。"这就是说，一个孤立的、客观的线，以及一个被纳入某个形状的同样的线，对于感知（对行动以及实践目的亦复如此）而言就不再是相同的线了"（Merleau-Ponty 2012：11）。

在"艾宾豪斯错觉"（Ebbinghaus illusion）（图 6.2）中，左边居中的圆圈被感知为比右边居中的圆圈要小。然则，它们的直径在客观上是相同的。那么我们应该如何描述并解释这个发现？通常它都被当作一个强力的视觉错觉；就此意义而言，我们会说，我们的

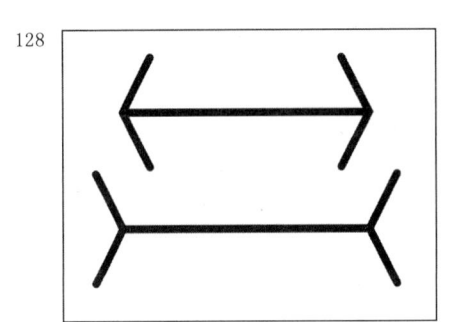

图 6.1 米勒-吕尔错觉

感知不准确。但另一个解释会是，我们恰恰是在以正确的方式感知这些圆圈，以及我们所遇到的是经典格式塔原则的一个生动示例——依据该原则，语

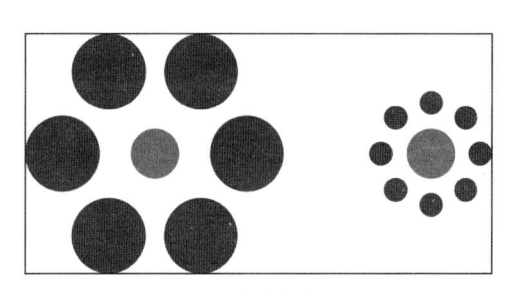

图 6.2　艾宾豪斯错觉

境影响我们对部分的感知。确实，如果人们将两个居中的圆圈感知为具有相同大小的，这就会是一个错误感知，是感知的失败，而非准确而符合实际的感知，因为人们没有感知到其中可见的感知格式塔。[7] 这正是在一些精神分裂症个体中所发生的，他们的感知进程未受到格式塔效果的恰当限制；他们恰恰是将两个圆圈看作是相同大小的（Horton & Silverstein 2011）。[8]

　　用感觉材料的聚合来解释感知，其失败的另一个理由在于，我们所感知到的［东西］比感性的被给予物既多出又少于。这是一个让人奇怪的想法，但我们在胡塞尔所提供的基本感知分析中发现了这一想法。当我看一个对象时，例如一张扶手椅；这个对象从来都不是在其总体中，而总是以不完整的方式被给予的，在特定受限的侧面或侧显中被给予。整体的扶手椅，包括其前面、背面、底面以及内部从来就不是在其整体性中直观地被给予的，即便在最完美的感知之中也是如此。尽管如此，感知对象恰恰是这个显现着的对象，而非侧显。比如说，我感知椅子，而非视角上被给予的前表面，或是其背面、坐垫、椅脚等等。当然，我可以改变自己的焦点，以意向椅脚的表面（而不是整个椅子），但这也是在侧面中被给予的。

129 我们的感知意识因而被这样一个事实所刻画——也即我们持续地超越出视角中显现的侧面，以便把握到对象本身。也即，感知向我们所提供的是一个完整的对象意识，即便只有被感知对象的部分是直观被给予的（Husserl 1997：42）。其核心问题在于："这是如何可能的？"根据胡塞尔，尽管实际上只有一个侧面直观在场，但我们感知到的却是扶手椅本身，其理由在于他称之为"视域意向性"的贡献。胡塞尔主张，我们对对象的当前侧面的直观意识总是伴随着一个指向对象之不在场侧面的视域的意向意识（Husserl 1970：158）。如果我们只是指向直观被给予的侧面，那么对该对象的感知意识就不可能：

> 那些非本真显现的对象之规定被共同统觉到，但它们不是"被感受到"（sensibilized），不是通过可感之物被表象的，也即通过感觉材料。显然，它们是被共同统觉到（co-apprehended），否则的话我们眼前就根本不可能有对象，甚至没有一个片段，因为这显然只有通过一个对象才成其为片段（Husserl 1997：46）。

> 每一个空间事物的感知（通常被称为"外感知"）都可能是欺骗性的，而不管它是感知这一事实——也即依据其自身的意义，它是一个直接的自身把握。依据其自身的意义，它是预期性的——预持（anticipation）某个被共同意向的东西；而且它是在如此彻底的程度中，即便是在给定之感知时刻中是自身被把握到的内容，如果仔细考察的话，也存在着预期的要素。就

第六章 感 知

其根本而言，被感知者中没有什么是纯粹而相即地被感知到的（Husserl 2019：249）。

被表象之侧面的意义依赖于它与该对象不在场侧面之间的关系；如果我们的觉知被限定在直观被给予的侧面，那么关于该对象的感知觉知就不可能。换言之，为了让感知成为对象感知，它必须充斥着一个视域意向性，后者意向不在场的侧面，将它们带入特定的共现（appresentation）之中（Husserl 1970：158；1977：140-141；参看下文关于"共现"概念的论述）。这不仅在视觉中是如此，在触觉感知中也是如此。当我握着一个比自己的手要大的对象，但没有看它，我的手的表面只覆盖了对象的一部分，但我依然具有这样的意义——也即该对象是由比我所接触之表面更多的东西所构成的（Noë 2004：60）。更进一步，我的对象感知同时受到背景中其他对象的影响，受到外视域结构的影响。我可能正在看着的扶手椅位于特定的房间之中，并且依赖于这个房间是否是一个售货厅、一个博物馆或者一个精神治疗师的办公室，或者一个哲学家的书房，它会以不同的方式、以不同的含义呈现。

在前文概述的意义上，我们不仅比自己所见要看到更多，而且我们还比自己以为看到的东西要看到更少。如果某人在我身后拿着一颗红彤彤的苹果，然后慢慢地移到我视野的边沿，我通常的假定可能是，在它进入我的边沿域时，我肯定能够识别对象的颜色。事实上，丹尼特（Dennett 1991）指出，我们并不能辨别视野边沿中的颜色，而只有当苹果接近视野的中心点时，我们才能够感知到颜色以及这颗苹果。因而我们的视觉觉知并不是我们所设想的那样具有全部的细节。将你的视觉注意力集中到 gorrila 这个单词上面。如果你不移动双眼（请不要眨眼），你就无法处理这一页上的诸多其他单词（包括这些），即便它们看起来确实是在你的视野之中。这个发现的一个可能解释是说，我们必须去寻找信息，我们这样做是因为我们需要如此。信息并不是全然在我们的心灵之内。倘若如此，我们只需闭上双眼，阅读我们所拥有的表象中的页面的其他部分。试一下，看看你能走多远。其他实验也表明，我们通常不能看到正好发生于眼前的事情。这被称为变化盲视，或者非注意性盲视。[9]在这些实验中，我们发现，在观察一个逐渐变化的场景时，甚或一个剧烈变化的场景时，不管我们是注意其中具体的特征，甚或查找到底什么在变化，我们能注意到变化的能力都是极其糟糕的。

我们是务实的感知者。我们并不需要用表征或需要经常更新的内在模型来塞满自己的心灵，因为我们所需的信息就在我们的周围，可以轻易获取。[10]当然，我们必须有选择地追寻这些信息。我们必须移动双眼、转动头颅、重新摆好身体的姿态；我们必须将手伸到事物那去、抓住它、将它拉近一点摆弄它，以便能够对之加以检查；或者如果它们太大了抓不住，我们就必须走过去，绕着走。就此而言，身体就是一个主动的感知者，而非心灵与世界之间的中介。如果我们主张说，比如，恰恰是通过身体感觉，我们才能在触觉中感知到环境中的对象（比如 Richardson 2013）——这并没有完全或恰当地把捉到身体在感知之中的角色。这个解释忽视了感知者之动觉与行动能力的角色。相对于一位每天大部分时间都在键盘上敲敲打打的专业哲学家来说，一件沉重的健身器材对于专业运动员感觉起来是不同的——也即在触觉上就是不同的。

第六章 感　知

感知现象学支持现在名声正隆的"感知实行论"。实行感知的想法已经存在一段时间了，尽管它最近援引了科学与现象学的资源，以便使之成为一个相对于表征主义的有力竞争者。杜威（John Dewey）在其1896年的论文"心理学中的反射弧概念"（The Reflex Arc Concept in Psychology）中，就坚持反对简单的刺激-反应理论——在感知中，我们出发的地方：

> 不是感觉刺激，而是感觉动觉的协调……运动才是首要的，而感觉则是第二性的，身体的运动、头与眼睛的肌肉决定了被经验物的性质……[在听觉中，]声音不是单纯的刺激，也不是单纯的感觉；它是一个行动……我们说声音的感觉源自一个动觉反应，这正如我们可以说逃离是对一个[恐怖之]声音的反应（Dewey 1896：358）。

实际上，感知不是对信息的一种被动接收。感知包含着主动性——例如，身体的移动。一如吉布森（Gibson 1986：53, 205）指出，我们是用头部中移动的双眼来看，它们可以转动，它们所依附的身体也可以从一个地方移动到另一个地方；静止的视角只是移动之视角的一个极限情况。我们所看、所听、所触、所尝、所闻（或者是避免闻到，等等）都是由我们之所做以及所能做来塑造的——我们的实践可能性以及身体的感觉动觉能力。在日常的经验中，感知与运动总是统一在一起。我通过移动臂膀来触摸，通过移动头部和眼睛来观看。被感知者被感知为切近的，或许是可获取的，更甚至被感知为某种可以接近和探索的东西。

比如说，胡塞尔指出了感知与动觉（运动感[kinesthesia]）之间密切联系。我们的具身运动参与到观看、触摸、倾听等之中，由此提示我们对世界的感知性把握。我们的感知器官（眼睛、手、耳朵等）是跟身体的动觉经验一道起作用的。我的运动、我做什么事情，总是"在一个综合统一体中结合在一起的"。对象在感知之中的显现方式并非独立于动觉维度；它们一起工作，才产生了对象被充实起来的意义（参看 Husserl 1970：106）。

我们可以用一个具体的例子来说明胡塞尔的想法。我正在看一位朋友新买的电动汽车，而且正站在它面前。这个车子的前面跟我特定的身体位置相关联，而车子被共同意向到的但此刻还不在场的侧面（它的背面、侧面、底部等）所组成的视域则跟我的动觉视域相关联，也即跟我可能的移动能力相关联。这些不在场的侧面与一个意向上的"如果…那么"（if-then）结构相联结。如果我以这种方式移动，那么这个侧面在视觉或触觉上就会变得可以通达。我看不到车子的背面，但它具有"我当前正在感知的同一辆车的背面"这个意义，因为通过执行一个特定的自我身体移动，它就能变成在场的了。因而，我们应该说，感知意向性预设了一个移动的因而是具身的主体（Husserl 1997：148）。简言之，胡塞尔所断定的关键点不在于我们可以感知并进行运动，而在于我们的感知本身预设了运动（参看 Husserl 1970：161；2001c：52）。理解感知就是理解自身身体的意向性。（Husserl 1977：151）。

感知经验并不是简单地由感觉输入所激活的神经元状态所决定；它也不是完全由背侧视觉通路中的神经元进程所决定，后者在感知上为运动和行动预备了身体。它还依赖于感知者的感觉动觉

第六章 感知

技能以及由环境所提供的可能性。作为一个规则,感知是对环境的一种具身性应对(coping)。梅洛-庞蒂主张,视觉与感知更普遍地是行动的形式(Merleau-Ponty 2012:436),而这正是实行感知理论的支持者所要表达的。比如说,我们看看诺伊在其《感知中的行动》(*Action in Perception*)一书的开头所写的纲领性宣言:

> 感知不是某种只是发生于我们身上或我们之内的事情。它是我们所实行的事情。试想一下,一个盲人在杂乱的空间里敲敲点点自己的路,通过有技巧的探索与运动,通过触觉来感知这个空间;他是在一段时间之内,而非一下子就完成的。这是感知之所是的典范,或者至少应该如此。世界在物理运动与互动中将自己呈现给感知者……就此方式而言,感知类似于触觉:感知经验由于我们所具有的身体技能而获得了内容。我们所感知的东西由我们所实行(或者我们知道如何去实行的东西)所决定:它被我们预备去做的东西所决定。我尝试用不同的方式来确定,我们实行着(enact)自己的感知经验;我们将之实行(act)出来(Noë 2004:1)。

对于实行论者而言,行动之所是并不在大脑里边。视觉不是出现于神经元网络中的表征;相反,它是有机体整体在探索环境过程的行动。如果我们在世界之中,并且能够获取与自己需求相关的环境之细节,那么我们就无需创造一个内在的表征——这对于该细节而言就是一个冗余的复制品。正如当我需要跟朋友交谈时,她就站在我面前,那么再给她打电话就会显得非常奇怪;同样地,既然环境直接就在那里，我们还认为需要一个它的表征模型来感知它，这也显得非常奇怪。那么环境是如何助益我们的认知能力呢？一个绝佳的示例可见于一个关于新手酒保与老手酒保的比较研究。当收到鸡尾酒订单时，老手会选择并编排一些具有独特形状的酒杯。他们会利用这些相关的提示来帮助他们记住并排列订单。在测试中，当所采用的酒具是一样的话，那么老手们的表现也会直线下降，而新手的表现则不受影响（Gibbs 2006：143）。就更为稳健的例子而言，只要设想一下你如何决定是否需要购买更多的牛奶：是通过回忆自己已经买到的瓶数，然后减去已经喝掉的瓶数，还是径直去看看冰箱（Haugeland 1998）？

然则，强调感知就是行动，这不应该排除感知中更为被动的层面。感知并不完全是行动，尽管它当然总是包含着自我可能的行动。就自我身体如何将自身嵌入到世界而言，这个环境并不是中性的；基于这个事实，感知具有诸多被动性的维度。一如海德格尔的"上手之物"概念以及吉布森的"支撑性"（affordance）* 概念

---

* 在当前中文文献中，对吉布森所提出的重要概念 affordance 大致有以下几种翻译：可供给性、承载性（参见何静，2019，"具身性观念：对理智传统的克服与超越"，《西南民族大学学报》，第9期，第72-76页），动允性（参见王晓燕等，2010，"基于动允性的朝向效应——具身认知的一个证据"，《华东师范大学学报》[教育科学版]，第2期，第52-58页），功能承受性（参见艾森克、基恩，《认知心理学》[第4版]，高定国、肖晓云译，2000，华东师范大学出版社，第85-86页）。虽然大家都基于吉布森在其名著《视觉感知的生态学路线》而理解、翻译 affordance 这个概念，然则心理学、认知科学乃至分析哲学对这个概念的理解显然存在着差异，这反映于翻译上的差异。就 affordance 这个概念本身而言，其动词不定式为 afford，意为"可以支持""支付得起"（I can afford a car），以及"提供"（the platform affords an opportunity of understanding）。而在吉布森自己所举的例子中，比如说"the chair affords sitting on it"（椅子可以让人坐在上面），其字面义是指"某物可以支撑住某个行动"。这接近何静的翻译。但将（转下页）

显示，我们对世界的感知是对一个感触着我们、并诱导我们行动之环境的感知。这也与实行主义感知理论中的"强力在场"（forcible presence）这个概念相一致：

> "强力在场"是这一事实：与我的历史知识等其他心灵状态相反，感觉经验从外面将其自身强加到我身上，而且无需我做任何心灵上的努力就对我是在场的，以及确实基本上不受我的自发控制（Myin & O'Regan 2002: 30）。

世界是被经验到的，但不是作为完全成形的在场，而是一组可能性——后者由环境之机遇与感觉动觉能力之间持续的、动态的互动来决定。这不过是说，我"在世界之中存在"，自我的经验是由世界之持存所塑造，一如它受到自我之具身的、实行的兴趣所塑造。

胡塞尔区分了主动性与被动性。其中主动性是指采取积极的认知步骤，它在诸如注意、判断、意愿等行为中是显然的。而被动性所关切的是当事情发生时，自我受到影响的非自发经验。但胡塞尔进一步区分了接受性（receptivity）与感触性（affectivity）。前者包括回应某些被动地触发自我的东西；它预设了在先的感触（affection）（参看 Zahavi 1999: 116）。而感触所关切的是被影响或

（接上页）affordance 翻译为"承载性"有个问题，也即"承载性"更多是强调承载者本身的物理属性，比如说"这辆车承载很大的重量"，并且意指一种"上与下"的空间关系；因而"承载"更接近于 bearing。然则在吉布森的使用中，affordance 首先不是环境的某种物理属性，而是向特定之行动的开放性；其次，它也不一定是"上与下"的空间关系，比如"air affords flying"、"water affords swimming"等。故而，我们应该在翻译时采用其字面义，将之翻译为"支撑性"。——译者

被搅扰时的情感(affect)与感觉。在感知中，不管是什么东西，只要它对你变得是可注意的，它就必然已经感触(affecting)到你；它必然已经预先建立了一种感触力，当它抓住你的注意力时就显现了出来。环境中的运动以及噪音就是如此。它们在感知上凸显出来；不管我们是否想要它们，它们都抓住了我们的注意力。

第四节　概念性与含混性

如果我们将感知的讨论转向感知如何证成信念的问题，那么我们马上就进入其他的问题——也即感知本质上是否是概念性的(conceptual)。麦道(McDowell 1996)极为详尽地探讨了这个问题。依据他早期著作中所辩护的立场，如果感知构成信念的理由，那么感知就必然是概念性的(在强命题意义上)。也即，如果感知信息作为这些信念的基础，那么依据麦道，它就需要具有与信念相同种类的内容，也即概念性或命题性的内容。一如他写道，概念能力"在经验本身之中已然起作用了，而非仅仅在基于经验的判断中起作用"(McDowell 1996：24)。并且，具有相信某物的理由，或者寻求证成自己的信念，人们需要能够批判性地审查其合理性。托马斯(Alan Thomas)在下述引文中对麦道的主要想法给出了一个精要的概述：

> 麦道关于具有概念的解释包含了自身意识以及批判性反思的能力。这两个想法表达了一个共同的直观，也即心灵必须能够反思其自身的运作，也即通过反思性地将这些运作用

于自身,如果它还享有麦道视之为心灵之本质的完整规范性(Thomas 1997:285)。

麦道还否认存在着一个基本的非概念经验层面。人们在经验中采纳"事物之如此这般"(that things are thus and so)(McDowell 1996:9),也即,它们切合于某些概念框架。

基于这个观点,我们就不会感到奇怪麦道最终否认了动物与婴儿具有经验(而对麦道来说,婴儿就是动物,只是在潜能上有所差别)(McDowell 1996:50,123)。动物与婴儿具有感觉能力和可以感到疼痛,但它们的疼痛跟语言使用者的疼痛是两类不同的疼痛。通过否定动物与婴儿具有经验,麦道不是要将之还原为自动机;其主要目的是否定非概念感觉能力与概念经验之间存在着共同的基底。概念性不应被视为一种增加到现存结构之上的一个层面,而是某种彻底地转变预先存在之结构的东西。

显然,相对于一般的动物而言,婴儿对麦道构成了更有力的挑战。其理由在于,在他看来,婴儿不是仅仅停留于一种动物的生存模式;在某个点,他们就被转变为整全的主体性(McDowell 1996:125)。若此,那么我们需要迫切去理解的是,这个转变到底是如何出现的,以及它如何避免一种二阶的解释,以免让我们在婴儿之非概念感觉能力与成人之概念化心灵之间面临一种不可弥合的二元论。那么麦道是如何解释这两者之间的发展关联?麦道提供的答案富有启发性。他将概念能力的起始描述为一个"教化"(Bildung)问题,并且认为这个转变的出现是被导入语言和传统(McDowell 1996:84,125)。确实,对麦道来说,语言构成了具有心灵的在先体现（McDowell 1996：125）。一如他在《心灵与世界》(*Mind and World*)一书的末尾处写道：

> 语言特征真正重要的在于：自然语言——人类首先习得这种语言——构成了传统的储藏，是历史上积累的有关何物之为何物的理由的智慧储藏。每个继承这个传统的世代都对之加以反思性的变更。确实，持续地参与到批判性反思之中的义务本身就是这个继承的一部分……但如果个体的人类意识到她在这个延续之中可以占据一个位置的潜能——这就等同于获得一个心灵，等同于思考并且有意向地行动的能力，那么第一件要发生的事情就是进入这个传统——如其成立的那样（McDowell 1996：126，着重号为另加）。

一个显然的问题在于：既然麦道必须否认年幼的、前语言的婴儿具有感知意向性，那他如何解释语言习得这个过程？并且，他关于婴儿缺乏经验或感知意向性的立场看起来跟经验研究相左。婴儿在9个月大时（如果不是更早的话，也即早在能够自如使用语言之前）就参与到共同注意（joint attention）之中（Reddy 2008）。并且，一个被称为自发的"错误信念"实验表明，15个月大的婴儿看起来能够理解人们会朝哪个方向寻找看不到的对象（例如参看 Baillargeon et al. 2010）。依据对这个行为的大部分解释，婴儿富有意义地感知特定的事件（比如，主体 A 将一个玩具放到箱子里然后离开房间），然后他们看到一个相关的后续处境（也即，他们看到 A 回到房间，而且 A 现在要去找那个玩具）。婴儿看着那个她预期主体 A 会看的那个箱子(预期性朝看),或者她更久地盯着主体 A 的未被预期的行为(违反预期):这些事实表明,这里存在着某种理解。如果不是对主体 A 之错误信念的理解的话,那么它至少是对这个处境的理解。

但从现象学的视角看,我们需要进一步的澄清。首先,我们可以注意到,语言并不是等儿童到了习得语言的适当年龄(大致在两岁左右)才出现。梅洛-庞蒂(Merleau-Ponty 1964:40)指出,语言甚至在婴儿开口说话之前就趋向于被婴儿习得。婴儿从一出生就被语言(他人的语言)环绕着,自照料者对着婴儿说话(唱歌、讲故事等)伊始,他就被卷入"语言旋风"之中,而且即便话语并不是指向婴儿,大部分婴儿也能听到或者无意中听到这些话语。非常幼小的婴儿可以辨别出母亲与其他人的声音,而这甚至可能是在出生之前的听觉经验(Fifer & Moon 1988)。在出生之前听过妈妈讲故事的一到两天大的新生儿,他们更喜欢听在孕期所听到的同一个故事(DeCasper & Spence 1986),但这显然不是因为他们对所听到的东西具有某种概念理解。婴儿所识别出来的不是语义上的内容,而是声音的调性。他们能够以感知的方式区别出不同的声音。我们可以说,他们与语言也具有一种感知上的关系。

在刚刚提及的某些早期的错误信念实验中,人们用话语或姿态告知主体 A,玩具已经被移动过了,当 A 还是走向原来的位置,而那个玩具已经不在那里了,婴儿会显得非常惊讶(Song et al. 2008)。也即,婴儿不再预期 A 走到原来的位置,因为 A 现在通过语言交流获得了有关玩具位置的信息。在另一个关于 17 个月大的婴儿的研究中(Southgate et al. 2010),A 将两个玩具藏在不同的箱子里,然后离开了。A 不知道另一个人将两个箱子的东西互换了一下。A回来之后，指向其中的一个箱子，说藏在里边的玩具是Sefo[*]。当婴儿被叫去拿到Sefo这个玩具时，大部分都去它真实所在的那个箱子：这表明他们必然已经理解了主体A的意图。

  人们应该如何解释这类行为呢？拜拉吉安等人（Baillargeon et al. 2010）认为婴儿不仅推导出主体A的心灵状态包含一个错误信念，而且儿童还可以推理一组复杂的心灵状态，包括性情偏好、意向目标、处境知识、推导乃至错误信念。这会涉及一个异常复杂的（元表征的）概念能力。人们可能会正确地问道，婴儿在这个时间点所拥有的这类认知能力是否足以对应这类高阶的能力？然则，我们可以考虑一类不那么心灵主义的、更为基于感知的解释，它包含了一类较弱的（非命题性的）概念性。

  这个较弱的概念性是基于区别（differentiate）的能力，这从一开始就是感知的一个特征。比如，从生态学的角度看感知，每个感知都包含着对自身与非自身的区别。我们也可以认为，要去感知任意特定的东西——也即，如果任意一个东西要在感知域中作为统一体而凸显出来，例如一张脸、一个玩具或者母亲的声音——那么它必须能够与其他东西以及背景相区分开来。新生儿可以注意到脸并且很快能够区分出其中一个（比如母亲的脸）。区别之于感知是本质性的，并且人们可以将这种区别视为概念性的一个重要且初始的方面。我们在感知中还可以找到另一个面向，也即，能够记录相似性（或被其感触）的能力。婴儿有选择性地回应面孔，其方式又不同于他们回应其他事物的方式。面孔是相似的，不仅在其一般的

---

[*] Sefo是一个玩具工程车品牌。——译者

显象(两只眼、鼻子、嘴巴),而且在于它能激发相似的回应。例如,面孔是凸显出来的,而婴儿则倾向于先看脸,再看其他的身体部位。确实,甚至某些非人类的动物(比如驯化的狗)也聚焦并区分人类的面部(例如,Huber et al. 2013)。

这类区别以及对伴随着感知能力的对相似性的回应,它们直接与行动可能性相联结。年幼的婴儿看到 X,将之视为她能抓住、吮吸或者模仿的东西。就此而言,我们可以说,隶属于感知的合理性服务于行动,它是一种实践上的(同时也是主体间的)合理性,而非某种单单服务于信念证成的命题性概念。这并不是说,感知不能被用于证成信念的合理性之中,后者在发展的脉络中是居后的,也即当儿童获得了信念概念以及给出理由的实践时才出现的事情。然则,将这视为首要目的恰恰是质疑婴儿以及动物所具有的那类感知,也即我们作为成人持续具有的感知。那么,我们或许可以说,感知更多是"行动之图景"(布鲁纳[Jerome Bruner]的术语),而非"理性空间"(塞拉斯的术语,即我们在其中证成自己信念或行动的逻辑空间)。再次,这并不是要否定感知可以服务于信念证成,而只是说感知首先(并且在前反思上)服务于行动,以及只在派生(并且是通过反思)的意义上才服务于给出理由或评价。意向行动依然可以是有理由的,但无需给出理由。

从实行主义的感知理论来看,感知以行动为导向,而围绕感知之概念性这一问题的争论则非常关键。其中真正的问题恰恰在于心灵的本质。如果像麦道提议的那样,被感知的世界是以概念来组织的,对现象学家而言,这并不必然推导出一个强的认识论或证成性主张——也即我们的信念是如何与实在相吻合。相反,就其最基本的表现来看,它意味着我们可以通过区别以及提示我们行动的相似性来理解这个世界。然则,根据梅洛-庞蒂,感知依然本质上是含糊的;他提供了一个例子:

> 错觉与感知之间的差别是内在的,而感知的真理只能够从感知本身中读出。如果我以为自己看到不远处一条下陷小路的地上有一块大平石,它实际上不过是一簇阳光。当我走近点,我看到一簇阳光;但我不能在相同的意义上说我曾看到一块大平石。跟所有远处的事物一样,这块大平石只有在一个具有含糊结构的场域中才会显现,该场域的联结还没有被清楚地标示出来。就此而言,这个错觉就像是图像,是不可观察的——这意味着我的身体尚未把握到它,以及我不能以任何探索性的行动将之展开在我眼前。然则,我们可以忽视这个区别,并掉入错觉之中……我看到了虚假的石头,也即我的整个感知以及动觉域赋予这个白亮的光斑以"路上的石头"这个意义。而我已经准备去感觉到脚下这个平顺、坚实的表面了……当我的身体准确地把握住了这个景象,我就说我正确地感知了;但这并不是意味着我的把握涵盖了全部……在经验一个被感知的真理时,我假定至此为止所经验到的一致性可以在更为细致的观察中仍得以维持(Merleau-Ponty 2012:310-311)。

137 麦道最近承认,动物以及人类对非概念性的支撑性有所回应(McDowell 2007:344-345;参看让森[Jensen 2008]对析取主义以及麦道与梅洛-庞蒂之间差别的讨论)。麦道在这里回应了德雷福斯的论证——也即人类身体的参与("应对")不可能是概念性的,因为它跟动物的身体性参与相似(Dreyfus 2005:12n38;另参看 Dreyfus 2007b 以及 Zahavi 2013 的进一步讨论)。麦道认为,这可能是因为人类可以将这些非概念性的支撑性整合到一个意义的概念性框架之中,以便证成他们的信念与行动;但对于现象学家而言,这并不意味着他们在所有情况下都这么做,或者这是包含于感知之内的基本过程。我们认为,人类身体参与到其环境的方式不同于具有不同种类身体的动物——这就够了。支撑性首先是相对于身体而言的。向人类提供了坐的地方的东西,以及向大象提供坐的地方的东西——这两者可能并不相同。有些意义是在这个身体层面上被构造起来的,它直接联结于环境之被实行感知到的支撑性。

第五节 他人的角色

我感知一个内在于语境之中的对象,这并不是一个对象感知加上一个语境感知;它总是对一个语境内的对象的感知。但感知是否可以由单一的移动主体来完成,或者该语境总是社会性的?感知在定义上是否是一个同时包含了其他主体的过程?

众多现象学家已经探讨了这个问题。一些人尝试在感知对象的公共性上为社会性找到位置。一如梅洛-庞蒂认为,感知世界不仅被经验为我的世界,是我自己意识的相关项,但也是作为我所能遇到之任意意识的相关项(Merleau-Ponty 2012:354)。如果我开始与他人交谈,我所交谈的不是"一串与我的感觉相关联的、以某些插进来的符号为中介的私人感觉";相反,我所对谈的是"一个和我生活于同一个世界、同一个历史之中的人,我通过这个世界和这个历史与之相互交流"(Merleau-Ponty 2012:428)。因而,情况并不是说我们每个人都有自己的私人世界;而是说,如果我位于他人之所在,那么我就能体验到他人所体验到的东西。反过来说,如果他人此时在这儿,那么她也能体验到我所体验到的东西。因而,我自己关于这个世界的视角并不具有确定的边界,而是自发地与他人的视角相交汇和重叠起来(Merleau-Ponty 1968:61,142)。这个洞见最终促使梅洛-庞蒂主张,我这个体验着的主体对于存在并不是感知上的垄断者;相反,对象只是部分地向我显现出来,因而具有一种"除我之外的诸多其他见证者"的权利(Merleau-Ponty 1964:15-16,170)。换言之,我的感知对象在其向我的显现中并未被穷尽;相反,每个对象总是具有一个共存之侧面的视域,后者尽管当下并不为我所通达——我不能同时看到一张椅子的前面和背面,但它们可以为其他主体感知到。既然感知对象总是也对他人存在,而不管这些他人是否事实上出现于场景之内,那么可以说对象指称着这些其他主体并且——基于这个理由——本质上就是交互主体的。它并不是单独为我而存在,而是还指称着交互主体性;我的意向性也是如此,而不管我何时指向一个交互主体上可通达的对象。[11]

我们再来澄清一下这个论证。一如前述,在感知一个对象时,我们共现(appresent)或共同意向了不在场的侧面;它们关联于可能的感知。如果人们想要系统地展开这一点,那么下述两个可能的解释看起来还是较为有力的:

1. 不在场的侧面被共现为与我之过去或可能的未来感知相关

联的侧面。因此，被共同意指的台灯背面就被共现为这样的侧面：要么我以前看到过它，要么我在未来的感知中可以感知到它。

2. 一个不同的可能性在于，这个不在场的侧面被共现为虚拟的共当下(co-present)感知的相关项。它们关联于我所可能具有的感知——倘若我现在可能在那里（而不是这里）。因而，台灯之被共同意向的背面就是以虚拟的方式被给予为我可能看到的——倘若我现在正对着它。在这个情形中，我们所处理的是一个虚拟的、而非可实现的可能性，因为台灯之前面与背面对同一个意识而言原则上不能同时以感知的方式被给予。

仔细考察的话，这两个解释显然都不那么令人满意。第一个解释将对象视为一系列时间上分离之侧面的统一。但这个理解并不符合我们的经验。当我感知台灯时，我并不是感知到这样一个东西——它当其时具有一个真实的侧面，之前具有一个侧面，后面还会具有其他侧面。当前的侧面并不是相对于过去或未来之背面而言的，而是相对于当下共存之背面而被规定的。因而，它隶属于对象的超越性这个概念，它在任何时刻都具有诸多共存之侧面。

这个反驳当然也适用于第二个解释。尽管感知只是提供了对象的部分表象，但这整个对象被经验为实在的；如果我们以为对象是由一些虚拟之片段所组成，那么我们就未公允地对待这个实在性。

那么是否有其他的解释呢？我们考虑一下：那些不在场的被共

同意向的侧面关联于可能的感知。一如前述，这些可能的感知必然与我实际的感知相兼容，因为它们必须被同时实现出来；我对对象之不在场侧面的视域性共现必须保留它们的特征——也即作为实际的共存之侧面。然则，我之虚拟的以及先前或后续的感知都缺少这种兼容性。因而，不在场之侧面不可能关联于我的可能感知。但胡塞尔建议，它们可以关联于他人的可能感知（参看 Zahavi 1997）。萨特总结胡塞尔的观点，并写道：

> 以这种方式，每个对象与其说是像在康德那里那样，仅仅由与主体的关系所构造，不如说是在自我具体的经验中显现为普遍的；它从一开始就被给予为具有一个指向无限复多意识的指称系统；通过这张桌子、这面墙，他人向我被揭示为该对象的恒定指称者——正如他偶然是皮埃尔或保罗的特定显象（Sartre 2018：323；译文有所改变）。

因而，其基本想法在于，对被感知对象之视域不完整性的分析将我们引向对复多可能主体的感知（意向），或者如胡塞尔所说，引向一个"开放的交互主体性"：

> 因而，每个在经验并且首先是在感知中站在我面前的客观之物都具有一个统觉性的可能经验之视域，包括自己与他人的。在本体论上说，每一个自我所具有的显象从一开始就是同一对象之可能显现的一部分，这些显象构成了一个开放的、无穷的、但并非明确实现的总体性，而隶属于这个显象的

主体性就是开放的交互主体性(Husserl 1973a：289；还可参看 1973b：497)。

然则,感知难道不总是一个由事实的、单个的主体所完成的行为吗?这看起来很难反驳。当我自己感知一个对象时,这个对象仅仅被我所感知到。然则,这个主张是说,我之所以能实行这个行为,仅仅是因为我的视域意向性包含着对可能之其他感知者的感知的结构性指称,而恰恰是基于这个理由,自我之视域意向性的结构就跟任意一种唯我论不相兼容了,因为后者原则上拒绝了复多主体的可能性。梅洛-庞蒂断言:"在每个感知、每个判断中,我都引入感性功能或者是文化安排——它们实际上都不是我自己的"(Merleau-Ponty 2012：374)。我所感知与意向之对象具有超越性的特征以及视域的显现方式,它们揭示出该对象的公共性。由于我的感知对象总是具有可以为其他主体所感知的侧面,它持续地指向他们;作为结果,该对象内在地就是交互主体性的:

> 被感知之世界不仅是自我的世界,因为我看到其他人同样朝向这个世界的行为出现于其中,世界不仅是自我意识的关联项,而且是我所能遇到之任何意识的关联项(Merleau-Ponty 2012：354)。

如果说感知他人与感知对象之间存在着重要的差异(参看第九章),但这两类感知之间无疑又是相互依存的。当我感知某个人时,我不仅是在感知另一个处于"那里"的身体,而且将之感知为我所寓居其中的同一个世界的感知者。萨特对此给出一个形象的说明：当我经验到另一个人在观察同样这些事物时，我与这些事物的关系就发生了一个根本性的改变：

> 因而，一个对象突然出现了，从我这里将这个世界给偷走了。所有事物都还为我而存在着，但所有事物都被一个朝向新对象的不可见的、冻结了的飞跃所贯穿。他人出现于这个世界之中因而对应着整个宇宙向世界的去中心化滑落，后者削弱了我与此同时所强加的中心化（Sartre 2018：351）。

一旦他人出现于场景之中，这个世界对我而言就显得是被他异化的（alienated），因为它作为已然被看者而被给予我——也即，作为就其所有的前侧面"被耕作、被探索、被劳作"。以这种方式，他人的在场就具有这样一种功能——也即揭示已然被给予之意义的复杂性（Sartre 2018：676）。但与此同时，当这个以自我为中心的世界被他人经验到时，它也就被去中心化了，因为他人在自我世界中的器具加上了一个秩序——它回溯到作为一个新的指称中心的他人（Sartre 2018：351）。他人不仅被经验为世界中的另一个对象，而且被经验为世界的另一个主体。

从发展的角度看，他人自一开始就在场了。当我们首次感知对象时，我们在共同注意中学习去感知它们，并且学习将它们感知为具有某种目的。某物之为上手的或者是一个支撑性，这不仅是因为它与我们具身的行动可能性如何相关，而且因为我们已经从他人那里习得了这些行动以及事物的功用。有些东西上手，有些东西提供了可能性,因为我已经看到了他人所实现出来的一些可能性;他人将事物挑出来使用,向我提供可玩或可供工作的东西。我的感知因而是被这些经验所塑造的;即便我是独自一人,他人也并不是不再存在。尽管他们可能在感知上并不在场,但他们可能或潜在地被包含于感知的结构之中。我们所感知的世界不仅在物理上(由内视域与外视域所刻画),而且在社会性上,都是境遇化的。

基于这个理由,给孔狄拉克的雕像添加上所有标准的感官模态——这是不够的。如果雕像突然比一个精致的机器人更好,也即如果它突然变成具有动物之本质,并且能够看、能够听、能够摸、能够尝、能够闻,并且可以感知其自身的身体及其在世界中的运动,那么它依然不能把世界感知为比一个表面、一个表征或者有其自身系统所产生之错觉更多的东西。人类是由他人所生产和养育的,他们已然在这个世界之中行动和感知。我们对世界之实在性的意义(sense),对所感知之事物的意义,都依赖于此。

第六节 感知与想象之间的差异

如果我们在某种程度上可以理解感知是非表征的,那么显然我们不能说想象同样是非表征的。当我们想象某个不在场、因而是不可被感知到的事物时,我们不是必须在自己的头脑里创造一个关于它的表征或者某种图像吗?现象学挑战了这一观点。萨特(Sartre 2012 [1936], 2004 [1940])在深入评述了自笛卡尔以降直到20世纪早期的相关哲学和心理学文献之后,总结说大部分思想家将想象理解为一种图像的创造或被想象之事物的摹本,后者则作为事物而独立存在。萨特表明为何事情不是如此：想象并不产生某种存在于大脑之中的图像或表征，或任意此类的事物。比如说，如果人们想象某个事物，正如神经科学的证据表明，人们就是实行"一个中立化的感知经验"（Thompson 2007：292），那么想象并不包含表征，因为诚如萨特质疑的，"如果感知不是表征，如果［想象是］感知的阴影，那么表征能源自哪里呢？"（Sartre 2012：35）萨特解释说，在我的心灵中存在着某种类似图像（事物）的东西这一错觉（也即"内在性的错觉"），这乃是众多心理学家和哲学家将反思实体化的结果，因而也就成为常识的一部分。

> 当我说"我有皮埃尔的图像"，人们认为我当下在意识中具有一个关于皮埃尔的特定画像。我当下意识的对象恰恰是这个画像，而皮埃尔——这个有血有肉的人——只以非常间接的方式、以一个"外在的"方式被达及，只是通过他乃是画像之所表征的人这一事实来达及（Sartre 2004：6）。

萨特从20世纪早期的心理学家里波特（Théodule-Armand Ribot 1906）那里借用了一些观点，特别是这一观点——想象乃是基于对所想象之事件或事物的一些方面所做的情感与行动导向的选择。对于萨特来说，我们最好将想象理解为包含着行动而非包含着知识。最为重要的是，萨特受到胡塞尔的影响。就想象本身而言，他将胡塞尔解释为持有这样一种观点——即想象并不包含心灵的事物或者心理内容；它不是作为构造性要素而存在于意识之内（关于胡塞尔与萨特对想象的论述，参看 Jansen 2015）。相反，我们所称之为"图像"的东西乃是一种指向所想象之对象的意向性———一个"某种截然不同的、外在于意识"的对象(Sartre 2004:7)。例如,当萨特想象其不在场的朋友皮埃尔时,想象的对象不是表征或图像,而是皮埃尔。

> [想象是]意识与对象之间的关系;换言之,它是对象之向意识显现的某种方式;或者如果有人偏向于说,它是意识之向自己表象对象的方式……"心灵图像"这个表述导致了混淆。可能更好是说,"关于被想象皮埃尔的意识"或者"关于皮埃尔的想象意识"(Sartre 2004:7)。

事实上,想象包含了一个关系。

> 想象皮埃尔并不包含一个模糊的磷火,一个由我对皮埃尔的感知所遗留在我意识之中的余波。它是一种有组织的意识,它以其方式连接于我的朋友皮埃尔。它是指向实际存在(即皮埃尔)的一种可能的方式。因此,在想象行为中,意识直接就关联于皮埃尔,而不是通过可能存在于意识之中的拟象的中介(Sartre 2012:91)。

感知与想象之间的差别在于两类认知过程的意向结构。对于萨特而言,一如对于当代的神经科学而言,我对某物的记忆或想象包含着对感知过程的重新实行(re-enactment)或新的实行。但对于萨特来说,这个生产并不只是依赖于大脑中感官区域的激活,还包括身体当中的动觉与情感过程。为了说明这是如何工作的,萨特提供了不同种类的想象行为的分析。例如,我们考虑一下与感知紧密关联的一种想象。你在1930年代参加一个巴黎的夜总会,看到演员法兰康尼(Claire Franconnay)在模仿著名的歌手切瓦利尔(Maurice Chevalier)。法兰康尼表演了很多暗示切瓦利尔的符号,比如戴着他标志性的倾斜的帽子,模仿他在舞台上的动作。在看到这些模仿时,你的意识并不包含心灵图像——你在大脑里并没有关于切瓦利尔的图片。相反,你的想象包含着一个被感触所激发的时间性综合。看到法兰康尼模仿切瓦利尔伴随着一个"感触性的回应"(Sartre 2004:28)。这个感触性一部分乃是这样一种感觉——她弄对了,感触性在意向上连接于你知道的某个东西——你的关于切瓦利尔的在先知识。你所跟随的法兰康尼的动作产生了一个具身的感触,并唤起了一个熟识的对象——切瓦利尔。对切瓦利尔的想象正是一种整合于时间性综合之中的被实行的意向性。

这种类型的想象要求放松专注式的感知。人们可以在入睡时所产生的睡前视觉中发现相似的身体放松。

> 收缩肌和大斜肌的放松并不直接就导致眼睑的闭合。在一段时间内,我们还在反思日间的事情。眼睛保持收敛,眼睑被球状肌的自发收缩所闭合。然后思想变得更加模糊了。与此同时,收缩肌变松弛了……身体的空间位置变得难以界定。对时间的感知也不确定了(Sartre 2004:41-42)。

感知的专注也包含着动觉过程:在睡前视觉这个例子中,专注的动觉基础消失了。我们至少应该说，这种想象的例子包含着动觉与情感过程的变化，因此包含着意向性的重组。萨特在经验心理学研究中找到了与想象相关联的这些身体（动觉、情感）变化的证据（例如 Sartre 2004：88 及以下）。对于萨特来说，感知与想象之间的差别并不是明确关联于身体或环境因素，因为它们都被包含于这两者之中；也不是意向对象之中的差别（不管是感知皮埃尔，还是想象皮埃尔，这都是他）。相反，这个差别是双重的：首先，它包含着一种意向性的信念特征上的差别。感知意向性包含着一个信念特征；而想象意向则没有，而是某种"好像"（as if）。看到皮埃尔就是相信他站在我面前；而想象皮埃尔则包含着意向过程的变更，以至于我知道皮埃尔实际上并没有站在我面前，尽管他"好像"如此（另参看 Husserl 2019：317）。其次，且可能更富有争议的是，萨特主张："[在我的想象中]，我除了自己放在那里的东西，再也找不到任何东西了。这句话是区别想象与感知的最为重要的东西"（Sartre 2004：9）。感知总是会让人意外；而想象则不会。这个主张在赖尔关于想象的分析（Ryle 1949）中得到了重复。但我们会将之留作一个开放性的问题，因为形形色色的艺术家和科学家都认为，想象乃是发现的重要工具；而如果我们相信爱因斯坦，这看起来也包括发现令人惊讶之物。"提出新的问题，新的可能性，从新的角度来思考旧的问题，都要求创造性的想象，并标志着科学的真正进步"（Einstein & Infeld 1938：92）。

本章注释：

① 我们讨论这三种模式，但其他几类重要的形式是想象性幻想以及回忆。虽然图像意识与幻想都隐含着对不在场之物的意识，它们之间依然存在着一个明显的差别。在图像意识中，我通过其他的东西来意指某物。这个表征功能并不是想象的一部分。如果我想象一个跳舞的农牧神，它并不被当作是一个真实之农牧神的表征。相反，我们所处理之意向对象不被当作是真实的，而只是显得它好像是真实的（Husserl 2019：317）。我们在下面还会进一步讨论想象。

② 对于胡塞尔的前语言经验这个想法，一个通常的反驳是说，为了找到先于所有解释之前的一种直接经验层次，胡塞尔忽视了这一事实——也即所有经验都包含着解释。然则，这个解释学的批评本身也错误地以为，所有的解释都是语言性的。但如同胡塞尔和海德格尔所展示的，解释本身可以是前语言的（参看 Heidegger 2010：122）；例如，它可能在实践之中显现自身。同一个对象可以以不同的方式被使用；这一使用上的差异和我们如何理解对象的差异，就等同于一种实践上的解释。但更为根本的是，无论我们何时感知对象，我们都共同意向到对象之不在场的侧面，因而超出了仅仅被给予的侧面。这就是为何根据胡塞尔，每个感知都隐含着一个解释（Hinausdeutung）的维度（Husserl 2001c：56）；参看下述关于感知这一维度的讨论。

③ 一个关于预测处理的不那么内在主义的路线，可参看 Clark 2017; Gallagher & Allen 2018; Kirchhoff 2018。

④ 关于这个反驳的更为详尽的表述，以及对预测处理理论的新康德主义的来源，参看 Zahavi 2018c。

⑤ 关于胡塞尔对休谟的评价的讨论，参看 Janousek & Zahavi 2020。

⑥ 尽管当今在哲学或心理学中只有很少人会支持感知的感觉材料理论（但参看 Maund 1995; O'Shaughnessy 1985; Robinson 1994），但以客观的语言来思考主观经验这一更为一般的问题依然是相关的，因为认知科学中［存在着］各种机械主义、还原主义、计算主义乃至表征主义路线。

⑦ 我们应该注意到，与我们的动觉系统会如何来处理米勒-吕尔错觉相对，在这个情形中，艾宾豪斯错觉中的格式塔效果并不误导我们获得并抓住这

两个圆圈的能力,而我们的动觉系统则将之当作是同等大小的。其差异应该恰恰在于我们可能掌握并操纵的要素:在第一个情形中,等长的线分别具有尾巴和尖头;而在第二个情形中,居中的圆形则无需旁边的圆圈就被把握到。

⑧ 有趣的是要注意到,这些简单的感知错觉对预测处理却构成了问题。即便我们知道线段与圆圈是相同的,错觉依然保持不变——我们依然将之看作是不相同的。依据预测处理,这种知识会导致我们内部模型的改进,并且我们的预测会相应地改进,从而与感觉输入之间的不匹配就不再继续。在这一情形中,错觉应该就会消失;但实际上并不是如此(感谢 Inês Hipólito 指出这一点)。

⑨ 西蒙斯和查布利斯(Simons & Chabris 1999)的实验"人群中的大猩猩"可能是关于"非注意性盲视"的最为著名的例子了。他们表明,当受试者被吩咐进行一个任务,它需要在视觉上注意到环境中特定的动态事件(在这个例子中,是关于一群人抛来抛去一颗球的视频),而其他本应该是非常明显的事件(比如某个人穿成大猩猩的样子,穿打球的人群,并冲着镜头挥手)却几乎不被注意到。而变化盲视就是未能注意到发生于全景当中的显著变化。

⑩ 这是一个现象学式的主张,它并不忠实于任何对次人格层面所发生之事的特定指称。就此而言,开放性的问题依然在于,人们是否应采用表征来解释大脑当中发生的东西,或者在这个层面准确的解释应该意味着什么。对于表征这个概念在认知科学中的使用,一个批判性的讨论可见于 Ramsey 2007;以及 Hutto & Myin 2013。

⑪ 关于这一思路的更为详尽的表述,参看 Zahavi 1997。

延伸阅读:

· P. Sven Arvidson, *The Sphere of Attention: Context and Margin*. Dordrecht: Springer, 2006.

· Shaun Gallagher, *Enactivist Interventions: Rethinking the Mind*. Oxford: Oxford University Press, 2017c.

· Susan L. Hurley, *Consciousness in Action*. Cambridge, MA: Harvard University Press, 1998.

· Edmund Husserl, *Thing and Space: Lectures of 1907*. Trans. R.

Rojcewicz. Dordrecht: Kluwer Academic Publishers, 1997.

· Merleau-Ponty, M. *Phenomenology of Perception*. Trans. Landes. London: Routledge, 2012.

· Alva Noë, *Action in Perception*. Cambridge, MA: MIT Press, 2004.

· A. David Smith, *The Problem of Perception*. Cambridge, MA: Harvard University Press, 2002.

第七章　具身心灵、嵌入心灵与延展心灵

　　让我们一开始设想一个具有整全认知功能的人类,他具有完整的身体与心灵,然后再追问我们能够从中减去什么,还能保留一个认知的心灵。这个思想实验可以帮助我们深入了解心灵到底是什么。

　　作为例子,让我们假定我们中间的任意一个人恰好具有完整的身体和心灵,而且是以日常的方式来加以理解。现在,我们可以问,如果她失去了自己四肢中的一条或多条,那么她的思考、想象、回忆的能力,或者参与到大部分的认知实践时,是否会有什么差别?当然,看起来我们并不需要全部的四肢来参与到认知行为之中。那么就不要它们。当我们在思考的时候,我们好像也可以不需要所有其他外在的身体部分——我们看起来并不需要它们来进行思考。这样的思想实验继续下去,我们通常最后会只剩下自己的大脑,因为即便感觉上的输入也可以用人为的方式来提供。比如说,我们可以直接刺激能够产生感觉信息的那部分大脑,从而(在假定的意义上)具有我们的感觉器官正常地传输相同信息时所产生的相同体验。这个常见的思想实验被称为"缸中之脑"实验;这就有这样一个画面:一个大脑漂浮在充满化学物质的缸中,由人工给养而存活着,

并且通过各种电极来提供关于世界的信息，或者是主持这个实验的疯狂科学家想要提供给它的任何信息。

丹尼特（Dennett 1981）进一步推进了这个思想实验。他讲述这样一个（虚拟的）故事，说自己在一个任务中被移除了大脑，将之装在一个大缸中，但还通过无线电波跟自己的身体连接着。然则，丹尼特的任务非常之危险，而且他的身体在这个过程逐渐失去了其生物学功能并事实上已经死掉了。然则，他的大脑还存活于缸中。可以理解的是，他变得非常的焦虑：

> 一阵恐慌甚至是恶心感席卷了我，由于缺乏正常的依赖于身体的现象学，这一切变得更加可怕。手臂上没有肾上腺激素的刺痛感，没有跳动的心脏，没有预见危险将至时的唾液分泌。在某一点，我确实在自己的内脏里感觉到了令人恐惧的下沉感，而且这一下子就让我错误地以为自己正在经历着一个倒反过来的过程——也即逐渐地再获得身体（undisembodiment）。但这一孤立而独特的刺痛很快就让我确信，它不过是幻体幻觉的第一次症状，就像任何其他被截肢者很可能会经受的那样（Dennett 1981：225）。

随着时间流逝，丹尼特获得了一个新的身体。他发现很难控制这个身体，但经过一段时间的适应之后，它看起来也还行。他认为这或许跟经历了一次大型的整容手术或变性手术相似。丹尼特进而知道，技术人员将他大脑的功能结构以及其中的信息复制到一个电脑程序之中，这样他便能够进行双重无线连接——既能与仍在缸中的大脑连接,又能通过拨动开关与运行其人工大脑的电脑连接。当他触发大脑与电脑之间的开关时,他就不再能区分自己体验中的差异了。

这个故事的要点在于,如果我们跟随丹尼特的推理思路,并且跟标准的缸中之脑思想结合起来,那么不仅身体之于体验与认知是非必要的,而且我们甚至于不需要大脑,只要我们在合适的硬件上运行程序和信息。这就构成了一个功能主义的视角,后者认为一个精细的计算程序或人工神经元网络可以产生相同的心灵体验,就跟大脑独自产生的一样。重要的不是物理实体(尽管这也是考虑之一,因为如果我们在苹果电脑或其他电脑而非在精细的神经元网络电脑上运行程序,这很可能会造成一些差别);重要的是其软件程序以及信息——它们构成了产生我自己以及我的认知生活的这个系统的核心部件。一旦我们具有了正确的信息以及复制大脑的恰当句法,我们就应该可以在任意可以运行程序的机器上产生出你的认知体验。

那这是否意味着身体之于认知系统不具备任何重要性?当然,我们可以说,在我们没有一个备用的人工大脑的所有正常的情形中,大脑都是非常重要的。而且甚至连丹尼特也认为,做任何事,以某种方式采取行动——人们都可能需要某种身体。但我们可以设想,机器人身体可以做得同样好,只要它以恰当的方式(用无线电发射器)跟人工大脑连接起来。

这幅缸中之脑的图景,即便对于功能主义的反对者而言也令人意外地极具影响力。因而,塞尔虽然持有反功能主义的观点,强调神经生物学的作用,但在辩护一种激进的内在论时也求助于同一幅图景:

即便我是缸中之脑——也即,即便我所有的感知以及在世界中的行动都是幻觉,我所有指向外部的意向状态的满足条件事实上都没有得到满足——然则,我们依然具有意向内容,因而我必然具有相同的背景,就跟我不是缸中之脑并具有该特定之意向内容一样。我拥有一组意向状态,拥有一个背景——这并不在逻辑上要求我事实上跟周遭的世界处于特定的关系之中(Searle 1983:154)。

147 这种对身体之认知意义的否定具有悠久的哲学传统。我们可以比较一下柏拉图在《斐多》中的说法:

看起来只要我们还活着,如果我们尽可能避免与身体的所有接触与联系(除非它们是绝对必须的),我们应该更加接近于知识;与其让我们被身体的本质所污染,我们应该将之纯化,直到神给予我们解脱(Plato 1985:67a)。

这样一个有关心灵的无身体观点同样可见于经典的认知科学,因为它研究知性行为,就好像它独立于任意具体的身体形式。确实,直到最近,就神经科学家所考虑的身体而言,它只是作为身体感觉皮层之中的表征而存在。

人们可能会想,现在去证明没有具身性就没有认知,这是现象学家或者具身认知理论者的责任。但这里有两个问题。首先是原则性问题,也即无身体的认知大脑(缸中之脑)到底是否可理解?其次,不管第一个问题的答案是什么,我们可以追问人类认知是否

第七章 具身心灵、嵌入心灵与延展心灵

事实上是无身体的。我们无需证明缸中之脑这个思想实验是不融贯的,就可以对第二个问题进行否定的回答。我们具有身体不过是个经验事实,我们的感知与行动依赖于我们具有身体这个事实,并且人类认知被我们的身体性存在所塑造。我们可以说,这"无需花费脑筋"。但我们可以注意到下述对第一个问题的回应。缸中之脑思想实验实际上所展示的是,感知与行动确实要求某种具身性。即便纯粹的缸中之脑也绝对要求身体所正常提供的一切——比如,感觉输入以及生命维持。确实,只要考虑一下为了维系无身体之大脑以及与之一道进行的可能体验所需要的东西,我们就可以衡量到身体的重要性。缸中之脑的可能性仅在于它得到了恰当均衡的营养、恰当均衡的荷尔蒙与神经传质的调和、感觉信息的复杂流动,以及得到时间差异化的适当配适——这些事实上都包含着模态间的整合。如果我们只考虑视觉输入,我们就必须假定,任何在视觉皮层中进行的、能够复制人的视觉体验的扰动都必须在细节上足够地明确,并且一个模拟或数字输入机制必须跟人的眼睛一样复杂,具有化学上一样的复合物,并且同样地有效。也即,一个缸中之脑跟我们一样体验事物,或者缸中之脑在现象学上是"在世界之中"而非只是物理上"在水缸之中",它所需要的完整而强大的支持系统就必须复制已然支撑我们日常存在的身体系统(参看 Damasio 1994:228;Gallagher 2005b)。

认知不仅是具身性的,它还是处境于和嵌入于世界之中的;当然,因为它是具身性的,它才是处境化的。不管缸中之脑到底是否是一个真实的可能性,我们的认知体验确实受到具身之大脑的塑造,并且我们所具有的大脑也受到身体以及我们在真实世界中行动的塑造。重要的是，大脑是与身体共同进化的。比如，我们直立这一事实是人类才独有的，而这个生理学事实跟诸多其他生理学事实一道，对我们的感知与行动能力具有深远的影响，因而潜在地对我们的整个认知生活具有深远的影响。比如，施特劳斯就指出，"人类身体的形状与功能几乎在所有细节上都为直立姿势所决定"（Straus, E. 1966:138）。我们可以看一看这个列表：

- 首先，就人类的解剖与骨骼结构而言，直立姿势要求人类的足、脚踝、膝盖、臀部和脊柱具有一个明确的形状和结构以及肢体之间的比例，而所有这些都要求一个确定的肌肉与神经系统的设计。就进化而言，身体的直立姿势也让人类肩膀、手臂、手、头盖骨以及脸部的发展得以可能。其要点在于，这些解剖结构决定了我们的能力，因而决定了什么才算是世界。吉布森（Gibson 1986）发展了这样一个想法，也即基于我们身体的种类，环境中的对象可以支撑（afford）不同种类的行动。这些支撑性跟我们的身体形状以及行动能力紧密地结合在一起。椅子可以支撑坐在上面，恰恰是因为人类的身体在膝盖、臀部等部位可以弯曲，等等。而坐或采用其他姿势的能力首先是运动；但它们很可能延展到最为抽象的、理性的认知能力，比如计算以及数学的发展（参看 Johnson, M. 1987; Lakoff & Johnson 1980; Lakoff & Nunez 2001; Sheets-Johnstone 1990）。比如说，如果我们的身体在没有手的情况下进化，那么很可能的是，我们所建造的环境、我们理解世界的方式将非常不一样。

- 第二，就发展而言，直立姿态是人类相对晚期才获得的。婴儿需要与引力相抗争才能习得它。这就要求一个基本的有意识的清醒状态：如果你睡着了，你就倒下了。姿态与运动都直接相关于睡与醒的生理学状态。在站立之前，早期的爬行行为影响着感知与认知的发展（Campos et al. 1992）。而与站立、行走一道出现的姿态上的改变同样也影响着我们的所见、我们所能注意的东西、我们所能掌握与操作的东西。

- 第三，就我们如何与事物以及他人相关联而言，我们在直立姿态中保持着距离感与独立感——与地面的距离、与事物的距离，以及与他人的某种程度的独立性。在站立中，视野得到延伸；相应地，环境视域得到了扩大和伸长。感知与行动的空间框架也被重新定义。站立解放了双手以便伸展、抓取、操作、携带、使用工具，以及指向。就进化的系统发生学而言，以及就个体发展的个体发生学而言，这些变化都在大脑结构中引入了复杂性，后者最终帮助形成了理性思维（Paillard 2000）。

- 最后，就我们的感知能力而言，它反过来也塑造了所有其他的认知能力。就进化而言，获得直立姿态意味着嗅觉不再那么重要；而视觉成了首要的。我们在当前的位置可以看得更远，而这赋予了我们远见并做出计划。当我们的双手解放出来，进行更为娴熟的握和抓，我们的嘴也为其他目的而解放出来，因为在我们贴近地面时，嗅觉机制就是我们寻找道路所必需的，但它现在边缘化了，不再主导面部结构。下巴的结构不仅决定了我们之所吃，而且与更为精细的喉部肌肉的发展一道使得声音语言的发展得以可能。如果你问一下亚里士多德，他会说，这意味着政治与理性的发展。

与这个想法相关的是，身体"预处理"并过滤了输入的感觉信号，并且"再处理"和限制了与行为控制有关的输出信号。比如说，比较解剖学表明，耳朵的形状及其相对的位置使得我们可以确定声音的方向(Chiel & Beer 1997)。身体运动并不是全然在大脑层面被决定的；相反，它们还受到肌肉与肌腱的构型与灵活性，它们与其他肌肉和关节的几何关系，乃至它们之前的激活历史等等(因素)的重新设计(Zajac 1993)。因而，"神经系统不能处理那些未经末梢神经所转换的信息，也不能命令那些对于末梢神经而言不可能的物理运动"(Chiel & Beer 1997:554)。这些观察只是关于什么塑造了身体以及这又如何塑造了认知的一个更大叙事的一小部分。但它们足以说明，生物学身体(它因其结构、基本姿态和运动能力而允诺且排除的东西)正是这样的身体：它塑造了我们人类感知并思考世界的方式。人类的具身性引入这些限制——但这并不必然导致彻底的相对主义；如果我们具有三只手而非两只，逻辑的原则并不会有所不同。

第一节　机器身体与生理学身体

这些教诲得来不易；这并不是通过思想实验得来的——你在这里看起来可以设想排除掉系统里的许多方面，而是在生物科学的

"真实世界"中,以及在高级的机器人学(robotics)中。比如布鲁克斯(Rodney Brooks)等机器人科学家就发现,传统设计机器人的路线是自上而下——也即从一个无身体的句法开始,然后尝试加上一个功能上的人工身体,以便执行中央智能电脑发出的指令;但这个途径已不起作用了。相反,他们更为新近的倡议在于,尝试自下而上来设计机器人——也即受生理学的启发,先建立简单、实用有序的感觉动觉机器,它可以通过采用从环境中实时获得的信息在环境中行走。这种机器人是"基于物理的"(physically grounded),这是说它们是嵌入到物理环境之中的物理实体,但是其表征是以实践的方式指称真实世界;它们是实行着感知的机器,以完成任务的方式来把握世界。

  这种新 AI 基于物理奠基假设(physical grounding hypothesis)。这个假设认为,要建立一个智能系统,就有必要将其表征奠基于物理世界之中。我们基于这个途径的经验在于,一旦我们做出这个承诺,那么对传统的符号表征的要求很快就会完全消失。关键的观察在于,世界就是它自己最好的模型。它总是最新的。它总是包含着有待认识的所有细节。关键在于恰当且足够频繁地感知它。基于物理奠基假设来建构一个系统,就有必要通过一组感知器(sensor)和促动器(actuator)将系统与世界连接起来(Brooks 1990:5)。

然则,布鲁克斯并不是通过将机器人当作身体,而是通过将身体当

作机器人,才达成这个重要的观察:

> 身体——这个生物分子的集合体,乃是依据一组具体规则而行动的机器……我们就是机器,一如我们的配偶、孩子和狗狗……我认为我自己以及我的孩子都是单纯的机器(Brooks 2002:173-175)。

而这种特殊的身体理解的哲学背景显然是笛卡尔式的。笛卡尔启发了一种动物观,也即将之视为纯粹的物理自动机——也即没有意识智能的机器人。众多哲学家将之延伸到人类,包括拉·梅特里(La Mettrie 1745)和卡班尼斯(Cabanis 1802),而后又被郝奇森(Hodgson, S. 1870)和赫胥黎(Huxley 1874)等人所发展。布鲁克斯指出其工作源自一个纯粹工程学的视角,但他看起来也是来自这个传统,可能只是增加点装饰,也即提议说有意识或类意识的智能会从这类系统产生。然则,支持具身性认知这一概念的其他哲学背景则被他放在一边:"这不是德国哲学"(Brooks 1991:153,他特别提到了海德格尔;参看 Wheeler 2005 的讨论)。这个替代性的现象学观点依然生机勃勃,并且被下述哲学家和科学家引入讨论之中,比如瓦雷拉等人(Varela et al. 1991)、汤普森(Thompson 2007)、汤普森与瓦雷拉(Thompson and Varela 2001)、维乐(Wheeler 2005)等。这些思想家跟随着梅洛-庞蒂,否定了这样的观点——也即身体只是一个"极为精致的机器"(Merleau-Ponty 2012:78)。现在,让我们深入具身性的意义,以及它如何将我们置于处境之中,如何塑造我们的认知经验。

身体现象学——一个极简的历史

有关具身性的最为著名的哲学家无疑就是梅洛-庞蒂。但梅洛-庞蒂当然不是唯一一个花费时间和精力去精细地分析活生生的身体的现象学家。尽管其他法国现象学家，比如萨特和亨利，都写了大量有关身体的著作。但将身体现象学与法国现象学等同起来，则是个巨大的错误。早在胡塞尔1907年的讲座《事物与空间》中，我们就可以找到关于移动的身体和感受的身体的影响深远的现象学分析。而且众所周知，胡塞尔在其《观念2》中关于身体的分析构成了梅洛-庞蒂《感知现象学》的重要启示。胡塞尔的文本只是在其去世之后于1952年发表，但梅洛-庞蒂在第二次世界大战爆发之前就访问了胡塞尔档案馆——也是其第一批访问者，并且因这个机缘而有机会阅读胡塞尔未发表的手稿（参看 Zahavi 1994, 2006）。甚至胡塞尔也可能不是第一个强调具身性的哲学家。亨利认为，法国哲学家比朗（Maine de Biran, 1766-1824）提供了一个有关身体的现象学解释，这甚至优于后来在胡塞尔、萨特乃至梅洛-庞蒂的著作中所发现的身体理论（Henry 1975）。

现象学对身体的研究并不是对诸多对象中的一个进行分析。也即，这并不像现象学在对众多不同本体论区域（逻辑、数学实体、器具、艺术等领域）的研究中，也偶然碰到身体，之后对它进行仔细的审查。相反，身体被视为一个构造性原则或超越论原则，恰恰是因为它包含于体验的可能性之中。它深深潜藏于我们与世界的关系之中、与他人的关系之中，以及潜藏于我们的自身关系之中，因而对于我们理解所有这些关系而言,对它的分析被证明是极为关键的。

现象学对身体的强调显然意味着对笛卡尔式身心二元论的拒绝。但同样明显的是,这并不意味着赞同某种笛卡尔式的唯物主义。这并不是说现象学"克服"二元论的方式是重举心灵与身体之间的区分,然后简单地抛弃其中的心灵。相反,具身性这个概念,具身之心灵(embodied mind)或具心之身体(minded body)这个概念,恰恰是为了要替代一般意义上的心灵或身体概念,后两者都是派生的、抽象的。梅洛-庞蒂言及身体的模糊本质时有一句名言,认为身体性存在是超越纯粹之生理物与纯粹之心理物的第三范畴(Merleau-Ponty 2012:365-366)。活生生的身体既不是精神,也不是自然,既不是灵魂也不是躯体,既不是内在也不是外在,既不是主体也不是客体。所有这些对偶的范畴都派生于某种更为基本的东西。

现象学家也反对"广延"与"思维"之间的形而上学区分。如果人们接受了这一区分,那么能放置身体的唯一所在就是广延了。但现象学家否认身体是世界中的单纯对象。身体不仅仅是我们所看、所摸以及所闻之体验的对象。相反,身体还是体验的原则。它允许我们去看、去摸以及去闻。显然,身体也可以探索自身。它可以将自己(或者另一个人的身体)当作探索的对象。这通常发生于生理学或神经科学。但这种将身体当作对象的研究并没有穷尽所有。一如萨特著名地指出,我们应该小心细致,不要让我们对活生生的身体的理解被一种外在视角所规定,后者最终乃是源自对躯体的解剖学研究(Sartre 2018:464)。一如他在《存在与虚无》中写道：

> 身体及其与意识的关系通常被这样的事实所遮蔽，也即我们一开始就将身体设定为一种特定的、具有其自身规律并可以被外在地规定的事物，而我们则是通过一种专属于意识的内在直观来通达意识。事实上，在绝对的内在性中和通过一系列反思行为理解了"我的"意识之后，如果我试图将之与特定的生物体统合起来，后者乃是由神经系统、大脑、一些腺体，以及一些消化、呼吸、循环器官所组成，这些器官本身可以用化学的方式分析成氢原子、碳原子、氮原子、磷原子等，那么我就会遇到不可克服的困难：但这些困难源自于这一事实，也即我尝试与自己意识相统合的不是"我的"身体，而是"他人的"身体。事实上，我们刚刚所描述的身体并不是作为"为我"意义上的"我的"身体(Sartre 2018:409)。

现象学对解决身心问题的贡献并不在于采用某种形式的关于心灵因果性的形而上学理论，也不在于解释身体如何与心灵相互动；相反，它尝试去理解，在何种程度上我们对世界的体验、对自身的体验以及对他人的体验都被自己的具身性所塑造和影响。但通过这种焦点的转变，它同时也重新思考并质疑了某些从一开始就规定了身心问题的区分。

其中第一个以及最为基本的现象学区分——正是这一区分让我们认识到布鲁克斯可能使用了错误的身体概念——在于客观身体与活生生身体之间的区分(也即胡塞尔对躯体[Körper]和身体

[Leib]的区分；或者梅洛-庞蒂对客观躯体[corps objectif]与本真身体[corps proper 或 corps vécu]之间的区分）。这是一个现象学的区分，而非本体论的区分。这并不是想暗示说，我们都有两个身体——一个客观的身体和一个主观的身体。相反，它是想澄清我们所能体验并理解身体的两种不同的方式（Husserl 1973a : 57）。后一个概念所把握到的是在具身第一人称视角中经验着的作为主体的身体（body-as-subject），而前一个概念则聚焦于作为对象的身体（body-as-object），也即从观察者视角所看到的身体，其中这个观察者可以是科学家、医生或者具身主体本人。我可以观察自己的身体，好像是从外面来看。我可以观察自己的手并思考，"嗯，这个东西有五个摇晃着的手指——这该有多奇怪呀"。在不同程度的抽象和不同视角的定义下（神经学、生理学和解剖学），客观身体是一个被感知的身体。它是对身体的对象化；然则这个身体也是被体验到的（lived）。将身体视为一个可被分析、分解、客观地理解的东西，正如我们理解一个机器或机器人一样——这对在生物科学、医学乃至机器人学等领域的取得进步显然是非常重要的。如果我们采用这种身体视角，那么我们就是采用一种第三人称视角——将身体当作我们作为主体所能观察的对象来检查。

与之相对，我们之所以能做出这些观察，或者做出任意的观察，只能是当我们事实上就是一个体验着的、具有感觉动觉的身体才可以——当我们具有能看的眼睛、能触摸的双手、能听的耳朵，诸如此类。就此而言，我并不是观察或沉思自己的双手，而是将之伸出去并用来抓东西。作为主体、体验者、施动者的身体，而非作为对象、被体验之物的身体——这恰恰是笛卡尔传统中所缺失的一个基本区分。依据一个标准的解释,当笛卡尔坚持认为他是一个思维物,而非一个身体,即一个有广延的东西,他是在认为即便没有身体他也能够进行思考。事实上,笛卡尔之所以能考虑这些思想,只是因为他是一个活生生的身体,这个身体还包括一个高度外联和内联的大脑。就我们所见,当笛卡尔在 1650 年 2 月 11 日的清晨仙逝时,他就不再思考这些思想了。对他客观身体的尸检表明,他的死因乃是严重的呼吸道感染。

对活生生的身体的描述乃是从现象学的视角来描述身体。一方面,这是身体被经验的方式。在濒临死亡之前,笛卡尔会经历到呼吸困难。另一方面,它又远不止于此——它是身体组织我们经验的方式。笛卡尔的呼吸问题可能会对其认知表现产生一定影响(见 Varga & Heck 2017 关于呼吸与认知之关系的评论)。身体并不是自我与世界之间的一个屏幕,而是塑造了在世中存在的初始方式。这也是为何我们不能先探讨身体本身,然后在它与世界的关系之中来检讨它。相反,身体本身就是在世界之中的,而世界乃是以身体的方式被揭示出来的(Husserl 1973b : 287)。确实,一如萨特指出,身体运行于所有感知与行动之中。它构成了我们的视角以及出发点(Sartre 2018 : 437):

> 通过这种方式,我的"在世中存在"——也即唯独通过它实现出一个世界,也就向自己指示出它自身乃是作为"在世中存在"——一个它所实现出来的世界;情况不可能是其他的样子,因为除了世界的存在不存在其他与世界发生接触的方式。如果我不存在于世界之中,那我就不可能实现一个世界,而它

对我而言可能是超然之沉思的纯粹对象。但与之相反的是,我必须委身于世,世界才可能存在于此,而我也才能超越于它。以这种方式,说我进入世界,"来到世界之中",或者说存在着一个世界,我在其中具有一个身体——这说的都是一个事情(Sartre 2018:427)。[①]

我能感觉到我的身体所成就的东西。我对所处之空间有一个潜在的感觉(它是否拥挤、开阔或者逼仄)。与之相似,我对自己是否坐着还是站着、舒展还是紧缩自己的肌肉都有一个本体感。当然,这些对身体之何所在与如何在的姿态感与位置感通常都是隐藏于我的觉知背景之中;它们是潜在的、隐性的。它们是现象学家称之为"对自身之为具身的前反思感"。[②]

这种具身感觉并非简单地是空间性的。比如说,在饕餮一餐之后,我能感到一种笨重感;或者比如说,当做完瑜伽之后,我能感到充满了能量,完全融入到自己的周遭之中。如果我受到一些坏消息的压抑,我能在自己的身体里就感觉到这种压抑;如果我因为好消息而兴高采烈,或者被迫在眉睫的威胁所激怒——这些都是我在身体里感觉到的感觉与情绪。如果我感到生气、害怕、喜悦或者舒适,这些也是我在身体里感觉到的情绪。进而言之,具身性的所有这些方面都塑造了我感知世界的方式。如果我感到绝望,那世界就显得让人绝望;如果我兴高采烈,那么世界就显得充满希望;如果我感到饿,一如詹姆斯所注意到的,那么苹果就比我腹饱时显得更大。比如,丹齐格等人(Danziger et al. 2011)的一项研究表明,判决(具体来说是法律推理的应用)受到法官饥饿与否的影响。平均而言，在早餐与午餐之间，宽容的裁决逐渐从 65% 降到近乎于零，然后在午餐过后又突然回到 65% 左右。

既然这是我作为经验着的主体进行感知与行动的活生生的身体，那么它就持续地与世界联结在一起。这个联结并不是表面的接触，就像一具尸体躺在桌面上一样；相反，我的身体整合到世界之中。处于世不是简单地意味着置身于某个物理环境之中，而是与一个具有身体性意义的周遭和谐共处。如果我要的饮料够不着——这意味着一些东西；而如果当我被一只猛兽追赶，或者有被大巴车撞到的危险，而我又跑得不够快——其意义就完全不同了。我的身体所开启的可能性，跟我的身体所限定的那些行为一样，将周遭界定为一个支撑性世界——这些正是我所生活于其中的具身性的方面，它们将周遭界定为意义的处境、行动的场所。

在此，动觉意向性这个概念是极为重要的。胡塞尔引入了"操作"（operative [fungierende]）意向性这个概念，这是一个被动的、非对象化的、前理论的意向性类型（Husserl 2001c）。他的这个概念被梅洛-庞蒂所继承和进一步发展，以强调其具身性特征。梅洛-庞蒂所举的一个例子乃是关于一种特定的情欲意向性。

> 情欲感知（erotic perception）不是一种意指意向对象（cogitatum）的意向行为（cogitatio）；通过一个身体，它意指另一个身体，而且这是在世界之中、而非在意识之内所完成的。对自我而言，当我想象——甚至是相当含糊地想象一个情景与自我性器官的可能关系，或与自我的愉悦状态的可能关系，这个情景都不会有情欲上的意义；相反，当这个情景是为我的身

体,为(我的身体作为)一种随时准备将给定的刺激物结合到情欲处境中的力量,以及为使性欲行为适应它而存在时,它才具有情欲上的意义(Merleau-Ponty 2012:159)。

更一般地说,梅洛-庞蒂认为,我们通常以一种反映到自己具身行动之中的意向性来经验他人和自己;他将这种理解称为"实践知识"(praktognosia)(Merleau-Ponty 2012:141)。实行主义的现象学家主张,这种实践的理解包含着一种首要的、非衍生性的意向性。基于这种意向性概念,"世界的统一在被明确的辨别行为所达成的知识所设定之前,就已经作为被完成的、作为已然在那里的东西而被体验着"(Merleau-Ponty 2012:lxxxi)。实践性的、操作性的意向性由主体之所做、主体为对应当前的情况而准备做出应对所规定。这是运动之中、行动之中以及对环境的协调反应之中的意向性。再次,就情欲意向性的例子而言,梅洛-庞蒂写道:

> 我们……发现性生活乃是一种源始的意向性,一种感知、运动性、[符号]表征的生命根源,也即通过将所有这些"过程"建基于一个"意向弧"(intentional arc)之中(Merleau-Ponty 2012:160)。

就像任意操作性的意向性的示例,情欲意向性也不是一种"我认为……"(I think that...),而是一种"我能"(I can)。

由于周遭不仅仅是我们实行自己之行动的所在,因而身体与周遭的关系远不止于此。周遭直接、间接地调节着身体,以至于身体在某种意义上就是这个周遭的表达或其反映。周遭要求一种特定的身体风格,这样身体才能在其中运作并被包含于其中。身体在特定处境中所采纳的姿态乃是它回应周遭的方式。身体已然具有了感觉、冲动、动觉感觉等,而这些事情部分地为身体必然在其中运作的周遭所限定。身体的"内在环境"稳定而自动地运作着,并且是由数不清的生理事件和神经事件所构成,因而不过是"外部"环境的一种内在化的翻译与延续。"外部"环境中的变化总是伴随着"内在"环境的变化,比如:

> (外部)环境中的变更所引发的血液变化,比如增加吸入的空气中二氧化碳浓度或降低氧气的浓度,而且环境中温度的变更也可以通过循环、呼吸乃至内分泌行为的适当改变而最小化(Gellhorn 1943:15)。

所有这些自动调节都发生于次人格且匿名的身体行为之中,并在身体行为中被经受到,尽管这一匿名经受的结果确实直接或间接地反映于主体的经验之中。当变化出现于"内在的"环境之中时,"外部"环境也可以突然具有了不同的意义——也即,环境可能在经验上变得不同了。眼睛疲劳跟幻觉现象都是很好的例子(参看 Gallagher 1986)。

我们从现象学的视角所描述的活生生的身体恰恰正是生物学身体——只是我们是从客观的视角来研究后者。活生生的身体显然具有一个生理学的基础,如此它才能被界定为"解剖学框架内的特定行动能力"(Merleau-Ponty 2012:111)。相应地,它能够承受失去，也能体验到获得。因此，大脑损伤会导致各种各样身体上的自身异化。偏瘫失认症（anosognosia for hemiplegia）就提供了一个例子。许多右半脑中风的病人会否认他们左半边的瘫痪。尽管有各种显然的表征，这种否认通常也会持续。在一个案例中，左边瘫痪的病人认为她可以走路，可以用左手触摸医生的鼻子，还可以拍手，而实际上她所有的动作都是用右手来做的（Ramachandran & Blakeslee 1998）。一旦加以追问，病人可能会完全脱离现实，坚信他们可以移动，而那个瘫痪的肢体是别人的或者根本就不是一个肢体。其中一个著名的故事是说，一个病人认为他瘫痪了的手是医生的。当医生拿自己的两只手给病人看，并问他怎么可能会有三只手呢？病人平静地回答说，"手不过是手臂的末端。既然你有三只手臂，那么你就必然有三只手啦"（Bisiach 1988：469）。

右半脑中风可能造成单侧忽略症状。病人不会注意到自己身体的左半边，或者不能回应位于左半边的刺激、对象甚至他人。这个忽略具有显著的表征。比如，在吃饭时，病人会只吃盘子右半边的食物，然后抱怨医院让他们挨饿，他们吃不饱。如果让病人复制一幅画，他们只会复制一半。并且，最近的研究表明，这个忽略不仅影响视觉能力，而且影响想象与回忆的能力，从而凸显出这些不同形式的意向性之间错综复杂的相互作用。在两分钟的过程中，病人被要求举出尽可能多的他们能记住的法国城市。如果这些城市的名字之后被标在地图上面，人们可以发现所有这些城市都是位于法国的东部。法国西部（或者地图的左半边）则没有一座城市被提及。在另一个实验中，来自米兰的病人被要求去思考他们所熟知的大教堂广场（the Piazza del Duomo）。他们被要求首先想象一下自己站在大教堂的台阶上，背对着它，然后再描述一下他们的所见。他们会只描述广场的右半边。然后他们被要求想象一下走到大教堂的对面，面对着大教堂。然后他们被要求描述一下自己所见，他们还是会只描述从其新的想象视角出发的广场的右半边。实际上，他们现在会描述先前所"忘记"的那部分广场，而之前被描述的那部分广场则又丢掉了（Bisiach & Luzzatti 1978）。这些疾病所涉及的复杂的跨模态也使得独特的治疗成为可能。通过在一个耳朵注入冷水，或者让病人穿上能够调整视野角度的棱镜眼镜来重新调校前庭系统或视觉系统，单侧忽略症状就会消失（参看 Rode et al. 2015；Rossetti et al. 2015）。

这些例子表明了一个重要的洞见——主体性的核心特征可以通过研究它们的病理学畸形而得到清晰的澄清。病理学案例可以富有启发地揭示出那些通常被理所当然地视为正常的东西。它们能够提供一种方式，让人们跟熟悉之物保持一定的距离，以便更好地解释它。这是现象学长久以来所坚持的，因而诊所里的精神病理学会特别受到现象学家的注意——这也就不是偶然的了。而在法国与德国都有着悠久的现象学精神病学传统，包括闵可夫斯基、宾斯旺格、塔坨思安（Tatossian）、泰伦巴赫（Tellenbach），以及布朗肯伯格（Blankenburg）这些重要的人物（参看 Parnas & Zahavi 2002；Parnas et al. 2002）。

第二节　整合世界与延展认知

在这个对具身性的理解中，我们不应该被误导认为身体是静态的,好像它具有一组固定的技能和能力。情况实际上则非常不同。身体不仅可以通过习得新的技巧与习惯而拓展其感觉动觉能力,它还可以通过整合(incorporate)人工器官以及部分环境来延展其能力(Leder 1990:30)。比如,在获得新的技能时,我们可能通过专注于特定的行为规则开始,而这时我们通常是高度聚焦并监控自身的身体行为。但当成功地习得了这个新能力时,我们无需明确监控自己的身体行动就能够表现出色;其技能变成完全具身的,变成了身体图式的调节,并且被嵌入到特定的语境之中。一如莱德(Leder)指出:

> 当曾经是外在的、只能通过明确的规则或示例被把握到的东西,现在则贯穿于我的身体之中——这时技能才算是最终被完全学会了。我们的手臂知道如何游泳,我的嘴至少可以说出语言……技能被整合到了我的身体"我能"之中(Leder 1990:31)。

这个整合的过程同时也具有明显的时间性意义。"熟能生巧",因为它使得技能变成习惯。过去被练习的东西被嵌入到当下身体能力之中,并使得我可以从容地应对新出现的处境。

同时,我们也可以通过人工的拓展件来拓展活生生的身体的能力。换言之,或者更让人震惊的是,活生生的身体可以超出其生理躯体的界限。它并不止于皮肤。一个经典的例子就是盲人的手杖——自神经学家赫德爵士(Head 1920)首次提及之后,就成为文献中常见的例子。当人们首次使用这种手杖时,会将之体验为一个外部对象，它对手产生某种影响。但当人们掌握了这个工具时，就通过这个工具去感受它所揭示的经验场域了（Leder 1990：33）。梅洛-庞蒂写道：

> 盲人的手杖对他而言不再是一个对象，它不再是被感知到的东西；相反，它的尾端被转变为一个感受域，它延展了触觉行为的范围及其半径，并且成为类似目光的东西（Merleau-Ponty 2012：144）。

在使用更为复杂的技术时，也发生了类似的事情。比如说，巴基-瑞达（Bach-y-Rita）著名的感觉替代实验，以及触觉和视觉的感觉替代技术（参看 Bach-y-Rita et al. 1969，2003；González et al. 2005）。触觉和视觉的感官替代的设计是为盲人提供视觉。它将视频摄像头的图像映射到绑在患者后背或腹部的一个震动触觉带。由于感觉感知的跨模态性质，我们可以通过学习，用触觉的或听觉的假肢来"看到"周遭环境。对皮肤的刺激产生了关于周遭的拟视觉经验。在这个技术的最新发展中，相似的经验是由舌头上的电子触觉展示单元产生的，或者由可以戴在躯体上的设备产生（参看 Cancar et al. 2013）。身体的跨模态感觉系统将皮肤上的触觉信号翻译为某种类似于外部环境的视觉经验。一旦受试者习惯了触觉刺激，那么这个技术本身就不再是一个对象，而是以揭示世界的方式被整合到身体之中。这些技术显然是客观的工程作品，它们能够利用感觉动觉的偶然性以及大脑的可塑性，进而变成我们生活中身体的一部分。

考虑一下这样的场景。一个虚拟实在的装置将人跟遥远的 NASA 机器人联系起来,从而使得人能够通过移动自己的手臂来操纵机器人的手臂,通过架设在机器人头顶的摄像头来看机器人的视野(Cole et al. 2000)。经过几分钟练习这个技术,人就可以获得强烈的与机器人具身同一的感觉(图 7.1)。也即,人开始具有一种对

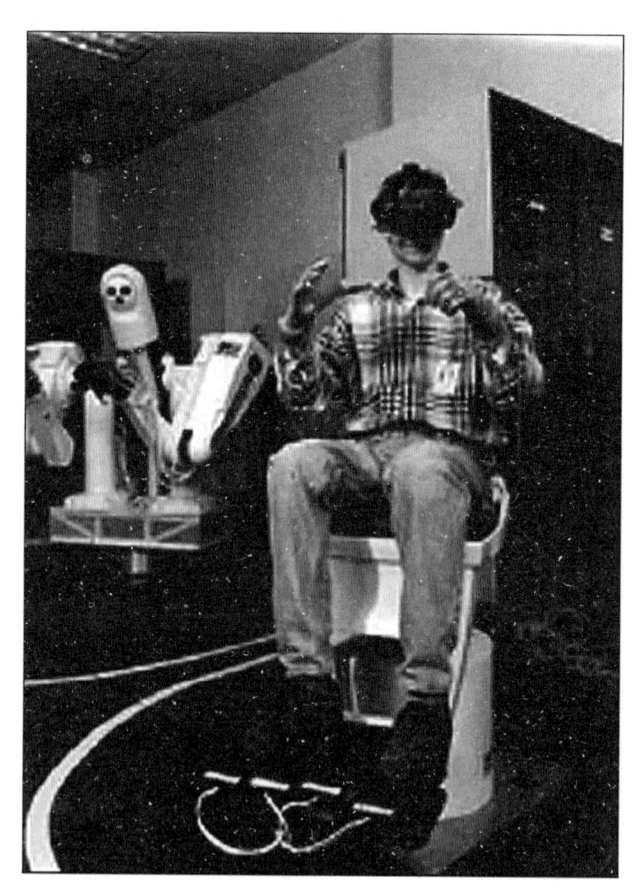

图 7.1　人类控制 NASA 机器人

第七章 具身心灵、嵌入心灵与延展心灵

机器人手臂的能动感。他开始感觉到它们,使用它们,好像它们就是自己的手臂,好像他正占有着机器人的视野。就我们所知,这显然与布鲁克斯的主张相反——也即我们的身体就是机器,而反过来(也即从机器人到人类)并不成立。

因而,我可以拓展自己的技能与潜在行动,也即通过练习(正如在舞蹈、运动等示例中),或者通过人为的增强(正如感觉替换技术或机器人学所示例)。上述例子涉及的是,将一部分非生物体的环境整合到身体图式的过程之中。我们也可以认为,与环境之中的工具、技术做具身的耦合(embodied coupling)也可以延展我们的认知过程——这个想法出现于延展心灵的文献中(Clark & Chalmers 1998; Clark 2008)。延展心灵假设(extended mind hypothesis)被描述为一种"主动的外在论",从而不同于第五章中所讨论的"内容外在论"。它是关于认知的工具或机制的主张,也即认知的传递工具不仅是神经元,可能还包括环境中的工具或人造物(参看 Hurley 2010; Rowlands 2003)。与此同时,心灵是延展的——这也就意味着认知系统超越了内在-外在的划分,这与现象学的观点相一致。更进一步说,克拉克和查尔默斯将之称为"主动的",以便强调这样一个想法,也即主动性是认知过程当中的重要一环。

我们可以用一个简单的例子来说明其基本的想法——比如用纸和笔来解决数学问题。解决自己头脑里的问题涉及的认知过程可能依赖于神经元的激活;但我也可以用手指来计数,或者用姿势来组织自己的想法,从而完成其工作(参看 Goldin-Meadow et al. 2001)。如果我使用纸和笔,它们就将认知过程延展到环境中对物体的物理操作之中了。如果使用计算器,某些认知工作就通过采用

技术来完成了。克拉克认为,隶属于认知系统的东西取决于因果-历史链条中存在的耦合类型(Clark 2010:85)。确实,这种所需的耦合可以用第四章所概述的动力学时间性的术语进行刻画。构造认知所要求的耦合类型依赖于系统的各部分(包括神经元与神经元之外的部分)之间以交互方式相互作用、从而在一个自身组织的过程中规定各个部分;而在这个过程中,大脑、身体与环境依然保持着动态的调协。正如我们在第四章所看到的,神经元系统的动力学并不是封闭的,或者是孤立于更大的身体系统的动力学(包括动觉控制过程、行动)和环境的动力学。我们可以说,这种整合了大脑-身体-环境的动力学复合体可以反映于经验之中。

因为身体-环境耦合的概念被认为包含了相互的因果动力学,且实行主义也可以为这个概念提供强力的支持,所以有些人认为一个受到现象学启发的实行主义路线或许能够将这个延展心灵往更为动态的方向推动(Gallagher 2018;Kirchhoff 2012)。延展心灵与实行主义都赞同,认知不是完全由头脑中的神经中枢过程的结果所构成的。但它们在下述两点上又有所不一致,这两点常被延展心灵假设的支持者辩护但被现象学路线驳斥:一个是表征(包括以行动为导向的表征)的功能,另一个是功能主义对物质身体之重要性的低估(参看Thompson & Stapleton 2009)。然则,我们可以论证说,与其用功能主义的术语,延展心灵假设可以用实行主义的术语得到更好的界定,并且延展心灵假设与实行主义实际上分有了一个关于意向性的共同解释(Gallagher & Miyahara 2012)。并且,与现象学对认知的社会的和交互主体的维度的强调相一致,延展心灵假设甚至进一步扩充到社会延展的认知过程,后者不仅包括个体他

第七章 具身心灵、嵌入心灵与延展心灵 **273**

人,而且包括集体的实践和机构(Gallagher 2013; Leon et al. 2019; Sutton et al. 2010;另参看第九章)。

然则,延展心灵假设依然是富有争议的。现象学不需要在关于耦合、构造、互补性(Rowlands 2010; Sutton 2010)或者认知实践(Menary 2007, 2012)的形而上学议题上表达某种立场;尽管它们之于理解延展心灵假设是极为关键的。但现象学可以对具身生命可能的不同形式提供一些理解;这种具身生命不是在假设性或不着边际的思想实验(比如缸中之脑)中为我们而存在的,而恰恰是在习惯形成的日常事例中、在分布式的和延展的认知中、在感觉替代和病理学损伤等不同寻常的案例中为我们而存在的。它可以提供一定的解释:比如活生生的身体是如何运作的,它如何塑造我们的认知,并使得我们得以用技术和人际间的互动来拓展自己的认知。

第三节 身体如何界定经验的空间

正如我们在第五章提到,一个颇富影响力的知识定义是将知识当作忠实地反映独立于心灵的实在。如果我们想要知道真正的实在,我们就应该以描述世界之所是为目标,不仅是独立于它之被相信的样子,而是独立于所有它向人类呈现的样子。然则,我们所提议的则是,这个目标不仅受到了误导,而且也不可实现。即便在从事科学研究之时,我们也必须从一个从来就不可完全摆脱的具身视角开始。一如梅洛-庞蒂(Merleau-Ponty 2012:69)在回应莱布尼茨所提议的获得一个无所依的视角时,他写道,"看总是从某处开始的,难道不是这样么?"这个"某处"是由进行感知的身体所设定的导向之框架；由之开始，一个视觉空间就开启出来。尽管客观身体可以在这个视觉空间中被给予一个位置，但活生生的身体则不能。"自我身体的轮廓乃是一般的空间关系所不能跨越的边界。这是因为它的各个部分以特殊的方式彼此相连着：它们不是并排在一起，而是彼此间相互包含着"（Merleau-Ponty 2012：98）。这是我们需要进一步探究的东西。其主张似乎是，身体寓居于自己的空间类型，而与此同时又是世界中对象在其中出现的感知空间的源泉。那这是两种不同类型的空间吗？

事实上，我们需要区分三种不同类型的空间参照系。标准的做法是区分"自我中心"（egocentric）与"全域中心"（allocentric）之间的空间参照系，但这只涉及了两种类型。全域中心空间是完全客观的空间，可以用经纬度来界定（例如 GPS 就是用这个来运作的），或者用指南针的指向来界定，比如我们说哥本哈根在罗马的北边。一旦你采用对地球的标准定位，那么你恰巧站在哪里（哥本哈根、罗马、纽约或者在太空站）都没关系；哥本哈根总是在罗马的北边。与之相对，自我中心的空间则是感知与行动的视角性空间，它乃是相对于感知与行动之身体来界定的。我的电脑在我面前；我听到教堂钟声的那个窗口在我左边，而我办公室的门在我右边。如果我180度转身，所有这些就又变了。我的电脑这时在我后面，窗户在我右边，而门则在左边。这个自我中心的参照系实质上是以身体为中心的参照系。康德认识到这个自我中心的、体验性的空间参照系具有实践上的重要性：

即便最为精确的天空地图，除了能够确定星星之间相对于彼此的位置,如果它不能通过索引地图上的位置来确定相对于我的手的方向,那么不管它在我的大脑里是多么精确,它都不能让我从已知的方向推导出——比如说——北边,以及太阳应该从地平线的哪一边升起。对于地理以及我们关于地方位置最为日常的知识也是如此。除非我们也可以通过将它们指向我们身体的两侧来确定如此有序的事物以及它们相互位置的整个系统,否则这种知识将毫无用处(Kant 1755-1770/1992:367-368)。

简单而言,即便我知道哥本哈根是在我的北边,如果我不知道相对于我的朝向而言的北边在哪,那么我也不知道哥本哈根到底在哪边。更甚至于,我将世界感知为围绕着我的身体而被组织起来的——一些东西在左边,一些东西在右边,一些在上边,一些在下边,一些在前面,一些在后面。当我伸出手去拿某个东西,我必然是朝前或朝后伸,朝右或朝左伸,以某个相对于我手臂当前位置的特定角度。感知与行动都是在自我中心的空间内得到校准,这有时被现象学家称之为"活的空间"(lived space)。

作为感知者与行动者,我们也是嵌入性的和具身性的主体。所有感知与行动都包含着身体性的自身经验这个构成要素。我坐在一个餐馆里。我想要开始吃,因而我需要拿起刀叉。但我如何做到的呢?为了拿起叉子,我需要录入它相对于我自己的位置。也即,我对叉子的感知必须包含某些关于我自己的信息,否则我就不能对之做动作。在餐桌上,被感知到的叉子在"我的"左边,被感知到的刀子在"我的"右边,而被感知到的盘子和酒杯则在"我的"前面。感知之中的这种自身指涉以次人格的方式登记于感觉动觉系统之中,但它也塑造了我的经验。每个视角性显象都意味着,具身的感知者本人就是经验的起源,是所有显现对象所指向的那个索引性的"这里"。作为一个经验着的具身主体,我是一个参照系,据此我才能与所有的感知对象具有一个独特的空间秩序。我是中心点,围绕于此,并在与此中心点的关系中,(自我中心的)空间才次第展开;或者如梅洛-庞蒂所写,当我感知世界时,身体同时也被揭示为世界之中心中未被感知到的事项,依据于此所有对象才显现它们的面目。

全域中心空间和自我中心空间都不同于第三种空间框架:身体的空间。根据梅洛-庞蒂,"身体的空间性必然是从整体下降到部分,我的左手及其位置必须是蕴含于一个整体的身体计划,并且必须源于此"(Merleau-Ponty 2012:101)。然则,他提醒我们,这个描述并不充分,因为它依然跟一个静态的几何学视角绑在一块。他提议说,我们是以实用的行动来充实这个视角:既然我的身体乃是面向现存的或可能的任务,那么它的空间性"就不像是外部对象的空间性,或者像'空间感觉'的空间性,也即不是位置的空间性,而是处境的空间性"(Merleau-Ponty 2012:100)。③ 我们应该说,与感知和行动联系在一起,存在着一个与生俱来的、而且以其自身的方式是绝对的身体性空间参照系。它既不是全域中心的,也不是自我中心,而是一种适用于作为感知者与行动者的活生生的身体的参照系。准确来说,这是一个非视角性的、本体感的参照系。让我们更为详尽地阐明这个身体空间。

一如梅洛-庞蒂已经指出,身体是现象性体验空间的源起:"对

第七章 具身心灵、嵌入心灵与延展心灵

我而言,身体远不只是空间的一部分;如果我没有身体,那对我而言也就根本没有什么空间"(Merleau-Ponty 2012:104)。如果人们接受这一前提,也即对世界的感觉感知是通过参照感知者的身体位置而以自我中心的方式被组织起来,那么这个参照的基础本身就不能是一个自我中心的参照系,否则就会面临无穷后退的威胁。比如说,我不能说,我的身体是处于我的右边或左边。④ 这个观念跟身体的体验透明性概念密切相连(也即当我体验着世界时,我对自己身体的体验变得极为薄弱);而梅洛-庞蒂则准确地表达了这一点:

> 我用自己的身体观察外部对象;我处理它们,检查它们,绕着它们走。但就我自己的身体而言,我从来都不是观察它。为了能够这样做,我需要用到第二身体,后者本身可能是不可观察到的(Merleau-Ponty 2012:93)。

尽管我可以接近或远离世界中的任意对象,身体本身则总是作为我关于世界的视角而在此。也即,身体不是我在视角中所经验到另一个对象,而是本身就是使得我在视角中感知对象得以可能的东西(参看 Sartre 2018:441)。首要的情形是,我不是将自己的身体意识为一个意向对象。我不是感知它;我就是它。作为一个感知者与行动者,我在感知或行动中并不具有关于自己身体的观察性方式。我既不在身体之外,也不在身体之内——确实,不管这个情况中"内在"或"外在"到底意味着什么,它们都依赖于自我之为自己的身体(参看 Legrand 2006)。

尽管我在行动中对自己的身体没有观察性的通达,我对自己在

行动中的身体却具有非观察性的本体感的和动觉性的觉知。⑤ 本体感是与生俱来的、对自己之肢体乃至整体姿态的内在位置感。这是使得我可以无需看着我的脚就知道它们是否是交叉的"第六感"。它实际上是天生的，因为本体感系统在出生前就开始发展了。那么本体感觉知包含了哪种空间参照系呢？它不是自我中心的，因为本体感觉知并不围绕着一个视觉来源而组织身体的不同空间秩序。比如，这本书可能比另一本书离我更近，但我的脚并不比我的手离我更近。一如贝尔木德斯（José Luis Bermúdez）指出：

> 在本体感的身体空间与感知和行动的自我中心空间之间存在着一个根本的差异……与视觉、听觉以及其他标准的外体感模态相比，存在着一些空间概念，它们看起来并不适用于身体的本体感（Bermúdez 1998：152-153）。

163 具体来说，他提到了距离与方向。也即，我们可以就一个被感知对象有多远、在哪个方向来讨论它的距离与方向。但这些空间参数只有跟一个具有视角性源起的参照系联系起来才具有意义。但这并不适用于本体感。

当然，我们可以将自我中心的语体加进到对身体的理解之中，以至于我们可以说身体感觉 A 在身体感觉 B 的左边，或者感觉 A 比感觉 C 离感觉 B 更远。与特定任务（比如挠痒痒）相关，依据不同的姿势，我的手可能离脚比离膝盖更远。有人可能会让我将手举在前面，而我可能会听从并将手臂伸展出去，然后它们就在我的胸前。但这不过是采纳了一个约定，或者使得我的胸脯像是一个临时的起源;就其字面意义而言,人们不能将自己的手放到自己的身前,因为它们就是身体的一部分,而且不能被放到它们自己前面。在自己身体的前面(比如鼻子、脚趾头等)并不等于说位于身体的前方。左、右、中间乃至远处都是相对于自我中心的空间感知的空间参数。处在我右边的可能在你的左边。现在在我右边的会变成我的左边——如果我180度转身。但是在身体内部,我的右手在本体感上说就是如此,并且总是在我右手臂的尾端,而不管我的右手是否位于你的左边,或者我是否从北边转向南边。如果我移动自己的左手触摸自己的右肩,它并不因而就成为第二支右手,因为它只是碰巧移到我身体的这边。如果感觉A离感觉B就是这个距离,那么我在身体内部的地图上就不可能使得它们离得更近,即便我扭动自己的身体以便让它们在客观或实践上变得更近(比如,为了挠痒痒)。因而,内身体的空间性不是自我中心的。

人们可能会想,本体感的参照系是全域中心的。我们当然可以将身体各部分视为位于一个全域中心的地图上面,但由于某种程度上"全域中心"意味着"独立于感知者的位置",我们就很难用这些术语来思考本体感地图,因为这里正是感知者的身体在起作用。奥商内西(O'Shaughnessy 1995)提议说,本体感是一种独特的空间排序系统,因为它只由身体本身所框定,并且只适用于身体本身。他将此归结为本体感的直接性:也即本体觉知并不以专注的方式构成对身体感知的中介;因为如若这样,它会需要一个排序系统、一个空间参照系——后者必然是独立于身体。因而,本体感既不包含全域中心的参照系,也不包含自我中心的参照系;它是一个在内隐的空间参照系中对身体的非视角性觉知。[6]

那么，这个本体感的参照系就构成了自我中心的参照系的必要的具身基础了。我只有在具有我左边在哪和右边在哪的本体感时，"知道"我的右手与我的左手、右腿与左腿时，我才感知到某物在我右边或左边。自我中心的空间秩序总是回溯到感知者或行动者的身体。一如梅洛-庞蒂告诉我们：

> 为了让我们能想象空间，首先我们就必须通过自己的身体而被引入到其中，它必须已经向我们提供了转渡（transpositions）、相等（equivalence）与同一化（identifications）等的首要模型——这使得空间变为一个客观的系统，并使得我们的经验可以成为有关对象的经验，并朝向一个"在其自身"（in itself）而敞开（Merleau-Ponty 2012：143）。

164 而且，与被感知之空间相对照，这个身体空间像是"戏院里的漆黑处，这乃是表演之能够显现出来的必备之物"（Merleau-Ponty：103）。

第四节 作为经验上透明的身体

让我们澄清一下这个"漆黑"——或者我们可称之为身体的退隐性行为。我们曾指出，当我们参与到某个计划时，在行动时有关自己身体的感觉回馈就变弱了。

> 身体上的中介绝大部分时候都被我忽略：当我见证某个让

第七章　具身心灵、嵌入心灵与延展心灵

> 我感兴趣的事件,我几乎不会觉知到自己眨眼时强加在这个场景上的感知中断,它们也不会进入我的记忆……身体本身及其器官依然是我意向的基础或媒介,但它们尚未被把握为"生理性实体"(Merleau-Ponty 1963：188；另参看页 217)。

身体尽力不干扰我们,由此我们才能专注于自己的工作;它倾向于淡出,以便为意向目标让出道路。一般而言,我们不会以显性的、有意识的方式来监控自己的动作,尽管就像在第三章所指出的,我们在非常一般的意义上对自己的身体具有一种前反思的觉知。我可以说自己是否在跑、在走路、在坐着、在站着,以及我在做的是哪种努力或哪种姿态。但这种前反思的觉知并不是非常的详细。我可以说我伸出手去抓一只杯子;但我对此的感觉乃是朝向我所参与其中的目标或意向计划,而非朝向自己动作的细节。至于我的手是怎样的形状以便拿起杯子,我就说不太清楚了。一如萨特写道,当我伸出手去抓一个引起我兴趣的东西时,"我的手就消失了;它在这个器具性的复杂系统中不见了,以便让这个系统得以存在"(Sartre 2018：434)。他提议说,活生生的身体是以不可见的方式在场的,恰恰是因为它在生存论上而言是被生活的,而非被认知的(Sartre 2018：435)。当我打乒乓球时,我的动作并不是作为意向对象而被给予的。我的肢体并不与球竞争我的注意力。倘若如此,那么我就不可能有效地打球了。一如我们会在下一章详述的那样,我们的注意力、意向焦点一般而言都是在被实行的任务上面,在被完成的计划上面,或者在那些与行动相关的世间之事件上面。我们的注意力不是在自己的身体动作上。行动的大部分都是受到一个意识阈阈之下的身体图式过程的控制。在我们抓东西时，我们的手塑造了自己，并且是自动的，无需我们明确的觉知。我们的步态自动地跟周遭的地形相匹配。然则，这种自动性并不是简单的反射性运动。它构成了我们意向行动的一部分，后者包括为了某个目的而抓住东西，或者选择漫步到或者跑到目的地。并且，当我执行这些运动时，即便这个控制过程的某些细节还是无意识的，这些运动本身则不是无意识的、单纯机械性或者不自觉的；相反，它们构成了功能意向性的一部分，并且直接地、前反思地被感觉到(Henry 1975：92；Merleau-Ponty 2012：145)。

身体图像与身体图式

身体图像(body image)与身体图式(body schema)这两个概念最近被大量用于许多学科里边(包括科学跟哲学)。不幸的是，这两个概念的使用非常模糊、混乱。在现象学的文献里，这个情况也相去无几，尽管梅洛-庞蒂的术语"schéma corporel"在其《感知现象学》一开始的英文翻译中被译为"body image"(参看 Merleau-Ponty 1962：98)。我们在此提议下述刻画(参看 Gallagher 2005a)。身体图像是由经验、态度以及信念所构成的系统，其中这些意向状态的对象就是自己的身体。那些包含了身体图像的研究通常区分三种意向要素：

1. 主体对其身体的感知性经验；
2. 主体对身体的一般的概念性理解(包括大众的和/或科学的理解)；
3. 主体对其自身身体的情绪性态度。

其中对身体图像的概念性与情绪性理解无疑受到各种文化与人际间因素的影响，但它们的内容则在许多方面都源自感知经验。

与之相对，身体图式这个概念则包括两个方面：1）一个接近于自动的过程系统，它持续地调节着姿态与运动，以便服务于意向行动；2）我们前反思的以及非对象化的身体觉知。因而，身体图式一方面是一个感觉动觉能力与激活的系统，它们无需感知的监督就可以起作用。身体图式的进程负责运动控制，包括感觉动觉能力和习惯，从而使得运动以及姿态的保持得以可能。这些进程不是感知、信念或者感觉，而是感觉动觉功能——当感知的意向对象是有别于自己身体的东西时，它们就持续地起作用，并且在诸多方面都是起到最佳的作用。然则在另一方面，梅洛-庞蒂则将身体图式理解为包含着对身体的总的觉知。至少，我们应该说，身体图式的过程限制了我们对自己身体行动的前反思的、本体感的觉知，也即以足以进行动觉控制的方式。为了在世界之中行走与行动，一个施动者不需也不具有一个对身体的明确的、恒常的感知，也即将身体当作一个对象。相反，在绝大部分的意向行动的自发展开中，行动中的身体都趋向于消隐起来，并且在经验上不凸显（参看 Gallagher 1986；Leder 1990；Tsakiris & Haggard 2005）。在某种程度上，人们通过监督或将感知注意力引导到肢体位置、运动、姿态、喜悦、痛苦、动觉经验等，就可以明确地觉知到自己的身体，那么这种觉知就构成了身体图像的一部分，并且预设了身体图式的潜在贡献。

166　这可以在那些包含着身体图式进程的病理学中清楚地显现出来，比如传入神经阻滞（deafferentation）。其中 IW 这个案例是极为生动的例子。他在 19 岁时因为疾病失去了颈部以下的触觉和本体感（Cole 1995；Gallagher & Cole 1995）。自从这个失常开始之后不久，当 IW 想要移动肢体或他的整个身体时，他可以发出这个动作，但对自己移动的肢体到底会到哪里去则失去了控制。如果他伸出手去拿东西，他的手就会非常明显地错过这个东西；除非他的眼睛专注于自己的手臂，否则它们就会开始"到处乱动"——而他对此一无所觉。IW 的手不再会出现在他以为它们所在的地方，而只能通过视觉来定位它们。IW 缺失了本体感的反馈，这造成了两个结果。其一，人们对自己身体运动的一般的前反思性的本体感觉知不再起作用了；其二，他的负责动觉控制的身体图式系统再也不会更新了，并且实际上，他的身体不再获得一般情况下进行行动的动觉控制。其结果是，IW 学着控制他的运动，但只能是通过高度的注意力和恒常的视觉警觉。也即，他学会了依赖视觉动觉（也即对自己身体在环境中的运动的视觉反馈）和肢体运动的视觉感知相结合。这使得他可以用一个可控的方式进行运动。然则他对自己身体的觉知则完全被改变了。这是一种反思性的觉知，而非前反思性的觉知。每个运动都需要高度的专注度才能完成。即便是坐在椅子上而不至于摔下来，这都需要持续的专注度。只有当他看着自己的脚时，他才能够发出站起来的姿态；而除非他静止在那里，否则一旦他闭上眼睛或者光线消失了，他马上就会摔倒。如果他走路时打了个喷嚏，从而他的专注度受到干扰，而如果没有适当的注意，他就会摔倒。IW 表明了我们是如何地依赖于自己对身体运动的前反思的、本体

第七章 具身心灵、嵌入心灵与延展心灵

感-动觉的觉知,以及依赖于执行动作的身体图式进程。

具身性的这个身体图式构成了胡塞尔称之为"我能"的东西——也即具身的行动能力,它与世界的支撑性关联了起来。一如我们在"感知"一章所见,如果特定的运动得到执行的话,那么对象隐藏的那些面就会显现出来。对象当前呈现出来的侧面跟我当前的位置相关联,而其不在场的那些面都跟我可以获取的那些位置相关联——胡塞尔认为,这意味着它们与我的动觉(感觉动觉)系统相关联。如果我不具有"我能"形式上的身体动觉的自身觉知,那么我就不能意指对象的那些不在场的侧面,因而也就不能感知到对象本身。我"知道"我自己的身体——这首先是作为一组并非完全呈现于意识的能力(Buytendijik 1974:25)——这显然是一种前语言的、非概念化的知识,或者是一种"知道-如何"(know-how)。当事情变得不对劲时,这种知识的界限才变得更为明晰。

让我们考虑一下莱德举的例子:试着想象一下打网球。你的注意力是指向高速向你飞过来网球,以及你对手的动作。你的身体紧张着,以便像大师一样来个漂亮的杀球,但你突然感到胸口的一阵剧痛。你杀球的机会一闪而过,而这时胸口的剧痛则要求着所有的关注。不管你情愿与否,它都吸引着你的注意。那些先前还极为重要的事情——网球、比赛、对手等——都失去了意义。这时没有什么东西能像剧痛一样提醒我们自己的具身性(我们的脆弱性和必死性)。而且这个疼痛的身体有时还会被体验为异化的身体。这是因为,我们在疼痛中通常失去了对身体的控制;其中"我能"突然消失了,这搅扰了那些界定我们之为谁的筹划(Leder 1990)。各种各样的疾病也有类似的情况,不管它们是否要我们躺在床上,或者遵

守严格的饮食，或者强制我们去医院接受日常的治疗。

就像生活中通常的情况，剥夺（privation）教会了我们理解那些习以为常的东西。只有当身体不再正常运作时，我们才意识到它的重要性。陶桑特（Bernard Toussaint）清晰地指出了这一点：

> 恰当我身体的局限不再跟我所筹划的可能性相一致时，身体才显现出自身……在这些情况中，我的身体作为一个障碍——或者像柏拉图会说，作为一座监狱——而吸引着注意力。因而，我的身体就变成了某种对象，某种跟我的意向相陌异的东西。这时就出现了我的志向与我的现实性、我的筹划与我的局限性之间的二分。我怀疑这个二分可能是身心二元论发展的现象学基础（Toussaint 1976：176）。

活生生的身体并不生活于这种二元性，但当这个二元性出现时——当行动破裂、身体突然成为阻碍的对象——我们就在现象学上通达了那些一般不被注意到的东西——身体在感知与行动中流畅的运作，作为我们认知生活持续并且无所不在的支持系统。

第五节 批判性现象学

这种类型的体验二元性——即一个人的身体成为一座监狱或巨大的限制——也可能是由特定文化习俗或制度导致的。法国哲学家法农（Frantz Fanon，1925-1961）对梅洛-庞蒂身体图式理论提出了一个最为重要的批评。对于梅洛-庞蒂而言，身体或身体图式是如何对"正常的"主体起作用的(也即作为非对象化的、在背景中保持为经验上透明的)——这可能只局限于它如何对"正常的"白人男性身体起作用;但可能正如维斯(Gail Weiss)总结的那样:

> 对于那些被视为本质上就低下的,也即那些一开始就被排除出获得"正常"主体之地位的人来说,这种身体图式是不可能实现的。被视为一个"正常的"主体并得到相应的对待乃是白人身体所享有的继承下来的特权(我要补充一句,如果他们身体健康的话),而非白人身体则没有(Weiss 2015:86)。

对于法农而言,种族主义使得被压迫的黑人和白人压迫者的主体性都变形了。在其《黑皮肤,白面罩》(*Black Skin, White Masks*,1986 [*Peau noire, masques blancs*, 1952])一书的其中一章"黑人活生生的体验"中[⑦],法农提供了一个简短的描述:他遇到一个年轻的白人,后者用贬损性的语词来称呼他,并示例了一种法农描述为包含着一种不只是(萨特式)的目光这种态度——"他人用其目光、姿态与态度定住了我"。萨特并未考虑过殖民的影响。他的分析有点太过于简单了:

> 本体论——一旦它自己最终承认不再关心[活生生的体验]——并不允许我们理解黑人的存在。这远不仅因为黑人必须是黑色的;他还必须在与白人的关系中是黑色的……黑人在白人的眼中没有本体论上的抵抗(Fanon 1986:82-83)。

就对姿态、态度与目光的理解而言，这与身体图式这个概念具有明显的关联：

> 我知道如果我想要抽烟，我就必须伸出我的右手，去拿桌子另一边的香烟盒。然则，火柴在左边的抽屉里，我必须稍稍向后倾斜一下。所有这些现象都不是源自习惯，而是源自内隐的知识。我自身作为空间的和时间的世界中间的身体，其缓慢组成看起来就是图式。它并不是强加到我身上；相反，它是自身以及世界的一种明确结构化——它是明确的，因为它在我的身体与世界之间创造了一个真正的对话（Fanon 1986：83）。

法农在此所说的与梅洛-庞蒂的分析完美地相一致，但他增加了一个关键的评注：

> 在白人的世界中，有色人种在发展[或阐述]其身体图式时遇到了困难。身体意识仅仅是一种否定性行为。这是第三人称的意识。身体为某种不确定性的氛围所环绕（Fanon 1986：83）。

因此，法农为分析增加了一些重要的东西：也即社会扭曲会影响身体图式。例如说，黑人在某些场合会被迫注意于自己的每一个动作（Yancy 2014）。更为明确来说，法农解释道，与姿态图式一道，还有一种历史-种族的图式；这不是源于触觉感觉、前庭感觉、动觉或视觉感觉的动力学，而是源于他人，即白人的行为与态度，后者在一组充满偏见的叙述框架中看待他。在此，我们可能想要重塑身体图式与身体图像之间的区分。当我们追问——社会扭曲、偏见或成见会影响身体图式可能意味着什么，这种影响可以通过身体图像的中介——更准确而言，通过他人感知我身体的方式、通过我明确自我意识到自己身体的方式；这反过来可能导致别扭的、困难的、生硬的或受限的动作或动作类型，或者导致抗议这种白人目光的反应性步态与姿势，后者可能成为文化或习俗的一部分。这是历史-种族的图式，而非梅洛-庞蒂所描述的那种清楚分别出来的、生理学上的身体图式。

维斯用一种不同于梅洛-庞蒂所强调的那种含混性来解释这一情形：

> 一如法农所描述的，[姿态的身体图式与历史-种族图式]之间的持续冲突通常被有色人种体验为一种生存上的创伤。这两种图式的共存然则不能被视为一种梅洛-庞蒂意义上的"好的含混性"，也即那种增加了我们经验之丰富性与深度的两种极为不同视角的可能性。法农认为，这种经验的创伤后果以心理的、心理学的、社会的乃至文化的方式不断回响；他们不可能被限制于任一领域之内 (Weiss 2015：88)。

作为一位专业的精神病学家，法农所处理的乃是殖民主义的社会和经济现实，这包含着被殖民者的穷困和殖民者的富裕。然则，经济上的安排伴随着灵魂上的安排——一种心理学上的重新安排。压迫在物质上的安排导致了整个种族复杂的自卑情节。法农将辩证唯物主义引入精神病学。他的分析植根于现象学,但正如戈登(Gordon 2000)指出,他建构了一种多维的解释,以涵括心理学、政治、经济、社会乃至本体论的维度。

> 如果一个人近乎在所有地方都被告知他不是一个完整的人,但发现自己在不断地与人类的责任相抗争——关于生与死、自由与不自由……理论反思的时刻就要求参与这种奇怪的事情之中——包括参与到存在的本体论问题,比如说,本质、必然性、偶然性与可能性;乃至于人性该何去何从的目的论问题,比如解放、人性化与自由(Gordon 2000:28)。

对于法农而言,这个被种族化的身体导致一种隔离的形式;法农的身体是他自己的监狱——这不是在柏拉图意义上的身体作为囚禁灵魂的物质,而是在这种意义上——也即他的身体因为其肤色,在一个白人文化为主导的社会中,成为一种被主流社会结构所强加的禁锢。囚禁、控制与剥削:这是被殖民者的活生生的体验。这种囚禁同时又将被殖民的黑人排除到主流的文化之外。这是一种社会性排外的形式,其中黑人既被暴露出来,又被隔离起来。

这种囚禁不局限于种族主义的结构。对某些身体来说,运动是轻松的和透明的;而对另一些身体来说,运动则是困难的,是会被意识到是别扭的;这会因文化规范与实践而有所不同,后者对于不同性别而言也是不同的。爱丽丝·马里翁·杨(Iris Marion Young)在其著名的论文"像女孩子一样投掷"(Throwing Like a Girl, 1980)中,以现象学人类学家与精神病学家施特劳斯和梅洛-庞蒂的观点为标的,反对在这些现象学家那里出现的对身体运动与行动的刻画。

> 施特劳斯通过引用一种与世界以及空间之关系的"女性态度"来解释投掷风格的差异。对他来说,这个差异乃是基于生物学的,但他否认这是一种特定的解剖学的差异。女孩投掷的方式与男孩不同,因为女孩是"女性的"(Young 1980:138)。

杨认为这不是生物学,而是文化——特别是女孩之被养育的方式,后者导致了另一种不同的运动可能性(或不可能性)——不同于"我能",而更像是一种"我不能"或"或许我不应该",因为这不是女孩子应该去做的事情。与其说是一种"女性态度"(杨引用了波伏娃对女性态度或女性之本性的批评),这种投掷风格可以被追溯到强加的规范性处境,后者由历史的、文化的、社会的与经济的限制所刻画。

这种处境的关注乃是对任何现象学关于普遍性的主张的更正。杨小心翼翼地阐明这一点——她之于女孩或女性运动方式所说的东西,并不必然适用于所有时代、所有地方的所有女性。她也承认,她聚焦于意向行动的实践运动(将性别、舞蹈等放在一边)有其局限性,但她在此赞许地延引了梅洛-庞蒂的观点——也即意向行动的现象学以一般的、且重要的方式"界定了主体与其世界之间的关系"(即"在世中存在"这个概念):

> 我假定,在最为基本的描述性层面,梅洛-庞蒂对活生生的身体与其世界之间的关系的解释(比如在《感知现象学》中

所发展出来的)一般而言适用于任何人类的生存。然则,在更为具体的层面上,存在着特定风格的身体行为,它是典型的女性存在;而这种风格包括身体之在世界中存在的结构与条件的特定模态(Young 1980:141)。

杨依赖于波伏娃关于女性之生存的解释——也即被界定为内在性与超越性之间的张力。文化将女性界定为他者、界定为客体、作为男性的关联项,从而否定其主体性、自主性与创造性,即便她确定自己应拥有这些被剥夺掉的东西。她因而生存于矛盾之中。根据杨,这显现于"女性身体行为、移动性与空间性的模态之中"。她提供了一种现象学来把握这种矛盾,特别是对男性之于女性的姿态与运动上的差异做出了详尽的描述。杨的分析既以梅洛-庞蒂的分析为基础又与之相对照,从而提供了对一种受压抑之意向性的描述。

> 女性存在……通常并不在一个毫不含糊、且自信的"我能"中,通过自身对其周遭的行为举止而进入与可能性的身体关系……女性的身体存在乃是一个受压抑的意向性,后者同时通过"我能"而指向一个预设的目的,并且在一种自我强加的"我不能"中中断其完全的、朝向该目的的身体承诺。[……]然则,就女性身体存在是一种受压抑的意向性而言,同一组可能性显现为其意向的相关项,它也显现为一个与其犹豫相关联的系统性挫败(Young 1980:146-147)。

杨提供了一个对主体间存在以及女性之被他人(男性)的目光界

定为对象这一事实的分析——后者也影响了她们的自我感知——作为"单纯的身体、作为一种体形与肉身而将自己表现为另一主体之意图与操弄的可能对象,而非作为行动与意向的活生生的展现"(页154)。

法农与杨是所谓"批判性现象学"这一不断扩张的地图上的两个早期坐标点。君瑟(Lisa Guenther)在其专著《孤独的幽闭》(*Solitary Confinement*, 2013)一书中使用了这个术语,这是其定义:

> 批判性现象学——我所意指的是一种方法,它植根于对经验的第一人称解释,但却批判经典现象学的主张——也即第一人称单数绝对优先于交互主体性,优先于社会生活的复杂脉络。这一路线的批判性边界通过与法农、梅洛-庞蒂、列维纳斯等人的著作(以及其他诸如历史、社会学、人类学以及批判的种族理论的话语)相交锋而呈现出来——就他们挑战现象学的基本概念与方法的程度而言,他们中的每一个都可以被视为后现象学家(Guenther 2013: xiii)。

在何种程度上,波伏娃、法农、杨和其他批判性现象学家依然是现象学家,或者进入了后现象学阶段,这是一个有趣的问题。我们赞同萨拉门(Gayle Salamon)的观点;她在"批判性现象学所批判的是什么?"(Salamon 2018: 15)一文中认为,法农跟列维纳斯、梅洛-庞蒂一道"毫无疑问是寓居于现象学传统之内"。她还提到了更为晚近的女性现象学家,比如阿梅德(Sara Ahmed)、奥克萨拉(Johanna Oksala)、斯陶菲(Jill Stauffer)与艾伦(Amy Allen);我们会补充其他名字,比如维斯、鲍尔(Nancy Bauer),以及巴尔特齐

(Sandra Bartky)。在她看来，我们可以从现象学"跨到"其他的批判性关切，从而对于批判性现象学来说，其确切的问题就在于，"我们如何能够使用现象学来思考我们当下时刻的紧急困境，包括那些现象学本身在历史上未能充分处理的议题？"（Salamon 2018：18）。我们可以补充说，如果批判性现象学意味着现象学必须批判自身，那么这是从一开始就刻画了现象学的东西，尽管关于种族与性别等问题显然丰富了更为晚近的讨论。

第六节 具身性与社会认知

我们现在可以清晰地看到，我对身体的自身把握以及我生活于身体之中的方式可以受到社会和文化动态的影响，以及受到他人感知并理解我自己身体的方式的影响——正像性别、种族等宽泛的范畴，或者像羞愧、尴尬等更为具体的经验所表明的那样。但可能更为基本的是，社会交往本身也是一个具身的实践。我们在第九章还会继续讨论具身性与交互主体性之间的关系；但在本章的结尾处，我们先简要地指出其中的一些联系。

以具身的方式存在就意味着以这样的方式存在——也即存在于他人的目光之下，并可为他人所通达。我的身体行为总是具有公共的一面。因而诸如"我如何能够通达他人的心灵"等他心问题就是错误的，它意味着自我乃是封闭于自己的内在性之中，然后才必须采用一些方法来达及他人——他们也隐藏于自己的内在性之中。但这种设定问题的方式未能够认识到具身性的本质。

身体行为、身体表达和身体行动之于一些基本的意识形式乃是至关重要的(而非仅仅是其偶然的媒介)。我们所称之为"心灵状态"的东西(意向、信念、欲望)也不纯粹是心灵性的(mental)。也即,它们不像虚无缥缈的影子一般漂浮于我们的大脑里边;它们是身体的状态,并且通常(如果不是总是的话)显现于身体的姿态、运动、姿势、表情乃至行动之中。如此,它们可以在人们的身体行为之中被直接地把握到。一如霍布森(Peter Hobson)写道,"我们可以感知到身体以及身体表达,但我们这样做乃是感知并回应着这些身体形式所表达的心灵生活"(Hobson 2002:248;另参看1993:184)。

当我们面对着行为时,这不是说我们好像面对着单纯的身体进程,而人们可以对之进行任意的解释。当你看到某人使用一个锤子,或者喂一个小孩,或者清理一张桌子,你不会有困难去理解正在进行的是什么。当然,你没必要理解该行动的方方面面,但它作为(共有的世界中)有意义的行动而直接被给予了。你并不是先遇到被感知的外部,然后必须推导出内在之心灵空间的存在。比如说,在面对面的相遇中,我们之所遇既不是单纯的躯体,也不是隐匿的心灵,而是统一的整体。当我看到某个人的脸,我看到它是友好的或者愤怒的,等等——也即,这张脸就表达出这些情绪。当然,这并不会排除某些心灵状态是隐藏着的;但并不是所有的心灵状态都会缺失了与行为的本质关联——倘若交互主体性还能够成立的话。

严肃地对待具身性就是要以不同的方式去挑战笛卡尔式的心灵观。具身性还意味着出生与死亡。而出生不是成为人们自己的根基,而是处身于自然与文化之中。它意味着具有并非自己选择的生理、性别和肤色。人们发现自己处身于某个并非自己所建立的历史、社会境况之中(参看Merleau-Ponty 2012:363)。从本质上说,出生就是一个交互主体性的现象,这不仅是因为我显而易见地是生自其他人,而且是因为这个事件本身只有通过他人才对自我具有意义。我对自身出生的觉知、对自己之起始的觉知,总是以交互主体性为中介的;它不是我自己所能直观或回忆的事情。我并未见证自己之来到这个世界,但我总是已经发现自己活着(Merleau-Ponty 2012:223; Ricoeur 1966:433, 438, 441)。同样地,我只有通过他人才知道自己是有死的。最终,出生与死亡的议题扩大了我们对具身性的研究范围。它们要求我们注意历史性、世代性、性别等的角色。[8] 确实,具身性不仅是生物学上被给定的,它还是社会文化分析的范畴。这意味着,为了获得对具身之心灵更为整全的理解,人们需要采取更为宽阔的视野,而发展这个扩大了的心灵概念的第一步在于,我们要考虑到情况的复杂性,也即这里不只有一个身体,而且还存在着主体间的互动。但在详查互动(interaction)之前,让我们看看行动(action)将是有所助益的。交互主体性不是建基于两个或多个被动主体间的接近,它首先是施动者之间的相遇。

本章注释:

① 对萨特之身体分析的一项富有启发的讨论,参看 Cabestan 1996。

② 这种对自身之具身性的前反思感可以让我们以客观的方式来识别自己的身体。如果在黑暗中展示一些穿着荧光的人在移动的视频(这些身体被放

在关节处的荧光所标记,因而当它们移动时,其步态可以被清楚地看到),受试者相较于识别其朋友和同事,他们能更好地辨别出自己。难题在于他们是如何做到的,因为他们之所见是其步态"从外部"看起来是怎样的。这显然不是他们在感知上所熟悉的,因为人们显然更多是看到朋友及同事的步态,而非自己的步态(Gibbs 2006:51)。一个建议是说,他们对自己之具身性的前反思的本体感是互通模态的,因而提示了他们对步态之视觉格式塔的感知。对于自己身体的前反思觉知,可参看 Legrand 2006。

③ 比如,在梅洛-庞蒂于 1950 年代中期在法兰西学院的讲座中,他以下述方式来描述了这类语境中的感知。当我感知一个对象时,我是以潜在的动觉可能性来觉知到该对象的:

> 事物向我显现为一种(可能的和潜在的)身体运动的功能。我的身体是绝对的"在此";而所有的空间位置都由此而开始……我的身体所带给我的正是这个相对之中的绝对(Merleau-Ponty 2003:74-75)。

④ 诸如"外身体体验"(out-of-body experiences)或自窥症(autoscopy)——也即一个清醒的人明显地从一个外在的位置看到自己的身体——是非常特殊的案例;其中为了准确地获得其现象学,我们需要区分活的或感知着的身体,以及客观的或被感知的身体。布兰科等人(Blanke et al. 2004)认为,外身体体验和自窥症包含着一种整合自身身体上的本体感、触感、视觉信息的失败,以及一种前庭失常——后者导致了个人(前庭)空间与外个人(视觉)空间之间的进一步分裂。

⑤ 现象学家将前反思的身体觉知当作(具身性)意识如何作为主体而非客体被给予自身的问题。贝尔木德斯主张"身体的本体感是一种感知",它"将具身的自身当作了自己的对象"(Bermúdez 1998:132),现象学家则会认为,首要的身体觉知不是一种对象意识;它根本就不是将身体感知为对象(参看 Gallagher 2003b;Zahavi 2002)。

⑥ 因而,这里的本体感标记并不独立于主体的体验。当我在可可海岸(Cocoa Beach)边晒太阳时,全球定位系统的格栅可能可以定位我的身体,但这不是我要抠脚指头时所使用的系统;我也不需要纠结于自己的脚是在自己手臂的东边还是西边,即便在某些语言里边,我必须分辨出脚掌是否是在南边的腿上。

咕咕·薏米提尔语（澳大利亚的语言）的说话者只用最后一种描述；……即便为了描述身体上某个对象的位置——他也会说"你南边的腿上有一只蚂蚁"（Majid et al. 2004：108-109）。

马吉德等人却忽视了这种知识是如何可能的。罗盘上的方向只能从一个与我自己身体的"这里"跟某个地标的关系中才能被识辨出来。方向总是从"我"出发的方向，其中我的"这里"决定"第一个坐标"。就现象学而言，我将指针指向北边，从这里出发指向它，用某个我知道其相对位置的潜在或显在的参照点，比如海滩在东边的海岸上。看着海岸，我知道北边在哪。我是如何知道我要抠的那只脚是在南边的腿上还是在北边的腿上？我必须确定我的右腿是否在左腿的北边或者南边，为此我首先必须知道北向是在自己的右边还是左边（参看Gallagher 2006a）。

⑦ 法语原文为"L'expérience vécue du noir"，法农在此用了一个现象学的术语"L'expérience vécue"（即"体验"[德语为 Erlebnis]），但这个术语在马克曼（Markmann）的翻译中不幸被翻译为"事实"（"黑色性的事实"）。

⑧ 海德格尔不是作为一个身体哲学家而为人所知，他用了一个中性词"此在"（das Dasein）来作为人类生存的核心概念。一如他于1928年在"莱布尼茨哲学中逻辑的形而上学基础"讲座中指出，此在的中性意味着一种无性别特征（Heidegger 1978：172）。后来的思想家质疑了这一想法的有效性，认为我们具身性的基本结构可能就不会是相同的——如果我们是无性别的存在者的话。

延伸阅读：

· José Luis Bermúdez, Anthony Marcel, and Naomi Eilan (eds), *The Body and the Self*. Cambridge, MA:MIT Press, 1995.

· Anthony Chemero, *Radical Embodied Cognitive Science*. Cambridge, MA: MIT Press, 2011.

· Andy Clark, *Being There: Putting Brain, Body, and World Together Again*. Cambridge, MA: MIT Press, 1997.

- Simone de Beauvoir, *The Second Sex*. New York: Vintage Books, 1974.
- Shaun Gallagher, *How the Body Shapes the Mind*. Oxford: Oxford University Press/Clarendon Press, 2005.
- Michel Henry, *Philosophy and Phenomenology of the Body*. Trans. G. Etzkorn. The Hague: Martinus Nijhoff, 1975.
- Edmund Husserl, *Ideas Pertaining to a Pure Phenomenology and to a Phenomenological Philosophy, Second Book*. Trans. R. Rojcewicz and A. Schuwer. Dordrecht: Kluwer Academic Publishers, 1989.
- Drew Leder, *The Absent Body*. Chicago, IL: Chicago University Press, 1990.
- Albert Newen, Leon De Bruin, and Shaun Gallagher (eds.), *The Oxford Handbook of 4E Cognition*. Oxford: Oxford University Press, 2018.
- Lawrence Shapiro (ed.), *The Routledge Handbook of Embodied Cognition*. London: Routledge, 2014.
- Francisco Varela, Evan Thompson, and Eleanor Rosch, *The Embodied Mind: Cognitive Science and Human Experience*. Cambridge, MA: MIT Press, 1991.
- Gail Weiss, *Body Images: Embodiment as Intercorporeality*. New York: Routledge, 1999.

第八章　行动与能动性

　　为了接下来的讨论，我们需要一开始就指出：依据诸多现象学家，我们存在于世界之中的方式乃是首先以实践行动来刻画的。我们的生活不是由理论性的好奇所推动，尽管一些哲学家将此视为我们最终的天分。相反，它是由实践上的关切所推动的。在日常生活中，我们乃是实用主义者。换言之，我们与世界实体首要的相遇方式乃是使用它们，而非对之做理论思考或以超然的方式感知它们。

　　海德格尔在其对"在世中存在"的分析中经常强调，世界事实上是意义的网络，而非被刻画为实体性、物质性以及广延对象的复合体。更为准确地说，我们所生活于其中的世界、我们所感知的世界，是一个充满了实践之应用关联的世界。一把小刀放在桌子上——这意味着我可以伸出手去握住它。依据先前的讨论，我们所生活于其中的生活世界的空间性并不是由几何测量来刻画的，而是由使用背景来组织的。不管某物是在场还是不在场、切近还是遥远——这都由我们的实践关切所决定。最为切近的并不一定是几何学意义上最近的东西，而是我们所关心的东西，是我们可以触及并加以使用的东西。一组例子可以阐明这一点：

- 如果以厘米计，比起我正在看的图画，我离我所佩戴的眼镜

更近,正如比起我正在通话的人,我的手机离我更近。但就现象学而言(也即就意指或意义而言),其关系刚好反过来;
- 一座20公里远的村庄,它可以步行就到了;它可能比一座只有几公里远但却无法企及的山峰要切近得多。比起一个"客观上"近的但却异常困难的路途,一个"客观上"远的但却容易达到的路途要近得多(Heidegger 1996:98)。几何学上的测量非常精确;但当涉及实践关切的空间性时,它们的精确性并不保证说它们还是相关的、有用的。

更为一般地说,海德格尔非常著名地论述说,我们首先并不是以理论的方式忙于感知对象,而是着手于"处理、使用、照料事物"(Heidegger 1996:63-65)。我们在"照料事物"中所遇到的事物,海德格尔称之为"有用之物"(useful things)、"器具"(gear)或者"工具"(equipment)(这些表述都是用来翻译德语的Zeug),而它们独特的存在模式就是海德格尔所刻画的"上手性"。世间的物件首先是我们能够抓住、操控、使用或者抵制这类用法的东西。只有因为这种与上手性的更为源初的应对性参与,对这些物件的理论性探讨才是可能的。只有当我们使用锤子,诸如锤子失常的情形才会出现;恰恰是这时我们才开始注意到它是个具有广延、重量、颜色等的对象,并对之详加审查。依据海德格尔,世间的物件不是在理论考察而是在实践性使用中显现出自身之所是。更为基本地说,狭义意义上作为理智、理论之超然观察的认知,并不构成自身与世界之间的关系。相反,在认知之中,自身在已然被揭示的世界中获得了与物件的新关系。认知因而是我们首要的"在世中存在"的二阶变更,并且它之所以可能并可获得,是因为我们已然处身于世界之中。

胡塞尔赞同这一观点,但强调交互主体性维度的重要性。在日常生活中,我们并不与观念的理论对象打交道,而是与那些具有实践、情绪、美学或者个人价值的工具与对象打交道(Husserl 1989:29)。我们的兴趣受到实践以及社会之关切的导引,正如我们的行动受到各种类型的规范性、他人如何行动的导引和塑造。当我使用一个工具或器具时,我的目标具有一个主体间的结构。当我使用任意东西时,比如一个自然对象或一个制作出来的工具,我的使用受到这一事实的导引——也即存在着正确或错误的使用方式,并且我的使用受到规范的导引。我如何使用事物不仅受到自己如何看过别人用的影响,还受到别人如何期待自己去做的影响。更为一般而言,行动总是在特定环境之中的行动,它既是物理性的,也是社会性的,而这些因素塑造着我们的意图。[①] 因而,行动的意义依其语境是复杂的,因而不能被还原为简单的刺激-反应之集合。

我们可以考虑下述例子。你舒舒服服地坐在自己的椅子上:

1. 我没有显然的理由就叫你站起来和打开门;你也这样做了;
2. 我告诉你如果有疑问的话就去开门。可能这会有些愚蠢,但你又有疑问,并且你还是站起来去开门;
3. 你听到了敲门声,并预期有个朋友来访,因而站起来,走到门口开门。

那么你的这三个行动是否相同呢?我们认为其答案显然是"是但也

不是"。在狭义上说,确实如此。假定在这三个情形中,你的物理出发点都是一样的;你做出相同的动作,并完成同样的工作。我们会说,确实,这些动作在"机能上"或行动上是一样的;它们就其动作而言确实是相同的。但如果我们就其语境和目标,或其更一般的意图来细化它们,它们显然是不同的行动。在一种意向的描述中,我们会说,你在第三种情况中是给一个朋友开门,而在第一种情况中只是完成一个抽象的指令,而第二种情况则表明你有疑问。每个情况中的意向行动都是不同的,其意识的意向性——也即你行动时所意识到的东西——也是不同的。

所有这些行动中,你都是基于某个理由而行动。如果我问你为何打开门,你可能会回答——"是你叫我打开的呀",或"因为我有疑虑呀",或"因为我要让朋友进来呀"。在第三种情况中,你要做某事或完成某事;而在第一种情况中,你则是被要求去做某件事,而你或许只是想配合,但其行动本身则毫无意义;而在第二种情况中,你实际上通过行动表达或传达了一些东西。早在亚里士多德时期,他就区分了两种行动:一个是除自身之外别无目标,另一个则是除该行动之外还有其他的目标。除非你确实非常享受从椅子上站起来并去打开门,第一种情况接近于一个无目标的行动,尽管你可能会说其目标正是回应我的要求或者让我高兴。显然第二种和第三种情况则是超出单纯动作的行动了:打开门以便提出一个疑问,或者打开门以便让朋友进来。显然,我们可以将这些行动区别于单纯的动作。例如,如果我用一个小小的塑料锤子敲打你的膝盖,而你的脚翘了起来,那我们不会将之称为你的行动。这个反射性动作实际上是因我敲打你的膝盖而形成的。"敲膝盖"导致动作,但这个动作还不是行动。那么，是什么东西使一个动作（movement）成为行动（action）的呢？

在回答之前，让我们先在反射动作与意向行动之间的范围内更为仔细地检讨一下不同类型的动作。有些动作既不是反射性的，也不是意向性的。奥商内西（O'Shaughnessy 1980：II/60 及以下）描述了一组他称之为"次意向性"的动作。比如，我可能正坐着听你讲你上次去辛辛那提所发生的激动人心的事，我的脚可能在摆动着（这当然不像狗尾巴的摆动那样），满是兴趣和期待——或者不管摇腿意味着什么。这当然不是条件反射，也不是我有意识的行动。并且，它也没有目标，也不支持意向行动之类的东西。如果我不去摇腿，就我的意向行动（专注于你的故事）而言，我也不会丢失任何东西，尽管它可能会实现某些目的——比如缓解某种紧张；或者它可能是某种不安造成的。而其他的动作则是意向性的动作，即便它们并不构成真正意向行动的描述性部分，或者并不构成我们称之为组织性意向的一部分。例如，我可以将第三种情况描述为回应敲门声并让朋友进来的意向性行动。当然，在我执行这个行动时，我必须从椅子上站起来、走过房间、旋转门把手；所有这些动作都包含于让朋友进来这个意向行动之中，并支撑着这个行动；在此意义上，它们是由意向行动所组织起来的，因而它们都是意向性动作。如果在我抵达门口之前叫住我，问我是否知道自己要走过房间，是否意欲这样做，我当然会说"是的"——我必须这样做，才能去开门。

另一组动作则介于次意向与意向动作之间。将这些动作区分出来有些困难：一方面，它们跟意向动作相似，因为它们服务并支持组织性的意向行动；另一方面，它们又不同于意向动作，因为如

第八章　行动与能动性

果你中间叫停了我，我很可能并不知道自己做了这类动作，我很难会说我自己意图做这些动作。马克·罗兰斯（Rowlands 2006：102及以下，以及 Anscombe 1957）称它们为"前意向的"动作；我们也可以将之称为"前意向行为的"（preneotic），因为它们无需我们知道或觉知到就发生了。而确定一个动作到底是前意向的还是意向性的，其困难可见于罗兰斯所举的一个例子。他认为，我们都错误地以为，钢琴家在弹肖邦的升 C 小调《幻想即兴曲》时，其手指的动作是前意向的动作。显然，在这个情形中，一位娴熟而富有经验的钢琴家在弹奏时，她显然并不对其手指所做的一切都有细致入微的觉知。但如果我们叫停这位钢琴家，问她是否知道自己的无名指击打了 C#，我想她可能会说，"当然了，因为我在努力完成这段幻想曲"，正如我可能会说，"当然了，我正走过这个房间；我要打开门"。手指在钢琴上的行动显然是意向性的动作。

即便是习惯性或习得性的动作——比如我们不会特别加以注意的动作，像走路、弹奏一个乐器等——也是意向性的，这一点可以从它们的执行被打乱或者因为其他原因而未能符合我们的意向的情况中看出来。更一般而言，我们通常习惯于将自己的习惯性动作或习得性动作描述为行动。我会说"我击打了球"或"我弹奏了贝多芬的独奏曲"，而不会说"我的手或手指改变了在空间中的位置"。但在这个情形中，动作在某个层次上也是有意识的。它们就目的论而言是"行动"，并包含着一个它们所瞄向之对象的指称（Merleau-Ponty 2012：140）。为了理解这些行动，我们不能简单地对几何空间中的客观变化做一些描述；我们必须考虑它们所出现于其中的生活处境（Straus 1966：44）。这些动作展示了一种初始的意向性（参看第七章关于动觉意向性的讨论)。它是初始的,不仅是因为它内在于这些动作之中(这不仅是将一个动作解释成似乎是意向性的这一问题),而且因为它是一种非常基本的意向性形式,一种"在世中存在"的形式——它甚至比我们在理论态度上所遇到的意向性形式更为源初,更为根本(Merleau-Ponty 2012：407)。

罗兰斯提供了一个关于"前意向动作"的更好的例子：眼睛飞快扫视的动作。众所周知,这类动作已经被表明是服务于并朝向意向动作的。罗兰斯引用亚布斯的著作(Yarbus 1967),后者证明飞快扫视是由人们参与其中的任务来确定的。如果你被要求看一组人,并且判断出他们有多大,记住他们所穿的衣服,定位他们以及特定对象在房间中的位置,等等,其结果是,你在每个任务中眼睛的扫视都是不同的。这种跟任务相关的扫视周遭的不同模式并不是反射性的,尽管它们是自动和无意识的。结果在于,眼睛的动作完完全全脱离了我的觉知而发生着,以至于如果你打断我,追问我是否知道眼睛以这种或那种方式运动着,或者我是否有意这种做,我当然会说"不是这样的"。这种动作还不是有意向的动作,但它无疑有助于我执行特定任务的意向,其方式也不同于次意向动作。

一个动作成为一个行动,那么它必须是指向目标且是意向性的。而一个反射性的、被动性的、次意向的或前意向的动作则都不是行动,尽管它可以从外部,即被另一个人解释为一个行动。如果我只是手滑了一下,触动了扳机,并且子弹碰巧杀了人,有人可能会指控我犯了谋杀行为。我可以主张说,我并不是有意的,而在某些法律系统内,我可能被判处为意外杀人罪或过失杀人罪,而非谋杀。而在另一些情形下,我可能因为一个动作而非一个行动就被错

第八章 行动与能动性

误地判刑（尽管在其他情形下，我的判刑可能是基于对疏忽的正当指控）。需要注意的是，基于这个观点，就不存在无意向的行动，尽管可能存在无意向的动作或无意向的行为后果。

现在，让我们在哲学上做进一步的推进。需要注意到的是，我们这里对人类行动的思考将展示，本书中所讨论的不同议题是如何相互关联起来的，因为为了理解行动的现象学，我们就有必要依赖前述对前反思意识、时间性、具身性、意向性以及感知的现象学讨论（正如我们在后续讨论社会性和自身性的章节中必须回到并拓展对行动的讨论）。

那么是什么使得动作成为有意向的呢——是什么使之成为行动呢？而有行动意图又意味着什么呢？我们曾说过：所有的意向动作——所有的行动——都是目标指向的，即便这个目标是该行动本身。那么，有行动意图就意味着我们头脑中有某个目标。但这又提出了其他的问题：我们又是在哪里定位这个目标呢？正如你站起来回应门口的朋友，如果我叫住你并问你"你为何要用手压着椅子的扶手呀？"你可能会回答，"因为我要站起来呀"。然则，如果说你行动的目标只是从椅子上站起来，这又犯了方向性错误了。在你开始走向门口时，我问"你在干什么？"你的回答可能不尽相同："我去开门啊"，或者"我让朋友进来呀"，或者假定说你朋友因为特定原因来访，你也可以表达别的目的，可以说"托尔和我要去练歌了"。显然，你必须去开门让托尔进来。你可能会识别出更为长远的目标：你可能会乐于创作音乐，或者你和托尔可能会想成为流行歌手，因为你想赚很多钱，因为你非常想在海边买套房子，因为你最终想要快乐，等等。然则，目标离当前的行动越远，那么其答案也就越令人不满意了。正如关于你行动之目标,最恰当的问题位于"你为何要用手压着椅子的扶手呀?"与"你最终想从生活中得到什么"之间,而最恰当的答案则位于"因为我要站起来"与"因为我想要快乐"之间。②

但当我们以这种日常的方式讨论行动时,我们是否假定了太多?其假定在于,行动是有意向的,仅当我脑袋中有一个行动的目标,或者说,仅当我在某种意义上决定基于某个理由而行动。

这意味着理解行动就是要知道什么东西促成(motivate)或证成(justify)了它,而非某个东西在物理意义上造成了它,不管是就一般而言,还是从施动者的角度来看。人们可以用不同的方式来解释其原因。例如,人们可以就其次人格的原因来解释行动——动觉控制与感知之中的神经元进程。然则当我们问某个人她为何做某事时,我们不会预期这种解释:

"你为何买这件衣服呀?"

"因为我大脑右前额叶的神经元在响应啊!"

显然不是。相反,我们所预期的是某种人格层次的解释,其中人们给出了我们可以视为她做其所做之动机的合理理由(或者并非那么合理的理由):

"因为它的风格正合适今晚的舞会啊。"

这种人格层次的、给出理由的解释可能因为生活于共同文化背景中的人所分有的诸多语境而变得非常复杂。例如,当 A 递给 B 一小块圆形的金属盘,为了理解这发生的是什么,我们需要知道什么是钱以及它为何被使用。而如果 A 贿赂 B(或者偿还欠债,或者借款),我们就需要知道更多关于人类社会中社会经济组织的东西。

而对这一类解释，神经生理学则毫无用处，正如没有任何神经科学会解释张伯伦为何会在1938年的《慕尼黑协定》之后声称和平得到了保存。行为理性并不是通过确定它所包含的神经元事实就能得到更深刻的解释。

第一节 能动性现象学

是否存在着一种能动性现象学(phenomenology of agency)依然受到部分现象学家的争议。比如，德雷福斯认为，主体性是心灵中悬浮着的幽灵，他拒绝认为在沉浸式的应对中存在着任何沉浸式的或缄默的自我。确实，在完全的沉浸中，人们就不再是一个主体了(Dreyfus 2007b：373)。事实上，根据他的理论，我们沉浸式的具身性生命是完完全全参与到世界之中的，以至于它完全不会觉察到自身。在一些地方，德雷福斯将沉浸式的应对类比于机场里的广播——除非飞机跑出跑道了，否则它的信号就不会给出警示。正如他写道，"当飞行员正确无误时，也就不存在任何体验了"(Dreyfus 2007a：358)。只要事情都平顺地进展着，那么就只存在缄默的指引。只有出错才会导致警示信号，而只有这个信号才显示于体验之中。如德雷福斯所论述，如果大脑发射某个警示信号，说某个地方出错了，那么施动者必须具有进入控制位置的能力(Dreyfus 2007b：374)。当人们读到这类断言时，并将之跟德雷福斯下述的论述相比较——比如意识只有在大脑发现某个地方出错时才开始工作(Dreyfus 2007b：377)，周遭的特征可以被感知系统获取却不必然被大脑所获取(Dreyfus 2005：54)，以及成人、婴儿和动物在直接跟支撑性打交道时，只需要获得"输入性能量"并恰当地处理之，就可以无需任何思考就能应对(Dreyfus 2005：49, 56)，人们会形成这样的印象——也即，相关的处理过程都是无意识发生的。但如果应对确实是完全无意识的，那么就很难理解人们是如何能够有意义地讨论一种无心灵(mindless)应对的现象学——一如德雷福斯不断做的那样。当然，除非他想到的是一种非常不同的现象学。在一篇跟肖恩·凯利(Sean Kelly)共同署名的论文中，德雷福斯写道，丹尼特的异质性现象学可以是一种改进，是对胡塞尔和萨特现象学的一种更好的替代(Dreyfus & Kelly 2007：47)。

跟这个观点相反，我们认为应对——无论是在日常行动还是在技能展现中——都典型地包含了一种能动感，也即一种关于能动性的意识。它涉及的不仅仅是因果关系，飓风可能造成断电，但我们不会说那个风暴是在应对或行动。在能动感中所涉及的这种有意识的知识，并不必然是某个非常高阶的知识；它可以是某个非常"单薄的"、前反思的觉知，并且在大多数情况下正是如此。一个专业的滑雪者冲下一个斜坡时可能并没有反思任何事情，但这并不意味着他在某个层次上对自己所做之事毫无意识，即便他的行动是一种沉浸式的应对。如果滑雪者在滑下山丘时也考虑雪况的可能变化，这并不必然会打断他的沉浸式应对，但可能事实上是让他继续滑行的一个重要部分。然则，在其他情况下，有时可能会有显性的、基于理由而行动的意识。当然，在很多情况下我看起来都是基于理由而行动，但这些行动有时候是基于在先的决策过程。而在这类情况中，我就具有一个高阶的觉知，也即我就是那个负责者，是自己行动的施动者。那么，对自己行动的能动感或者是自身能动性(self-

第八章 行动与能动性

agency)可能包含着对自己正在做的东西的"单薄的"、前反思的觉知,或者它可能包含着一个更为明确的、具有更为详尽理由的意识。让我们更仔细地审查一下能动感,以及它如何跟具有一个行动的意向这个体验相关联起来。

在前面章节中,我们讨论意向性的概念,以及意识总是对某物或关于某物的意识。我们应该小心区别这个意向性概念和"行动意图"(having an intention to act)这个概念。后者通常跟意愿的实行有关。我意图下午去购物,当到了下午时,我真的就去购物了;如果其他东西都一样的话,我们可以说"真的去购物"就是"我意愿上决定这么做"的结果。当然,意识的意向性看起来完全是包含在这个意图行动之中,因而即便我们要区分意识的意向性(意识之关于某物)跟这类导致意愿行动的意图,我们还是想追问经验中这两个方面的关系。

当我参与到意图行动之中时,我所意识到的到底是什么?那么回答这个问题时,一部分问题就在于对行动的分析。例如,如果我决定在我最喜欢的商店购物,我就必须离开我的办公室,而为了离开办公室我就必须打开门,而为此我又首先必须从椅子里站起来。现在似乎是说,我可能要对去购物的最佳时机做某些深思熟虑了,而其结果就是决定,可能一个小时之后,也就是下午两点钟去最好。当我的时钟指向两点钟的时候,我从椅子上站起来,打开门,离开办公室,走下楼梯去自己最喜欢的商店。我可能只是想现在到时间去购物了,就做出所有这些事情。但我的行动必须跟前一小时所做的深思熟虑的决策有关。如果没有任何理由,或者没有去购物的想法,我突然离开办公室,走向商店,就跟自动机一样——也即对自己的所作所为毫无意识，那么就没有任何一个动作是意图行动，尽管它从外部看来像是意向行动。诸如此类的事情可能发生于病理性的梦游症或神游症。或许，当我发现自己身处商店时，我会说"我没有意图去购物啊，但既然我在这了，我也可能买点东西"。从这一点开始，人们会说，我购物的动作是有意图的，因为我会做出购物的决定。

如果有做某事的思虑和决策，那么它看起来就是意图行动的一个明确案例了。其中所包含的意向性——我思虑某事、我考虑做某事——也是显然的。但并不是所有意图行动都明确有一个在先的思虑决策。我可能在有机会决定采取行动之前就已经行动了。当我走向公共汽车站时，如果我看到公共汽车开走了，我可能会去追上它。如果你叫住我然后问，"你是要追上公交车么？"我的回答会是"是的呀"——这就是我的意图。但尚不清楚的是，我是否做出过任何深思熟虑或有意识的决定，以便跑向公交车。我可能会说，"我的脚趾头就做了决定"——也即，我的行动就是我的决定，而非与之分离。塞尔(Searle 1983)将之称为"行动中的意图"。但这种行动中的意图是普遍存在的，即便是在包含着明显决策的行动中。我决定去购物，而当时间到了之时，我实际上并没有再做一个明显的决定：从椅子上站起来，打开门，离开办公室，如此等等。相反，我的意图就是我的行动；而对于任何一个在观察我的人而言，他们也将看到部分表达于行动之中的意图。

问题依然有待剖析。我意图去购物，而这在我先前的决定以及做决定的意图中是显然的。但我是否也意图在走出办公室时打开门呢？显然如此，即便我并没有做出打开门的明确决定。打开门包含着一个行动之中的意图。我们还是会说它是有意图的;而如果你问我这时是否意图去打开门,我当然会做肯定的回答:"当然,因为我要去购物"。我可以回顾着给出我的理由,如果我需要这样做的话。但我并没有明显地(即便是潜在地)思考我为何要去开门。那么,当我参与到一个意图行动之中时,我意识的意向内容是什么呢?

当我打开门并离开办公室时,我很可能是在想当走进商店时我需要买什么。而我很可能不会去想的一件事则是我走过地毯时的步态,或者我的手伸向门把手的姿态。确切来说,我并没有注意自己的动作,即便我确定意识到自己在行动、在开门、离开办公室,等等。我对自己的动作有一个前反思的感觉,即便是当我在思考我在商店里需要买什么之时。那么,这种前反思的身体觉知的本质是什么呢?它是退隐性的,并且缺少细节——也即它并不包含注意力。我并没有注意到自己一只脚移到另一只脚前面的步态;我也没注意到我的手臂伸向门的姿态,或者我手掌适应门把手形状的方式。如果你在这个过程中叫停我,问我在做什么,我的回答很可能就是"我去购物呀"。我的注意力主要是指向最适当的、实践上的描述层面——也即更大计划这个层面。我很可能不会说,"我将自己的手伸向门把手",也不太会说"我伸展自己手臂的肌肉,塑造自己把握的姿态"。尽管所有这些表述在某种意义上可能为真。

我们一般而言如何分析自己的行动,我们在哪个描述性层面可以为自己的行动提供理由,我在行动之时自己的觉知在反思和前反思层面的意向内容,以及什么构成了行动的意向性——所有这些议题都是彼此关联的。就能动感而言,我们也需要区分能动性这个概念进入意图行动的两种方式。首先,有一种体验上的能动感(experiential sense of agency)，它在前反思层面、在一阶的意识层面伴随着行动——就此层面而言，我对自己的行动有所感觉，即便我并未觉知到自己动作的详细细节。比如说，朗兰-哈桑(Langland-Hassan 2008：392)的观点跟现象学就完全一致；他将施动者的经验描述为"一种历时性的、对行动敏感的信息类型，它嵌入到所有一阶感性的、本体感的现象学之中；它不是作为一种难以理解的情绪而与之相分离开来"。其次，有一种反思的能动性归属(reflective attribution of agency)，这样被问及我的行动时我可以做出回答。比如人们问我是否做了什么(你今天购物去了吗？)，我会回答说"是的"。由此，我将特定的行动归属给自己。我可能是基于记忆进行归属，但如果我一开始并没有关于该行动之体验上的能动感，那么该记忆也就不存在。因此，体验上的能动感比之能动性归属来得更为基础，后者依赖于前者。

其中，解释体验上的能动感这个概念的一种方式就是将之区别于动作的"所有感"。在第二章中，我们区分了行动的能动感和动作的所有感(或"为我性")。我们指出，在一般的意图行动体验中，这两个方面紧密结合，难以区分。我们也应该注意到，比如说，我对自己手臂的运动的所有感在概念上可以区别于手臂作为身体一部分的所有感，但这两者在实践上是相互纠缠在一起的，也即我手臂的运动没有"我的手"就不会发生，而"这运动是我的"的感觉一般而言也跟"这是我的手"的感觉联结在一起。然则，能动感与所有感之间存在着明显的差别，因为我有可能体验到自己的运动并对之有一种所有感——也即将之体验为自己的运动，但却没有任何运动的能动感——比如一般的反射性或不自觉的动作。如果有人移动我的手臂，或者医生敲打我的膝盖，我将该运动体验为我的，尽管我对该动作的所有感在感觉上确实不同于我经过长期精心准备而实行的行动所感觉到的所有感。在不自觉动作中，比如有人从背后推了一下我，至少能动感在动作之伊始是不存在的。德·汉和德·布瑞恩(de Haan & de Bruin 2010)正确地指出，我几乎可以马上就做出回应，而在这个回应中，我的能动感得到了重建，甚至在我努力去控制正在发生的事情时，这种能动感比平时来得更强烈、更明显。然则，他们也指出，如果有人抓住我的手，在我可以阻止之前就用它来打人，我不仅没有体验到这个行动的能动性，我也不会将之体验为"我的"动作。如果确实是这样的话，那么就不清楚这个动作为何对我而言是重要的了。如果一个动作发生了，而我对此没有能动感或所有感，那么它根本就不关我的事了，而我对这个动作也就无从抱怨。如果有人抓住我的手、移动它，假定我能在本体感中能够感觉到它，那么这就是我在移动的这个感觉(体验或感受)——而非我的手打中的那个人在移动这一感觉了。当要对这个动作进行归属时，我可能会说，这并不是一种很强意义上的"我的"动作；但我也很难否定说，我感觉到了手的运动并因此感觉到这是"我的"动作，并在一种极小的意义上具有一种所有感。

关于能动感与所有感的争议

我们可以通过援引病理学的例子(比如反常手综合征*或者精神分裂症)来进一步阐明行动的能动感和所有感。在这些例子中，行动的某些方面要比非病理学情形来得更为生动。在反常手综合征

---

* 即 anarchic hand syndrome。——译者

中，病人发现自己的手在做着非常复杂且显然是具有目的的动作，而他们却对此无能为力。这些通常不想要且社会中不被接受的动作包括：在一只手把扣子扣上之后，另一只手又将之解开；将完整的鸡蛋和未曾剥皮的洋葱扔到煎盘上；或者将邻桌盘子上的剩菜拿走，等等。尽管病人在动觉上觉知到手的这些动作，并且病人将手感觉为自己的手，它所实行的动作显然不为病人所承认（"我知道这是我的手，但我并没有这样做的意图"）。

类似地，在控制幻觉或思想植入等精神分裂症中，所有感以某种形成得到了保留，但其能动感则完全没有了。遭受这种幻觉的精神分裂症患者会说，"他的"身体在移动，但其他人在造成这个移动；或者说，这些思想是在"他的"大脑里，但却是其他人将之放在那里的。

对自身能动感和所有感之间的区分可见于一阶的现象经验，以及高阶的、归属性的意识层面。就后者而言，格拉罕和斯特芬斯（Graham & Stephens 1994）提出了一种内省异化学说，以揭示控制幻觉这一精神分裂症中的两种自身归属：

一）主体性（所有性）归属：主体在反思上意识到并能够报告——他自己在移动。比如，他会说，"这是我的身体，它在移动"。

二）能动性归属：主体在反思上意识到并能够报告——他是自己行动的发起者。例如，他会说，"我促成了这个行动"。

这个区分跟我们之前所讨论的区分是一致的，但并不完全一样——

也即关于一阶的、前反思的现象意识的层次所做的区分(参看 Gallagher 2000a,2000b,2012)。

一)所有感:对我是运动之主体的前反思经验或感觉(例如,对运动的动觉经验);

二)能动感:对我是行动之发起者的前反思经验或感觉(例如,对我正在控制自己行动的经验)。

对所有性和能动性的一阶经验是具身性的、非概念性的经验,并且与意识的时间结构紧密联系着。例如,如果我拿起一个杯子,那么我动觉系统中就有一种信息来确定我的手势当下以及刚刚过去的历史,以及当我的手形塑其把握的姿态时被编织到运动之中的预期。这个运动的时间结构也反映于我对运动的控制感之中,乃至我的自身能动感之中。进而言之,我们看起来可以合理地说,高阶的、具有概念信息的所有感或能动感归属依赖于这种一阶的所有感或能动感经验。因而,当我举起杯子,然后有人问我——"你举起杯子了没?"我能够正确地将能动性归属给自己——"是的,是我拿起了杯子",尽管我通常不会对自己提这个问题。然则,格拉罕和斯特芬斯(Graham & Stephens 1994;Stephens & Graham 2000)提议说,能动感事实上可能产生于高阶的、概念性的归属。依据丹尼特,他们对能动感提出了一个解释,即将之认为是"我们构造自身指涉之叙事的倾向",后者使得我们可以回顾性地解释自己的行为:"这种解释相当于一种个人之能动性或意向心理学的理论"(Grahams & Stephens 1994:101;Stephens & Graham 2000:161)。

这种"彻底的自上而下"[③]的解释依赖于这样一个路线——即我们在反思层面就自己的信念和欲望来解释自己的行动。因此，如果主体做了或思考某个事情，而她对之没有任何意图、信念或欲望——也即通常会解释或合理化这些行动的心灵状态，那么一阶的动作或思想也就不会显现为她有意图去做或思考的事情了。因而，事情是否算作是我自己的行动，

> ……依赖于我是否认为自己具有这种类型的信念和欲望，它们能够合理化该行动在我身上的发生。如果我的自身理论能够将相关的意向状态归结给自己，那么我就无疑会将这个片段视为自己的行动。否则，我就必然要么是修改自己对意向状态的理解，要么是拒绝将该片段承认为自己的作为(Graham & Stephens 1994: 102；参看 Stephens & Graham 2000: 162 及以下)。

基于这个我们认为是过于知性论的路线，非精神分裂的一阶现象经验之所以以其方式显现，这是因为恰当归序的二阶解释，而精神分裂的一阶经验之所以以其方式显现，是因为二阶的错误解释。根据这个观点，我们可以得出，能动感源自于一种基于高阶反省性的或感知性的自我观察而得出的推论："(在控制幻觉或思想植入的例子中)关键在于主体发现她不能就其自身之意向状态的信念来解释其思想(或行动)"(Grahams & Stephens 1994: 105)。

而替代性解释则始于一阶的或前反思的现象学。然则，这一现象学的解释并不是毫无争议的。多位思想家都挑战了这样的想

法——也即存在着一种类似前反思的能动感或所有感的东西,正如我们在第三章中所表明的那样(比如参看 Bermúdez 2011, 2017; Dainton 2008, 2016)。例如,根据丹顿(Dainton 2008:239-240), 当我体验到某些身体感觉(包括那些涉及意向动作的感觉),我是在一个其他身体感觉的背景中体验到它。这一"现象背景"可能有助于"通常来说成为我(或你)像是什么的感觉"(Dainton 2008: 240),但它并不包含一种特殊的感觉——也即"在思想、感知、意愿、情感、记忆、身体感觉等构成的变化之流上面的"那些感觉(Dainton 2008:240)。他认为,如果我们将所有这些不同的体验都取消掉,那体验之中也就没有什么东西会剩下来了;相应地,在这些体验之上也就没有什么东西可以被当作是一种确定的所有感了。

现象学家不会接受丹顿的还原论灵感,也即他的主张——前反思的所有感不过是各种其他形式之经验的集合或结果(Dainton 2016:124),但他们却不会质疑丹顿对以下这个观点的反驳——也即所有感乃是额外的体验或其自身的性质。对他们来说,我们所谈论的是经验的内在维度,某种整合进经验之中的东西,而非某种附加上去的东西。

丹顿可以被视为提倡了一个关于前反思的所有感的还原论解释,贝尔木德斯却否认了它的存在。对贝尔木德斯来说,只有关于运动的身体感觉以及关于这些感觉之所属的反思性判断(Bermúdez 2011:162)。只有当我们将反思性的注意力转向自身的身体体验并将该体验归属给自身,对所属的体验才出现。或者用格拉罕和斯特芬斯(Graham & Stephens)的话来说,存在着对所属性的归属,但在身体感觉之上和之外却没有一阶的或前反思的体验。例如说,如果有人抓住我的手并移动它,我体验到了手及其运动的所有感,但其方式却不同于我体验另外一只手的所有感(参看 de Vignemont 2007);也即是说,根据贝尔木德斯,这不过就是体验到手上的感觉,然后做出一个判断④。尽管贝尔木德斯并未否定我们对身体(肢体)的姿态和运动可以有一种本体感或动觉上的觉知,但他并不接受——说本体感体验包含着一个内在的感觉:这是我自己的有着如此这般姿势、或者如此这般运动的身体(而非其他身体)。但在我们看来,本体感使得我自己可以将其中一只手直接体验为"我的"手。这是本体感(proprioception)之中的"本体"(proprio)(Gallagher & Trigg 2016)。如果不是作为我对自己身体所具有之体验结构的构成要素(而非与之相分离的特别之物)的前反思觉知,那我们就不知道这种觉知到底是什么了。确实,我看起来可以用反思的方式将一只手识别为"我的"手,但这只有以这样一种前反思的感觉作为基础。

189   其他人还提出了反对能动感之存在的论述(比如 Grünbaum 2015)。这类论述将能动感狭隘地理解为动觉控制机制的专有产物。然则,现象学的解释并不将前反思的能动感唯一地与动觉控制过程联系起来。相反,它被视为一种也可能依赖不同要素的复杂现象,包括人们对行动之于世界的效果的一种前反思的感知性监控,表现为特定处境中的特定意图或方法-手段之间的关系(Gallagher 2012)。比如,我们将在下一个小节讨论一些实验,以表明前反思的能动感如何依赖于施动者对一个意图效果的体验,以及当该效果被延宕或丢失了之时,这个能动感又是如何被打乱的,即便该施动者参与到相关的动觉控制行动之中(例如 Farrer & Frith 2002)。

相应地，现象学将前反思的能动感与所有感理解为体验的内在特征——而对这个解释的反驳反过来表明：事实上，现象学的解释恰恰是理解行动以及我们对行动的体验所必备的。能动感与所有感都是完全具身的和处境化的；它们都包含着身体运动、边外周神经系统（本体感、动觉）、自主神经和前庭过程的维度，乃至情感上的、意向上的维度。

第二节 对能动感进行试验

现象学对前反思的能动感与所有感的刻画构成日益增多的心理学和神经科学实验的基础，这些实验尝试用心理学和神经元机制来解释这些现象。例如，其中对能动感的解释之一就提议，输出信号（也即大脑传输给肌肉以便让它运动的信号）或者特定的向前动觉控制机制（也即那些让行动在其进行过程中保持正常的进程，但它们进行得非常快速，且先于从这些行动中获得感觉反馈）产生了能动性的现象经验（例如 Blakemore et al. 2002；Frith et al. 2000；Gallagher 2000a, 2000b；Marcel 2003；Wolpert & Flanagan 2001）。根据这个解释，那么在神经元层面所发展出来的问题可能会导向：(1)失去对能动性的经验，(2)产生对陌异运动或思想的实际经验（也即像在精神分裂幻觉中被别人或别物所造成的）。后者可能跟特定进程的中断有关，而这些进程恰恰支撑着行动的自我与他人之区别（例如，Georgieff & Jeannerod 1998）。为了支持这类解释，一些神经科学家尝试去确定能动感所关联的神经元（例如 Chaminade & Decety 2002；Farrer & Frith 2002；Farrer et al.

2003)。他们的大脑成像实验可以算作是"前置现象学"的示例(参看第二章),因为其实验设计是基于能动感与所有感两者的现象学区分。然则,对这些实验进行详细的解读则会带来一些有趣的问题,也即我们应该如何理解前反思的能动感这个问题。我们所要探讨的问题在于:我们应该将前反思的能动感理解为隶属于动觉控制和身体运动领域,还是将之理解为隶属于意向行动的领域?

这些实验中都涉及了能动感与所有感之间的区分,而这个区分则依赖于不自主运动的逻辑。既然在不自主运动的情况中,初始运动具有所有感但没有自身能动感,并且因为我对自己不自主运动的觉知来自输入的(afferent)感觉反馈(也即那些告知我——我在运动——的视觉的、本体感的/动觉的信息),而不是来自输出信号,因为没有产生该运动的动觉命令,因而我们可以自然地认为,在普通的自主运动中,所有感可能是产生于感觉反馈,而能动感则产生于将动觉命令传送给肌肉系统的输出信号。特萨吉瑞斯和豪格(Tsakiris & Haggard 2005;另参看 Tsakiris 2005)提供了经验上的证据来支持这一分工。但在尝试识别能动感的神经关联项的实验中,将能动感与输出信号和动觉控制过程紧密联结起来却导致了一些混淆。这些实验是为了区别自身能动感(在一些实验测试中)和他人作为行动的施动者(在另一些测试中),但不管怎样,受试者在所有的测试中都被要求做运动(比如控制一个操纵杆),以便完成一个任务。如果受试者在每个测试中都运动了,并且如果涉及输出信号的动觉控制过程产生了该运动的能动感,那么受试者为何会在某些测试中产生这样一种感觉——也即其他人在控制着其行动?实验者认为,能动感跟完成任务的意向紧密有关,而非动觉控制过程(比如参看 Chaminade & Decety 2002；Farrer & Frith 2002；Farrer et al. 2003）。

法尔和弗里茨（Farrer & Frith）设计了一个功能性核磁造影（fMRI）实验，用来探明能动感的神经元关联。受试者被要求使用一个操纵杆来控制电脑屏幕上的一个图标，并区别出他们事实上在控制这图标，抑或是有别人在控制着它。如果能动感是动觉控制过程的专有结果，那么受试者在每一次测试中都移动操纵杆这一事实就意味着他们对该行动总是具有一种能动感。但是，法尔和弗里茨所表明的是，即便受试者的动觉控制过程在所有测试中都保持恒定，他们还是可以根据其行动的效果或结果——也即就其行动的意图方面而言——来区别出他们不是其施动者。换言之，能动感依赖于受试者具有这样一种感觉——也即就其目标或意向任务而言，她对世界（或电脑屏幕）有某种影响。实验者发现，与自身能动感相连，前脑岛被激活了。然而，当解释前脑岛为何会参与到能动感的产生时，法尔和弗里茨又回到了更符合动觉控制逻辑的解释；也即，他们用动觉控制来解释前脑岛的参与：

> 能动感（也即对造成行动有所觉知）发生于身体在时间和空间内移动的背景下。有证据表明，顶下小叶和前脑岛是对身体的表征……前脑岛在与肢体结构的互动中也参与到对身体图式的表征之中。我们在空间中移动身体时所感觉到的能动性经验，它的一个方面是诸多不同感觉信号之间的紧密对应。特别来说，有三种信号之间的对应：直接跟随运动而来的身体感觉信号，间接来自于运动的视觉和听觉信号，以及跟产生运

动的动觉命令相关联的预知性的感知回馈(输出信号)。这三种信号之间的对应有助于产生能动感(Farrer & Frith 2002：601-602)。

我们能从中获取的是，能动感不是只由动觉控制过程产生的，也不是只由行动的意向维度(效果或结果)产生的，而是由这两个因素的结合而产生的。

因而，能动感不能被还原为身体运动的觉知或从身体运动而来的感觉反馈。跟具身性现象学相一致，在绝大多数日常的参与式活动中，输入或感觉反馈信号都是变得微不可知，这意味着我们对自己的身体具有一个退隐性(recessive)的意识(比如参看Merleau-Ponty 2012；Tsakiris & Haggard 2005)。我在绝大多数的行动中并不注意于自己的身体运动。我在决定用手的时候，并不盯着它们看；我在走路的时候并不盯着自己的脚；我在操作操纵杆时并没有注意到自己手臂的运动。并且，尽管我们绝大多数的动觉控制和身体图式进程都是无意识的、接近于自动的，这样一种情况依然可能成立——这些过程构成了能动感，而如果没有这种身体感觉上的再输入与输出过程，我们的能动感就会非常不一样。另一方面，如果我们对自己行动的描述和解释是在最高级别的实践层面进行的("我在帮助我的朋友"，"我正在去酒吧的路上"，等等，而不是"我正在移动我的手"，或"我在走路")，那么我们对行动的能动感就会跟意向维度相关，而这个维度就会是我们注意力的所在——指向世界，指向我们所参与其中的计划或任务。因而，一种意向反馈显然必须参与到了能动感之中，而这种反馈不是关于身体运动的输入反馈,而是对自己行动具有一个效果的某种感知性觉知。

因而,我们提议,前反思的能动感是复合性的,因为它是多种通常彼此间互为整合的要素共同促成的结果:输出信号、感觉(输入)反馈、意向反馈——后者则本质上是感知性的。如果这些促成要素有一个缺失了,或者未能被恰当地整合起来,那么我们就会在能动感方面受到干扰或是缺失。

同时,一个更为完整、更为复杂的能动感显然也可能受到反思层面的预期意向形成的影响。我可能参与到在先意向(prior intention)的形成这个事实当然会促成这样一种感觉——也即我对后续的行动有所控制(Gallagher 2010b)。正如格拉罕和斯特芬斯所主张的,它也可能会被回顾性归属所影响。这也就意味着,各种情况中能动感的缺失(包括精神分裂症、反常手综合征、强迫症、麻醉剂成瘾症,等等)可能包含不同类型的能动感缺失。在任意特定的情况中,能动感可能以不同的方式被扰乱,这依赖于哪种促成要素被扰乱。在不同的情形中,能动感的病理学扰乱方面就有可能是因为:

- 反思性认知的回顾性或预期性过程发生了问题,比如在先意向的形成;
- 动觉控制机制的问题——输出信号或者脑岛中感觉与动觉信号整合的问题;
- 意向与行动效果之间的可感知的不协调;
- 或者所有这些因素缺乏整合。

我们注意到，能动感并不是由动觉控制过程专门产生的——这个想法跟本雅明·李贝特（Benjamin Libet）所做的著名实验及其所推动的关于自由意志的讨论有着直接的相关性。李贝特等人（Libet et al. 1983）发现，一个被称为"预备电位"（readiness potential）的神经元信号与特定的行动预备相关联；它在施动者意识到要决定去做某个行动之前的大约350毫秒就已经为该相关的行动而激活了。大脑看起来像是在施动者做什么之前就知道他要做什么了。因而，行动就是"在有意识的意图出现之前就被无意识的大脑过程促成了"（Libet 1985）。一些理论家认为这表明，自由意志乃是一种错觉，因为行动似乎单纯就由大脑中的行动前物理过程所决定（比如Wegner 2002）。然则，李贝特本人则容许有自由意志的可能性，因为在我们意识到自己行动的意图之后，在实际采取行动之前，我们还有150毫秒可以来否决这个行动。然则，如果我们认为自由意志遵循了能动感分析之中所发现的相同的逻辑，那么这个论辩的双方可能都错了。明确来说，我们可以认为，李贝特的实验聚焦于毫秒级别的神经元过程，因而不是关于自由意志的，而是关于动觉控制过程的——特别是那些通常保持为无意识的过程（Gallagher 2006b）。正如能动感不能被唯一地还原为动觉控制过程，自由意志也不能。也即是说，认为自由意志可以被压缩到毫秒级别的时间刻度之内，这正好忽略了在先意向形成、计划、思考与决策等的作用，而它们通常包含着更为延展的时间过程。

第三节 我的行动与你的行动

这些实验想要区分自身能动性和他人能动性,以及自我的行动和他人的行动。正如我自己的意图显然存在于自己的行动中,我理解你的意图也显然存在于你的行动之中。意图并不是完全隐藏于心灵之中,而且也表达于行为之中——这也就指涉了主体间的理解(这是下一章所要讨论的)。

那我们如何知道自己正在做的事情——一个通常的回答在于,我们需要认识到我们对自己行动的知识以及对他人行动的知识之间的差异,或认识到这其中认知上的不对称性。对他人行动的知识是基于观察和"外部的"感性觉知,施动者通常对自己的所作所为具有一种"内在的"知识。那么,这到底意味着什么呢?这是否是对自己意图或尝试等心灵事件具有直接的通达,还是以本体感的方式从内部对自己的身体运动有所觉知?从根本上说是否有可能将行动区分为两个成分——一个是心理学上的尝试,一个是非心理学上的身体运动?还是说,行动本身就是不可分的统一体?我们对它的知识是统合还是解构了这个内在与外在的区分?

那么我们是如何觉知到自己的行动?任何解释的尝试均充满了困难。如果我们转向我们如何获得关于他人行动的知识,情况也不见得有所好转。感知是否只向我们提供了身体运动的信息,然后我们必须依赖于推理?如果我们要将某人的身体运动解释为——比如说——买票、表示再见或表达喜悦,我们是否必须假定存在着隐藏着的心灵事件?还是说,意图直接就显现于目标指向的运动之中? 跟一些理论家所主张的相反,很多人认为我们事实上确实直接且非推论性地理解了他人具有意图的行动。当我踢球时,我并不需要进行任何推导就能看到你和我在争抢同一颗球。脱离了这种直接认识的助益,那么行动的协调和存续则可能比现实要来得更为困难(Dokic 2003:332)。

在这类讨论中,需要保持清楚的是,不同类型的解释之间的差异。我们在上面提示说,因果的解释或神经元的解释不能提供对行动的充分解释。同样,对行动觉知(我对自己行动的觉知或我对你的行动的觉知)的神经元解释也是如此。例如,乔治吉夫和简内罗德(Georgieff & Jeannerod 1998)提出一个"主体系统"(who system)理论,以作为行动识别的神经元模型。就次人格进程而言,这是一个重要的议题——也即解释我的认知系统如何能够区别出自己的行动跟你的行动。这在前述类型的实验中是用神经科学的术语来解说的。其中问题在于,当我参与到意向行动时我的大脑区域被激活,而当我看到你在进行相同或相似的意向行动时,同一个区域也被激活了(而不只是前运动皮层中的"镜像神经元",还有多个区域的"共有表征",参看第九章对"镜像神经元"的进一步讨论)。基于这个背景,人们主张,神经元的激活之于谁在做该行动是中立的(比如,参看 de Vignemont 2004; Gallese 2005; Hurley 2005; Jeannerod & Pacherie 2004)。但如果是这样的话,人们就需要一个额外的次人格机制来明确到底谁才是那个施动者。这很可能正是"主体系统"所做的事情。如果我们能够指出,当我是施动者时,哪个具体的大脑区域被激活,以及与之相对,当你是施动者时,哪个具体的区域被激活,这就能够扩充我们对大脑如何明确行动之能动性的知识。

然则，如果我们尝试将可能是关键的次人格区别投映到意识层面，问题就会出现。比如说，简内罗德和帕澈里(Jeannerod & Pacherie 2004)提议说，在次人格的神经元层面所发现的一步步的区分在经验层面也是显然的。它们将"共有表征"的中立性刻画为"赤裸裸的意向"——也即施动者尚未确定的意向或意向行动。他们假定，在神经元活跃层面的澄清——特别是负责(1)显示"赤裸裸的"行动意向的神经元激活跟(2)确定行动之施动者的神经元激活——意味着在经验中也存在着对意向的感知跟对能动性的感知两者的区分。因而他们主张，我们"能够觉知到一个意向，无需跟觉知到它是谁的意向一样。而相较于对赤裸裸的意向的单纯觉知，我们需要另外的东西来确定其发起者"(同上，页140)。如果大脑事实上可以无需将能动性委派给意向就能够处理有关意向的信息，那么是否可以合理地说，我们的经验也以相似的方式得到了区分？简内罗德和帕澈里认为是这样的：

> 我们主张，它就跟对意向的感知一样：当玛丽看着约翰打开门，她首先是觉知到打开门的意向，而非首先觉知到"约翰意图去打开门"。相似地，当玛丽自己意图去打开门，她首先觉知到打开门的意向，而非首先觉知到"她自己意图去打开门"(Jeannerod & Pacherie 2004：116)。

然则，从现象学上(或经验上)说，在近乎所有情形中，意向已然是完全包裹于能动性之中。我们能够感知到他人或自己行动之中赤裸裸的意向，然后再对能动性进行归属——这个想法看起来是基于一个未经证实的假定，也即次人格层面跟人格的现象学层面是同构的。⑤"谁的"这个问题（"who" question）可以在神经元层面被合法地提出，但却很难出现于经验层面，因为神经元系统已然得出了其答案。即便我搞错了某个行动的施动者是谁（这可能发生于控制幻觉的精神分裂症中，或者在特定的实验条件中），我依然将行动经验为或感知为具有明确的能动性。我并不是将行动经验为没有施动者；我所经验的是"X 的行动"——其中 X 既可以是你，也可以是我。确实，在意识层面，我们在区分自身和非自身方面是十分可靠的。病理学跟一些奇怪设定的实验可能可以揭示"谁的"问题，但在一般的生态行为中，它是谁的意向和行动——这通常是清楚的。正如我们从诸如维特根斯坦、肖梅克、伊万斯等哲学家这里所学到的，自身识别问题——即"某人有意向拿起这颗苹果，他是我吗？"——实际上并不出现。

事实上，重要的是要意识到，在现象学跟神经元层面并不必然存在着同构。因此，即便神经元进程可以被确定为包含着阶梯式的进程，这并不意味着这种阶梯式的进程需要呈现于经验之中。⑥

就格拉罕和斯特芬斯（Graham and Stephens 1994；Stephens & Graham 2000）为解释能动感所提出的高阶认知或反思性内省而言，我们也可以得出相似的结论。如果行动自一开始、且在一阶的经验层面就确定是隶属于某个特定的施动者，也即如果在日常经验中，我们并不是先行动，然后再考虑它是否是自己的行动抑或是别人的行动，这就意味着：相较于涉及概念和语言资源的元认知的行动自身归属而言，一阶的、前反思的、非概念性的能动性经验就是初始

第八章 行动与能动性

的。这部分地意味着，我们存在于世界的方式首先是被刻画为行动。作为人类，我们在世界之中已然是行动为导向的，其方式界定了周遭事物的有序的有用性，然后它才让我们得以去思考它们。

本章注释：

① 规范性同时也是一个约定性的问题。一如胡塞尔指出：习惯与传统具有一种非明确的、一般的要求："人们如此判断，人们如此这般举着刀叉"（Husserl 1989：281-282）。一如萨特后来观察到：

> 在一个同侪纠缠于其间的世界中生活，这不仅可以在路口的每个转角遇到他人；我同时也发现自己委身于世界之中——其器具之结构可以有一个含义，虽则我的自由计划并非首先赋予它含义。在这个已然被赋予含义的世界之间，这也是我必须处理的属于"我的"、但却不是我给予自己的含义，也即一个我发现自己"已经具有了"的含义（Sartre 2018：663-664）。

② 安斯康（Anscombe 1957）认为，某事之为行动的理由，人们必须能够看到自己当前的行动如何能够将之实现出来（"在大地上实现天国"并不是回答我为何拿起刀叉或清空柜子的真实答案）。如果我们接受说，"因为我想要开心"是自己为何走向门口这一问题的答案，我们应该能够看到当前行为与其远期目标之间的某种方式-目的关系；我对后者的欲求使得前者成为恰当的。

③ 我们用"彻底的自上而下"（radical top-down）这个术语，以便区分那种包含着反思性的、有意识的认知过程理论（一如格拉罕和斯特芬斯这里所提供的），以及我们在神经科学中有时会称为"自上而下"的过程。在神经科学中，"自上而下"并不隐含着有意识的过程。例如，特萨吉瑞斯（Tsakiris 2005）讨论

了一种无意识的、身体图式(神经元)的表征,认为它是自上而下的过程。

④　丹顿在其他著作中提出了另外的反驳,对这些反驳的回应,参看 Zahavi 2020c。

⑤　德·维尼蒙特(de Vignemont)提议,表征可以是源自第一人称视角,也可以是对于该施动者是谁保持中立,其关键的区分在于表征的描述性内容(某个人在行动)以及它的呈现模式(我对该行动的第一人称感知)。"内容的施动者要素以及呈现模式因而是两个互为分离的维度。将一个行动表征同时表征为施动者不明确和表征为源自第一人称视角——这并不矛盾"(de Vignemont 2009:286)。第一人称视角是自身明确的,这一事实并没有排除从该视角出发将另一个施动者感知为他人的可能性;尽管这是真的,但这一点并没有涉及施动者的中立性议题。关键之处并不在于,从第一人称视角观察行动的感知主体,与该被观察到的行动的施动者地位之间存在着矛盾;相反,如果这意味着一个行为被有意识地经验到,那么问题就在于"赤裸裸的意向"或"施动者中立性"这个概念。理佐拉蒂(Rizzolatti)写道,"镜像神经元使得我们可以不通过概念推理,而是通过直接的模仿就能把握到他人的心灵。通过感觉而非通过思考"(转引自 Blakeslee 2006)。如果这是为了应用于一个被有意识经验到的行动。包含于该感知之中的特定次人格进程的施动者中立性,并不等同于现象学之中的施动者中立性。

⑥　关于次人格与人格层面的同构性问题,参看 Gallagher 1997;Hurley 2005;以及 Varela 1996。

延伸阅读:

· Alain Berthoz and Jean-Luc Petit, *The Physiology and Phenomenology of Action*. Trans. C. McCann. Oxford: Oxford University Press, 2008.

· Frederique de Vignemont and Adrian Alsmith (eds.), *The Subject's Matter: Self-Consciousness and the Body*. Cambridge, MA: MIT Press, 2017.

· Shaun Gallagher, *Action and Interaction*. Oxford: Oxford University Press, 2020.

· Marc Jeannerod, *The Cognitive Neuroscience of Action*. Oxford:

Blackwell Publishers, 1997.

· Elisabeth Pacherie, The phenomenology of action: A conceptual framework. *Cognition*, *107*(1), 2008: 179–217.

· Susan Pockett, William P. Banks, and Shaun Gallagher (eds.), *Does Consciousness Cause Behavior*? Cambridge, MA: MIT Press, 2006.

· Johannes Roessler and Naomi Eilan, (eds.), *Agency and Self-Awareness*. Oxford: Oxford University Press, 2003.

第九章　我们如何认识他人

我们如何知道并理解他人？社会认知本质上到底是感知性的，还是推论性的？我们对他人的理解原则上类似于我们对树木、石头和云朵的理解，抑或它跟我们对无生命对象的理解截然不同？我们是通过跟自己类比来理解他人——也即，自身理解之于他人理解具有某种优先性？抑或说对自我和他人的理解是同等源初的，基本采用了相同的认知机制？

根据一个广为流传但却是谬误不已的观点，即便现象学之于理解心灵或许可以提供有价值的洞见，但这并不包含任何对社会认知的解释。比如，丹尼特认为，传统现象学承诺了一种方法论上的唯我论；经典现象学家所关切的只是自己的心灵生活，而非研究他人的心灵生活，因而它所参与的是一种自我现象学思考（autophenomenologizing）(Dennett 1987：153-154)。但正如我们接下来可以看到，任何熟悉现象学传统的人都不会赞许这样的主张——也即现象学未能分析他人的心灵。但在进入现象学所能提供的东西之前，让我们先看一下当代论辩中的一些标准选项。

第一节 心灵理论论辩

数十年以来,关于社会认知之本质的大多数讨论都发生于所谓"心灵理论"(theory of mind)论辩这个框架内。"心灵理论"这个表述作为简称,一般而言是指我们将心灵状态归属给自己和他人的能力,以及就诸如意图、信念和欲望等心灵状态来解释、预测和说明行为的能力(参看 Premack & Woodruff 1978:515)。尽管人们一开始假定,把握并使用一种理论才为个体提供了归属心灵状态的能力,但当代的论辩却在这个议题上产生了分歧,而且在一段时期内它被视为是两种观点之间的争论。一方面是"理论理论"(theory theory),另一方则是"模仿理论"(simulation theory)。

理论理论之所以是这个称呼,是因为它主张我们对他人的理解依赖于采用一个理论性立场;它需要求助于一个特定的理论——即大众心理学(folk psychology),它提供了关于人们为何做其所做的常识性解释。与之相对,模仿理论则是类比论证的后代(比如,参看 Gordon & Cruz 2006),它主张我们对他人的理解是基于对他人信念、欲望或情感的自身模仿。我将自己放到他们的位置,追问自己会想什么或感觉到什么,然后再将结果投射到他们身上。基于这个观点,我们并不需要理论或大众心理学,因为我们能够用自己的心灵当作他人心灵之所是的模型。

当然,这个齐整的划分太过简单化了。这不仅是因为存在着几种结合了理论理论和模仿理论的混合理论,而且因为这两种立场在理论上都不是铁板一块。理论理论的分歧点基本上在于:其理论到底是天生且模块化的(卡卢瑟和贝隆-柯亨),还是它跟通常的科学理论一样是习得的(戈普尼克和韦尔曼)。而对于模仿理论者而言,一些人主张该模仿包含了有意识的想象和精细的推理(戈德曼),一些人则坚持认为模仿本质上是非推理性的,尽管它是显性的(戈登),而另一些人则认为模仿是隐性和次人格的,而非显性和有意识的(格雷瑟)。

然则,一般而言,理论理论认为,对有心灵之存在者(不管是自己还是他人)的理解本质上都是理论性的、推理性的,因而是类科学的。它将心灵状态的归属视为一种达到最佳说明的推论和对行为数据的预测,认为心灵状态是不可观察到的,并且是理论上假定的实体。因而它否认我们对这类状态具有直接的经验。我们注意到许多哲学家(包括现象学家)主张,我们需要概念来提取并把握被给予之物和已然呈现给我们之物在信息上的丰富性(比如鉴赏家可以分辨出红酒中的香气和味道,而其他人对此则不甚敏感)。许多人也会赞同这样的观点,即我们的观察受到在先经验的影响并为之所丰富。然而,当理论理论主张对心灵状态的归属以理论为中介,它就预设了某种更为激进的东西。其观点基本上在于,采用理论才使得我们可以超出在经验中被给予的东西:

> 人类心灵最重要的能力之一在于构想并思考自身以及其他的心灵。因为他人的心灵状态(以及我们自己的)之于感官是完完全全隐藏起来的,它们只能被推论出来(Leslie 1987: 139)。

心灵状态以及具有它们的心灵，必然是不可观察的建构物，它们必须被观察者所推导出来，而不是被直接感知到(Johnson 2000:22)。

我们应该注意到，理论理论辩护的其实是个双重议题。它不仅主张我们对他人的理解本质上是推论性的，它还认为我们自己的自身经验也是以理论为中介。毕竟，其基本观点在于，对心灵状态的任何指涉都包含了一个理论立场，因而包含了某个心灵理论的应用。

错误信念测试

关于心灵理论发展路径的主张通常是基于错误信念实验（false-belief experiments）。这个测试的一个简单版本包括：一个小孩发现蜡笔盒里实际放着蜡烛。另一个人（或一个人偶）进到房子里，人们会问小孩这个人（或人偶）会以为蜡笔盒里是什么。平均而言，三岁的孩子会认为，另一个人会说，盒子里是蜡烛；而四岁孩子则会认识到，另一个人（或人偶）会有错误的信念——也即因为这是一个蜡笔盒，所以它会有蜡笔在里边。那么，儿童成功通过错误信念任务的能力为何会让人产生兴趣？通过将错误信念归属给他人（以及自己），人们假定儿童能够理解自己的信念可能不同于真实世界的事件和处境，因而与之有差别。小孩对人们具有错误信念的理解因而就提供了一个富有说服力的证据，也即小孩能够理解世界与心灵之间、实在与有关实在的信念之间的差别。简言之，为了让小孩将错误信念归属给自己或他人，他必须具有关于信念的信念。他必须掌握某种心灵理论。

图 9.1　错误信念场景（来自 Frith & Happé 1999）

其他的错误信念测试包括了叙述或小游戏。比如，在贝隆-柯亨等人（Baron-Cohen et al. 1985）[的研究中]，三组小孩被测试：20 个自闭症小孩（平均实足年龄为 11 岁 11 个月；平均语言心灵年龄为 5 岁 5 个月），14 个唐氏综合征（平均实足年龄为

10岁11个月,平均语言心灵年龄为两岁11个月),以及27个正常的儿童(平均实足年龄和语言年龄为4岁5个月)。这些儿童坐在实验者对面,他们前面的桌子上放着两个玩偶,萨利(Sally)和安娜(Anne)。萨利有一个篮子,而安娜则有一个箱子。萨利在篮子里藏了一个石球,然后就离开房间散步去了。这时候,安娜则将石球从萨利的篮子里取出来,然后放在自己的箱子里。当萨利回来时,实验者会问儿童一个信念问题:"萨利会在哪找她的石球?"(参看图9.1)。当然,正确的答案是"在萨利的篮子里",而错误的答案则是"在安娜的箱子里"。如果儿童给出了正确的答案,我们就假定他们发展出了一种心灵理论,以便能认识到萨利具有一个跟自己的信念不相同的错误信念。四岁及以上的儿童在面对这个问题时通常能够说萨利会看看篮子,因为这是她(错误地)以为的石球的藏身之所。但更年幼的儿童则通常指向箱子,意味着他们认为萨利会在石球真实所在的地方去找它。他们显然未能够认识到,他人的信念可能是错的(Frith & Happé 1999:3-4)。在这个实验中,所有儿童都能够回答关于石球的事实性问题和位置问题,但只有20%的自闭症儿童才能回答信念问题,对此86%的唐氏综合征儿童、85%的正常儿童均可以回答。由此得到的结论是,自闭症儿童不具备完全发展起来的心灵概念(可以参看Hobson 1993;Zahavi & Parnas 2003等人的批判性评议)。

就理论理论而言,我们对他人的理解主要是从事一种超然的知性进程,从自己的信念推导及他人的信念;而模仿理论则认为,我们对他人的理解借助了我们自身的动机跟情绪性资源。因而，跟前者相对，模仿理论者会否认植根于我们心灵处理（mentalizing）或心灵读取能力之中的是一种理论。他们认为，我们不具有这种理论，或至少不具有完整的理论以便能够支持我们胜任所有的心理学概念。就此而言，不同版本的模仿理论都是一致的。然则，模仿理论的正面解释是什么——自此意见就分道扬镳了。我们在此聚焦于戈德曼的显性模仿版本，因为该版本最为明确地依赖并涉及一种名副其实的"模仿"流程。我们之后会回到下述问题——我们对他人的理解是否可以基于更为隐性的模仿？

根据戈德曼，我们对他人心灵的理解依赖于我们对自己心灵的内省式通达；我们的自身归属能力先于他人归属的能力。更明确而言，戈德曼认为，我对他人的理解依赖于我将自己通过想象的方式投射到他人处境的能力。我使用自己的想象，以便将自己放到目标的"心灵之鞋"之中。比如，如果我见证了一个移民被柜员羞辱，我可以通过下述程序来把握这个移民的心灵状态，并且预测他后续的行为。通过显性的模仿，我可以在想象中将自己放到他的处境，我会想象自己在相似的情形下会如何感受和回应，并且在类比的基础上可以将类似的状态归属或投射给我正在模仿的那个人（参看 Goldman 2000）。戈德曼对这个过程提供了一个分步式的描述：

> 首先，归属者在自身之内造成一种假装状态，以图能符合目标的心灵状态。换句话说，归属者试图将自己置入到目标的"心灵之鞋"之内。第二步是将这些初始的假装状态（比如诸信

念)导入到归属者自身心理学的某种机制之中……并允许这个机制在这些假装状态之上运作,以便产生出一个或多个新的状态(例如某些决定)。第三步,归属者将这些产出的状态分配给目标(Goldman 2005:80-81)。

人们可能会想,其第一步就有问题:"归属者在自身之内造成一种假装状态,以图能符合目标的心灵状态"。这意味着模仿者对他人那里发生的事情已经有某些想法了。但这个知识又是从哪来的呢?为何这不是我们所要解释的首要事项?混合理论则将理论理论跟模仿理论结合起来,认为大众心理学所提供的不是他人那里所发生之事的意义,而是一些一般性规则——也即人们在特定处境中如何思考和行动,而这是模仿理论者可以用来产生模仿程序所需要的假装状态(例如 Currie & Ravenscroft 2002)。与之相对,戈德曼则求助于次人格的镜像响应(mirror resonance)机制(参看下面的讨论),尽管他又会面临着这样的问题——如何将这些进程翻译为对命题态度的概念性把握。

在心灵理论论辩中,双方都面临着困难。比如,人们可以质疑理论理论中的一些经验性主张及其意涵。如果心灵理论对于有心灵存在者的经验是必需的,那么任何缺少这一理论的存在者就会缺少自身经验以及他人经验。但依据一个标准的观点,儿童只有到四岁左右才获得心灵理论。因而,它的一个直接蕴含看起来就是,婴幼儿在早先的三到四年中就缺少任何对自身以及他人的理解。但这是真的吗?当被问及这个问题时,一些理论理论者就会引用各种机制——它们可能被视为心灵理论的前导(参看 Baron-Cohen

1995），然后会事实上承认，儿童在掌握真正的心灵理论之前确实理解（经验到）自己和他人那里的诸如情绪、感知和欲望等心灵状态。他们认为，这些儿童所缺乏的是对表征性心灵状态的理解（参看 Wellman et al. 2001：656, 677）。但是，既然"表征性心灵状态"这个术语相当地含混，承认这一点并没有帮助澄清这里的情况。这个术语有时被用于涵括所有的意向状态，包括感知；它有时又更为严格地被用于涵括真正的信念（思想）。这个摇摆使得理论理论所瞄准的是个移动的靶子。它同时还有一个威胁；也即它使得我们只能在两个选项之间进行令人并不舒服的选择。选择之一便是辩护一个非常强的——甚或说非常极端的——主张，也即在获得心灵理论之前，儿童对自己的心灵片段没有任何第一人称的通达，对其他具心的存在者没有体验。另一方面，它可以辩护一个稍弱、但人们会觉得有些平庸的主张，也即通过狭窄且概念上复杂的术语来定义表征性心灵内容，以至于怪不得我们需要一种相对高阶的认知复杂性才能够理解它们并将之归属给自身和他人。换言之，人们可以将心灵状态定义为纯粹内在的和私人性的，定义为有意义行动以及表达性行为中不可见的东西。基于这样一种心灵状态的概念，我们就有充分的理由来相信，儿童只能在相对后期的阶段才掌握概念并将之归属给他人和自己。然则，一个显然且关键的问题在于——人们为何要一开始就采用这样一种狭窄的心灵理解？

而就模仿理论而言，人们一开始可能会质疑是否有任何经验上的证据在支持该主张——也即我们对他人的理解依赖于有意识的模仿流程。考虑一下大部分显性模仿理论的版本，其主张是说该模仿不仅是显性的，而且还是普遍的。也即，我们在所有时间里都在用

第九章 我们如何认识他人

它,或者至少它是理解他人的默认方式。戈德曼认为下述主张更为温和:

> 最强版本的模仿理论会说,所有情形的(第三人称)心灵处理都采用了模仿。一个温和的版本会说,例如,模仿是心灵处理的一种默认方法……我更倾向于这个温和的版本。模仿是人际间心灵处理的一种初始的、基底的形式(Goldman 2002: 7-8)。

第三人称心灵处理意味着一个人尝试去理解他人,而非尝试去理解自己(这会是第一人称)。但如果模仿同时是显性和普遍的,那么人们就会觉知到自己在有意识地模仿他人心灵状态时所经历的不同步骤。那这是否有什么现象学的证据呢?对显性模仿理论的一个简单的现象学反驳在于,当我与他人互动或对之有所理解时,并没有经验上的证据表明我在使用这种有意识的(想象性的、内省性的)模仿流程。也即,当我们征询自己如何理解他人的一般性经验时,我们并没有发现这样的流程。当然,这并不是说我们从来都不使用模仿——但这本身就说明了一些事情。也即存在这样的情形——当遇到一些不可解释的行为时,我确实尝试通过模仿程序来理解他人。然则,这显然是非常罕见的情形。进而言之,我可以轻易就觉知到,我事实上在采用这个程序,在我正在做时尤其明显——这是因为这通常是例外。但这跟下述想法相左——也即我在日常情形中都使用模仿。我们的大部分相遇都不是通过第一人称程序来解决的第三人称的谜题。相反,它们涉及具身性的交互,其中我对他人情绪性表达的感知以及我们共同的实践性或社会性的语境化互动，都有助于我理解其他人所发生的事情。维特根斯坦曾就这个角度提出一个正确的问题："你是朝内看向自己，以便识别出他脸上的愤怒吗？"（Wittgenstein 1980：§927）。

另外，人们可能会问，用第一人称的想象性实践来刻画我们的他人经验——这真的合法吗？当我们将自己用想象的方式投射到他人的视角之中，当我们将自己投入到他或她的心灵之鞋中，我们是否真的就获得了对他人的理解，还是仅仅重复了自己？如果我将自己模仿的结果投射给他人，我只是在另外的处境中理解了自己，但我并不必然就理解了他人。正如利普斯（Theodore Lipps）在辩护了一个跟戈德曼非常相近的立场之后，他总结道："从心理学上来考虑，其他人类不过是自我的复制而已"（Lipps 1900：418）。但如果确实是如此的话，那么模仿进程能否允诺一种真正的他人理解？斯佩尔曼（Spelman）对这个假定提出了一个有力的批评：

> 当我在感知某人时，我必须预备着在全部时间内都要接收新的信息，并让自己的行动相应地进行配适，让我的情感随着回应他人之所做而展开，而不管我是否喜欢她所做的事情。而当我仅仅是在想象她时，我可以逃脱她的实在性强加在我身上的那种约束（demand），从而在自己的心灵里用这样一种方式来建构她——也即我可以占有她，使之变为某个永远不会顶嘴的人或东西（Spelman 1998：181）。

第二节 隐性模仿的问题

对于隐性版本的模仿理论,我们也可以提同样的问题。模仿理论近年通过求助于神经科学证据,获得了更多的支持,这包括镜像神经元(mirror neurons)在次人格层面的激活、共有表征,或更为一般而言——响应系统(resonance system)。如果模仿是次人格的,而非某种我们会觉知到的东西,那么现象学就不再能提出异议,因为现象学并不能让我们通达次人格领域。然则,就这方面而言,重要的是要注意到,隐性版本的模仿理论事实上是对显性版本的反驳。也即,如果我们的他人理解事实上是以隐性的、自动的模仿程序为中介,那么我们就不需要更为显性的版本了。确实,如果隐性版本的模仿理论能够解释显性模仿在现象学上的不足,它将能够支持现象学对显性模仿的反驳。基于这一点,格雷瑟(Gallese)写道:

> 不管我们何时面对这样的处境——即对他人行为的展露要求自己的一种回应(不管是主动的,还只是注意性的),我们都很少参与到显性的、深思熟虑的解释行为之中。我们在绝大多数情况下对处境的理解都是直接的、自动的,很多时候类似于(条件)反射(Gallese 2005:102)。

一个初始的担忧可能在于——隐性模仿理论者称之为"模仿"的东西并不等同于初始版本的模仿理论对"模仿"的定义,后者对模仿的工具性控制以及某种假装的参与似乎都是其关键。对于次人格进程而言，这两个刻画都失败了（Gallagher 2007）。确实，戈德曼提出了一个疑虑：

> （神经模拟）模型真的符合模仿理论的样式吗？由于这个模型设定了无中介的响应，它并不符合通常的模仿例子，其中假装状态被创造出来，然后由归属者自身的认知工具（例如决策机制）来操作，得出一个被归属给目标的输出（Goldman & Sripada 2005：208）。

为了回应上述疑虑，戈德曼和思瑞帕达提出了一个关于模仿的类定义，以便排除工具条件和假装条件：

> 一般的模仿概念在于，模仿进程在相关的方面跟被模仿的进程是相似的。应用到读心（mindreading），一个极小的必要条件就在于，被归属给目标的状态被认为是归属者示例、经历或经验该状态的一个结果。在成功模仿的情形中，被经验到的状态跟目标的状态相吻合。这个模仿的极小条件在神经元模型中得到了满足（Goldman & Sripada 2005：208）。

那么，神经科学看起来支持隐性模仿这个想法的东西是什么呢？其基本的发现在于，人们的动觉系统在跟他人相遇时会反响或响应。比如，当我感知到另一个人在执行有意向的行动时，我的动觉系统就被激活了。当我参与到具体的拿工具的行动，以及当我观察到其他人参与到这类行动时，前运动皮层以及布洛卡区域（也即人类大脑中一般跟动觉控制和语言相关联的区域)的神经元会分别被激活(Rizzolatti et al. 1996)。另外，额叶和顶叶皮层中部分特定叠加的神经元区域(共有表征)在下述条件下也会被激活：1. 当我在进行一个意向行动时；2. 当我观察到其他人在进行该行动时；3. 当我想象自己或其他人进行该行动时；4. 当我准备模仿其他人的行动时(图 9.2)(另参看 Grezes & Decety 2001)。

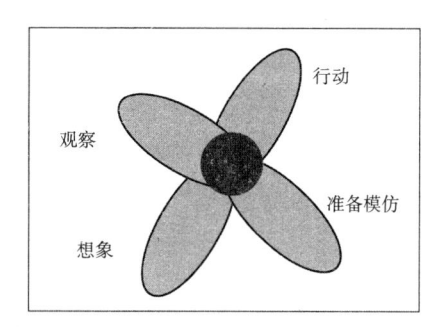

图 9.2 共有表征

这些次人格的机制据称构成了对他人之意向的模仿(Gallese 2001；Gallese & Goldman 1998)。格雷瑟在下述主张中清楚地写道：

> 当我看着某人在执行一个行动时，除了各个视觉区域的激活，还有动觉回路也一同被激活了——当我们自己执行该行动时后者会被整合进来……我们的动觉系统变得活跃了，好像我们自己在执行我们正在观察的同一个行动……对行动的观察意味着对行动的模仿……我们的动觉系统开始隐秘地模仿被观察主体的行动(Gallese 2001：37-38)。

这包括由"自动的、隐性的且非反思性的模仿机制"所产生的次人格进程(Gallese 2005：117)。这些进程本身是非常真实的，且有很多神经科学的证据支持这一点。但将这些进程刻画为模仿——这是否合适呢?[1]

一如前述,对模仿理论的一个可能的反驳在于,既然它采用了一个第一人称的模型,或至少是局限于自我系统(发生于自己的心灵或动觉系统之内的模仿)的模型,那么就没有什么能证实那些必然是发生于其他人身上的事情。隐性版本模仿理论的辩护者对此有一个答案。一如前一章所述,镜像神经元(以及共有表征)据称是对施动者中立的——它在自我行动以及观察他人行动时都被激活。因此,系统的激活所模仿的是意向行动,而未确定施动者(de Vignemont 2004;Gallese 2005;Hurley 2005;Jeanneord & Pacherie 2004)。就此而言,次人格模仿进程就跟其显性版本的表亲一样,包含了多个步骤。首先是初始感知系统的激活,例如视觉皮层——这对应于对行动的看;这马上(30-100毫秒之后)就跟随着共有表征的激活——它以中立的模式产生了一个主体中立的行动理解;然后又跟随着对能动性的确定(也即明确谁做了该行动——自己还是其他人)(Jeannerod & Pacherie 2004)。[2]

然则,这些神经科学的数据对另一个更为经济的解释是开放的。人们可以轻易地主张,我们所谈论的神经元响应进程事实上是构成人际间感知进程的部分,而非额外的认知性的模仿步骤。也即,我们可以将这些进程视为直接感知他人意向的基础,而非一个特殊的模仿其意向的心灵进程。这个主张要求,我们将感知视为时间性现象,作为一个实行的因而包含动觉进程的现象。首先,镜像神经元在恰当的视觉刺激之后的30-100毫秒才被激活。即便就神经科学而言,这是一个视觉皮层的激活与前运动皮层的激活之间的一个极短时间段,这就构成了一个问题:在感知行为与据称是模仿的行为之间,其界限到底在哪里?即便有可能区分出视觉皮层的激活跟前运动皮层的激活,这并不意味着这个区分可以将感知与模仿区分为分步骤的进程。

让我们对此更为小心和清晰些。格雷瑟以及神经模仿主义者并不是主张,分步骤的神经元进程(视觉皮层的感觉激活,伴随着镜像系统的激活)产生了分步骤的感知加模仿的意识进程。格雷瑟认为,模仿保持为隐性或无意识的,但该镜像系统的激活本身可以在功能上被解读为一个模仿进程。然则,我们对此可以提出一个重要的关切。

如果感知是一个实行过程——感觉动觉,而非只是感觉接收(参看第六章),那么当感知是关于他人行动之时,将响应过程视为感知过程的结构的一部分,可能更为恰当。基于此解释,镜像激活就不是模仿的激发,而是对他人正在做的事情进行实行性、交互主体性感知的一部分。在现象学层面,当我看到他人的行动或姿态,我看到(我直接感知到)该行动或姿态是有意义的。我看到了快乐或愤怒,或者我在他人面孔、姿势、姿态或行动中看到其意图。我看到了它。我无需模仿它。我直接就看到:这是他们的行动、姿态、情绪或意图;只有在极少数情况下,我才会将之跟自己混淆起来。

第三节 同感与类比论证

现象学传统包含着丰富但是也非常多样甚至有时是相互竞争的交互主体性学说。接下来,我们不能去涵盖所有不同的版本,但会聚焦于跟当代论辩议题最为直接相关的那些学说。

让我们将出发点放在一个经典的处理他心问题的尝试——也即著名的"类比论证"。这个论证如下。我所能直接通达的心灵只有我自己的心灵。我对他人心灵的通达总是以其身体行为作为中介。但对他人身体的感知如何能够提供关于其心灵的信息呢？在我自己这里，我可以观察到，当我的身体受到因果影响时，我自己具有经验，而这些经验通常带来特定的行动。我观察到其他身体受到因果影响并做出类似的行动，因此我通过类比推断其他身体行为所关联的那些经验与我自己所具有的相似。在我自己这里，被热水烫到关联于一个剧烈的痛感；这个经验导致一个非常特殊的行为——哭喊。当我观察到其他身体被热水烫到并且它发出哭喊，我就推导出它很可能感到了疼痛。因而，类比论证可以被解释为一种达到最佳说明的推论。这个推导将我们从被观察到的公开行为导向隐藏起来的心灵原因。尽管它并不提供关于他人的不可置疑的知识，尽管它并不能让我实际上经验到他人的心灵，它至少给予我更多的理由，以便相信他人心灵的存在，而非否定它。

那么，这一经典的论证跟当代心灵理论之争论之间到底处于什么关系呢？更为具体而言，类比论证如何分别跟"模仿理论"以及"理论理论"相互联系起来呢？这个论证包含了这两个选项之间的差异。它认为我们对自己的心灵具有直接的通达，认为这一自身亲知构成了理解他人的出发点（也即它坚持认为我们通过跟自身的类比来认识他人）——就此而言，它跟模仿理论（的某一版本）具有亲缘性。另一方面，它认为我们对他人的理解是通过求助于达到最佳说明的推论，后者使得我们可以将所观察到的公开行为与一个隐藏着的心灵原因连接起来,如此类比论证又分有了"理论理论"的一些基本主张。

现象学家马克斯·舍勒对类比论证则不以为然。正如他指出,该论证预设了它所要解释的东西。我自己的身体,因为它以内体感和本体感的方式被我感觉到,并不是点对点地跟他人的身体相对应,因为他人的身体是一个以视觉的方式呈现给我的身体。确实,如果我看到自己的笑声或尖叫声与他人的笑声或尖叫声之间的相似性,那么我就需要采取一个更为全局的视角。我就需要将身体姿态理解为表达性现象,理解为愉快或痛苦的表现,而非仅仅是物理动作。如果类比论证的进行需要这一理解,那么这个论证就预设了它所要论证的东西。换言之,我仅仅当自己已经确认所观察的是具有心灵的创造物,但只是不太确定应该如何精确地解释该表达性现象时,我们才采用类比推理(Scheler 1954:240;参看 Gurwitsch 1979:14, 18)。

舍勒还质疑了类比论证所采用的两个关键预设。首先,它假定我的出发点是自己的意识。我的意识首先以一种非常直接的、无中介的方式被给予,正是这个纯粹的心灵上的自身体验接着被当作使得识认他人得以可能的东西。人们在自身之内是自足的,然后才不得不将自己在自身内所熟识的东西投射到他人之上——也即自己所不认识的他人。其次,该论证还假定我不可能直接通达他人的心灵。我们从不能经验到他人的思想或感觉。我们只能基于自己的感知(也即他人的身体和行为显现)而推导出它们必然存在。尽管这两个预设可能初看起来非常显而易见,舍勒却将之都否定掉了。他认为,类比论证低估了自身体验之中所包含的困难,也高估了他人经验之中所包含的困难(Scheler 1954:251)。我们应该承认自身体验中的具身性和嵌入性,也不应该忽略他人身上所能直接被感知到的东西。也即,舍勒指出具身性在这一关系两侧的重要性:他否认我们一开始的自身亲知纯粹是就心灵而言的,是独立于他人而发生的;他也否认我们与他人的基本亲知本质上是推导性的。我们可以在他人的动作、姿态、面部表情和行动之中感知到他们的愉悦、悲伤、困惑乃至热切,或者他们有疑问或关切,等等。

> 因为我们当然相信自己在他人的笑声中直接就亲知其愉悦,在其眼泪中亲知其悲伤和痛苦,在其涨红的脸中亲知其羞愧,在其伸出的双手中亲知其恳求,在其充满爱意的眼神中亲知其爱意,在其紧咬的牙齿中亲知其愤怒,在其握紧的拳头中亲知其威胁,而在其语词的发声中亲知其思想的要义。如果有人告诉我,这不是"感知",因为感知不是这样的,因为感知不过是"物理感觉的复合",因而当然不存在对他人心灵的感觉,也不存在源于此的刺激,那么我会恳请他离开这类可疑的理论,而引导他去看看现象学的事实(Scheler 1954:260)。

因而,我们采用心理学的术语来描述行为——这自然不是一个巧合。确实,如果仅仅以单纯的动作来描述行为,这会是非常艰难的事。感情状态与情绪状态不仅仅是主体体验的性质;相反,它们也是表达性现象,也即它们在身体姿态、行动中被表达出来,因而它们对他人而言就变成可见的。在现象学的描述层面,如果我们主张人际间理解是多个阶段的过程,其中初始阶段是对无意义之

第九章 我们如何认识他人　　*353*

行为的感知,而最后阶段是基于知性的心理学意义归属——这是非常成问题的。在绝大多数情况下,我们很难(也是人为地)将一个现象清楚明了地划分为心理学维度以及行为维度——只要想一想诸如微笑、握手、拥抱、闲暇时的闲逛。在面对面的相遇中,我们所面对的既不是一个单纯的身体,也不是一个隐藏的心灵,而是一个统一的整体。舍勒谈及"表达统一体"(expressive unity [Ausdruckseinheit])。只有在后续通过一个抽象的过程,这个统一体才能被分解开来,而我们的兴趣才进而"朝内"或"朝外"(Scheler 1954:261)。

那么,在他人理解以及交互主体性问题中,现象学的观点则强调非心灵化、具身化的感知路线。我们从这一基本的认识开始:他人的身体呈现为一种与其他物理物截然不同的东西;相应地,我们对他人身体在场的感知也不同于对物体物的感知。他人在身体在场中是作为"活生生的"身体而被给予的,是作为一个主动参与到世界之中的身体而被给予的。一如萨特指出,如果认为我一般会像对待生理学所描述的躯体对待他人的身体,那将是一个关键的错误。他人的身体不是作为一个孤立的对象而被给予的,而是作为一个处境或富有意义的境况的一部分而被给予的,后者则由该身体的行动与表达所共同决定(Sartre 2018:461)。

在早期现象学中,对于我们如何理解他人的讨论通常是在讨论"同感"(empathy)之角色的语境中展开的(参看 Husserl 1989;Scheler 1954;Stein 1989;Zahavi 2014)。对于现象学家而言,同感不应混淆于情感传染、想象性的视角获取、同情(sympathy)或者怜悯(compassion)。相反,他们认为同感是一种基本的、感知的他人理解形式;这为其他更为复杂的、间接的人际间理解形式奠定基础和前提。因而,他们通常互换着使用"同感"、"他人经验"或"他人感知"这些术语。在他们看来,人们在面对面的同感相遇中可以获得有关他人经验生活的亲知,这种相遇具有这样的直接性和即时性,而当他人不在场时,不管你可能对之有何种信念,这种信念都没有这种直接性和即时性。简言之,以同感的方式经验到他人是愤怒的,跟假定或相信或推导他人是愤怒的,这两者显然不一样(Zahavi 2010, 2011a, 2012, 2014, 2017a; Zahavi & Rochat 2015)。

然则,当人们遇到这样一种观点,即我们能以同感的方式经验到他人的心灵(Scheler 1954:9),人们可能会质疑我们对他人之体验生活是否真的具有同类的通达,就像我们通达自己的体验生活一样。这当然为胡塞尔所驳斥。他承认自我对他人的经验具有一种类感知(quasi-perceptual)的特征,也即它如其本身那样把握到他人。但与此同时,胡塞尔也说,尽管他人的身体就其亲自在此(in propria persona)而言是直观地被给予的,但他人的体验则不是如此。后者永远也不可能像我自己的体验那样以同样源初的方式而被给予我。简言之,同感既跟感知相似,也跟之有所不同。一方面,它是直接的、非中介的、非推论性的——因而它跟感知相似;然则,它并不向我们提供关于被同感之体验的最为完整的在场(后者只为该体验的主体所有)——因而它跟感知不同(Husserl 1989:208)。即便梅洛-庞蒂也会同意这一点。他认为,即便我可以在他人的行为中、在他人的面容或手臂中感知到他的悲伤或愤怒,即便我无需求助于任何"内在的"痛苦或愤怒体验就能理解他人,但其悲伤与

第九章 我们如何认识他人　　*355*

愤怒之于自我而言从不会具有之于他人本身的同样意义。对我而言，这些处境是被展示出来的，而对他人而言，它们则是被体验到(Merleau-Ponty 2012：372)。

但这是否意味着我们必须在舍勒与胡塞尔(包括梅洛-庞蒂)之间做出取舍呢？并不必然如此。调和其中不同观点的方式之一或许如下。当我们主张可以经验到他人时，而作为结果我们并不必须完全依赖和采用推理、模仿或投射，这并不意味着我们可以像他人体验自身那样经验到他人，也不意味着他人意识正如我们自己的意识那样可以用相同的方式被通达到。通达心理状态的第二(第三)人称方式确实不同于第一人称的方式。但我们不能犯这样的错误——也即将经验的通达方式限制并等同于第一人称的通达。我们可以以不同的方式经验到心灵。但我经验到他人的面部表情或有意义的行动时，我正经验他的主体性，而非仅仅是想象之、模仿之或对之进行理论化。而我之所以会犯错或被欺骗，这个事实并不构成反驳通达之经验特征的论证。

另一方面，我对他人心灵的经验通达不同于对自己之心灵的经验通达，这一事实并非瑕疵或缺陷。相反，这个差异本身是构造性的。恰恰是因为这个差异，也恰恰是因为这个非对称性，我们才可以主张说，我们所经验到的心灵是"他人的"心灵。一如胡塞尔指出，如果我跟通达自己的心灵一样对他人意识具有同样的通达(方式)，那么他人就不再是他人了，而会成为自我的一部分(Husserl 1999：109)。换言之，为了获得人际间的理解，我们必须拒绝两种主张：一种是他人的任何东西都是不可见的；另一种是关于他人的所有东西都是可见的。确实，更为准确地刻画此间的事态或许是

210

说，我们将身体与行为的表达经验为该表达之外的经验生活的表达。故此，他人的被给予性乃是极为独特的一种。他人的他者性恰恰显现于其隐匿性与不可通达性。一如列维纳斯所观察到的，他人的不在场正是他作为他人的在场(Lévinas 1979：89)。也即是说，他人之心超出了我们所把握到的东西，但这并未使得我们的理解变成非经验性的。

　　自始至终，现象学家都一致地强调同感以他人为中心的特征。一如施泰因所说，同感行为的对象或目标位于他人而非自己(Stein 1989：10-11)。这也是为何现象学家都异口同声地拒绝了这样一个提议，也即同感乃是情感分享的问题，而不管这是否蕴含着他人的经验实质上被传递给我，或者我至少必须经历自己在他人那里所观察到的同一类经验(比如说，对你的悲伤感到悲伤)。对于现象学家而言，这两个提议都错失了同感之为同感的东西，并将之与情绪传染和同情相混淆起来。比如说，以同感的方式经验另一个人的情绪就必然不同于你自己经历该情感的方式。在同感中，你所面对的是你自己并未经历的一种经验之在场。如果我同感到你的悲伤，我具有这么一种感觉，即你之感到悲伤会像是什么，而不需我自己感到悲伤。但即便我对该悲伤缺乏第一人称的通达，同感仍是一种独特的、与他人的经验交往，它使得我能亲知到他人的经验，该经验作为此时此刻存于此的东西而直接被给予。胡塞尔曾经评论道，在同感中，意识超出了自身，并面对着一种全新类型的他者性(Husserl 1973a：8-9，442)。因此，现象学家也会强烈地反对这样一种主张，即这种同感的激发模糊了自身与他人之间的区别，并导致了一种融合的人格统一性(Cialdini et al. 1997)。

在众多新近的著作中，耶鲁的心理学家布鲁姆(Paul Bloom)大声地反对了这样的主张，即同感乃是某种我们应该努力去培养和照料的东西(Bloom 2014, 2016)。他为这个结论提供了各种理据，其中之一刚好跟前述讨论的一个要点相关，也即情感分享的作用。依据布鲁姆，同感另一个处于痛苦或悲痛之中的人正是去感受到他正在感受的东西。但如果同感者因为同感到你的痛苦而也感到痛苦，这对你就没有明显的好处了。比如你寻求医生或治疗师的帮助，你不想让他人重新经历你的痛苦或悲痛，你不想让他人被这种负面的情感所笼罩，而是想让他人保持镇定，并且关心你、同情你、帮助你(Bloom 2014:16)。就其结果而言，布鲁姆认为，限制我们同感的冲动可能是我们能做出的最富同情心的选择。基于他所采用的同感定义，这种论述的方式看起来是非常强有力的。但其问题在于，他的同感定义包含着目标与同感者之间的情感对应，这是富有争议的，且恰恰是现象学家所拒绝的。与之相对，如果同感不在于制造相似性，不在于投射、融合或同一化，而在于以一种保持并承认他人之差异的方式亲知到他人，那么同感看起来就不仅对于日常生活、而且对于临床实践都是极为重要的。

第四节　心灵主义与他心的概念问题

尽管彼此之间有不同，"理论理论"与"模仿理论"都否认我们可以直接经验到其他的心灵造物(minded creature)；这或许是我们为何需要依赖并采用理论推理或内心模仿的原因。这两个理论继而都认为，他人的心灵是隐藏起来的，它们认为社会认知理论所面临的主要挑战之一便在于，我们如何将这一隐匿的心灵实体或过程归属给某个公共可观察的身体，并且我们为何要这样做。一如所见，现象学家会反对这一问题的提问框架。他们会认为，仅仅诉诸理论或模仿都是没有根据的，因为它们都被对被给予之物、对经验上所能获得之物的过于贫乏的理解所驱动。有时，人们假定现象学的交互主体性理论大体上是跟"理论理论"相对立的，而现象学与"模仿理论"之间的关系则更加可以调和。这仅仅部分正确。事实上，通过强调自身经验的具身性质，多位现象学家已经提醒人们注意，回头来看，戈德曼的模仿理论看来具有一个极为困难的难题。戈普尼克等理论理论者历来强调将心灵状态归属给自我与他人之间的平行性（Gopnik 1993），戈德曼则强调了其非对称性。但如果我们开始接受心灵与行为之间的概念性分离，如果我的自身体验完完全全是心灵意义上的，而我对他人的经验却完完全全是行为性质的，那么我们就需要理解为何我甚至会认为还存在着其他的心灵造物。正如戴维森（Davidson）写道：

> 如果他人的心灵状态只能通过其行为以及其他外在的显现而被知道，而我们自己的心灵状态则不是这样，那么我们为何要认为自己的心灵状态与他人的心灵状态相类似呢？（Davidson 2001：207）

如果我们采纳麦克库洛赫（McCulloch 2003：94）所称的"拒绝行为的心灵主义"（behavior-rejecting mentalism），也即如果我们否定具身性跟身体行为在经验与认知之中具有任何本质性的角色，如果我们否定具身性与环境之嵌入性对于具有心灵是本质性的,那么我们就很难摆脱掉"他心的概念性问题"(conceptual problem of other minds)了。如果我的自身经验就其初始的情况而言是纯粹心灵意义上的,以及如果我的身体在本质上并不参与到我对(某些)心理学状态的自身归属之中,而我对他人心灵状态的归属却仅仅是基于其身体行为,那么有什么东西能够保证我们可以将同一类的状态归属给自己和他人?我们怎么会拥有一个真正普遍的、同等适用于不同主体的心灵概念呢(Avramides 2001:135,224)?

梅洛-庞蒂的方案在于坚持自身经验的具身性质。倘若自身经验是纯粹心灵意义上的,倘若它只以一种直接的、独特的内向性形式在场,那么我不但缺少将他人身体识别为具身主体的方式,我还缺少在镜子之中认出自己的能力——更为一般来说,我将不能将某个主体间可描述的身体把握为自己的身体:

> 如果主体唯一具有的经验是自我通过与之相吻合而获得的经验,如果心灵就其定义而言避开了"外在观察者",并且只能从内在而被识别到,那么自我我思(my cogito)原则上就是唯一的,并且不为任何他人所"分有"。或许我们可以说,它可以"传递"给他人?但这种传递又是如何被激发的呢?究竟是什么奇迹可以真正使我在自身之外而设定这样一种存在模式——其意义要求它是从内部被把握到的?如果我没有外在,那他人也就没有内在。如果我对自身具有一个绝对意识,那么意识的复多性就是不可能的(Merleau-Ponty 2012:391)。

既然交互主体性事实上是可能的，那么在自我之自身亲知与对他人亲知之间就必然存在着某种桥梁；我对自身主体性的经验必然包含着对他人的预期。这一桥梁或共同根基乃是具身地"在世中存在"。当我经验着自己，以及当我经验他人，这里事实上存在着一个共同的分母。在这两个情形中，我所应对的都是"具身性"，而自我之具身主体性的特征之一就在于，它就其定义而言就意味着在世界之中行动、生活。用 P.F. 斯特劳森（Strawson, P.F. 1959：111）经典例子来说，当我去散步、写信或打球时，我都是在经验与世界打交道的特定方式，后者已然包含了他人，并且某种程度上预期了我对他人的可能回应。

因而，回应怀疑论挑战的一个恰当方式在于放弃对主体做心灵与身体的极端划分。这则是"表达"与"行动"两个概念变得极为关键的所在。当然，人们可以说，任何一种心灵解释都必须严肃对待主体性与第一人称视角，而聚焦于表达与行动会使得人们忽视了心灵的本质。然则，这个担忧却是被误导的。在涉及表达与行动时，没有任何东西被减少，因为主体性恰恰处于这两个概念的核心。

这个想法并不是要将意识本身还原为意向行为。但我们应该认识到，心灵现象与行为之间的表达性关系要强于单纯偶然的因果联结，尽管还弱于同一性关系。身体行为之于全部心灵现象而言既不是必要的也不是充分的，因此一方可以脱离另一方而发生——这是为何说谎、欺骗以及压抑是可能的。但这并不是说，通常情况就是如此，或者它可被设想为总是如此。作为一条规律，我们并不是独立于其中一个而认识另一个。一如维特根斯坦所说，"人们可以说'他在隐藏自己的感觉'。但这意味着，它们并不是先天地总是被隐藏"(Wittgenstein1992:35,英文部分)。事实上,一如鲁德(Rudd 2003:114)所论证的,主体间的理解之所以可能,恰恰是因为某些心灵状态在身体行为中找到了自然的表达,因为我们所习得的关于心灵状态的语言乃是我们学来应用到他人之上的语言,正如我们学习将之应用到自身。

表达之为一个桥梁,它不仅仅是关闭内在心灵状态与外在身体行为之间的裂隙。在看到他人的行动与表达性动作时,人们已然将之视为富有意义的了。这里不需要推导出一组隐藏的心灵状态。表达性行为充盈着心灵的意义;它向我们揭示出心灵。当然,它不同于心灵向第一人称视角的直接显现。我们应该尊重并保持对心理学状态的第一人称与第二(和第三)人称通达之间的非对称性,但这不是直接的确定性与不可靠的推导之间的差异。我们应该认识到每一种通达类型都具有其自身的强处与弱处。如果假定第一人称通达是优先的,并且假定第二(或第三)人称通达的内在渴望是尽可能地逼近前者,只有这时后者才"弱于"前者(Moran 2001:157)。

认为行为就其本身而言既不是表达性的,也毫无意义,这个想法本身是不可接受的。而认为行为仅仅是心灵状态的外在可观察后果,这个想法也是不可接受的。如果我们说行为是表达性的,这并不意味着它表达了或外在化了某种内在的或隐匿的东西。这些观点不仅未能认识到行为的真正本质,也向我们呈现了一个具有误导性的关于心灵的视角,即以为心灵纯粹是发生并隐匿于头脑之内的内在之物,进而造成了他心的问题(参看 McDowell 1998:393)。我们应该避免将心灵理解为某种仅仅个人所可见而对所有其他人都不可见的东西。心灵不是某种完全内在的、某种与身体和周遭世界相割裂的东西,仿佛即便没有姿态、身体表情等,心理学现象也可以完全保持为同样的。一如奥维果(Overgaard 2005)指出,心理学现象在诸多维度上延展出其触手——它们扮演着诸多公共可观察的角色,而将这些公共触手都砍掉之后,我们就只剩下一个严重扭曲了的关于心灵之物的图景了。

当某个人因为羞愧而脸红,这个脸红揭示并展现出其羞愧而非隐藏了它。当某人在牙医钻着其蛀牙而疼痛得大喊起来,我们就很难说这仅仅是行为,而其真实的疼痛则依然是隐匿且内在的。一如本内特(Bennett)和哈克(Hacker)所观察到的,只有当我们可以谈论更为直接的证据时,我们才能谈论间接的证据或者是间接的认知;但没有比看到他人痛苦地翻滚更直接地认识到他正疼痛着,没有比通过他人指出他自己正在看的东西更加直接地认识到他所看的东西,没有比通过他人诚恳的忏悔更能直接知道他人之所想了。与之相反,注意到他人床边放着一瓶止痛片跟一个空水杯,并推论说他正疼着——这则是间接或者通过推理而认知的示例(Bennett & Hacker 2003:89,93)。

这并不是行为主义。这个想法并不是要将心灵状态等同于或还原为行为或行为倾向,也并不排除某些经验状态是隐匿的;但倘若交互主体性根本上得以成立的话,那么并非全部经验都会缺少一个自然之表达③。认为证实关于黑洞或亚原子粒子等主张的间接方式提供了"一种模型以证实人类与动物主体性领域的假设"(Searle 1999b:2074),这看起来无疑异常令人困惑。

他心问题之所以如此之顽固,其理由之一在于,我们关于他人心灵生活的可通达性具有两个相互矛盾的直观。一方面，主张他人的感觉与思想显现于其表达与姿态之中——这是部分正确的；而另一方面，主张他人的心灵生活在某些方面是不可通达的——这也是部分正确的。存在着这样一些情境，我们没有理由去怀疑他人是愤怒的、痛苦的或无聊的；但也存在着另一些情境，我们对他人准确的心灵状态却毫无头绪。尽管如此，倘若主张他人的心灵状态本质上是不可通达的——这看起来却是错的，正如主张（他人的）一切都是公开可见的也是错的一样。其挑战在于调和这两种直观，而非偏执于一端（Overgaard 2005）。

因而，重要的是要理解到，我们这里所做的主张并不是身体表达性穷尽了我们的心灵生活，并且所有一切都是直接可见的。相反，我们所否定的是，身体表达性缺乏内在的心理学含义，仿佛它之所以具有其意义完全是因为这一事实，即它跟各种隐藏着的心灵状态处于某种关系之中。

因而，一个令人满意的社会认知理论必须达成某种平衡的观点。一方面，它不会夸大自身体验与他人经验之间的差异，因为这会使得我们面临概念上的他心问题。另一方面，它不会贬低自身体验与他人经验之间的差异，因为这将不会尊重他人之他者性。

第五节　现象学的问题？

一些对现象学的批评者坚持认为，认知科学所处理的是社会认知背后的真正机制，而现象学所关心的不过是事物是如何显现的。而只要人们不是如此地幼稚，以至于相信人格层面和次人格层面之间存在着直接的同构,那么也就没有理由认为,对事物之于正常的主体看起来如何做详细的描述对于认知科学具有任何相关性。如斯保丁(Shannon Spaulding)断言的:

> 理论理论与模仿理论之间关于读心的辩论是关于社会认知的架构及其对应的次人格过程的辩论。对于现象学所告诉我们的日常交往中所发生的东西,这两个理论都不承诺其中任何观点(Spaulding 2010:131)。

简言之,只要认知科学研究的是有意识的觉知底层的状态、计算和运作,那么现象学就是不相关的。

这一批评至少包含着两个问题。首先,我们需要提醒自己,认知科学为何会对所有这些次人格层面的机制如此感兴趣?它尝试去解释的到底是什么?其待解释项到底是什么?一个显然的答案自然是人格层面的社会认知与社会交往的充分多样性。但若果如此,对人格层面的现象做细致的描述很难说是不相关的了。如果我们一开始就错误地刻画了待解释项,那么后续对次人格层面机制的探寻则必然是误入歧途。

博瑞特、凯利和关(Borrett,Kelly & Kwan)等人正是认识到了这一点。他们在其2000年的论文"连接具身认知与大脑功能:现象学的角色"一文中是如此论述的:

> 现象学与脑科学之间正确的关系是数据与模型之间的关系:脑科学最终所关心的是解释大脑的物理进程产生人类经验

现象的方式；而只要现象学致力于准确地描述这些现象，那么它就提供了关于这些数据的最为完整、最为准确的展示，而这些数据最终必须被脑功能的模型所解释……因此，现象学对人类行为之给定方面的解释就是要提供该行为之特征的描述，而任何物理上的解释都必须能够重新给出这些特征（Borrett et al. 2000：214）。

但这些结论的问题在于，它太过于温和了，并且只抓住了现象学之所能提供的东西的一部分。这关联起斯保丁的第二个错误。现象学不仅是一个描述性的工作。相比起对一个已经固定的待解释项给出更为精细的描述，相比起单单为既有的模型提供更多的数据，现象学所能做的要多得多。它还提供了自身的理论解释，后者能够挑战既有之模型和背景性假说，以及有时可能会导致人们发现完全不同的待解释项。现象学对社会感知和具身交往的解释恰恰是就此而言的。

近年对现象学的社会认知解释的一个更加广为流传的回应事实上导向了斯保丁所建议的那个态度的反面。与其像斯保丁所做的那样径直忽视现象学，人们可以发现，模仿主义者和理论主义者倾向于接受现象学关于心灵状态之直接可通达性与可见性的论述，但他们依然坚持认为这个可以由其自己的立场来处理。比如说，科里（Currie）认为，坚持同感是基于模仿的，与坚持认为我们实质上看到了他人的情感，这两种观点之间并没有不一致之处。在他看来，模仿提供的信息直接就反馈到视觉系统，从而助益于这样一种视觉经验——其中各种特征都显现出来。他还强调，这些特征"乃是在视觉经验本身之中被给予我的"(Currie 2011:90)。拉维乐在辩护理论理论时提出了一个相关的回应。她认为，我们确实可以说看到了某人的意图或情感，只要我们对他们的运动和面部表情的观察得到了相关心灵理论的提示(Lavelle 2012，另参看 Carruthers 2015)。

即便像拉维乐、科里等人正确地认为，模仿理论和理论理论并不必然承诺心灵状态的不可见性，我们仍认为这一步骤可能构成了一个相当显著的背离，也即远离了求助于并引入心灵理论的原始动机。佩雷马克和伍德鲁夫(Premack & Woodruff)在其开创性的论文中强调，将心灵状态归属给自己和他人要求一个推理系统，即他们说的"心灵理论"，这恰恰是因为这些状态是不能被直接观察到的(Premack & Woodruff 1978:515)。一如我们已然看到，这是后来许多模仿理论和理论理论的辩护者都接受的承诺。一如它的一般表述，他人的心灵状态是不可观察的，且内在地是不可见的；而恰恰是因为人们缺少一个关于他人之心灵状态的直接信息，他们才必须从可观察的行为跳到不可观察的心灵状态；而这跳跃要求要么是采用模仿，要么是采用理论推导(Epley & Waytz 2009:499, 505, 518)。

一旦理论理论者(比如拉维乐或卡卢瑟)主张，任何认知上的看(epistemic seeing)，任何将某物看作是某物，都要求理论(特别是在一组次人格层面的推导过程这一意义上)，那么这个被采用的"理论"概念就变得相当低效了。一旦我们把煎饼感知为煎饼、将螺丝刀感知为螺丝刀，当这种感知被当作是如我们对他人的意图和情感的把握那样(不)直接的，那么我们就远离了最初的他心问题表述了，而心灵理论应该对此提供一个解决方案。

第六节　互动与叙事

初始的交互主体性

与经典的"理论理论"跟"模仿理论"相对，最近关于社会认知议题的解释则聚焦于社会互动，并得到发展心理学的洞见的引导和启发。发展心理学的研究告诉我们，早在儿童达到四周岁之前，即假定的获得心灵理论的年龄，其人际间互动与理解的能力已然在某些具身实践中变得活跃了——也即一些情感、感觉动觉、感知以及非概念性的实践。这些具身实践构成了我们理解他人的初始方式，并且即便在我们获得了更为精细的能力之后依然如此（Gallagher 2001, 2020; Reddy 2008; Zahavi 2014; Durt et al. 2017）。

从婴儿早期，人类就以各种具身性互动跟他人打交道了，这些构成了发展心理学家特瑞瓦尔森（Trevarthen 1979）称之为"初始的交互主体性"的主题。初始的交互主体性建立于天生的或早期发展起来的感觉动觉能力，后者建立起我们与他人的直接关系，并使得我们可以与他们互动。这些能力显现于感知经验的层面——我们在他人的身体姿态、动作、面部表情、指向性目光、姿势乃至行动中看到（或更一般地感知到）他们的意图、感觉，并且我们以一种密切耦合的方式用自己的身体动作、姿态、面部表情、目光等对之进行回应。就此而言，感知乃是实行性的；它是为行动而感知（perception-for-action），或更为一般而言，为互动而感知（perception-forinteraction），而非仅仅是离线的观察。自出生伊始，婴儿就进入了这些互动性进程之中。这在初生婴儿一开始的行为之中就可以看到了：它们一出生就能够感知他人所做出的面部表情并对之做出反应（Meltzoff & Moore 1977，1994；Vincini et al. 2017）。重要的是，这种互动性不是自动的或机械的过程。西布拉（Csibra 2010）认为，婴儿早在能够确定他人的交流性意向是什么之前，就能够识别出他们正在被该意向所呼向（addressed）；也即，他们在能够通达这些意向的内容之前就对在场的交流性意向非常敏感了（Csibra 2010：143）。他将这种天生的能力当作是发展交流能力的一种关键来源，并强调说，新生婴儿能够辨别三种不同的刺激，而这些刺激确定了婴儿就是该交流行为的接收者，这些行为有目光、妈妈语*和话轮转换（turn-taking）的偶然性（Csibra 2010：144）。新生儿就已经表现出一种偏好，也即更爱看那些与之进行眼神接触的脸，而不是那些闭着眼睛或目光移开的脸。正如眼神的接触，妈妈语的韵律向婴儿指示出他是这个发音的接收者，并且它诱导出对这些刺激来源的偏好性导向和正面情感（Csibra 2010：148）。

在两个月大时，婴儿可以跟随他人的目光，看到他人在朝某个方向看，并且感觉到他人之所见（这有时正是婴儿自身），并且在某种程度上将他人的意图凸显出来（Baron-Cohen1995；Maurer & Barrera 1981）。并且，第二人称之互动也显见于婴儿行为的时机与情绪上的回应。婴儿"以一种特殊的方式发声并做出某个姿态，以至于看起来（在情感和时机上）'转向'他人的发声与姿态"（Gopnik

---

* motherese，是指母亲用以跟婴儿交流的简单语言。——译者

& Meltzoff 1997：131)。穆雷与特瑞瓦尔森(Murray & Trevarthen 1985)一个较早的研究证实,在母亲与其两个月大婴儿之间的实时互动中,这个时间上的配合是非常重要的。婴儿通过一个双向的、实时的视频热烈地跟其母亲互动。而当所展示的是其母亲先前动作的录像重放时,也即婴儿先前与之互动的同一个动作时,这一关系却失效了。因为母亲行动的时机并未与婴儿的行动与回应相同步,婴儿很快就脱离出去并变得分心和焦虑起来。特龙尼克(E. Tronick)著名的静止面部实验也证实了相似的结果。婴儿与一个成人进行一到两分钟的正常面对面互动,继而成人换上一个无动于衷的面部表情。接下来是另一次正常的面对面互动,当交互停止时,3到6个月大的婴儿在"静止面部时期"明显变得气馁和焦虑起来(Tronick et al. 1978)。

在5到7个月时,婴儿可以识别出那些明确表达了情绪的视觉与听觉信息之间的对应(Hobson 1993, 2002；Walker 1982)。在6个月时,婴儿开始将把捉(grasping)感知为指向目标的(行为),在10到11月时能够根据意向的边界将某些连续的行动进行分解(Baldwin & Baird 2001；Baird & Baldwin 2001；Woodward & Sommerville 2000)。他们跟随他人的目光,将各种头部、嘴巴、手部的动作乃至更一般的身体动作感知为有意义的、指向目标的动作(Senju et al. 2006)。在一岁结尾时,这些感知与互动的经验让婴儿得以用非心灵化的方式理解他人的意图与倾向(Allison et al. 2000；Baldwin 1993；Johnson, S. 2000；Johnson et al. 1998)。所有这些都早于儿童发展出社会性的视角获取(大致在两岁左右)(参看 Moll & Kadipasaoglu 2013)。

这些构成初始的交互主体性的早期能力并不依赖于心灵理论称为"心灵处理"或"读心"的东西。在显然没有理论或模仿干涉时，婴儿能够将身体动作视为指向目标的意向行动，将他人感知为施动者。这并不要求高阶的认知能力；相反，这是一种"快速、自动、难以抵抗且高度受刺激驱动的"感知能力(Scholl & Tremoulet 2000：299)。相应地，在我们可以去猜测他人的信念或欲望之前，我们已经对他们的感觉、他们是否专注于我们、他们的意图是否友好等具有明确的感知性理解。在初始的交互主体性中存在着一个共同的身体意向性，它为感知之主体与被感知之他人所共有。一如戈普尼克和梅尔佐夫所提示，"我们天生就将视觉上所感知的他人行动映射到自己的动觉感觉之上"(Gopnik & Meltzoff 1997：129)。而社会神经科学对"镜像神经元"与"响应系统"的研究证据则支持了这一关于交互性感知的更为实行主义的观点。[④] 也即，婴儿对他人行为的感知性理解帮助塑造了婴儿对他人的回应，因而构成更大范围交互过程的一部分，后者则要求互动双方的回应。但我们在可以进行理论化、模仿、解释或预测他人的心灵状态之前，我们已经与之互动并理解他们的表达、姿态、意图与情绪，以及他们如何朝向我们和他人而行动。重要的是，初始的交互主体性并不只是在发展上是初始的；相反，它在整个生命周期、在所有面对面的人际间的经验之中都始终是初始的，也即它在那些发展后期的、可能包含着解释或预测他人之心灵状态的实践中始终构成了其基石。

二阶的交互主体性

尽管初始的交互主体性提供了对他人的通达，但这当然不足以

第九章　我们如何认识他人　　　　　　　　　*371*

解释主体间理解的全部范围。如果人类的脸庞即便对于新生婴儿也是特别凸显的，或者如果我们继续能够在感知上把握到他人之表达与意向行动之中的意义，这种面对面的互动就并未穷尽主体间理解的可能性。

　　表情、声调、姿态、动作以及展现这些的身体并不是自由漂浮于空中的；我们发现它们是在世界之中，而婴儿很快就开始注意到他人是如何与世界打交道的。当婴儿开始将行动跟实践的语境联系起来，他们就进入到特瑞瓦尔森所说的"二阶的交互主体性"。在 9 个月大的时候，婴儿就开始超出了初始的交互主体性的"人与人"之间的直接性，并且进入到共同注意（共有之处境）的脉络之中，他们在其中学习事物的意义以及它们的作用（参看 Trevarthen & Hubley 1978）。代表这一共同注意的行为在 9 到 14 个月之间就开始发育了（Philips et al. 1992）。儿童来回地观察他人的目光与他人所关注之物，以证实他们是在持续地看着同一件东西。确实，儿童还在同一个时间段学到指物。18 月大的儿童能理解他人在一个确定的语境中意图用一个工具所要做的事情。他们能够重新完成他人未能完成的目标指向行为。因而，儿童在看到一个成人试图操控一个玩具并因未能这样做而显得失望时，儿童会很快拿起玩具并跟这一成人展示如何来做（Meltzoff 1995；Meltzoff & Brooks 2001）。儿童可以理解他人要食物或想要打开门（尽管并不一定是[理解其]原因），理解他人可以看到他自己（儿童自己）或正在看着门。这不是采取一种意向性立场，也即好像他们在心灵之内具有隐藏起来的欲望或信念那样来对待他们；而是说，其意向性在情境化的他人行动之中就被感知到。他人首先不是作为我们在认知中遇到的对象

219

而被给予的(也从来不是如此被给予),也不是需要解释的实体。我们将他们感知为这样的行动者——其行为乃是内在于实践行为的框架之中的。因而,我们与他人的关系没有一种整齐划一的方式,它是以各种实践性的相遇情境为中介的。确实,我们一开始就陷于这种实践情境之中,并且已然存在于与他人的关系之中(比如说婴儿依赖他人的哺育),即便我们需要时间来区分哪个行动者提供了食物,哪个行动者参与到其他类型的行动之中。

一如我们所注意到的,儿童并不是简单地观察他人;他们不是被动的观察者。相反,他们与他人互动,并在这样做时进一步发展出这些互动情境中的能力。我们对他人的理解根据行动的最相关之实践(意向性、目标指向性)层面而定,而忽略了可能的次人格或低阶的描述,也一并忽略了心灵处理的解释。与其从身体动作开始来推断他人的意图,进而推断心灵事件(欲望与信念)的层面,我们径直将行动视为在物理与人际间环境这个脉络中富有意义的。如果在一个松动的木板旁边,我看到你伸手去拿锤子和钉子,我从这个松动的木板、锤子与钉子之中就知道你的意图,一如我观察你的身体表达或内心的假设一样。我们就他人在一个境遇化的处境之中的目标和意图来解释他人的行动,而非抽象地就其肌肉之表现或其信念来解释。⑤ 环境、处境或实践境况从来就不是以中性的方式(非语义性地)被感知到,不管是就我们自身的可能行动而言,还是就他人的行动及其可能性而言。一如吉布森的支撑性理论所示,我们是在与事物之可能功用的关系中来观察它们的,因而从来就不是一个无身体的观察者。与之相似,我们对他人之为另一个行动者的感知也从来不是对一个脱离于处境的存在者的感知,而是对一个处

第九章 我们如何认识他人

于实践性处境之中的行动者的感知,其实践性的处境照亮了该行动者的意图(或其可能的意图)。

在这个阶段,让我们简要回顾一下前述对同感的讨论。这个概念的使用并不是毫无争议的。事实上,即便在现象学阵营之内,这个概念也导致了一些争议。一如海德格尔认为,如果人们尝试在同感的基础上理解交互主体性,那么就会严重地误解自身的本质:

> 如果这个词(即"同感")具有任何意义的话,那么这也只是因为这一假设——也即"我"首先是在其自我领域内,然后必须进入他人的领域。"我"并不是首先破门而出……因为它已然在外了,它也不是闯进他人之内,因为它已然跟他人相遇于外(Heidegger 2001:145)。

根据这种理解,同感概念所关联的问题则是一个(孤立的)主体如何能相遇并理解另一个(孤立的)主体。即便同感这个路线不会犯类比论证所犯的同样错误,它依然误解了交互主体性的本质,因为它首先将之当作了个体之间的课题化相遇,其中人们所要把握的是他人内在的情感或经验(这在德语的"同感"[Einfühlung]单词中表现得尤其明显)。但就像海德格尔指出,以课题化的方式来经验他人——这个尝试本身就是一个例外而非规律。在通常情况下,我们通过共同参与到共同的世界之中就足以很好地相互理解了。

而古尔维奇提出了一个相似的批评。他非常赞同表达性现象的重要性,但他批评舍勒——认为他的路线太过于偏颇了,然后认为表达性领域并不是我们所要考虑的唯一方面,也不是其首要的方面,如果我们想要理解究竟是什么使得我们可以将其他人理解为人类(Gurwitsch 1979：33)。根据他的观点,我们首先不是通常也不会将他人当作认知的课题对象。相反,我们在世界之中与他们相遇,我们的日常生活展开于其中——或者,更准确地说,我们在世界的处境中与他人相遇,而我们共在与相互理解的方式就其意义而言是由眼前的处境共同决定的(Gurwitsch 1979：35-36, 95, 106)。

举例来说,古尔维奇分析了一个与维特根斯坦所举例子相似的处境,其中两个工人一起给街道铺上鹅卵石。在这个工作场景中,一个工人铺上石头,而另一个则将它们敲打到位。每个工人都在其行动与行为中彼此关联着。当一个工人理解了另一个,此理解则不包含把握某种隐藏的心灵事件。这里没有他心问题,也没有一个孤立之自我如何通达到另一个孤立之自我的问题。相反,这两个工人通过他们在这个共同场景中所扮演的角色而相互理解(Gurwitsch 1979：104, 108, 112)。

恰恰是在这一共同的、主要是实践上的场景中,表达性显现才出现。当与同伴一同工作或交谈时,她可能摇头或皱眉头。但这些面部表情与身体姿态并非毫不含糊的。它们并不径直或统一地揭示出心理学状态。每个人都具有不同的面容和面部习惯。但这几乎都不构成问题,因为我们并不是孤立地遇到这些表情。它们总是在一个给定的境况中发生,而我们对此境况、对之前和之后发生的事情的理解,都有助于我们理解表情。一如古尔维奇指出,"同一个"摇头在不同的情景中可能具有不同的含义。何谓表达性现象,以及它在特殊的情况中示意了什么,这在当下情景的整体中就变得可以理解（Gurwitsch 1979：114；参看 Sartre 2018：463）。

　　海德格尔与古尔维奇都强调人际间理解中社会与文化上的嵌入性。然则，人们可以接受这一强调，但仍然认为"同感"这个概念还是有用的。例如，我们可以考察一下许慈（Alfred Schutz）的立场。许慈认为，最为基本的人际间理解样式，也即我们在面对面相遇中所发现的样式，是一个理论上无中介的、类感知的能力，它直接就识别出他人是有心灵的生物，并且这等同于一个不可还原的、自足的意向性类型。但尽管许慈会接受他人意识的某些方面，比如愉悦、悲伤、痛苦、羞愧、乞求、爱、愤怒或威胁，直接而非推理性地被给予我们，他却不认为，我们可以直观到这些表面态度这一事实意味着我们也可以直接通达这些感觉的原因。但当我们在谈论理解他人（的心理学生活）时，我们的意思正是我们理解他人正做什么，他们为何做其所做，以及这对他们意味着什么。换言之，人际间理解本质上包含着对他人之行动、其原因、意义以及动机的理解。而为了揭开这些维度，简单地观察表达性动作与行为是不够的，我们还必须依赖于解释，必须求助于高度结构化的意义脉络（Schutz 1967：23-24）。然则，在一些他人是身体性共同在场的情形中，我们并不一定要完全依赖于想象、记忆或理论去揭示他行动的原因。相反，一个更为有效的焦点在于共有的动机脉络与处境，在于我们在一个共有的世界中相遇这一事实（Schutz 1967：170）。

　　因此，人们可能会承认，我们典型的他人理解是语境化的，而同感恰当理解的不是在感觉上将自己投射到他人之上，而是将行为经验为心灵之表达的能力，也即在其表达性行为与富有含义之行动中通达他人心灵生活的能力。心灵主义的心灵理论将问题定义为尝试去通达他人的心灵，事实上，与之相对，现象学的路线则提议一个更富有成效的聚焦点，也即他人的世界。一如梅洛-庞蒂写道，"只要我具有感觉功能……我就已经与他人相互交流了……我的目光落到一个活生生的、在进行着行动的身体上，它周边的对象马上就获得了一个新的意义层面；它们不再只是我自己与之产生关系的东西，它们也是这一行为即将与之产生关系的东西"（Merleau-Ponty 2012：369）。实际上，为了理解他人，我并不首先进入他们的心灵；相反，我注意到我已经与之分有的世界就能成功了。

叙事能力

托马塞罗（Michael Tomasello）提出，我们的社会认知具有三种形式。我们可以将他人理解为（1）动物存在者，（2）意向性施动者，和（3）心灵施动者。据他的观点，这三种划分在个体发育上的相关性是非常显然的。婴儿从出生伊始就可以区分动物与非动物存在者，然而他们在9到12个月大时才能辨别出目标指向之行为意义上的意向性（这显见于诸如共同注意、目光跟随、共同参与活动、模仿学习等现象），而他们只有在4到5岁之间才开始意识到他人作为可能具有与自己不同的信念的心灵施动者。那么为何后一个步骤会如此之久？托马塞罗提供的答案是双重性的。一方面，他提醒人们注意表达性行为的不同角色。他人的动物特征直接就表达于其行为之中，其意向性也表达于其行动之中，但与此同时也跟之有所区隔，因为它在有些情况可能未被表达或是以不同的方式得到表达。最后，就思想与信念而言，它们可能完全缺乏自然的行为表达（Tomasello 1999：179），这也是为何它们如此难以把握的原因。

另一方面，托马塞罗认为，更为高阶的社会认知形式很后来才出现，因为它依赖于长久的、真实生活中的社会互动(Tomasello 1999：198)。更具体而言，他认为语言的使用可能在儿童开始将他人视为心灵施动者时扮演了关键的角色(Tomasello 1999：176)。为了理解他人具有关于世界的信念，而该信念又与自己的信念不同，儿童需要在话语中与他们打交道，在这些话语中这些不同的视角则是显然的，不论在是分歧、误解、要求澄清，抑或是在反思性的对话中(Tomasello 1999：176，182)。

人们可能会质疑托马塞罗对发展时间的划分(例如，参见Onishi & Baillargeon 2005)。而且，将对他人的目标指向行为理解与对他们错误或歧出意见的理解之间的差异标识为将他人理解为意向施动者和心灵施动者——这似乎具有潜在的误导性。这样的刻画可能意味着，在目标指向的行动中没有任何心灵内容，而在思想与信念之中则没有任何意向性。但当然，托马塞罗正确地指出这一事实，也即我们的他人理解是逐渐变得日益复杂的，并且心灵的某些维度不像其他维度那样容易通达。除此之外，他还正确地指出这一发展进程中文化与社会的层面。与其将这些更复杂的社会认知形式视为某种先天认知模块自动成熟的结果，更可信的是将其视为随着日益复杂的社会互动一同发展起来的能力。

那么我们是如何更为复杂地、更为精细地理解他人为何做其所做？当然，我们开始意识到，当面对着一个松动的木板，一个人可能拿起锤子和钉子并开始工作，而另一个人则可能只是讨论木板松动了，而第三个人则可能完全忽略它。我们开始理解，一个人可能知道他人所不知道的东西，或他人可能考虑某些与我们截然不同的东西。在这些处境中理解他人并参与到这些实践之中,我们需要的就不仅仅是基本的感知、情感与具身性互动了。

心灵理论路线(包括"理论理论"与"模仿理论")或任何一种将之结合起来的混合理论都错失了社会认知的一些基本而重要的能力。但承认那些界定了初始的与二阶的交互主体性的他人理解能力——使得我们可以感知到他人的意图的具身的、感觉动觉(具有情感)的能力,以及使得我们可以在日常生活的实践性、境遇化处境中理解他人的感知与行动能力——已然不足以处理2、3、4岁之间的那些明显的新发展。两岁左右,"房间里的大象"或"显然的棘手问题",当然就是语言。但如果语言发展本身也依赖于初始的与二阶的交互主体性能力,那么语言也携带了这些能力并将它们服务于更为复杂的社会语境。相较于通常通过对话、交流与共享叙事来理解他人这一通常的交互主体性理解方式,以第三人称视角来解释和预测行动则是更不平常、更不可靠的(Hutto 2004, 2008)。如果某个人以一种让人困惑的方式行动,那么获得进一步信息的最简单、最可靠的方式不是采用一个超脱的理论化或内在模仿,而是采用对话技巧并让那个人做出解释。

重要的是,始于两岁左右的理解叙事的能力提供了一个更为精细的方式来理解他人。叙事在日常生活中普遍存在着,而叙事能力的发展则提供了一个简洁的替代方案,以取代那些理论路线或模仿路线之首要地位的主张,并解释我们所具有的、更为精细的他人理解(以及误解)。具有不同类型的叙事能力使得我们能够用不同的方式来理解他人。例如,当我们作为观察者而面临令人费解的情形时,大众心理学的叙事(Bruner 1986)可能有助于理解意向行动。

第九章 我们如何认识他人

这也是胡托在其"叙事实践假设"中的提议:

> 叙事实践假设(Narrative Practice Hypothesis)主张,儿童通常在他人的帮助下,通过参与讲故事的实践来获得(大众心理学的)理解。那些关于谁基于理由而行动的故事——也即大众心理学叙事——乃是这类实践的焦点。这种特殊的故事提供了理解理由所需要的一套关键训练(Hutto 2007:53)。

一个补充性的想法在于,其他类型的叙事能力促成了一种更不需要中介的方式来解释他人的行动与意向。理解他人之理由通常不是把握其离散的"心灵状态",而是把握他们作为整体的、处境之内的个人的态度与回应。我遇到另一个人,不是从其环境中抽离出来,而是在某个有其始终的事物中间与之相遇。我在故事框架内看到他们,其中我要么扮演某个角色,要么不是。这个叙事首先不是关于"他们头脑里边正在发生的"东西,而是关于在我们共有之世界中正在发生的事情,关于他们如何理解并回应这个世界。在此意义上,我们对他人的常识性理解也可以被视为一种熟能生巧的实践推理,后者依赖于发达的叙事能力。

但人们可能会问,叙事不也是各种理论吗?进而这种对叙事的严重依赖不也意味着赞同某种心灵理论吗?就我们所见,这种框定社会互动的叙事在两个关键的方面不同于"理论理论"所诉诸的那种理论。在波特瑞尔(Botterill)为"理论理论"所做的辩护中,他认为,每个理论都必然包含了基于反事实投射的解释力与预测力。他同时也提到,引入不可观察之实体以及对概念的隐含定义乃是不断出现的因素；并最终得出结论——理论应该被刻画为一种在少数一般原则下，通过整合信息而进行生产的认知经济（Botterill 1996：107-109）。相应地，对于"理论理论"而言，心灵状态就像天体物理学家所设定的"黑洞"概念一样，也是一种理论上假设的实体，而许多取消主义的理论理论者甚至会认为，黑洞与诸如希望、记忆、意图和情绪等心灵状态比起来更为真实。与之相对，叙述则是基于那些发生在世界之中的可观察事件。其次，一如布鲁纳（Bruner 1986）指出，这意味着叙述构成了一种与具体和个别之物相关联的特定思考模式，它认为具体的语境在规定意义方面是最重要的。与之相对，严格意义上的"理论"所关切的是抽象和一般之物，故此它们从个别的语境之中抽象出来。[⑥]

对于某人令人费解的行动，叙述可以在该行动的理由并不立即显而易见的情况下，通过填充一个"合理依据"（rationale）以帮助理解。这并不意味着我们对他人的理解要求一种正在进行的、显然的叙述性讲故事：但它确实要求一种能力，也即能够在详细的实践性或社会性场景中观察并勾勒他人，并能够以叙述的方式来理解该场景。一如麦金泰尔（MacIntyre 1985）所提议，对于观察者或参与者而言，当行动能够在一个叙述中找到自己的位置时，它就具有可理解性（参看 Gallagher & Hutto 2007）。

以叙述的方式来框定我对他人的理解——这可以是显性的，也可以是隐性的。隐性地采用叙述意味着，当我解释另一个人的行动时，我这样做，但并未意识到自己是以叙述的方式来理解他的行动；也即这些因素提供了某种境遇：先前发生的事，我认为该行动会导向哪里，我对这个人的了解，或某种特定的文化叙述使我在这个特定场合会预期的东西。即便对个人故事的显性知识也会帮助我理解人们正在做的事情，还有很多其他因素在起作用。我根据其他有关社会实践、境况乃至特征的叙述来理解特定的故事。而这些叙述也可能塑造我对他人之行动的评价和判断。

萨特关于在钥匙孔上偷窥而被抓到的例子是极为适当的。如果我抓到你正跪在地上，猫在钥匙孔上偷看旁边房间的人，我会马上就认为你的行为是对隐私的公然侵犯。你是个"偷窥狂"，并且这个行为应该被曝光。但我对你行为的理解并不是基于一个关于偷窥的理论，也不是关于你的信念或欲望的推论。毕竟，我"当场"就抓住你"犯事"了，而我对此行为的评价完全受到各种关于"偷窥狂"的叙述的影响。你知道相同的叙述，而且基于此理由，你会马上感到羞愧并感到我的判断的分量。

叙述的核心作用指出了两个方向：其一，为了更为全面的理解，我们可能需要进一步限定处境的更大叙述，不管是关于不同文化的规范，还是关于个人历史或价值的独特性。这些叙述可以作为共有的规范性实践而被获取，也有助于构成这种规范性实践，从而可以丰富我们的文化与常识上的理解（参看 Brandom 1994）。借助于这些叙述性的理解，我们就可以进而发明重要的机构、创建法律、并参与到复杂的社会实践之中（Tollefsen & Gallagher 2017）。

其次，在习得我们与他人共同分有的叙述时，我们也在塑造自己的自身理解。由于我们是在社会之语境中成长，并通常是在这些语境之中习得理解的能力，那么自身叙述的发展显然也包含了他者。内尔森（Nelson 2003）指出，"就儿童自己的经验而言"，叙述能力在两岁左右就开始出现了，"并且由父母所预见并预演"。自身叙述要求建立在关于他人的经验以及与他人共同的经验和叙述之上。因此,在这个进程的初期,我们发现"2-4岁的儿童通常挪用别人的故事作为自己的"(Nelson 2003:31)。我们如何通过叙述来理解他人的另一面是:我们也通过叙述来理解自己。正如我们在下一章将会看到,这个想法支持了不同学科间日益增长的共识,即社会中嵌入性叙事自我之重要性——这包括发展心理学、神经科学和哲学(参看布鲁纳、丹尼特、达马西奥、麦金泰尔、利科和谢赫曼)。

第七节　集体意向性与社会本体论

近年来,越来越多的理论者和经验研究者都讨论了集体意向性(collective intentionality)或"我们意向性"(we-intentionality)这个论题。不断增加的证据表明,人类为何能够相互协作并建立起远远超出动物所能达到的那种社会实在的类型和层次,其理由在于这样的事实,也即人类具有一种独特的我们意向性形式(Tomasello 2014)。更为具体来说,我们意向性被视为创造和维持社会规范、约定,乃至诸如金钱、选举、婚姻、国家等制度性实践的关键。

这种让人好奇的意向性形式——也即共同指向对象和目标的能力,在各种不同的标签下得到讨论,比如"分布式认知"(distributed cognition)、"团队思考"(team reasoning)、"共同能动性"(joint agency),或者"分有或集体意向性"(shared/collective intentionality),而且涉及众多的学科,包括认知和发展心理学(Tomasello & Rakoczy 2003；Tomasselo et al. 2005；Knoblich et al. 2006)、社会神经科学(Gallotti & Frith 2013; Schilbach et at. 2013; Gallotti & Michael 2014)。其领域中的大部分经验工作都受到了众多哲学家理论工作的启发,其中比较著名的有塞尔(Searle 1990, 1995, 2010)、布拉特曼(Bratman 1999, 2014)、吉尔伯特(Gilbert 1989, 2014),以及陀梅拉(Tuomela 2007, 2013)。这些哲学家首先是聚焦于行动哲学的议题,特别是处理了这样的问题——个体如何可能集体地意图去做某事,比如一起出去散步,一起刷房子。既有的提议在下述议题上是有所不同的,比如他们是否认为集体意向性可以被还原个体的意向,他们应该在哪里来标定集体意向性的"共同性"(jointness)。像布拉特曼和路德维希(Ludwig)等作者认为,共有意向可以被还原为适当地相互关联的个体意向。与之相对,塞尔则主张,集体意向性尽管是在个体的心灵中实现出来的,但它具有一种自足的心理学模式这个特征,因而是不能被还原的"我们意向性"。最后,我们还可以发现诸如吉尔伯特等作者认为,分有意向应该被归属给集体或复数的施动者,而不是个体的施动者。

尽管还有一些例外,这些作者大部分都采纳了一种相当强的解释,涉及"视角获取"、元表征以及高阶的读心形式。比如说,我们看一下陀梅拉,他在《社会性哲学:分有的观点》(*The Philosophy of Sociality: The Shared Point of View*)一书中讨论了分有的"我们态度"(we-attitude)到底是什么,并且总结他的分析如下:

(WI)一个集体 g 中的一个成员 Ai 以"我们意图"(we-intend)的方式做 X,当且仅当:

(i) 成员 Ai 意图做 X 中他自己的那部分（作为他的 X 部分）；

(ii) 成员 Ai 具有这样一个信念：意向实行 X 的共有行动机会将实现（或至少可能会实现），特别是适当数目的、且完全得到充分信息的 g 成员，一如实行 X 所要求的那么多，将（或至少可能将）实行 X 中他们自己的那部分，这在通常条件下会造成由参与者对 X 的意图上的共同实行；

(iii) 成员 Ai 相信在参与的 g 成员中间存在着（或将存在着）一个相互的信念（或至少在实行 X 中自己的那部分的参与者中间，也即将之意图为自己的 X 部分，存在着或将存在着一个相互的信念），也即意图实行 X 的共同行动机会将实现（或至少可能将会实现）；

(iv)（i）部分地是因为（ii）和（iii）(Tuomela 2007：93-94)。

基于这个解释，分有(sharing)必须被视为一个相当强的认知成就，并且它是否可以被归属给幼童这也还是不清楚的，更别说是婴儿了。

分析哲学中关于集体意向性的当代论辩持续几十年了，但关于"我们"之本质的问题，以及自身与共同体之关系的问题显然更为古老。塞尔在其《社会实在的建构》(*The Construction of Social Reality*, 1995)一书——一部对该领域具有决定性影响、并且广受延引的著作——的导论中，他评论道，20世纪早期的那些伟大的经典"哲学家-社会学家"缺乏恰当的工具，包括得到充分发展的意向性理论，用来处理集体意向性的问题。而为了达成这个结论，塞尔指的是韦伯、齐美尔和涂尔干等人的工作，但没有提及许慈。许慈的《社会世界的意义建构》(*Der sinnhafte Aufbau der sozialen Welt*, 1932/1967)跟塞尔的计划——而不只是其标题——具有更多的亲缘性。我们在许慈那里，在莱纳赫(Reinach)、舍勒、施泰因、胡塞尔、瓦尔瑟、海德格尔、施马棱巴赫(Schmalenbach)、洛维特、弗朗克(Frank)、冯·希尔德布兰德(von Hildebrand)和古尔维奇等现象学家那里所发现的，不仅仅是对意向性、经验、自身性、同感和人际间理解的充满洞见的分析，而且还有对集体意向性、情感分有、社会参与、共同体经验以及群体认同等的精细研究。确实，如果以个体心灵作为兴趣的起点，现象学家在第一次世界大战即将开始之前就开始探讨人际间关系的二值形式，并在两次世界大战中间（也即在一个民族主义高涨的时期）深入参与到对共同体的意向性形式的广泛分析中。

尽管当下对集体意向性的哲学论辩主要是狭窄地聚焦于主体意图如何能够被分有这样的问题，经典现象学大幅地扩大了研究的范围。现象学家不仅研究了分有之情感与情绪的领域，他们还广泛地探讨了自身理解、人际间理解与共同体经验之间的关系。经验上显著的是，群体成员身份会影响一个人的心灵，并转变个人的自身理解、与他人的关系以及经验世界的方式。

比如说，施泰因在其博士论文《论同感问题》(*On the Problem of Empathy*)中，考虑过下述分有喜悦的例子（该博士论文写于第一次世界大战中间）：报纸的一个特别专栏报道了一个堡垒被攻破了。当知道这个事情时，我们都被"同一个"兴奋和喜悦笼罩住了。这是否意味着,参与个体之间的疆界被打破了?施泰因否认了这点。在她看来,我感到自己的喜悦并以同感的方式理解了他人的喜悦并将之视为同一个。其结果是,我们各自的喜悦相互重叠了。我将他人的喜悦感觉为自己的;反过来也是如此。继而一个"我们"出现于"我"和"你"之中。当我们分有一个喜悦时所感觉到的东西,不同于我与你所分别感觉到的。但"我"和"你"在这个"我们"中得到了保存(Stein 1989:17-18)。

这里引入众多有趣的想法。让我们再次仅强调这一个想法——也即分有的情感与其说只是跟他人一样具有同类的情感,不如说它包含着对第一人称复数的指称。这里有同一化与差异化的相互作用。

几年之后,瓦尔瑟在其1919年的博士论文《论社会共同体的本体论》(*Zur Ontologie der sozialen Gemeinschaften*)扩充并进一步发展了施泰因的简短描述。在瓦尔瑟的分析中,她细致地区分了经验上的分有、同感、同情和模仿(以及情绪传染)。基于她的解释,以同感的方式把握他人的经验极为不同于分有他的经验。在同感中,我把握到他人的经验——只要它们表达于语词、姿势、身体姿态和面部表情等之中。自始至终,我都意识到——不是我在经历着这些经验,它们隶属于他人,它们是他人的经验,并且它们只是作为表达现象而被给予我(Walther 1923:73)。即便我们偶然具有同类的经验,这并不等同于一个被分有的经验或一个我们共同经历的经验。尽管这两类经验之间有相似性,它们不能以所要求的方式而被统一起来,而是作为隶属于不同个体的经验而并存(Walther 1923:74)。同情他人,因他人开心而开心,因他人悲伤而悲伤——

因而也不同于与之一同开心或悲伤(Walther 1923:76-77)。最后，我们还需要将经验的与情感的分有与模仿或传染区分开。在后一种情形中，我可能具有了他人的经验并开始将之经验为自己的。但只要这发生了，只要我不再觉知到他人涉及于其中，它也就跟分有的经验无关了。后者要求保存复多性。比如说，在分有的喜悦中，这个喜悦恰恰不是简单地被我经验为"你的"或"我的"，而是被经验为"我们的"。因而，瓦尔瑟主张，我们经验(we-experience)包含着一个特殊的他人之经验的"隶属于我"(Walther 1923:75)。或者如杰西卡和霍布森(Jessica & Hobson)在近100年之后写道，情感分有必须包含"他人之作为参与者在该经验与我在一起"(Hobson & Hobson 2014:188)。这就是为何，用第一人称复数来阐明该经验是非常合理的："我们享受着这部电影"，或者"我们看到了交通事故"。

那这样一种"我们经验"是如何出现的呢？在胡塞尔二三十年代早期的文稿中，他考虑了第二人称参与的作用。当我招呼他人并且他人也觉知到我在招呼他并回应时，这到底发生了什么呢？胡塞尔谈论了一种包含着交流性参与的我-你关系(I-thou)，并且写道——如果其间的意向以所要求之方式而相互叠加(意愿的融合 [Willensverflectung])，那么它就会导致一种"我们的综合"(we-synthesis)(Husserl 1973a:170)：

> 我不仅是为自己而存在，而他人不仅是作为他人而站在我的对立面；相反，他人乃是我的"你"，他人说话，倾听，回应；我们已然形成了一个"我们"，它以一种特殊的方式而被统合，

形成共同体（Husserl 1973b：476）。

因而，胡塞尔强调了对话之于形成我们的关键性，并讨论了作为构成共同体的交流行为。然则，他也强调，这种群体认同如何预设了对他人加之于自我的视角的经验与内在化，也即，获得一种以社会为中介的自身理解。一如胡塞尔在《观念Ⅱ》中写道，当这个就位时：

> 我自己就进入到人的家庭之中；或者，我创造了这一"家庭"之统一体的构造可能性。只有在这时，我在恰当的意义上才是相对于他人的自我，我才能说出"我们"（Husserl 1989：254）。

对于现象学关于社会实在的丰富研究，我们尚只触及其表面，我们还可以增加很多（参看 Salice & Schmid 2016；Szanto & Moran 2016；Zahavi 2015；Zahavi & Salice 2017；Zahavi 2018b；Zahavi 2019d）。作为总结，让我们再做一点说明：尽管我们坚持认为探讨社会实在必须承认主体性的角色，因为后者积极地参与到前者的构造之中，现象学家也乐意承认，主体性乃是被社会性因素所塑造并为之所转变的。就此而言，现象学家提供了不同于个体主义和集体主义的理论路线；它既不将群体和集体意向性当作仅仅是个体及其意向的加和与聚集，他们也不尝试将自身性与自身同一性还原为群体认同或群体成员身份，或将前者建立在后者的基础之上。

第九章 我们如何认识他人

本章注释：

① 格雷瑟并不是唯一一个将这些响应进程解释为模仿的。简内罗德和帕澈里（Jeannerod & Pacherie 2004：113）"支持模仿假设，认为行动（不管是显性的还是隐性的）主要都是由神经网络激活的；并且这个激活提供了行动识别与行动归属的基础"。越来越多的神经科学家赞同这个观点。亚科波尼（Iacoboni）写道，"当你看着我执行一个行动——比如捡起一个棒球，你会在自己大脑里自动地激活这个行动"（转引自 Blakeslee 2006）。里佐拉蒂写道："镜像神经元使得我们得以不通过概念推理，而是通过直接模仿就把握到他人的心灵，通过感觉，而不是思考"（转引自 Blakeslee 2006）。而拉马钱德兰与奥贝曼（Ramachandran & Oberman 2006：65）则主张，镜像神经元"不仅传送动觉命令，而且使得猴子和人类可以通过在心灵上模仿其他个体的行动确定其意图"（另参看 Oberman & Ramachandran 2007）。

② 参考我们在前一章对"赤裸裸的意向"的讨论。

③ 一些经验研究表明，很多基本的情绪表达（比如愤怒、幸福、恶心、蔑视、悲伤、恐惧以及惊奇）都是跨文化且普遍的，尽管就在公共场合如何掌控其表达存在着文化上具体的规则（Ekman 2003：4, 10, 58）。基本的情绪表达是天生的，这个提议得到了下述事实的进一步确认，即甚至天生目盲的儿童通常都可以展现出相关的面部表情。

④ 在引用戈普尼克和梅尔佐夫（Gopnik & Meltzoff）关于天生映射（innate mapping）之必要性的主张时，我们并不赞同他们对其中所包含之要素的理论理论解释。确实，梅尔佐夫所发展出来的诸多证据（被戈普尼克和梅尔佐夫所引用）都支持了这一观点——即婴儿中存在着一种很强的人际间的感知能力。

⑤ 我们对无道具哑剧表演者的理解依赖于他们在动作中表达其意图的杰出能力，但也依赖于我对语境的熟悉性。我们在手势哑谜或哑剧中通常经验到的、对表演者所要呈现的东西毫无头绪；与之相比，哑剧表演者表达动作的天分则一目了然了。

⑥ 这并不是要否定说，理论有其自身的历史脉络——也即它们是如何发展和它们被不同理论家所采用。但理论通常会忽视这些脉络。更为重要的是，

由于其一般性,理论忽略了我们所要理解之个人的语境——也即"应用的语境"。就理论依然是一般性的、依赖于预先确定的规则或预测而言,它会贬低处境中特定维度的重要性。如果心灵理论者确实担心应用的语境,那么他们除了求助于该处境的叙述维度还能如何去理解它——这则变得不甚明了了(参看Gallagher 2011a)。

延伸阅读:

· Anita Avramides, *Other Minds*. London: Routledge, 2001.

· Sara Chant, Frank Hindriks and Gerhard Preyer (eds.), *From Individual to Collective Intentionality: New Essays*. Oxford: Oxford University Press, 2014.

· Aron Gurwitsch, *Human Encounters in the Social World*. Trans. F. Kersten. Pittsburgh: Duquesne University Press, 1979.

· Edmund Husserl, *Cartesian Meditations: An Introduction to Phenomenology*. Trans. D. Cairns. The Hague: Martinus Nijhoff, 1999.

· Daniel D. Hutto, *Folk Psychological Narratives: The Socio-cultural Basis of Understanding Reasons*. Cambridge, MA: MIT Press, 2008.

· Søren Overgaard, *Wittgenstein and Other Minds: Rethinking Subjectivity and Intersubjectivity with Wittgenstein, Levinas, and Husserl*. New York and London: Routledge, 2007.

· Matthew Ratcliffe, *Rethinking Commonsense Psychology*. London: Palgrave-Macmillan, 2007.

· Jean-Paul Sartre, *The Emotions: Outline of a Theory*. Trans. B. Frechtman. New York: Philosophical Library, 1948.

· Max Scheler, *The Nature of Sympathy*. Trans. P. Heath. London: Routledge & Kegan Paul, 1954.

· Anthony Steinbock, *Home and Beyond*. Evanston: Northwestern University Press, 1995.

· Thomas Szanto and Dermot Moran (eds.), *Phenomenology of Sociality:*

Discovering the 'We'. London: Routledge, 2015.

· Michael Theunissen, *The Other*. Trans. C. Macann. Cambridge, MA: MIT Press, 1986.

· Evan Thompson (ed.), *Between Ourselves: Second-Person Issues* in the Study of Consciousness. Exeter: Imprint Academic, 2001.

· Dan Zahavi, *Husserl and Transcendental Intersubjectivity*. Athens: Ohio University Press, 2001.

· Dan Zahavi, *Self and Other: Exploring Subjectivity, Empathy, and Shame*. Oxford: Oxford University Press, 2014.

第十章　自身与人格

关于"自身"(self)的现象学的与本体论的地位和性质,乃是各个不同领域中正在争论的议题(包括心灵哲学、社会理论、文化研究、精神病学、发展心理学以及认知神经科学)。其中讨论的问题有:什么是自身?它是实在的存在,还是单纯的社会建构,抑或是神经方面诱导出来的错觉?如果自身真的存在,它在我们的意识生活中扮演着什么样的角色?它在婴儿的成长中何时出现?以何种方式出现?

而就自身概念的科学与哲学上的合法性问题而言,科学界还存在着分歧。至于自身是否具有经验上的实在性,或者它不过是一个理论的虚构,迄今还没有达成共识。有人主张,自身感是意识的一个组成部分(参看 Damasio 1999),而在持续寻找意识的神经关联项中,我们必须将自身考虑进去。也有人主张,设定自身的存在既无必要也不合理,因为它作为一个理论实体并不能满足不可或缺的解释功能(参看 Metzinger 2003)。目前双方都有热心的拥护者。如果我们要往前走的话,我们应该从哪出发呢?

第一步是要认识到,"成为自身"(be a self)究竟意味着什么,这在哲学上并没有达成广泛的共识。文献中关于自身概念的刻画多种多样。我们只需考虑一下哲学和心理学解释中不断激增的术语清单，就可以窥见理解上的不一致：

1. 物质自身，社会自身，精神自身（James 1890/1950）；
2. 生态学自身，人际间的自身，延展的自身，私己的自身，概念的自身（Neisser 1988）；
3. 自传性自身，认知的自身，语境化的自身，核心自身，对话的自身，具身的自身，经验的自身，虚构的自身，极小的自身，神经的自身（比如，参看 Damasio 1999；Strawson，G. 1999）。

这种既成问题也是助益的自身复多性，与对自身的哲学和相关跨学科研究中采用的各种方法直接相关。它们包括内省、现象学分析、语言学分析、使用思想实验、认知科学与脑科学的实证研究，以及对异常行为与病理学行为的研究。就此而言，我们可以提出的一个问题就是，对自身的不同刻画是否意味着一个统一的自身概念具有不同的维度，抑或它们提出了彼此不同且不相关的概念。下面我们会讨论这个"理论间的融贯性"问题。但不管人们如何回答这个问题，在有关自身的研究中存在着的方法与定义上的多样性强化了这样一种观点，即人类认知包含了复杂多样的维度，它们难以被简单地还原为一组原则。

第一节 神经怀疑主义和无自身学说

自身概念的合法性在整个哲学史上一直都受到质疑。一个传统主张，设定一个有意识的自身或主体在描述上是无根据的。如果我们准确地描述意识的内容,如果我们真的聚焦于被给予之物,我们找不到任何"自身"。这是休谟关于自身之反思的标准解释。[①] 如果这个观点是对的,这就意味着自身不是经验上的实在,而必须被归类为一种语言学的建构,或者反思的产物。可能有些令人惊讶,这种观点也存在于现象学之中。在《逻辑研究》的第一版中,胡塞尔辩护了一种无自我的意识理论。基于这种观点,不存在一个被所有经验所共享或使之统一在一起的纯粹的、同一的自我极。经验不是任何人的状态或属性,而是无主体的心理事件。我们虽然可以区分红色的跑车和对红色跑车的经验,但我们找不到第三个因素,即一个在经验中指向跑车的纯粹自我。

后来萨特也采用了一种相似的观点。偶尔也有人认为,如果没有一个核心的、非时间性的自我的统一化、综合化和个体化功能的支撑,心灵生活就会消散为杂乱无章的无结构的、分离的感觉。然而,正如萨特在他早期的著作《自我的超越性》(*The Transcendence of the Ego*)中指出,这种推理误判了意识流的本质;它并不需要外在的个体化原则,因为它自身就是个体化的。意识无需任何超越性的统一化原则,因为它本身就是一个流动的统一体。正如我们在第四章中看到,恰恰是在时间上,意识将自己统一起来。因此,对时间意识的正确解释将表明,自我的作用是不必要的;自我因而失去了它存在的理由(Sartre 1957: 40)。

此外,萨特还认为,对鲜活的意识做正确的现象学研究根本就不会发现一个自我,无论是作为意识之内的居住者,还是作为意识的所有者。人们有时会说一个人沉浸于某事时会"忘我"。这种说法确有其道理。当我沉浸于阅读一个故事时,我对其叙述有一个意识，对阅读本身具有前反思的自身觉知；但根据萨特，我并没有任何关于一个自我的觉知。只要我们沉浸于经验之中，活在其中，自我就不会出现。只有当我们对该经验采取一种疏离的、对象化的态度时，也即当我们对之进行反思时，自我才会出现。正如萨特写道，在反思之中所出现的自我是反思的对象，而非反思的主体。当我在反思中探究这个对象时，我会像是检视别人的自我一样去检视它（Sartre 1957：87）。正是在这个意义上，自我是超越性的；也正是基于这个理由，萨特为了绕过唯我论的问题而否认我对自己的自我享有一种特殊的确定性："事实上，我的自我之于意识并不比他人的自我更加确定。它只是更加亲密"（Sartre 1957：104）。

这种基于现象学动机的自身怀疑论，最近被一种完全不同的怀疑论所匹配。根据一种在神经科学家和哲学家中间越来越受欢迎的观点，自身是否在经验中被给予并不是关键。某物是否为真实既不在于它的显现，也不在于它是否被经验为真实，而在于它是否吻合我们科学的世界观。根据这个标准，自身这个概念已经被仔细权衡过了，并且被视作是有欠缺的。

这一神经怀疑论的主要倡导者就是梅青格尔。他在《成为无人》（*Being No One*）一书中，对究竟什么是有意识地被经验的第一人称视角提供了一个表征主义和功能主义的分析。他得出的结论相当明确："世界上不存在像自身这样的东西：没有人曾是或曾有过自身"（Metzinger 2003：1）。对所有科学和哲学的目的而言，自身这个概念都可以被安全地取消掉。假定自身的存在，这既无必要也不合理，因为它作为一个理论实体并不满足不可或缺的解释功能。事实上，自身不是一个实际存在的对象，它也绝不是一个不变的实体，而是梅青格尔所谓的表征性构造。存在着的是生物有机体，但有机体不是自身。一些生物有机体拥有自身模型，但这种自身模型也不是自身，而仅仅是复杂的大脑状态（Metzinger 2003：563）。真正存在的仅仅是特定类型的信息处理系统，它们参与到自身模型的运作之中，而我们不应该将模型错误地当作是实在（Metzinger 2003：370，385，390）。或者更准确地说，自身表征系统陷入了一个朴素实在论的自身误解（Metzinger 2003：332，436-437，564）。真正说来，没有人会把自己和任何东西相混淆，因为没有人会被一个有意识的自身的错觉所欺骗（Metzinger 2003：634）。

以胡塞尔、萨特、梅青格尔这样的方式来谈论自身或自我显然是可能的。但他们持怀疑论的保留态度却有一个问题，也即他们都预设了极为具体的自身概念，然后再去批评这些概念。然而，什么是自身这个问题真的就清楚了吗？

第二节　各种自身概念

我们接下来要做的是对比一个对自身相当经典的理解（作为纯粹的同一性极［identity pole］的自身）——这在很大程度上正是无自我论批评的靶子，以及两种更当代的替代性自身解释（作为叙述性构造［narrative construction］的自身，以及作为经验维度［experiential dimension］的自身）。

作为纯粹的同一性极的自身

这种传统的观点坚持区分同一性的自身和变化经验的多样性。

我可以依次品尝一杯单麦芽威士忌,闻一束紫罗兰,欣赏毕加索的一幅画,回忆一次威尼斯之行。我们在这里面临着许多不同的经验,但它们也有共同点:它们都有相同的主体,它们都是由同一个自身(即我自己)所经历。虽然经验在意识流中出现又消逝,自身却始终在时间中保持同一。更具体地说,自身被当作一个特殊的同一性原则,它区别于并且超越出变化着的经验之流。正是因此,自身能够赋予经验流以结构、统一性和融贯性。

这个自身概念显然是非常形式化且抽象的。正如没有跳跃者就没有跳跃,没有一个经验者也就没有经验着[的行为]。然则,前者是一个条件,而非一个被给予的材料(datum)。我们可以推导出它的存在,但它本身不是经验上的东西。它是一个难以捉摸的原则,一个前提,而不是出现在经验流中的东西。正如康德在《纯粹理性批判》中指出的,"我显然不能把那种我为了认识任意对象而必须预设为前提的东西当作对象来认识"(Kant 1956/1999:A402)。塞尔辩护了这一观点的一个新近版本。正如我们不能理解自己的感知,除非我假定它们出现于某个视角之中,即便这个视角本身没有被感知到;根据塞尔,我们不能理解自己的意识经验,除非我们假定它们向一个自身出现,即便这个自身并未被有意识地经验到。自身不是意识的对象,也不是意识内容的一部分;的确,就塞尔的解释而言,我们根本就没有关于自身的经验,但既然所有(非病理学的)意识都必须被一个自身所具有,那么我们就可以推导说,自身必然存在(Searle 2005:16-18)。

作为叙述性构造的自身

存在一种截然不同的思考自身的方式,其出发点在于这样的事实:自身理解(self-comprehension)或自身知识不是一劳永逸被给予的东西,而是一种必须以不同的程度被占有和可以被获得的东西。只要生命还在继续,就没有最终的自身理解。对自身究竟意味着什么——同样的话也适用。自身不是一个现成之物,不是固定不变的东西,而是演进着的东西。它是一种成就(achievement),而非被给定之物。它是通过个人的筹划和行动来实现的,因此它不能独立于个人的自我解释而被理解。简而言之,一个人之为自身的方式并不同于其作为有机体的方式。人之具有自身的方式也不同于他具有心脏或鼻子[的方式](Taylor 1989:34)。

根据这种一度颇受欢迎的观点,自身乃是通过叙述性的自身解释而被建构起来的。当面对"我是谁"这样的问题,我们将讲述一个特定的故事,强调我们认为具有特殊意义的方面、构成我们生活主题的方面、定义了我们是谁的东西,以及我们为了得到承认和赞同而呈现给他人的东西(Ricoeur 1988:246)。然而,这种叙述不仅仅是一种洞察某个已然存在着的自身及其本质的方式,因为并不存在一个预先存在的自身(即一个只待被文字描绘的东西)。相信这样一种前语言的被给予物不过是被故事误导了。

叙述解释显然在强调自身性(selfhood)的时间维度(另参看第四章)。人类的时间就是我们生活故事的时间,是由叙事的符号中介所组织和串联起来的叙事时间(Ricoeur 1988:244)。发生在不同时间的事件和经验被整合到单一的叙事之中,从而变得统一起来。

而单个的行动、经验或特征是否算作我的,这取决于它是否被包含到我的自身叙述中。正如麦金泰尔所说,自身的统一性"存在于叙述的统一性中,后者把出生、生活、死亡作为叙述的开始、中间、结束而串联了起来"(MacIntyre 1985:205)。

叙述解释也强调自身性的社会维度(参看第九章)。叙事是一个社会过程,它始于童年并延续到我们的余生。我通过参与到一个语言共同体之中,慢慢了解我是谁,我一生的愿望是什么。其他人则被祈求倾听并接受我们对自己行动和经验的叙述解释。此外,正如布鲁纳指出,我们自编的故事不是胡编乱造,而是模仿了习俗的风格。当我谈论我自己时,我的自身性就成为公共领域的一部分,其形象和本质都由自身性之应该是怎样和不该是怎样的文化典范所引导(Bruner 2002:65)。因此,了解到自己乃是一个有着特定生活史和特殊性格特征的人,这既比了解自己直接的信念和欲望更加复杂,也不像最初看起来的那么私人(Jopling 2000:137)。当我用生活故事来诠释自己时,我可能既是叙述者又是其中的主角,但我不是唯一的作者。我自己故事的开头总是别人为我写就的,而故事的展开方式也只是部分取决于我自己的选择和决定。事实上,任何个人的生活故事不仅与他人(父母、兄弟姐妹、朋友等)的故事交织在一起,而且还被嵌入到一个更大的历史和共同体的意义给予结构之中(MacIntyre 1985:221)。无论我是否将自己理解为各种传统的继承者和延续者,我自己的故事都被纳入这些传统。

我们是谁取决于我们(和其他人)所讲述的关于我们自己的故事。这个故事或多或少是融贯的;同样地,我们的自身同一性也是如此。因此,叙述性自身是一个经历着不断修正的开放性构造。

它被固定在文化上相对的叙述上,并围绕一套目标、理想和抱负被组织起来(Flanagan 1992:206)。这是一种开始于童年并持续一生的同一性建构,并且总是涉及复杂的社会互动。一个人是谁——这取决于他所具有的价值、理想、目标以及他的行动——这是一个人们视什么是有意义的问题,而这当然是被他所参与其中的那个共同体所奠定的。因此,正如人们常说的那样,一个人不能仅凭他自己就成为自己,而只能与他人一起、并作为语言共同体的一部分,才成为自己。这种与他人的叙述联系是双向的:它不仅塑造了我们自己的自身,而且正如前面章节所示,它也为理解他人提供了一个框架。

值得注意的是,叙述性解释基于某种解读可以转变为某种版本的无自身学说。实际上,人们可能认为被扩展的叙述性自身不过是一种虚构,尽管是个有用的虚构,因为它为生活提供了一种实践上的连续感。丹尼特(Dennett 1988,1991)为这一观点提供了一个例子,他认为这与大脑如何工作的最新进展相一致。当代神经科学的一个共识在于:大部分的神经元进程都是分布于大脑不同的区域。因此,对于经验而言,并不存在真实的、统一的神经学中心;也不存在任何跨时间的、可以标记为自身的真实统一性。然则,人类具有语言;并且我们可以通过语言使经验在较长的时间段内变得相对融贯和完整。我们用文字来讲述故事;根据丹尼特,正是通过这些故事,我们才创造了我们称之为自身的东西。我们延展生物学的边界,以涵括富有意义的生命体验。丹尼特的解释有两件事值得注意。首先,我们不能阻止自己"发明"我们的自身。我们注定是语言的使用者,而一旦我们陷入语言网络并开始编织自己的故事，我们就无法完全控制其结果。正如丹尼特说，"我们的故事是被编织的；但在大多数情况下，我们没有编织它们，而是它们编织了我们"（Dennett 1991：418）。其次，这种编织的一个重要结果就是叙述性自身。然而，根据丹尼特，叙述性自身并不是实质上的实在，而是一个空洞的抽象。具体而言，丹尼特将自身定义为抽象的"叙事重心"，并将之类比于物理对象的重心这种理论虚构。然而，在叙述重力这一情形中，个体自身包含了抽象的、可移动的点，而个体所讲述或由别人讲述的关于他的各种故事（小说或传记）在其中交汇。

作为经验维度的自身

在《感觉所发生之事》（*The Feeling of What Happens*）一书中，达马西奥主张，自身感构成了有意识心灵必不可少的部分。他写道："如果'自身意识'被理解为'具有自身感的意识'，那么所有人类意识都必然被这个术语涵盖，根本没有其他类型的意识"（Damasio 1999：19）。当我思考，阅读文本，感知旋律、一辆红色跑车或一杯热气腾腾的热巧克力时，我自动地、内隐地感觉到是我自己而不是其他任何人正在做这件事。我感觉到我正感知到的对象是从我的视角被统觉到的，而在我脑海中形成的思想是我的而不是任何其他人的。因此，达马西奥提出，在我的意识生活中，有一个恒定不变但却安静微妙的自身在场（Damasio 1999：7, 10, 127）。

然而，意识并不是铁板一块。达马西奥认为我们可以合理地区分两种意识：一种是简单的、基本的意识，他称之为"核心意识"（core consciousness）；另一种则是更复杂的类型，他称之为"扩展意识"（extended consciousness）。核心意识具有一个单一的组织层次，并且在有机体的生命周期内保持稳定。它并不只属于人类（非人类的动物也可能有核心意识），而且它不依赖于常规的记忆、推理或语言。相比之下，扩展意识则具有多个组织层次。它在有机体的一生中不断进化，并依赖于常规记忆和工作记忆。它可以在某些非人类中以基本形式出现，但只有在使用语言的人类中才达到了顶峰。达马西奥认为，这两种意识类型对应于两种类型的自身。他将核心意识中出现的自身感称为"核心自身"（core self），而将扩展意识所提供的更为精细的自身感称为自传式自身（autobiographical self）（Damasio 1999：16-17, 127）。从发展的角度看，一开始只有核心自身的简单状态，但随着经验的积累和记忆的增长，自传式自身得以展开（Damasio 1999：175）。

从纯粹的描述性观点来看，达马西奥的分析可以被视为是对经典现象学观点的重新表述。换言之，关于经验的自身概念，恰恰是经典的现象学提供了最为明确的辩护和分析。因此，重要的是要注意到，无论是胡塞尔还是萨特后来都远离了他们先前所辩护的无自我立场。或者更确切地说，他们所拥护的并不是他们先前拒绝的那个自身概念，而是他们意识到，存在着不止一个自身概念。

萨特认为，意识的根本特征是一种基本的自身显现或自身指涉，他称之为"自身性"（ipseity，即英文的 selfhood，源自拉丁文 ipse）（Sartre 2018：160）。当萨特谈到自身时，他指的是某些非常基本的、刻画（现象）意识的东西。它刻画了自我的存在模式，虽然我不能表达它，但不意味着我就不是这样的。确实，他在《存在与虚无》一书的"我的自身与自身性的回返"一章中指出，意识就其以前反思的方式被经历而言,它无论如何都不是无人称的;相反,它恰恰是具有其"根本的自身性"这一特征(Sartre 2018:160)。

梅洛-庞蒂有时会这样讨论主体,也即它的自身性就体现在它具身的"在世中存在"之中(Merleau-Ponty 2012:431)。但是,他也提到了胡塞尔对内时间意识的研究,认为源初的时间流必须被当作是自身和自身之间关系的原型,并且勾勒了一种内在性或自身性(Merleau-Ponty 2012:450)。梅洛-庞蒂接着说,意识总是受到自身的触发。并且,若脱离了这种根本的自身被给予性,"意识"这个词就毫无意义。

正如胡塞尔指出,意识就像一条河流一样存在,它对它自己显现为一条河流。但意识流如何能意识到自己,河流的存在本身就是一种自身意识——这又是如何可能、如何被理解的?这是个持久的问题(Husserl 2001b:44,46)。确实,胡塞尔对时间性的研究很大程度上是出于他对意识如何对其自身显现的问题感兴趣。他对内时间意识结构的分析(预持-源印象-滞留)恰恰应该被理解为对前反思的自身显现之(微观)结构以及经验之自身性的分析(Husserl 1991;Zahavi 1999,2003b)。在胡塞尔那里,我们最终发现的是他对自身性、自身经验以及时间性之间关系的持续研究。

另一位现象学家米歇尔·亨利(Michel Henry)不断将自身性刻画为一种内在的自身触发(self-affection)(例如,Henry 1973:682)。只要主体性向自己显现,它就是一个自身(Henry 2003:52)。或者像他在早期的《哲学与身体现象学》(*Philosophy and Phenomenology of the Body*)一书中写道,"它自己即时在场的内在性构成了自身性的本质"(Henry 1975:38)。正是因为意识被刻画为一种原初的、缄默的自身意识，我们才可以恰当地将一种基本的自身性归属给经验现象。更确切地说，亨利把一个基本的自身性概念跟经验生活的第一人称被给予性联系了起来。

所有这些现象学家所支持的关键想法在于，成为自身究竟意味着什么，理解这个问题要求我们检讨经验的结构，反之亦然。因此，自身不是与意识流相对立的东西（something）或者某物（something），也不是某个无法言说的超越论前提，也不仅仅是一个在时间中演化的社会构造物。相反，它被当作是我们意识生活之结构的内在维度。更确切地说，他们主张，（极小的或核心的）自身拥有经验的实在性，它实际上等同于经验现象的第一人称特征。简言之，这个主张就是将自身等同于经验的主体性，后者被主张为经验所不能缺乏的东西，不管是在形而上学上，还是在现象学上而言。用G. 斯特劳森的一个表述来说，如果经验存在，如果主体性存在，那么这就意味着该经验的主体（subject-of-experience-hood）也存在（Strawson, G. 2009：419）。基于这个理解，自身就是每一个经验的内在的结构性维度。它不是一个额外的经验对象，也不是外在于经验的要素，好像存在着一种独特的关于自身的感受质（self-quale）在我们各种经验之外与之并列存在。相反，这个主张是说，不管其对象，不管其行为类型（或态度特征），所有经验都必然是主体性的：它们都为某人而感觉起来像某物。通过其内在的前反思的自身意识，通过其自身呈现的特征，它们不是匿名的，而是拥有根本的主体性与第一人称特征。而现象学的提议则是将这一第一人称的在场、这一经验上的"为我性"等同于"极小的自身"（minimal self）（Zahavi 2005a，2014，2020c）。

顺便提一句，这个观点表明自身经验不应被理解为一种对孤立的、与世界无关的自身的经验；自身也不是隐藏于头脑之内的。拥有自身经验并不是通过将目光转向内在而打断与世界的经验互动；相反，自身经验总是一个沉浸于世界之中的、具身主体的自身经验。自身乃是参与到世界之中的具身主体的一个内在维度。因此，将现象学上的核心的自身或极小的自身的概念解释为一种笛卡尔式的精神剩余物，即某种自我封闭、自足的内在性：这无疑是个错误。现象学的自身概念，跟强调意识的基本意向性或意识的在世中存在，两者完全相容。用海德格尔的话来说，"自身的共同揭示隶属于意向性"（Heidegger 1982: 175）。

第三个自身概念是一个极小主义的概念；很显然，我们还要考虑更复杂的自身形式。然则，即便如此，这个经验概念已然是最基本的，因为缺乏这一维度的任何东西都称不上是一个"自身"。有人认为，倘若不区分出自身和非自身，哪怕是在无意识的层面，所有生命体都将不能存活或行动（Dennett 1991: 174, 414）。而根据现象学极小的自身的概念，自身性所要求的不仅是在它自己与环境之间的无意识区分。事实上，关键在于某种极小形式的自身经验对自身性而言乃是必不可少的。

第三节　社会性和人格

那么，叙述性延展的自身（即与社会性、规范性、记忆、语言相联系的自身）跟经验自身（即与经验和行动的基本结构相关的自身）之间的关系是什么呢？这两个对于自身的不同理解不必然是相互冲突的。它们可以被视为是互补性的概念。但就此而言，重要的是要准确地澄清它们之间的关系。经验上的核心自身是延展的叙述自身的（逻辑和时间上的）前提吗？核心自身等同于叙述者？或者说相反，核心自身乃是后续的抽象；它是否不过是某个更为源初之叙述自身的精简版本？

从现象学的观点来看，尽管经验性自身不断地纳入变化着的经验，但它在生命体的一生之中都具有一个始终稳定的结构，也即以时间性和具身性所定义的结构。与之相对，叙述性自身则在生命体的一生中不断进化。从发展的视角来看，一开始只是核心自身的简单状态，但随着经验的累积、记忆的增长，自传式或叙述性的自身也随之发展。因而，经验上的核心自身不是叙述实践的产物。它是我们经验和能动性过程之结构的一个内在维度，它必须被视为任何叙述实践的前语言前提。我们应该看到，个体发育的早期阶段伊始就存在着一个原初的、前概念化的自身（经验）。此外，如果我们关心经验和行动是如何组成一个融贯的生命故事，那么它们必然已经被给予为"我的"。只有具有第一人称视角的存在者，才能将自己的目标、理念、抱负视为她自己的，并讲述关于它们的故事。因此，当我们谈论第一人称视角时，我们应该区分具有这一视角以及能够用语言清晰地表述之。后者显然预设了对第一人称代词的掌握，而前者则不过是人们经验生活的第一人称的、主体性的显现。

一个选择是区分经验性自身和叙述性自身（一如上文以及许多哲学家所做的那样），另一个选择则是做一个不同的术语区分。对于经验性自身而言，人们可能会保留"自身"这个术语，因为我们所处理的正是自身经验或自身指涉的原初形式。与之相对，在社会和道德语境中，我们最好不要用自身，而要用"人格"（person）这个概念来作为叙述的建构。毕竟叙述性解释所处理的乃是"我是哪一种人"、自我之人格特征的本质等问题，这些问题随着时间而演进，并且被我所赞同之价值、我的道德与知性的信念与决断、自我之行动所塑造。"人格"这个概念的词源学就强烈地支持这个观点。拉丁文 persona 指的是演员佩戴的面具，因而跟 dramatis personae（"主角"）这个表述有关，后者指的是戏剧或故事中的角色。[②]

叙述的人格性以经验的自身性为前提（而非相反）——这一事实并未削弱前者的重要性，特别是在人格同一性问题方面。如果我确实想要知道你到底是什么样的人（而非你之为个人是什么），你如何区别于其他人，那么对我而言，知道你的个人历史、你重视什么、你关心什么也就更能提供有益信息了，也即是说，那些你在自我叙述或其他人关于你的叙述中被强调的东西。

我通过自己的信念、决断与行动而成为一个人格。人格具有能力、倾向、习惯、兴趣、性格与信念，但人格不是存在于社会真空之中。作为个人而存在，也就意味着在公共视域中社会化，其中人们对自己的态度乃是承接自他人。一如胡塞尔写道：

> 人格的起源在于同感以及植根于同感的社会行为之中。主体意识到自己是其行动的中心，这尚不足以获得人格性；相反，人格只有在主体进入与他者的社会关系时才被建构起来（Husserl 1973a：175）。

> 人格的发展受到他人影响、他人思想的影响、他人（之于

自我)的情感、他们之命令的规定。这一影响规定了个人的成长，而不管个人后来是否意识到它、记住它，或者能够确定这个影响的程度及其特征［……］除了源自其他个体的倾向之外，还有源自不确定的、一般的意向形式的命令，以及道德、习俗、传统和精神环境的命令：人们以这种方式做判断，人们必须这样来举起其刀叉，等等——也即来自社会群体、阶层的命令，等等（Husserl 1989：281-282）。

我作为人格的存在因而不是我自己的成就；相反，对于胡塞尔来说，它是我与他人之间"交流性纠缠"的结果（Husserl 1973b：603）。确实，我们作为其中一部分的共同体影响着与我们自身相关的价值、理想和目标。我们所拥抱的价值、我们所赞同的承诺都部分地由社会传播的榜样构造的，也即关于"什么是好的生活"的现有观念。重要的是，人们可以具有多重相互重叠的身份，有些是相当地稳定，其他则更为短暂；人们可以同时将自己视为一个职业的高尔夫选手、一个操心的老父亲、一个爱国的公民以及一个虔诚的天主教徒，等等。

通常，我们所考虑的自身已经被人格化（personalized）了，或至少是处于发展为整全的人格的过程中。我们的自身理解通常是被编织到自身叙述之中，并以此来进行理解；即便人们编织自己叙事的能力还没有完全发展起来，或是因为神经疾病或精神失常而丧失了，上述所界定的极小意义上的自身经验依然存在。经验科学已经证实了这一点。

第四节 一个发展的故事

所有健康的婴儿都有天生的觅食反射。当人们触摸婴儿的嘴角，婴儿就会转动自己的头，并向刺激的方向张开嘴角。通过记录新生儿对外界的触觉刺激或触觉自身刺激的反应中的觅食反射频率，人们发现，新生儿(24小时大)在对外界刺激的反应中，觅食反射的频率几乎高出三倍。罗刹特(Philippe Rochat)据此推论说，即便新生儿也有一种跨模态的稳定性，以确定自身刺激与非自身刺激，从而具有发展出早期的自身感的能力(Rochat 2001:40-41)。婴儿一出生就拥有本体感的信息，而正如罗刹特所说，本体感是"最杰出的自身模态"(Rochat 2001:35；另参见 Gallagher 2005a；Gallagher & Meltzoff 1996)。因此，早在婴儿能够通过镜中的自身识别测试之前——更别说错误信念测试了，他们就将自己的身体感知为有组织的、嵌在环境中的实体了，因而具有一种早期的基于感知/本体感的自身感。沿着吉布森和奈瑟(Neisser)的步子，罗刹特将婴儿早期的自身感称为生态学意义上的自身(Rochat 2001:30-31)。对他而言，这个生态学的自身显然就是一个身体性的自身，并且他认为婴儿的自身经验首先相关于婴儿对自己之具身性自身的经验。正是通过早期对自己身体的摸索，婴儿可以明确自己就是环境之中的差异化个体，并最终发展出一种更明确的自身觉知。更为准确地说，婴儿具有一种与生俱来的探究自己身体的倾向。这一倾向形成了自身感知的摇篮，并构成了自身知识的发展源头(Rochat 2001:29, 39, 74)。

像第七章所示，本体感觉知可以让我直接经验到我的前反思的、具身的自身，即便当我作为施动者并不是反思性地探寻自己，而是参与到实践性的、社会语境化的行动时也是如此。尽管大部分关于身体位置与运动相对于周遭的细节——也即对运动控制和身体行动极为重要的细节——都是无意识的；而那些有意识的细节都不会呈现为关于身体之不同部分的具体信息。相反，它显现为一种关于自己之于直接周遭环境的空间关系、关于自己在特定处境中能够做到的事情的整合性或全局性感觉。在宽泛的意义上说，本体感觉知包括了吉布森所说的视觉本体感和动觉（kinaesthesis），后者是指我从视觉中获得的对自身运动的感觉。这种生态学的、境域化的经验提供了一种关于自身的前反思感觉，也即作为一种空间在场和一组具身能力的感觉。当我的注意力或者意识行为指向环境或者某个计划时，本体感觉知的内容就会告诉我，比如我是移动还是静止，我是坐着还是站着，我是去抓、还是抓到、还是指向，我是在说话还是在沉默。

因此，这种吉布森式的生态学自身概念就包含了这样一个想法，即我从世界之中所收到的信息隐含地包括了关于自身的信息（确切地说，是关于自我中心之视角与空间中的具身性信息）。这就是说，我对世界的感知同时充满了关于自己在这个世界之中的具身性位置的信息。就此而言，所有的感知都包括了对自身以及周遭的共同经验，也即关于感知者与被感知之物之间关系的信息（Gibson 1986：126）。吉布森的理论得到了众多经验研究的证实，比如所谓的"移动房间实验"（Lee & Aronson 1974）。其中受试者（也即蹒跚学步的儿童）站在一块固定的地面上，但周围的墙壁则是从天花

第十章　自身与人格　　　　　　　　　　　　　　　　　　　　　*411*

板上挂下来的。不论墙壁是移向受试者还是远离受试者，受试者都会站不稳或摔倒。比如，通过将受试者面前的墙壁移向他而形成的光流就会给他一种他自己正在向前摔倒的印象。而肌肉为了配适这种显然的摇摆所做出的调整就会使得他向后摔倒（Neisser 1988：37-38）。

　　伸手行为（reaching behavior）中还有另一个例子。一个几周大的婴儿能分辨他能够得到的东西和他够不到的东西。婴儿不太会去抓他够不到的东西。当然，婴儿之所以能做出这个区分，乃是因为他必须觉知到对象相对于他自己的位置。但这不是说婴儿在这个阶段就已经对自己有一个显性的自身表征或自身概念，而是说他们能感知到一种包含自身确定性信息的支撑性。因此，即便是非常幼小的婴儿都能获得那些确定其生态学自身的信息。他们对光流做出反应、区分自己和其他事物，并且轻易地就分别出自己的行动及其直接后果，以及其他类型的事件。他们可以经验到自己、自己在哪儿、自己如何移动、自己在做什么以及任意行动到底是不是自己的，等等。这些成就早在生命最初的几周或几个月中就出现了，并且证实了一种初始但基本的自身经验形式的存在（Neisser 1993：4）。

　　近年来，一些哲学家、心理学家和神经科学家赞同这样的想法，即存在着整合于经验之中的极小的自身，但他们却无论如何都坚持认为极小的自身需要用人际间的术语来进行重新理解，并论述说最基本意义上的自身乃是依赖于他人而发展起来的（Ratcliffe 2017；另参看 Kyselo 2016；Ciaunica & Fotopoulou 2017）。比如说，特萨吉瑞斯等人就写道，"自身的最小维度——也即与具身主体相关联的感觉性质——从根本上是被婴儿早期及之后与他人的具身互动所塑造的",并且"'自身性'或'属我性'的初始感觉"伴随着所有的主体性,并且深深地植根于社会交往之中(Fotopoulou & Tsakiris 2017:14),并且"意识状态的现象性质是人际间所建构的"(Fotopoulou & Tsakiris 2017:7)。然则,不甚清楚的地方在于,这个主张到底有多彻底?像普林茨(Wolfgang Prinz)等社会建构主义者提出非常著名的观点,认为自身乃是社会文化的建构,而非自然所予物;而那些被剥夺了所需的社会交往并不被允许拥有以社会为中介的自身属性的人,他们会缺乏自我性(me-ness),变成无自我、没有意识,因而保持为"无意识的僵尸"(Prinz 2003:526)。特萨吉瑞斯等人不想走得这么远,因为他们明确声称,他们"不想暗指没有照料者的婴儿会没有一个情感上的极小的自我,会进入某种无意识的'类似僵尸'的状态"(Fotopoulou & Tsakiris 2017:7)。但这依然让他们主张的真正性质不甚清楚。论证极小的自我的人际间建构的特征,其最直接的方式在于采用普利茨的建构主义观点,但这个观点既不跟现象学关于前反思的自身觉知的视角相兼容,也不跟上述发展上的数据相兼容;因而它面临着自己的挑战,其中之一在于,它依赖的那个模型,容易遭到我们在反对高阶表征主义时所做的相同反驳。

第五节 关于自身的病理学

发展心理学家布鲁纳(Jerome Bruner)作为一个叙述性自身的热切辩护者,在其《制造故事》(*Making Stories*)一书中承认,自身性的某些特征是天生的，我们需要认识到存在着一个初始的、前概念的自身。但与此同时，他坚持认为，在阿尔茨海默病与科尔萨科夫综合征中所出现的叙述障碍对自身性而言是致命的，他还认为如果失去了叙述的能力，也就不存在任何自身性了（Bruner 2002：86，119）。布鲁纳假定说，援引病理学有助于澄清事实，这当然是对的，但问题在于他自己的观察是否真的切中要点。阿尔茨海默病是一种渐进性的退行性大脑疾病，它会造成广泛的记忆丢失，以及行为、思考、推理的改变，乃至于会造成全局性功能的显著衰退（Snyder 2000：44）。因而，阿尔茨海默病患者会遭到广泛的认知障碍；而对话语（与叙述）的理解和表达只是其中受到影响的某些区域。即便如此，用一种奇怪但尖刻的话来说，如果阿尔茨海默病晚期没有任何自身性存留的话，人们就不能推断说，叙述障碍就是死亡的原因了。（如果人们要找到一种跟叙述能力明确相关的疾病，那么完全性失语症［global aphasia］可能是一个更好的选项——但即便如此，有谁会要主张，那些患有完全性失语症的人会不再成其自身呢？）况且，这里还有一个大大的"如果"在此。尚不明显的是，阿尔茨海默病会导致第一人称视角的解体，即属我性维度的完全消失；或者任何存留的经验只是匿名的和无主体的经验性片段，以至于"主体"不再将疼痛或不舒服感觉为"自己的"了（Klein 2012）。正如克莱因在众多研究中指出的，对晚期阿尔茨海默病患者的实证研究实际上显示，这些个体仍保有一种自身统一体与连续性的感觉（Klein & Nichols 2012）。他们仍保有自己作为经验着的主体的主体感，即便这种感觉依然为混乱和忧虑所笼罩着。他们是担忧的、害怕的，并被其心灵生活中的"空洞"所困惑着；他们正是像人们期望一个有意识之主体会如何回应该疾病所造成的认知混乱与经验变化那样行动着(Klein 2012:482)。但如果这是真的,也即如果阿尔茨海默病事实上构成了一种严重的叙述障碍,我们就应该得出跟布鲁纳完全相反的结论。我们就必须承认,自身比叙述理论所处理的要多出很多东西。事实上,这是达马西奥得出的结论,他明确地认为,神经病理学提供了经验上的证据,支持他区分"核心自身"与"自传性自身"。自传性自身在神经病理学上的缺失并不影响"核心自身",而在"核心自身"这一层面所发生的缺陷则会造成自传性自身或叙述性自身方面的问题(Damasio 1999:115-119)。

其他问题比比皆是。对行动与经验的能动感和所有感是一种自身归属性的、元认知作用的结果吗——后者所采用的是概念与语言的资源?抑或说,行动与经验潜在地且在前语言层面就被感觉为"自己的"?(参见第八章)外显的与概念上的自身指涉是依赖于一种潜在的自身感吗?如果能动感与所有感是经验性自身的一部分,那么这些感觉的中断(比如精神分裂症、反常手综合征、异手综合征[alien hand syndrome]或单侧忽略等)之于经验性自身是否构成致命的威胁? [3] 这些问题目前在哲学、心理学以及认知神经科学当中都得到热烈的讨论。但是,人们越来越意识到,这些有关于自身指涉的议题并不能单独通过实证手段来处理,我们迫切需要对自身与自身经验的不同概念做出哲学上的澄清。这是双向的相互启发。非但认知神经科学可以从对自身概念、对隐性自身经验的可能性的澄清中获益,而哲学研究显然也可以从参与到心理病理学与神经病理学的发现中获益。

然则,在哲学、实验和临床讨论之中,对这些议题依然存在着分歧。比如，一方面，所有感和能动感之间区别（一如 Gallagher 2000a 以及前面第八章的讨论），是与经验性自身或极小自身相关的一阶经验层面的区别。在某些行动中，我内隐地感觉到行为是我的，而且我觉得自己产生并控制着这个行动——而无需就自己意向的融贯性方面反思性地评估它、对之进行归属。就能动感而言，如果我是基于自己的意愿而走过房间，这当然会跟被推着走过房间感觉起来不一样。如果被推了一下，或者经历不自觉的痉挛，我依然会将该动作经验为自己的——是"我"而非其他人在移动，但这时我会缺少一种能动感；我会缺少自己是该行动的施动者或发起者的经验。另一方面，一些哲学家和科学家认为，所有性和能动性不过是外显地决定一个心灵事件或状态应被归属给谁的问题——这是我的行动（或思想），抑或不是（Jeannerod & Pacherie 2004；Stephens & Graham 2000）？持内隐观点的科学家认为外显观点的要求太高了，这种观点倾向于把行动中的自身感还原为一种事后的构造。相反，他们认为行动着的自身具有一个内隐的自身能动感，它是伴随行动同时发生的（Haggard & Clark 2003；Tsakiris & Haggard 2005）。在其各自的论述中，对立的双方都借鉴了对神经病理学和精神病理学疾病的各种研究（Jeannerod 1999；Rossetti & Rode 2002）。

让我们看一下一个更为戏剧性的自身经验失常的例子，也即精神分裂症。虽然当前版本的《国际疾病分类》（*International Classification of Diseases* [ICD-10]）在其对精神分裂症的定义中没有包括自身，但即将出版的第11版确实包含了一个对自身经验障碍的重要参考，使其与现象学精神病学的见解更加一致。事实上,各种"自身紊乱"传统上至少潜在地被当作是精神分裂症临床表现的重要组成部分。早在1913年,雅斯贝尔斯就用了"自我障碍"(Ichstörungen)一词。仅一年之后,贝尔兹(Berze)就提出,一种基本的自身意识转变构成了精神分裂症的根源。但对精神分裂症的自身紊乱最细致的分析恰是出现于以现象学为导向的精神病学之中(Blankenburg 1971;Conrad 1959;Laing 1960/1990;Minkowski 1927;Parnas 2003;Parnas et al. 2005;Sass 2000;Tatossian 1979/1997)。就像闵可夫斯基写道:"疯癫……并不是源自判断、感知或意志上的紊乱,而是源自自身最深处的结构性紊乱"(Minkowski 1997:114)。

帕纳斯(Parnas)认为,精神分裂症包含着一个减少了的自身性,其中自身感已经不再能自动地充盈经验(Parnas 2003;Parnas et al. 2002)。我们所面对的是一种前反思层次上的经验性障碍,它比自卑感、不安全感以及不稳定的身份感这些精神分裂症图谱之外的人格障碍要更为基本(Parnas et al. 2005)。

有些患者可以比别人更好地表达这些微妙的障碍。帕纳斯的一位患者曾报告说,他总是延迟一秒才觉得他的经验是他自己的;另一位患者则说,他的自身好像是被向后移动了几厘米。第三位患者则解释说,他感到了一种难以形容的内在变化,这让他不能过正常的生活。他感觉自己不是真的存在着,甚至不是完全活着,这种糟糕的感觉让他非常困扰。这种距离感或分离感伴随着一种观察或监视自己内心生活的倾向。他将自己的痛苦总结为自己的第一人称生活不见了,并被第三人称视角所取代(Parnas 2003:223)。

更一般地说,帕纳斯和萨斯都认为这些自身紊乱甚至可能被认为具有一种致病的病理学作用。它们先行于后来的精神疾病,构成其基础,并塑造了它们的表现;因而从一个纯粹的描述精神病学的立场出发,它们可以将一些似乎是无关、甚至对立的综合征和症状统一起来(Sass & Parnas 2006)。

对"思想植入"(thought insertion)或"控制幻觉"(delusion of control)这样的精神分裂症,我们不难找到第一人称的陈述,(如果孤立地就其表面意义来看)它们似乎提供了丰富的证据,以支持这样的主张,也即某些经验状态完全缺失所有感。然而,那些经验到思想植入或控制幻觉的受试者清楚地识别出正是他们自己在经历着这些异质性片段。病人知道是谁在经历这些异质性的动作或被植入的思想。某些所有感仍得到了保留,这正是他们还可以抱怨的基础(参看 Gallagher 2000b:230;Stephans & Graham 2000:8, 126;Zahavi 1999:154)。即使被植入的思想或异质动作被感觉为侵入性的、陌生的,它们也不会完全缺少第一人称的性质,因为深受其痛的受试者能清楚地觉知到正在经验这些异质性的思想和动作是他自己,而不是其他人。

但有人认为,诸如思想植入与控制幻觉等精神分裂的经验违反了"免于因误认而犯错"*的原则(Campbell 1999;Jeannerod & Pacherie 2004)。这一原则跟维特根斯坦称之为"作为主体"的第一人称代词的使用有关(Wittgenstein 1958)。他认为,如果有人说她有某个经验,那么问"你确定是你有这个经验吗?"这就是毫无意义的。也即,如果你主张自己牙疼,那么问"你确定是你有牙疼吗?"

---

* 即 immunity to error through misidentification。——译者

就是毫无意义的。之所以如此，首先不是因为语言运行的方式，而是因为经验的特性。肖梅克（Schoemaker 1968）清楚地指出，"免于因误认而犯错"的原则适用于各种形式的自身指涉，其中无需同一性确认，因而也就没有误认的可能。换言之，我们之所以在这方面免于错误，不是因为我们在判断自己是谁时不会犯错，而是因为这种自身觉知根本就不包含同一性的判断。据此观点，"免于因误认而犯错"无疑适用于所有感。我的所有感不需要自己去确证自己满足特定的标准，以便在观察的基础上来判断自己就是那个在具身地行动或经验着什么的人。

与"作为主体"的第一人称代词的使用相对比，"作为对象"的第一人称代词的使用通常被认为会犯误认错误，也即，我基于感知观察而将一个属性归属给我自己，比如"我的脚脏了"所示例的陈述。[4]这里需要清理出几个不同的议题。首先，"免于因误认而犯错"通常跟 P. 斯特劳森所提出的"确定的自身指涉"（garanteed self-refernece）是不同的（Strawson, P. 1994；另参看 Castaneda 1968）。"确定的自身指涉"是指这一事实，任何一个说"我"的人都只能是指称他自己。在这个意义上，即便是"作为对象"的第一人称代词的用法也不会犯错。当我照镜子的时候说"我的脚脏了"，我可能弄错谁的脚脏了（这可能是一面映出别人的脏脚的特技镜子），但是"我"这个单词所指称的只能是我自己——这正是我的判断是错的原因。我可能误认了自己（或更准确来说，我可能将某些特征错误地归属给自己），这只是因为"我"被确定为自身指涉。在此意义上，我们不可能思考一个"我思"（也即，做出一个自身意识的判断）却不指称自己。即使在自身归属时犯了错（我的脚实际上很干净），或是处于完全的幻觉之中（"我有 4 米高"），我仍然是把该特征归属给我自己。

重要的是要理解到，"免于因误认而犯错"也与不涉及第一人称代词的经验直接相关。确实，它恰恰是与前述谓的第一人称视角相关，后者才首先使得人们可以做出作为主体的第一人称陈述。在第一人称视角之中就包含了阿尔巴哈里（Albahari 2006）称之为经验的"视角所有性"；它无误地将我的经验固定于自我，将对自己的前反思觉知刻画为主体。因而，当我在镜子之中看到脚脏了，并错误地说"我的脚脏了"，我对于自己将脏脚所归属的那个人并没有犯错；我将之归属给自己——这个人不仅是说话者，而且也是感知者；恰恰是基于后一个理由，我才犯了错。但这是一个错误的归属；但它犯的错并不是关于那个具有观看镜子经验的那个人——也即，我这个感知者，即便在这个情况下我并不是被感知到的那个人。换言之，只要存在着对"作为对象"的自身的错误归属或错误认同，就总是存在着一个正在感知或行动，有时是在言说的主体——而对于这个"作为主体"的自身，"免于因误认而犯错"以及"确定的自身指涉"就保持完整。

但关于精神分裂症中的思想植入呢？坎贝尔（John Campbell）认为，我们可以在精神分裂症中找到违反"免于因误认而犯错"的例子：

> 精神分裂症患者所描述的"思想植入"现象让人震惊的地方在于，它看起来包含了认同的错误。……病人假定别人在他心灵里植入了思想，他们正确地知道它们是哪些思想，但却错

误地认为这些思想是谁的。因此，这对于基于现在内省的心理状态报告不可能包含认同错误就构成了一个反例。弗里茨（Frith）本人简要地指出了这一点（Campbell 1999：609-610）。

坎贝尔又引用了弗里茨的话：

> 思想植入是个特别难以理解的现象。患者说，那些不是他们自己的思想进入了他们的脑袋。这个经验意味着我们有某种方式来识别我们自己的思想。好像每个思想都有一个标签写着"我的"。如果这个标签贴错了，那这个想法就会被认为是异己的（Frith 1992：80）。

我们可以通过肖梅克的观察来澄清这点，"虽然'我的手在移动'这一陈述有可能犯误认的错误，而'我在挥动手臂'这一陈述却不会"（Shoemaker 1984：8）。肖梅克的主张显然需要做一些限定。即便我被整蛊而错误地以为自己的手臂在移动，这是错误归属而不是错误认同。进一步来说，即使人们因为实验而错误地以为自己的手以它所不是的方式在移动（例如在采用肌肉震动技术的实验中所做的那样），更甚者是错误地以为自己有手，而它实际上却不存在（例如幻肢）——在这些情形中，对自己的手在做什么，甚至是不是一只手在做这件事，对此我可能会犯错，但我对下述事实却不可能犯错，也即，我就是经验着它的人。[5] 在这些情形中，"我的手在动"这个陈述意味着，"我感觉到自己的手在动"，而人们不可能合乎意义地追问，"你确定感觉到你的手臂在动的是你吗？"

第十章 自身与人格

当精神分裂症患者报告说，某些想法不是他自己的想法，而是别人产生的想法，他也表明了这些思想不是显现于别人的头脑中，而是显现于他自己的意识流中，他对后者恰恰可以主张其视角的所有性。换言之，对于那些被植入之思想，他所抱怨的并不是说他突然具有心灵感应，而是抱怨别人侵入了他的心灵。恰恰是基于这个理由，精神分裂症患者才应该对他正确地视为无意义的问题给出肯定的回答，这个问题即"你确定你就是那个经验这些思想的人吗？"毕竟，这正是他所要抱怨的东西。他所经历的思想好像是由他人产生的；他把能动性归属给别人或别的东西，但该经验仍然是他自己的。

坚持认为精神分裂经验并未违反"免于因误认而犯错"的原则，认为某些所有感即便在精神分裂幻觉中依然存留，这并不是要拒绝说，这些幻觉确实指向了一个根本的自身紊乱。就像亨里克森等人（Henriksen et al. 2019）指出，我们需要拒绝下述对思想植入的两种误解。依据第一种误解，我们在思想植入中所发现的是一种第一人称视角的完全消解。没有任何"为我性"留下来。而依据第二种误解，"为我性"是意识如此根本且形式上的一个特征，它在病理学中永远不会受到影响。严格来说，基于第二种观点，健康主体的"为我性"与精神分裂病患者的"为我性"之间没有任何差异。这种观点的问题在于，它低估了我们所面对的意识失常有多么地广泛和基础。

詹姆斯有一个著名的论点，即我们自己当前的思想具有一种"温暖和亲密"的性质（James 1890: 239）。尽管一些异常和分裂的经验确实仍然被"为我性"所刻画，也即以第一人称的方式——即不能为他人所获取的方式——被给予经验者，该"为我性"看起来还是缺少了詹姆斯所指称的那种性质。确实，诸如思想植入等精神分裂现象可以被视为一种极强的自身异化感的结果，即经验者与经验之间某种被感受到的距离，而这在全然的精神分裂之前可能就已经存在了。从这个视角而言，思想植入可以被视为一种由持续加剧的自身异化过程所引起的"终极现象"（Klosterkötter 1988）。

第六节　结论

不管自身是实在的还是虚构的，是一还是多，它都是需要被解释的，这至少有两个原因。首先，存在着一种伴随着经验和行动的不可否认的自身感。如果这个现象学描述指向某个实在之物，那么对"认知"的全面解释就必然需要对"自身"做某种解释。而对那些认为自身是个虚构状态的人而言，他们也需要解释这个虚构为何出现、向谁出现。不管怎样，我们都要回到现象学、回到神经心理学的解释，后者包括这样一些机制，以对感知与行动的内隐的（生态学的和本体感的）结构、对自传性记忆，以及对叙述的产生负责。

其次，一如 G. 斯特劳森认为，如果我们想回答自身是否实在这样一个形而上学问题，我们首先要知道自身是什么。为此，我们最好是去关注自身经验，因为它通过给我们一种活生生的感觉——好像存在着某种像"自身"这样的东西——而首先引出了这个问题。因此，一如 G. 斯特劳森会毫不犹豫地承认，对自身的形而上学研究从属于现象学的研究，后者限制着前者。除非它具有这些由某种真正的自身经验形式所归属给自身的性质，否则没有什么东西能够称得上是"自身"(Strawson, G. 2000:40)。当然,神经怀疑论者可能不同意。他们可能会认为,从现象之自身经验的结构和内容来推断自身的真正性质,这是一个谬误。对于这些怀疑论者而言,我们的自身经验,我们原初的、前反思的意识自身性从来就不是真实的,因为它并不对应于自身表征系统中任何内在或外在的单一实体(参看 Metzinger 2003:565)。但依然不清楚的是,为何自身的实在性应该取决于它是否真实地反映了次人格的机制或独立于心灵的外部实体呢?如果我们全然认同这样一个限定性的形而上学原则,我们就应该声明自己所生活于其中的世界,以及我们所认知和关心所有人大体上都是虚幻的。倘若主张隶属于人类生活的一切都是虚构的,仅仅是因为它们不能通过特定的科学理解之模式来把握,这不仅揭示出这些人预先就承诺了一种素朴的科学主义,据此,(自然)科学就构成存在之为存在的唯一标尺。不仅如此,他们还弄巧成拙,削弱了他们所引以为傲的科学实在论。毕竟,科学本身就是人类的事业。因此,如果自身具有经验的实在性,为何不坚持认为它是实在的,为何不坚持认为自身解释的有效性的尺度在于是否它能够忠于经验,在于它是否能够把握并表述那些(不变的)经验结构(Zahavi 2003c, 2005a, 2005b, 2011b)?

以跨学科的方式聚焦于自身这个复杂问题的多个方面或维度,这可能更加能够减轻不同理论之间的融贯性问题。神经科学家、心理学家、精神病学家以及机器人工程师,乃至于哲学家,都对发展出一个自身模型保有兴趣(参看 Gallagher 2011;Gallagher & Shear 1999;Kircher & David 2003;Zahavi 2000)。关于解离性障碍的神经心理学、关于裂脑的神经科学乃至关于叙事结构的认知语言学，以及具有解释学倾向的现象学，可能揭示了叙述如何在正常人类中产生一个看起来是统一的自身。包括现象学、动觉行动的神经科学、动物研究、发展心理学等不同路线都是必要的，这样才能够理解自身经验、自身识别、能动性、社会互动的不同侧面，以及这些事物如何帮助产生自身同一性。最后，如果我们能够合理地解释经验的这些不同维度，那么整合了现象学之洞见的认知科学就能够重写那些关于自身的核心哲学问题了。

本章注释：

① 对休谟的一个不同解读，参看 Margolis 1988 和 Strawson, G. 2017。

② 这并不是提示说人格最终不过是些虚构，也不是说它们乃是遮蔽源始的核心自身的面具。其要点只是说，在叙述与源始的人格概念之间存在着词源学的联系。

③ 马尔彻蒂和萨拉（Marchetti & Sala 1998）在"反常手综合征"和"异手综合征"中间做了一个重要的区分。反常手综合征包含着能动感中的扰乱，但受试者仍然承认，这是他自己的手在做着看起来是指向目标的动作。而在异手综合征情形中，所有感也被扰乱了，受试者否认那支手实际上是他的（参看 Gallagher & Vaever 2004）。

④ 不清楚的是，简内罗德和帕澈里（Jeannerod & Pacherie 2004）为何将所有感跟"作为对象的自身"等同起来。在他们对"免于因误认而犯错"的主张那里，这个等同看起来是非常重要的：

简言之，对哲学家来说，坏消息在于自身识认根本上还是一个问题。至少在行动与意向的领域，根本就没有"免于因误认而犯错"这回事，不管是对作为对象的主体（所有感）而言，还是对作为施动者的主体（能动感）而言（Jeannerod & Pacherie 2004：141）。

同样不清楚的是，这为何是对于哲学家的坏消息，而不是对于正常人类的坏消息——他们通常依赖于这种免疫，即便他们并不知道它。

⑤ 本体感（对于肢体位置的感觉）以及痛感之于它们隶属于谁的身体都不会弄错（它们只传达关于主体自己身体的信息），即便本体感可能会弄错身体的姿势，而痛感可能会弄错疼痛的来源在哪（Gallagher 2003b；另参看 Jeannerod & Pacherie 2004）。

延伸阅读：

· Shaun Gallagher (ed.), *The Oxford Handbook of the Self*. Oxford: Oxford University Press, 2011b.

· Shaun Gallagher and Jonathan Shear (eds.), *Models of the Self*. Exeter: Imprint Academic, 1999.

· Tilo Kircher and Anthony David (eds.), *The Self in Neuroscience and Psychiatry*. Cambridge, MA: Cambridge University Press, 2003.

· Paul Ricoeur, *Oneself as Another*. Trans. K. Blamey. Chicago, IL: Chicago University Press, 1994.

· Philippe Rochat (ed.), *The Self in Infancy*. New York: Elsevier, 1995.

· Jean-Paul Sartre, *The Transcendence of the Ego*. Trans. F. Williams and R. Kirkpatrick. New York: Noonday Press, 1957.

· Dan Zahavi, *Subjectivity and Selfhood*. Cambridge, MA: MIT Press, 2005.

· ——, *Self and Other: Exploring Subjectivity, Empathy, and Shame*. Oxford: Oxford University Press, 2014.

第十一章 结 论

在一部内容广泛的认知科学导论中，福里登伯格（Friedenberg）和希尔维曼（Silverman）在529页的篇幅中只给了现象学寥寥10行字。他们写道，现象学涉及的是主观经验而非客观的描述，而现象学的描述不同于内省，因为它关注的是对外在刺激的直接且主观的感知，而不要求训练或者是对自己内在状态的彻底检查（Friedenberg & Silverman 2006：77）。[1] 正如前述章节已然表明，这不仅是对现象学之所是及其对心灵研究之贡献的错误描述，它还反映出一种相当奇怪的优先排序，或者可以说缺少一种优先排序。在我们看来（且在这个阶段而言，这并不令人惊讶），任何一个当代的认知科学导论都应该包含对现象学的大量讨论。之所以如此，不仅是因为现象学对心灵研究做出了独特的实质性贡献，而且还因为认知科学中的当代研究已经开始整合了现象学的观点，而该研究领域的任何导论都应及时地反映这一点。

当然，问题在于，尽管一部分重要的心灵哲学家和认知科学家最近开始严肃地对待哲学现象学，但绝大部分的研究者在讨论现象学时却不是使用其专业的含义，而是将之等同于某种内省主义。一如我们尝试澄清的，现象学不是一种心理学之自我观察的别名；相反，它是一种哲学路线的名称，它对当代心灵与认知的研究所能提

第十一章 结 论

供的不仅仅是一组内省材料。现象学哲学指的是一个源自胡塞尔、海德格尔、梅洛-庞蒂、萨特及其他思想家的工作的传统。如果忽视这个传统及其提供的资源，那么当代的认知研究可能会错失一些重要的洞见——在最好的情形下，人们会多花数十年甚至数百年才再次发现这些洞见（参看 Zahavi 2004c）。

现象学包括一组由诸多不同实践者所采用的丰富路线，而在目前这个篇幅的导论中，我们不可能对众多面向做出翔实的介绍。因而我们不得不做出选择。我们聚焦于一些在当代心灵哲学与认知科学讨论中极为相关的主题——比如意识与自身意识、意向性、经验的时间性、感知、具身性、行动以及我们对自身与他者的理解。在确定那些通常决定哲学讨论的形而上学议题之前，这些主题可以并且应该先得到研究。当然，这个清单并没有穷尽其所有；现象学在很多其他领域业已做出了跟认知科学的当前讨论高度相关的贡献。比如，我们可以提到对情绪之认知价值的分析，对人工智能的批评，对熟练之表演的研究，以及在艺术与人文科学中对具身认知的不断增长的兴趣（这受到现象学的启发）：这些例子是我们尚不能覆盖到的议题。我们希望前述讨论能够启发读者去做进一步的阅读。

支持者跟毁谤者通常会做的一个主张，也即现象学对心灵的研究的一个突出特征就在于它对第一人称视角的持续关注。但一如我们尝试说明的，这是一个相当狭窄的界定。现象学对行动、具身性、交互主体性等实际细节的分析远远超出对第一人称经验的描述。在众多对他人的主体性如何显现于其姿态、表情、身体行为的研究中，现象学家同时也提供了基于第二人称视角的详细分析，从而也提供了一个比公开表明身份的异质性现象学家所提供的更为精致、更为翔实的如何进行异质性现象学研究的理解。跟丹尼特所做的主张不同,经典的现象学已经强调了自现象学与异质性现象学之间的相互依赖关系(Zahavi 2007)。相应地,如果将主体性局限于仅仅能从第一人称视角所能获取之物,这将是一个严重的误解。

现象学对心灵哲学以及认知科学当中的一些标准观点提供了替代方案。因而我们可以用一些简洁明了的评述作为适当的结语。

- 方法论:现象学不同于内省和异质性现象学;它提供了哲学上审慎的方法论工具,它可以揭示通常被忽略但却意义重大的经验维度;它可以帮助界定好的经验性问题,并有助于设计行为与大脑成像实验;它可以用科学上严格的方式来框定对经验数据的解释,而又不导致还原主义,它可以为定性研究提供重要的工具;
- 意识与自身意识:现象学显然对高阶意识理论提供了一个替代方案,并且有助于对经验的解释——该解释对理解经验科学(包括发展心理学、人类行为学和精神病学),以及对理解从日常案例(譬如驾驶汽车)到高度技能化的表现,都有广泛影响;
- 经验的时间性:现象学对意识、认知以及行动的一个最为重要、但却最被忽视的方面提供了详细的分析——也即经验的内在时间性结构,这是现象学对脑-身-环境系统之中的动力学本质的一个补充;
- 意向性:现象学提供了一个完备的关于经验之意向性的非还

原主义解释，强调心灵与世界的共同呈现，由此在内在论与外在论的标准选择之间提供了一个替代选项；
- 感知：跟各种表征主义的感知模型相对照，现象学所辩护的是一种非笛卡尔式的观点，强调感知的具身性、实行性和境遇性本质；
- 具身认知：可能相对于任何其他路线，现象学都更为一致地支持认知的具身性与处境性观点。尽管现象学坚持区分活生生的身体与客观的身体，它还表明生物学乃至神经科学对于我们理解心灵生活都是极为重要的；
- 行动与能动性：现象学对不同种类的运动、对能动感与所有感之间的敏锐区分（这已经启发了众多神经成像实验）可以作为重要的工具，以发展更为全面的行动解释，以理解能动感或所有感有问题的特定病理学；
- 交互主体性与社会认知：现象学为心灵理论的解释提供了一个具身性的、处境性的替代方案，补充了从发展心理学而来的证据，并提出了对响应系统之神经科学的重新解释。现象学的视角对我们理解同感、对研究集体意向性和共同体经验做出了长足的贡献；
- 自身与人格：现象学对自身经验与不同的自身概念提供了澄清性的分析，以有助于认知神经科学当中对这些问题日益增长的兴趣。更具体而言，现象学表明，自身在很重要的意义上涉及经验的所有维度，包括意向性、现象性、时间性、具身性、行动以及我们与他人的互动。

因此，在前述章节中，我们一直在强调，一旦忽略了现象学传统的洞见，将会招致多大的反效果。这显然不应被误解为一种向后看的怀旧。显然，我们的提议不在于，当我们要获得关于心灵的更令人满意的解释时，其正确的方式是从新近的概念澄清与经验发现之中抽身而去，以便返回到经典的现象学。我们确实认为认知科学可以在思考现象学所提供的详细分析与概念澄清时获益，但现象学与认知科学之间的关系并不是单向的。它不单单是应用现成的现象学区分和概念，就好像不存在任何交互性和反馈，或者好像说这种应用不会改变起初的想法。相反，我们的基本想法是"相互启发"。

丹尼特在其《解释意识》(*Consciousness Explained*)一书中，对交叉学科合作之困难提供了一个相当有趣的描述：

> 我越来越习惯于一些参与者对其他学科的同事所表现出来的轻慢。人工智能的研究者会问，"丹，你为啥要浪费时间跟那些神经科学家开会呢？他们着手于'信息处理'，担心它发生的所在，哪个神经发射机参与其中，乃至所有这些无聊的事实；但他们甚至不知道高阶认知功能的计算要求"。而神经科学家则问，"你为何要在人工智能的幻想上浪费时间？他们不过是发明了各种他们所要的机器，然后无可饶恕地说些关于大脑的无知说辞"。而与此同时，认知心理学家则被指责说，他们虚构了各种既无生物学可能性，又未被证实之计算能力的模型；而人类学家即便看到了一个模型，他们也不知道它是什么；哲学家——一如我们已经知道的——则在一个既无数据，又无经验上可测试之理论的地方，从各家的仓库里拿点东西，然后示警

第十一章 结 论

他们自己所造成的混乱。居然有这么多白痴在研究这个问题，也就难怪意识依然是个谜题了(Dennett 1991：255)。

一如丹尼特继续论证的那样，除了协作真的别无选择了。就此而言，我们是赞同的。经验数据可以帮助挑战和确证理论的分析。反过来而言，概念分析可以为经验科学家提供方向和工具，或者还可以在设计和发展实验范式方面提供帮助。如果在心灵研究中要有真正的进步，它就需要努力协作，援引所有可获得的资源，整合各种理论与经验的学科和方法。

虽如此，我们要提醒两个需要注意的地方。首先，尽管经验数据是重要的，我们显然不应该忽略它们可以被解释这一事实。对它们的解释往往依赖于人们所操作的框架。因此，理论对经验案例的影响不必然是某种可以轻易得到确定的东西。尽管人们可能会说，现象学应该注意到经验的发现，这并不意味着它应该自动地接受科学对这些发现所给出的(形而上学和认识论上的)解释。

其次，尽管我们认为，鼓励现象学与经验科学以及构成了广泛界定认知科学的众多学科之间的相互交流是极为重要的，而两者之间进行富有成效之合作的可能性不应该让我们忽略掉它们之间的差异。现象学应该受益于可得到的最佳的科学知识，但依然坚持现象学终极的、超越论的哲学关切不同于实证科学的关切，这一主张并没有什么不妥。

因而，让我们全心拥抱一个对第一人称视角的全新关注，并以此结束本书。对第一人称视角的研究是极为重要的，这不仅对于心灵哲学来说是如此，它对包括社会哲学、精神病学、发展心理学以及认知神经科学在内的许多相关学科亦是如此。最终，我们所需要的是一个对第一人称视角的理解——它处理它的重要性及系统性意义，描述其结构，分析我们在研究它时所应采用的方法论，并最后澄清其本体论或形而上学的地位。然则，一如我们所尝试去论述的，我们早就应该承认第一人称视角的重要性，但如果承认其重要性的方式是回归到一种洛克式的心灵解释的话，这无疑是极为不幸的。那么这种洛克式的解释是什么呢？在这个语境中，我们主要考虑到一种前康德式和一种前维特根斯坦式的观点，也即那种会完全忽视超越论考量，进而只是将意识视为世界之中的另一个对象——一个会将主体性界定为某种内在和私人的东西，从而不再理会它在何种程度上在有意义的行为中是对他人可见的，在何种程度上我们的主体性是受到自己与他人的互动和参与的影响和形塑，受到我们共有之社会生活的塑造。

本章注释：

① 福里登伯格和希尔维曼（Friedenberg & Silverman 2006）对现象学的讨论相对而言是非常慷慨的。齐丕曼（Susan Chipman）在其 2017 年的《牛津认知科学手册》(*The Oxford Handbook of Cognitive Science*) 中根本就没有提及现象学，它将认知科学的范围局限于计算模型、心理学与语言学。对认知科学的最新窄化，参看 Núñez, et al. 2019。

参 考 文 献

Albahari, M. (2006). *Analytical Buddhism: The Two-Tiered Illusion of Self*. New York: Palgrave Macmillan.

Allison, T., Puce, Q., and McCarthy, G. (2000). Social perception from visual cues: Role of the STS region. *Trends in Cognitive Sciences* 4/7, 267-278.

Anscombe, G. E. M. (1957). *Intention*. Oxford: Blackwell Publishers.

Armstrong, D. M. (1968). *A Materialist Theory of the Mind*. London: Routledge & Kegan Paul.

——. (1981). *The Nature of Mind, and Other Essays*. Ithaca, NY: Cornell University Press.

Arzy, S. and Schacter, D. L. (2019). Self-agency and self-ownership in cognitive mapping. *Trends in Cognitive Sciences* 23/6, 476-487.

Asemissen, H. U. (1958/59). Egologische reflexion. *Kant-Studien* 50, 262-272.

Augustine (1955). *Confessions*. Philadelphia, PA: Westminster Press.

Avramides, A. (2001). *Other Minds*. London: Routledge.

Bach-y-Rita, P., Collins, C. C., Saunders, F., and Scadden, L. (1969). Vision substitution by tactile image projection. *Nature* 221, 963-964.

Bach-y-Rita, P., Tyler, M. E., and Kaczmarek, K. A. (2003). Seeing with the brain. *International Journal of Human-Computer Interaction* 15/2, 285-295.

Baillargeon, R., Scott, R. M., and He, Z. (2010). False-belief understanding in infants. *Trends in Cognitive Sciences* 14/3, 110-118.

Baird, J. A. and Baldwin, D. A. (2001). Making sense of human behavior: Action parsing and intentional inference. In B. F. Malle, L. J. Moses, and D. A.

Baldwin (eds), *Intentions and Intentionality: Foundations of Social Cognition* (pp. 193-206). Cambridge, MA: MIT Press.

Baker, L. R. (2000). *Persons and Bodies.* Cambridge: Cambridge University Press.

Baldwin, D. A. (1993). Infants' ability to consult the speaker for clues to word reference. *Journal of Child Language* 20, 395-418.

Baldwin, D. A. and Baird, J. A. (2001). Discerning intentions in dynamic human action. *Trends in Cognitive Sciences* 5/4, 171-178.

Baldwin, D. A., Baird, J. A., Saylor, M. M., and Clark, M. A. (2001). Infants parse dynamic action. *Child Development* 72/3, 708-717.

Bartlett, F. (1932). *Remembering: A Study in Experimental and Social Psychology.* Cambridge: Cambridge University Press.

Baron-Cohen, S. (1995). *Mindblindness: An Essay on Autism and Theory of Mind.* Cambridge, MA: MIT Press.

Baron-Cohen, S., Leslie, A., and Frith, U. (1985). Does the autistic child have a 'theory of mind'? *Cognition* 21, 37-46.

Bayne, T. and Montague, M. (eds). (2014). *Cognitive Phenomenology.* Oxford: Oxford University.

Beck, L. (ed). (1962). *Cahiers de Royaumont, Philosophie, N° IV: La Philosophie Analytique.* Paris: Minuit.

Bennett, M. R. and Hacker, P. M. S. (2003). *Philosophical Foundations of Neuroscience.* Oxford: Blackwell.

Bermúdez, J. L. (1998). *The Paradox of Self-Consciousness.* Cambridge, MA: MIT Press.

——. (2011). Bodily awareness and self-consciousness. In S. Gallagher (ed), *The Oxford Handbook of the Self* (pp. 157-179). Oxford: Oxford University Press.

——. (2017). Ownership and the space of the body. In F. de Vignemont and A. Alsmith (eds), *The Subject's Matter* (pp. 117-144). Cambridge, MA: MIT Press.

Bermúdez, J. L., Marcel, A., and Eilan, N. (eds). (1995). *The Body and the Self.* Cambridge, MA: MIT Press.

Bertenthal, B. I., Proffitt, D. R., and Cutting, J. E. (1984). Infant sensitivity to figural coherence in biomechanical motions. *Journal of Experimental Child Psychology* 37, 213-230.

Bisiach, E. (1988). Language without thought. In L. Weiskrantz (ed), *Thought without Language* (pp. 464-484). Oxford: Oxford University Press.

Bisiach, E. and Luzzatti, C. (1978). Unilateral neglect of representational space. *Cortex* 14, 129-133.

Blakemore, S. J., Wolpert, D. M., and Frith, C. D. (2002). Abnormalities in the awareness of action. *Trends in Cognitive Sciences* 6/6, 237-242.

Blakeslee, S. (2006). Cells that read minds. *New York Times,* 10 January, at: http://www.nytimes.com/2006/01/10/science/10mirr.html.

Blanke, O., Landis, T., Spinelli, L., and Seeck, M. (2004). Out-of-body experience and autoscopy of neurological origin. *Brain* 127/2, 243-258.

Blanke, O. and Metzinger, T. (2009). Full-Body illusions and minimal phenomenal selfhood. *Trends in Cognitive Sciences*, 13(1), 7-13.

Blankenburg, W. (1971). *Der Verlust der natürlichen Selbstverständlichkeit: Ein Beitrag zur Psychopathologie symptomarmer Schizophrenien.* Stuttgart: Enke.

Block, N. (1997). On a confusion about a function of consciousness. In N. Block, O. Flanagan, and G. Güzeldere (eds), *The Nature of Consciousness* (pp. 375-415). Cambridge, MA: MIT Press.

Bloom, P. (2014). Against empathy. *Boston Review* 39/5: 14-19.

———. (2016). *Against Empathy: The Case for Rational Compassion.* New York: Harper Collins.

Blumental, A. L. (2001). A Wundt primer: The operating characteristics of consciousness. In R. W. Rieber and D. K. Robinson (eds), *Wilhelm Wundt in History: The Making of a Scientific Psychology* (pp. 121-144). New York: Kluwer Academic/Plenum Publishers.

Borrett, D., Kelly, S., and Kwan, H. (2000). Bridging embodied cognition and brain function: The role of phenomenology. *Philosophical Psychology* 13/2, 261-266.

Botterill, G. (1996). Folk psychology and theoretical status. In P. Carruthers and P. K. Smith (eds), *Theories of Theories of Mind* (pp. 105-118). Cambridge: Cambridge University Press.

Braddon-Mitchell, D. and Jackson, F. (2006). *Philosophy of Mind and Cognition: An Introduction,* 2nd edn. Oxford: Blackwell.

Brandom, R. (1994). *Making It Explicit: Reasoning, Representing, and Discursive Commitment.* Cambridge, MA: Harvard University Press.

Bratman, M. (1999). *Faces of Intention.* Cambridge: Cambridge University Press.

——. (2014). *Shared Agency: A Planning Theory of Acting Together.* Oxford: Oxford University Press.

Braun, N., Debener, S., Spychala, N., Bongartz, E., Sörös, P., Müller, H. H., and Philipsen, A. (2018). The senses of agency and ownership: A review. *Frontiers in Psychology* 9, 535.

Brentano, F. (1995). *Psychology from an Empirical Standpoint,* trans. A. C. Rancurello, D. B. Terrell, and L. L. McAlister. London: Routledge & Kegan Paul.

Brook, A. (1994). *Kant and the Mind.* Cambridge: Cambridge University Press.

Brooks, R. A. (1990). Elephants don't play chess. *Robotics and Autonomous Systems* 6, 3-15.

——.(2002). *Flesh and Machines: How Robots Will Change Us.* New York: Pantheon Books.

Bruner, J. (1986). *Actual Minds, Possible Worlds.* Cambridge, MA: Harvard University Press.

——. (2002). *Making Stories: Law, Literature, Life.* Cambridge, MA: Harvard University Press.

Buttelmann, D., Carpenter, M., and Tomasello, M. (2009). Eighteen-month-old infants show false belief understanding in an active helping paradigm. *Cognition* 112, 337-342.

Buytendijk, F. J. J. (1974). *Prolegomena to an Anthropological Physiology,* trans. A. I. Orr et al. Pittsburgh, PA: Duquesne University Press.

Cabanis, P. (1802). *Rapports du physique et du moral de l'homme.* Paris: Crapart, Caille et Ravier.

Cabestan, Ph. (1996). La constitution du corps selon l'ordre de ses apparitions. *Épokhè* 6, 279-298.

Campbell, J. (1999). Schizophrenia, the space of reasons and thinking as a motor process. *Monist* 82/4, 609-625.

Campos, J. J., Bertenthal, B. I., and Kermoian, R. (1992). Early experience and emotional development: The emergence of wariness of heights. *Psychological Science* 3, 61-64.

Cancar, L., Díaz, A., Barrientos, A., Travieso, D., and Jacobs, D. M. (2013). Tactile-sight: A sensory substitution device based on distance-related vibrotactile flow. *International Journal of Advanced Robotic Systems* 10/6, 272.

Carr, D. (1999). *The Paradox of Subjectivity: The Self in the Transcendental Tradition.* Oxford: Oxford University Press.

Carruthers, P. (1996). *Language, Thoughts and Consciousness: An Essay in Philosophical Psychology.* Cambridge: Cambridge University Press.

——. (1998). Natural theories of consciousness. *European Journal of Philosophy* 6/2, 203-222.

——. (2000). *Phenomenal Consciousness. A Naturalistic Theory.* Cambridge: Cambridge University Press.

——. (2015). Perceiving mental states. *Consciousness and Cognition* 36, 498-507.

Cassam, Q. (1997). *Self and World.* Oxford: Clarendon Press.

Castañeda, H.-N. (1968). On the phenomeno-logic of the I. *Proceedings of the XIVth International Congress of Philosophy,* vol. 3 (pp. 260-266). Vienna: Herder.

Caston, V. (2006). Comment on A. Thomasson, 'Self-awareness and self-knowledge'. *Psyche* 12/2, 1-15.

Chalmers, D. (1995). Facing up to the problem of consciousness. *Journal of Consciousness Studies* 2/3, 200-219.

——. (1996). *The Conscious Mind: In Search of a Fundamental Theory*. New York: Oxford University Press.

——. (1997). Moving forward on the problem of consciousness. *Journal of Consciousness Studies* 4/1, 3-46.

——. (ed) (2002). *Philosophy of Mind: Classical and Contemporary Readings*. Oxford: Oxford University Press.

Chaminade, T. and Decety, J. (2002). Leader or follower? Involvement of the inferior parietal lobule in agency. *Neuroreport* 13/1528, 1975-1978.

Chant, S., Hindriks, F., and Preyer, G. (eds). (2014). *From Individual to Collective Intentionality: New Essays*. Oxford: Oxford University Press.

Chemero, A. (2011). *Radical Embodied Cognitive Science*. Cambridge, MA: MIT Press..

Chiel, H. J. and Beer, R. D. (1997). The brain has a body: Adaptive behavior emerges from interactions of nervous system, body and environment. *Trends in Neurosciences* 20, 553-557.

Chipman, S. (ed). (2017). *The Oxford Handbook of Cognitive Science*. Oxford: Oxford University Press.

Chisholm, R. M. (1967). Brentano on descriptive psychology and the intentional. In E. N. Lee and M. Mandelbaum (eds), *Phenomenology and Existentialism* (pp. 1-23). Baltimore, MD: Johns Hopkins Press.

Cialdini, R. B., Brown, S. L., Lewis, B.P., Luce, C., and Neuberg, S. L. (1997). Reinterpreting the empathy altruism relationship: When one into one equals oneness. *Journal of Personality and Social Psychology* 73/3: 481-494.

Ciaunica, A., Fotopoulou, A. (2017). The touched Self: Psychological and philosophical perspectives on proximal intersubjectivity and the self. In C. Durt, T. Fuchs, and C. Tewes (eds), *Embodiment, Enaction, and Culture. Investigating the Constitution of the Shared World* (pp. 173-192). Cambridge, MA: The MIT Press.

Clark, A. (1997). *Being There: Putting Brain, Body, and World Together Again.* Cambridge, MA: MIT Press.

———. (2008). *Supersizing the Mind: Embodiment, Action and Cognitive Extension.* Oxford: Oxford University Press.

———. (2010). Coupling, constitution, and the cognitive kind: A reply to Adams and Aizawa. In R. Menary (eds), *The Extended Mind* (pp. 81-100). Cambridge, MA: MIT Press.

———. (2015). *Surfing Uncertainty: Prediction, Action, and the Embodied Mind.* Oxford University Press.

———. (2017). Busting out: Predictive brains, embodied minds, and the puzzle of the evidentiary veil. *Nous* 51/4, 727-753.

Clark, A. and Chalmers, D. (1998). The extended mind. *Analysis* 58, 7-19.

Cole, J. (1995). *Pride and a Daily Marathon.* Cambridge, MA: MIT Press.

Cole, J., Sacks, O., and Waterman, I. (2000). On the immunity principle: A view from a robot. *Trends in Cognitive Sciences* 4/5, 167.

Conrad, K. (1959). *Die beginnende Schizophrenie: Versuch einer Gestaltanalyse des Wahns.* Stuttgart: Thieme.

Costall, A. (2004). From Darwin to Watson (and cognitivism) and back again: The principle of animal-environment mutuality. *Behavior and Philosophy,* at: http://www.findarticles.com/p/articles/miqa3814/is200401/ain9383857.

———. (2006). Introspectionism and the mythical origins of modern scientific psychology. *Consciousness and Cognition* 15, 634-654.

Crane, T. (2001). *Elements of Mind: An introduction to the Philosophy of Mind.* Oxford: Oxford University Press.

Crick, F. (1995). *The Astonishing Hypothesis.* London: Touchstone.

Csibra, G. (2010). Recognizing communicative intentions in infancy. *Mind and Language* 25/2, 141-168.

Csibra, G. and Gergely, G. (2009). Natural pedagogy. *Trends in Cognitive Sciences* 13, 148-153.

Currie, G. (2011). Empathy for objects. In A. Coplan and P. Goldie (eds), *Em-*

pathy: Philosophical and Psychological Perspectives (pp. 82-95). Oxford: Oxford University Press.

Currie, G. and Ravenscroft, I. (2002). *Recreative Minds*. Oxford: Oxford University Press.

Dainton, B. (2000). *Stream of Consciousness: Unity and Continuity in Conscious Experience*. London: Routledge.

——. (2003). Time in experience: Reply to Gallagher. *Psyche* 9/12, at: http://psyche.cs.monash.edu.au/symposia/dainton/gallagher-r.pdf

——. (2008). *The Phenomenal Self*. Oxford: Oxford University Press.

——. (2016). I—The sense of self. *Aristotelian Society Supplementary Volume* 90(1), 113-143.

Damasio, A. R. (1994). *Descartes' Error: Emotion, Reason, and the Human Brain*. New York: Grosset/Putnam.

——. (1999). *The Feeling of What Happens*. San Diego, CA: Harcourt.

Danziger, S., Levav, J., and Avnaim-Pesso, L. (2011). Extraneous factors in judicial decisions. *PNAS* 108/17, 6889-6892.

Davidson, D. (2001). *Subjective, Intersubjective, Objective*. Oxford: Oxford University Press.

de Beauvoir S. (1974). *The Second Sex*. New York: Vintage Books.

DeCasper, A. J. and Spence, M. J. (1986). Prenatal maternal speech influences newborns' perception of speech sounds. *Infant Behavior and Development* 9, 137-150.

de Haan, S. and de Bruin, L. (2010). Reconstructing the minimal self, or how to make sense of agency and ownership. *Phenomenology and the Cognitive Sciences* 9/3, 373-396.

Dennett, D. C. (1979). On the absence of phenomenology. In D. Gustafson and B. Tapscott (eds), *Body, Mind, and Method* (pp. 93-113). Dordrecht: Kluwer.

——. (1981). Where am I? In D. R. Hofstadter and D. C. Dennett (eds), *The Mind's I: Fantasies and Reflections on Mind and Soul* (pp. 217-229). New York: Basic Books.

——. (1982). How to study human consciousness empirically, or, nothing comes to mind. *Synthese* 53, 159-180.

——. (1987). *The Intentional Stance.* Cambridge, MA: MIT Press.

——. (1988). Why everyone is a novelist. *Times Literary Supplement,* 16-22 September, pp. 1016, 1028-1029.

——. (1991). *Consciousness Explained.* Boston, MA: Little, Brown & Co.

——. (1993a). Caveat emptor. *Consciousness and Cognition* 2, 48-57.

——. (1993b). Living on the edge. *Inquiry* 36, 135-159.

——. (2001). *The Fantasy of First-Person Science.* Tufts University website, at: http://ase.tufts.edu/cogstud/papers/chalmersdeb3dft.htm.

——. (2003). Who's on first? Heterophenomenology explained. *Journal of Consciousness Studies* 10/9-10, 19-30.

——. (2007). Heterophenomenology reconsidered. *Phenomenology and the Cognitive Sciences* 6/1-2, 247-270.

Dennett, D. C. and Kinsbourne, M. (1992). Time and the observer. *Behavioral and Brain Sciences* 15/2, 183-247.

de Vignemont, F. (2004). The co-consciousness hypothesis. *Phenomenology and the Cognitive Sciences* 3/1, 97-114.

——. (2007). Habeas corpus: The sense of ownership of one's own body. *Mind & Language* 22(4), 427-449.

——. (2009). Knowing other people's mental states as if they were one's own. In S. Gallagher and D. Schmicking (eds), *Handbook of Phenomenology and Cognitive Science* (pp. 283-300). Dordrecht: Springer.

de Vignemont, F. and Alsmith, A. (eds). (2017). *The Subject's Matter: Self-Consciousness and the Body.* Cambridge, MA: MIT Press.

Dewey, J. (1896). The reflex arc concept in psychology. *Psychological Review* 3, 357-370.

Dilthey, W. (1992). Der Aufbau der geschichtlichen Welt in den Geisteswissenschaften. In B. Groethuysen (ed), *Gesammelte Schriften,* vol. 7. Göttingen: Vandenhoeck & Ruprecht.

Dokic, J. (2003). The sense of ownership: An analogy between sensation and action. In J. Roessler and N. Eilan (eds), *Agency and Self-Awareness: Issues in Philosophy and Psychology* (pp. 321-344). Oxford: Oxford University Press.

Doya, K., Ishii, S., Pouget, A., and Rao, R. P. N. (eds). (2007). *Bayesian Brain: Probabilistic Approaches to Neural Coding*. Cambridge: MIT Press.

Dretske, F. (1995). *Naturalizing the Mind*. Cambridge, MA: MIT Press.

Dreyfus, H. L. (1967). Why computers must have bodies in order to be intelligent. *Review of Metaphysics* 21/1, 13-32.

——. (1972). *What Computers Can't Do*. Cambridge, MA: MIT Press.

——. (1991). *Being-in-the-World*. Cambridge, MA: MIT Press.

——. (1992). *What Computers Still Can't Do*. Cambridge, MA: MIT Press.

——. (2005). Overcoming the myth of the mental: How philosophers can profit from the phenomenology of everyday expertise. *Proceedings and Addresses of the American Philosophical Association* 79/2, 47-65.

——. (2007a). The return of the myth of the mental. *Inquiry* 50/4, 352-365.

——. (2007b). Response to McDowell. *Inquiry* 50/4, 371-377.

Dreyfus, H. L. and Kelly, S. D. (2007). Heterophenomenology: Heavy-handed sleight-of-hand. *Phenomenology and the Cognitive Sciences* 6/1-2, 45-55.

Drummond, J. J. (1990). *Husserlian Intentionality and Non-foundational Realism*. Dordrecht: Kluwer.

——. (1992). An abstract consideration: De-ontologizing the noema. In J. J. Drummond and L. Embree (eds), *The Phenomenology of the Noema* (pp. 89-109). Dordrecht: Kluwer Academic Publishers.

——. (2003). The structure of intentionality. In D. Welton (ed), *The New Husserl: A Critical Reader* (pp. 65-92). Bloomington and Indianapolis: Indiana University Press.

Durt, C., Fuchs, T., and Tewes, C. (eds) (2017). *Embodiment, Enaction, and Culture. Investigating the Constitution of the Shared World*. Cambridge, MA.: The MIT Press.

Einstein, A. and Infeld, L. (1938). *The Evolution of Physics*. Cambridge: Cambridge University Press.

Ekman, P. (2003). *Emotions Revealed: Understanding Faces and Feelings.* London: Weidenfeld & Nicolson.

Engel, A. K., Fries. P., and Singer, W. (2001). Dynamic predictions: Oscillations and synchrony in topdown processing. *Nature Reviews Neuroscience* 10, 704-716.

Epley, N. and Waytz, A. (2009). Mind perception. In S. T. Fiske, D. T. Gilbert, and G. Lindsay (eds), *The Handbook of Social Psychology* (pp. 498-541). New York: John Wiley.

Evans, G. (1982). *The Varieties of Reference.* Oxford: Clarendon Press.

Fanon, F. (1952). *Peau noire, masques blancs.* Paris: .ditions du Seuil.

——. (1986). *Black Skin, White Masks*, trans. C. M. Markmann. London: Pluto Press.

Farrer, C. and Frith, C. D. (2002). Experiencing oneself vs. another person as being the cause of an action: The neural correlates of the experience of agency. *NeuroImage* 15, 596-603.

Farrer, C., Franck, N., Georgieff, N., Frith, C. D., Decety, J., and Jeannerod, M. (2003). Modulating the experience of agency: A positron emission tomography study. *NeuroImage* 18, 324-333.

Fifer, W. P. and Moon, C. (1988). Auditory experience in the fetus. In W. P. Smotherman and S. R. Robinson (eds), *Behavior of the Fetus* (pp. 175-188). Caldwell, NJ: Telford Press.

Flanagan, O. (1992). *Consciousness Reconsidered.* Cambridge, MA: MIT Press.

Fodor, J. (1987). *Psychosemantics.* Cambridge, MA: MIT Press.

Fotopoulou, A. and Tsakiris, M. (2017). Mentalizing homeostasis: The social origins of interoceptive inference. *Neuropsychoanalysis* 1/1, 3-28.

Frankfurt, H. (1988). *The Importance of What We Care About: Philosophical Essays.* Cambridge: Cambridge University Press.

Frankish, K. (2016). Illusionism as a theory of consciousness. *Journal of Consciousness Studies* 23/11-12, 11-39.

Friedenberg, J. and Silverman, G. (2006). *Cognitive Science: An Introduction to the Study of Mind*. London: Sage.

Friedman, W. (1990). *About Time: Inventing the Fourth Dimension*. Cambridge, MA: MIT Press.

Frith, C. D. (1992). *The Cognitive Neuropsychology of Schizophrenia*. Hillsdale, NJ: Lawrence Erlbaum Associates.

——. (2007). *Making Up the Mind: How the Brain Creates our Mental Worlds*. Oxford: Blackwell.

Frith, C. D., Blakemore, S., and Wolpert, D. M. (2000). Explaining the symptoms of schizophrenia: Abnormalities in the awareness of action. *Brain Research Review* 31/2-3, 357-363.

Frith, U. and Happé F., (1999). Theory of mind and self-consciousness: What is it like to be autistic? *Mind & Language* 14, 1-22.

Fuchs, T. (2012). The phenomenology of body memory. In S. C. Koch, T. Fuchs, M. Summa, and C. Müller (eds), *Body Memory, Metaphor and Movement* (pp. 9-22). Amsterdam: John Benjamins Publishing.

Gallagher, S. (1979). Suggestions towards a revision of Husserl's phenomenology of time-consciousness. *Man and World* 12, 445-464.

——. (1986). Lived body and environment. *Research in Phenomenology* 16, 139-170. Reprinted in D. Moran and L. Embree (eds), *Phenomenology: Critical Concepts in Philosophy*, vol. 2. London: Routledge, 2004.

——. (1997). Mutual enlightenment: Recent phenomenology in cognitive science. *Journal of Consciousness Studies* 4/3, 195-214.

——. (1998). *The Inordinance of Time*. Evanston, IL: Northwestern University Press.

——. (2000a). Philosophical conceptions of the self: Implications for cognitive science. *Trends in Cognitive Sciences* 4/1, 14-21.

——. (2000b). Self-reference and schizophrenia: A cognitive model of immunity to error through misidentification. In D. Zahavi (ed), *Exploring the Self: Philosophical and Psychopathological Perspectives on Self-Experience* (pp. 203-

239). Amsterdam and Philadelphia: John Benjamins.

——. (2001). The practice of mind: Theory, simulation, or interaction? *Journal of Consciousness Studies* 8/5-7, 83-107.

——. (2003a). Phenomenology and experimental design. *Journal of Consciousness Studies* 10/9-10, 85-99.

——. (2003b). Bodily self-awareness and object-perception. *Theoria et Historia Scientiarum: International Journal for Interdisciplinary Studies* 7/1, 53-68.

——. (2003c). Sync-ing in the stream of experience: Time-consciousness in Broad, Husserl, and Dainton. *Psyche* 9/10, at: http://journalpsyche.org/files/Oxaabb.pdf

——. (2005a). *How the Body Shapes the Mind.* Oxford: Oxford University Press.

——. (2005b). Metzinger's matrix: Living the virtual life with a real body. *Psyche: An Interdisciplinary Journal of Research on Consciousnesss,* at: http://journalpsyche.org/files/Oxaadb.pdf

——. (2006a). The intrinsic spatial frame of reference. In H. Dreyfus and M. Wrathall (eds), *The Blackwell Companion to Phenomenology and Existentialism* (pp. 346-355). Oxford: Blackwell.

——. (2006b). Where's the action? Epiphenomenalism and the problem of free will. In W. Banks, S. Pockett, and S. Gallagher (eds), *Does Consciousness Cause Behavior? An Investigation of the Nature of Volition* (pp. 109-124). Cambridge, MA: MIT Press.

——. (2007). Simulation trouble. *Social Neuroscience* 2/3-4, 353-365.

——. (2010a). Time in action. In C. Callender (ed.), *Oxford Handbook on Time* (pp. 419-437). Oxford: Oxford University Press.

——. (2010b). Multiple aspects of agency. *New Ideas in Psychology,* at: http://dx.doi.org/10.1016/j.newideapsych.2010.03.003 (online publication April 2010).

——. (2011a). Narrative competency and the massive hermeneutical background. In P. Fairfield (ed), *Hermeneutics in Education* (pp. 21-38). New York: Continuum.

——. (2011b). *The Oxford Handbook of the Self*. Oxford: Oxford University Press.

——. (2012). Multiple aspects of agency. *New Ideas in Psychology* 30, 15-31.

——. (2013). The socially extended mind. *Cognitive Systems Research* 25, 4-12.

——. (2017a). Double phenomenology. *Études Phénoménologiques / Phenomenological Studies* 1, 29-44.

——. (2017b). Self-defense: Deflecting deflationary and eliminativist critiques of the sense of ownership. *Frontiers in Human Neuroscience*, 8, 1612.

——. (2017c). *Enactivist Interventions: Rethinking the Mind*. Oxford: Oxford University Press.

——. (2018). Rethinking nature: Phenomenology and a non-reductionist cognitive science. *Australasian Philosophical Review* 2/2: 125-137.

——. (2020). *Action and Interaction*. Oxford: Oxford University Press.

Gallagher, S. and Allen, M. (2018). Active inference, enactivism and the hermeneutics of social cognition. *Synthese* 195/6, 2627-2648.

Gallagher, S. and Cole, J. (1995). Body schema and body image in a deafferented subject. *Journal of Mind and Behavior* 16, 369-390.

Gallagher, S. and Hutto, D. (2007). Understanding others through primary interaction and narrative practice. In J. Zlatev, T. Racine, C. Sinha, and E. Itkonen (eds), *The Shared Mind: Perspectives on Intersubjectivity*(pp. 17-38). Amsterdam: John Benjamins.

Gallagher, S., Janz, B., Reinerman, L., Bockelman, P., and Trempler, J. (2015). *A Neurophenomenology of Awe and Wonder: Towards a Non-reductionist Cognitive Science*. London: Palgrave-Macmillan.

Gallagher, S. and Meltzoff, A. (1996). The earliest sense of self and others: Merleau-Ponty and recent developmental studies. *Philosophical Psychology* 9, 213-236.

Gallagher, S. and Miyahara, K. (2012). Neo-pragmatism and enactive intentionality. In J. Schulkin (ed), *Action, Perception and the Brain* (pp. 117-146). Basingstoke: Palgrave-Macmillan.

Gallagher, S. and Shear, J. (eds). (1999). *Models of the Self*. Exeter: Imprint Academic.

Gallagher, S. and Trigg, D. (2016). Agency and anxiety: Delusions of control and loss of control in Schizophrenia and Agoraphobia. *Frontiers in Neuroscience* 10: 459.

Gallagher, S. and Væver, M. (2004). Disorders of embodiment. In J. Radden (ed), *The Philosophy of Psychiatry: A Companion* (pp. 118-132). Oxford: Oxford University Press.

Gallagher, S. and Varela, F. (2003). Redrawing the map and resetting the time: Phenomenology and the cognitive sciences. *Canadian Journal of Philosophy* 29 (suppl.), 93-132.

Gallagher, S. and Zahavi, D. (2014). Primal impression and enactive perception. In D. Lloyd and V. Arstila (eds), *Subjective Time: the Philosophy, Psychology, and Neuroscience of Temporality* (pp. 83-99). Cambridge, MA: MIT Press.

Gallese, V. L. (2001). The 'shared manifold' hypothesis: From mirror neurons to empathy. *Journal of Consciousness Studies* 8, 33-50.

——. (2005). 'Being like me': Self-other identity, mirror neurons and empathy. In S. Hurley and N. Chater (eds), *Perspectives on Imitation I* (pp. 101-118). Cambridge, MA: MIT Press.

Gallese, V. L. and Goldman, A. (1998). Mirror neurons and the simulation theory of mind-reading. *Trends in Cognitive Sciences* 2, 493-501.

Gallotti, M. and Frith, C. D. (2013). Social cognition in the we-mode. *Trends in Cognitive Sciences* 17/4, 160-165.

Gallotti, M. and Michael, J. (eds). (2014). *Perspectives on Social Ontology and Social Cognition*. Dordrecht: Springer.

Gallup, G. G. (1982). Self-awareness and the emergence of mind in primates. *American Journal of Primatology*, 2/3, 237-248.

——. (1985). Do minds exist in species other than our own? *Neuroscience and Biobehavioral Reviews*, 9/4, 631-641.

Garfield, J.L. (2015). *Engaging Buddhism: Why it Matters to Philosophy*. New

York: Oxford University Press.

——. (2016). Illusionism and givenness. *Journal of Consciousness Studies* 23/11-12: 73-82.

Gellhorn, E. (1943). *Autonomic Regulations: Their Significance for Physiology, Psychology, and Neuropsychiatry.* New York: Interscience Publications.

Gennaro, R. (ed). (2018). *The Routledge Handbook of Consciousness.* London: Routledge.

Georgieff, N. and Jeannerod, M. (1998). Beyond consciousness of external events: A 'who' system for consciousness of action and self-consciousness. *Consciousness and Cognition* 7, 465-477.

Gibbs, R. W. (2006). *Embodiment and Cognitive Science.* Cambridge: Cambridge University Press.

Gibson, J. J. (1986). *The Ecological Approach to Visual Perception.* Hillsdale, NJ: Lawrence Erlbaum Associates.

Gilbert, M. (1989). *On Social Facts.* London/New York: Routledge.

——. (2014). *Joint Commitment: How We Make the Social World.* Oxford: Oxford University Press.

Giorgi, A. (1994). A phenomenological perspective on certain qualitative research methods. *Journal of Phenomenological Psychology* 25/2, 190-220.

——. (2009). *The Descriptive Phenomenological Method in Psychology: A Modified Husserlian Approach.* Pittsburgh, PA: Duquesne University Press.

——. (2012). The descriptive phenomenological psychological method. *Journal of Phenomenological Psychology* 43, 3-12.

Goldin-Meadow, S., Nusbaum, H., Kelly, S. D., and Wagner, S. (2001). Explaining math: Gesturing lightens the load. *Psychological science* 12/6, 516-522.

Goldman, A. I. (1970). *A Theory of Human Action.* New York: Prentice Hall.

——. (2000). Folk psychology and mental concepts. *Protosociology* 14, 4-25.

——. (2002). Simulation theory and mental concepts. In J. Dokic and J. Proust (eds), Simulation and Knowledge of Action (pp. 1-19). Amsterdam/Philadelphia: John Benjamins.

——. (2005). Imitation, mind reading, and simulation. In S. Hurley and N. Chater (eds), *Perspectives on Imitation,* vol. 2 (pp. 79-94). Cambridge, MA: MIT Press.

Goldman, A. and Sripada, C. S. (2005). Simulationist models of face-based emotion recognition. *Cognition* 94, 193-213.

González, J. C., Bach-y-Rita, P., and Haase, S. J. (2005). Perceptual recalibration in sensory substitution and perceptual modification. *Pragmatics & Cognition* 13/3, 481-500.

Gopnik, A. (1993). How we know our minds: The illusion of first-person knowledge of intentionality. *Behavioral and Brain Sciences* 16, 1-14.

Gopnik, A. and Meltzoff, A. (1997). *Words, Thoughts, and Theories.* Cambridge, MA: MIT Press.

Gordon, L. (2000). *Existentia Africana: Understanding Africana Existential Thought.* New York: Routledge.

Gordon, R. and Cruz, J. (2006). Simulation theory. In L. Nadel (ed), *Encyclopedia of Cognitive Science.* Published Online 15 January 2006, doi: 10.1002/0470018860.s00123.

Graham, G. and Stephens, G. L. (1994). Mind and mine. In G. Graham and G. L. Stephens (eds), *Philosophical Psychopathology* (pp. 91-109). Cambridge, MA: MIT Press.

Gregory, R. L. (1997). *Mirrors in Mind.* Oxford and New York: W. H. Freeman.

Grèzes, J. and Decety, J. (2001). Functional anatomy of execution, mental simulation, and verb generation of actions: A meta-analysis. *Human Brain Mapping* 12, 1-19.

Grünbaum, T. (2015). The feeling of agency hypothesis: A critique. *Synthese* 192/10, 3133-3237.

Grush, R. (2006). How to, and how not to, bridge computational cognitive neuroscience and Husserlian phenomenology of time consciousness. *Synthese* 153/3, 417-50.

Guenther, L. (2013). Solitary Confinement: *Social Death and Its Afterlives.*

Minneapolis: Minnesota Press.
Guillot, M. (2017). I Me Mine: On a confusion concerning the subjective character of experience. *Review of Philosophy and Psychology* 8, 23-53.
Gurwitsch, A. (1966). *Studies in Phenomenology and Psychology*. Evanston, IL: Northwestern University Press.
——. (1979). *Human Encounters in the Social World,* trans. F. Kersten. Pittsburgh, PA: Duquesne University Press.
Haggard, P. and Clark, S. (2003). Intentional action: conscious experience and neural prediction. Conscious *Cognition* 12/4, 695-707.
Hart, J. G. (1992). *The Person and the Common Life*. Dordrecht: Kluwer Academic Publishers.
Haugeland, J. (1990). Intentionality all-stars. *Philosophical Perspectives* 4, 383-427. Reprinted in J. Haugeland, *Having Thought: Essays in the Metaphysics of Mind* (pp. 127-170). Cambridge, MA: Harvard University Press.
——. (1998). *Having Thought: Essays in the Metaphysics of Mind,* Cambridge, MA: Harvard University Press.
Head, H. (1920). *Studies in Neurology,* vol. 2. London: Oxford University Press.
Heidegger, M. (1964). The origin of the work of art. In A. Hofstadter and R. Kuhns (eds), *Philosophies of Art and Beauty* (pp. 649-701). Chicago: Chicago University Press.
——. (1978). *Metaphysische Anfangsgründe der Logik im Ausgang von Leibniz,* ed. K. Held. Vol. 26 of *Heidegger Gesamtausgabe*. Frankfurt am Main: Vittorio Klostermann.
——. (1982). *The Basic Problems of Phenomenology,* trans. by A. Hofstadter. Bloomington: Indiana University Press.
——. (1985). *History of the Concept of Time: Prolegomena*, trans. T. Kisiel. Bloomington: Indiana University Press.
——. (1993). *Grundprobleme der Phänomenologie (1919/1920),* ed. H.-H. Gander. Vol. 58 of *Heidegger Gesamtausgabe*. Frankfurt am Main: Vittorio Klostermann.

——. (1994). *Phänomenologische Interpretationen zu Aristoteles: Einführung in die phänomenologische Forschung,* ed. W. Bröcker and K. Bröcker-Oltmanns. Vol. 61 of *Heidegger Gesamtausgabe.* Frankfurt am Main: Vittorio Klostermann.

——. (1996). *Being and Time,* trans. by J. Stambaugh. Albany: SUNY.

——. (2001). *Einleitung in die Philosophie,* ed. O. Saame and I. Saame-Speidel. Vol. 27 of *Heidegger Gesamtausgabe.* Frankfurt am Main. Vittorio Klostermann.

——. (2010). *Logic: The question of truth,* trans. T. Sheehan. Bloomington: Indiana University Press.

Heil, J. (2004). *Philosophy of Mind: A Contemporary Introduction.* London: Routledge.

Henriksen, M. G., Parnas, J. and Zahavi, D. (2019). Thought insertion and disturbed for-me-ness (minimal selfhood) in schizophrenia. *Consciousness and Cognition* 74, 102770.

Henry, M. (1973). *The Essence of Manifestation,* trans. G. Etzkorn. The Hague: Martinus Nijhoff.

——. (1975). *Philosophy and Phenomenology of the Body,* trans. G. Etzkorn. The Hague: Martinus Nijhoff.

——. (2003). *De la subjectivité.* Paris: Presses Universitaires de France.

Hobson, R. P. (1993). *Autism and the Development of Mind.* Hove: Psychology Press.

——. (2002). *The Cradle of Thought.* London: Macmillan.

Hobson, R.P. and Hobson, J. (2014) On empathy: A perspective from developmental psychopathology. In H. Maibom (ed.) *Empathy and Morality* (pp. 172-192). Oxford: Oxford University Press.

Hodgson, S. (1870). *The Theory of Practice.* London: Longmans, Green, Reader & Dyer.

Hohwy, J. (2013). *The Predictive Mind.* Oxford: Oxford University Press.

——. (2016). The self-evidencing brain. *Nous* 50/2, 259-285.

Horton, H. K. and Silverstein, S. M. (2011). Visual context processing deficits in schizophrenia: Effects of deafness and disorganization. *Schizophrenia Bulletin* 37/4, 716-726.

Hotton, S. and Yoshimi, J. (2010). The dynamics of embodied cognition. *International Journal of Bifurcation and Chaos* 20/4, 1-30.

———. (2011). Extending dynamical systems theory to model embodied cognition. *Cognitive Science* 35, 444-479.

Howell, R.J. and Thompson, B. (2017). Phenomenally mine: In search of the subjective character of consciousness. *Review of Philosophy and Psychology* 8, 103-127.

Huber, L., Racca, A., Scaf, B., Virányi, Z., and Range, F. (2013). Discrimination of familiar human faces in dogs (Canis familiaris). *Learning and Motivation* 44/4, 258-269.

Hurley, S. (1998). *Consciousness in Action.* Cambridge, MA: Harvard University Press.

———. (2005). The shared circuits hypothesis: A unified functional architecture for control, imitation, and simulation. In S. Hurley and N. Chater (eds), *Perspectives on Imitation: From Neuroscience to Social Science,* vol. 1 (pp. 177-194). Cambridge, MA: MIT Press.

———. (2010). The varieties of externalism. In R. Menary (ed.), *The Extended Mind* (pp. 101-153). Cambridge, MA: MIT Press.

Husserl, E. (1970). *The Crisis of European Sciences and Transcendental Phenomenology: An Introduction to Phenomenology,* trans. D. Carr. Evanston, IL: Northwestern University Press.

———. (1973a). *Zur Phänomenologie der Intersubjektivität. Texte aus dem Nachlass, Zweiter Teil: 1921-1928,* ed. I. Kern. Husserliana XIV. The Hague: Martinus Nijhoff.

———. (1973b). *Zur Phänomenologie der Intersubjektivität. Texte aus dem Nachlass, Dritter Teil: 1929-1935,* ed. I. Kern. Husserliana XV. The Hague: Martinus Nijhoff.

———. (1977). *Phenomenological Psychology: Lectures, Summer Semester, 1925*, trans. by J. Scanlon. The Hague: Martinus Nijhoff.

———. (1979). *Aufsätze und Rezensionen (1890-1910)*, ed. B. Rang. Husserliana XXII. The Hague: Martinus Nijhoff.

———. (1980). *Ideas Pertaining to a Pure Phenomenology and to a Phenomenological Philosophy, Third Book: Phenomenology and the Foundations of the Sciences*, trans. T. E. Klein and W. E. Pohl. The Hague: Martinus Nijhoff.

———. (1982). *Ideas Pertaining to a Pure Phenomenology and to a Phenomenological Philosophy, First Book: General Introduction to a Pure Phenomenology*, trans. by F. Kersten. The Hague: Martinus Nijhoff.

———. (1987). *Aufsätze und Vorträge (1911-1921)*, ed. T. Nenon und H. R. Sepp. Husserliana XXV. Dordrecht: Martinus Nijhoff.

———. (1989). *Ideas Pertaining to a Pure Phenomenology and to a Phenomenological Philosophy, Second Book: Studies in the Phenomenology of Constitution*, trans. by R. Rojcewicz and A. Schuwer as Dordrecht: Kluwer Academic Publishers.

———. (1991). *On the Phenomenology of the Consciousness of Internal Time (1893-1917)*, trans. J. Brough. Dordrecht: Kluwer Academic Publishers.

———. (1997). *Thing and Space: Lectures of 1907*, trans. by R. Rojcewicz. Dordrecht: Kluwer Academic Publishers.

———. (1999). *Cartesian Meditations: An Introduction to Phenomenology*, trans. by D. Cairns. The Hague: Martinus Nijhoff.

———. (2001a). *Logical Investigations*. 2 vols, trans. J. N. Findlay. London: Routledge.

———. (2001b). *Die Bernauer Manuskripte über das Zeitbewußtsein (1917-1918)*, ed. R. Bernet und D. Lohmar. Husserliana XXXIII. Dordrecht: Kluwer Academic Publishers.

———. (2001c). *Analyses Concerning Passive and Active Synthesis: Lectures on Transcendental Logic*, trans. A. Steinbock. Dordrecht: Kluwer Academic Publishers.

——. (2002). *Zur phänomenologischen Reduktion. Texte aus dem Nachlass (1926-1935)*, ed. S. Luft. Husserliana XXXIV. Dordrecht: Kluwer Academic Publishers.

——. (2003). *Transzendentaler Idealismus. Texte aus dem Nachlass (1908-1921)*, ed. D. R. Rollinger with R. Sowa. Husserliana XXXVI. Dordrecht: Kluwer Academic Publishers.

——. (2006). *Späte Texte über Zeitkonstitution (1929-1934): Die C-Manuskripte*, ed. D. Lohmar, Husserliana Materialien 8. Dordrecht: Springer.

——. (2008). *Introduction to Logic and Theory of Knowledge: Lectures 1906/07*, trans. C. O. Hill. Dordrecht: Springer.

——. (2019). *First Philosophy: Lectures 1923/24 and Related Texts from the Manuscripts (1920-1925)*, trans. by S. Luft and T. M. Naberhaus. Dordrecht: Springer Nature.

Hutto, D. D. (2004). The limits of spectatorial folk psychology. *Mind & Language* 19/5, 548-573.

——. (2007). The narrative practice hypothesis: Origins and applications of folk psychology. In D. Hutto (ed), *Narrative and Understanding Persons* (pp. 43-68). Cambridge: Cambridge University Press.

——. (2008). *Folk Psychological Narratives: The Socio-cultural Basis of Understanding Reasons*. Cambridge, MA: MIT Press.

Hutto, D. D. and Myin, E. (2013). *Radicalizing Enactivism: Basic Minds without Content*. Cambridge, MA: MIT Press.

Huxley, T. H. (1874). On the hypothesis that animals are automata, and its history. *Fortnightly Review*, 16, 555-580.

Jack, A. I. and Roepstorff, A. (2002). Introspection and cognitive brain mapping: From stimulus-response to script-report. *Trends in Cognitive Sciences* 6/8, 333-339.

James, W. (1890/1950). *The Principles of Psychology*. 2 vols. New York: Dover.

Janoušek, H. and Zahavi, D. (2020) Husserl on Hume. *British Journal for the History of Philosophy* 28/3, 615-635.

Jansen, J. (2015). Imagination-phenomenological approaches. *Routledge Encyclopedia of Philosophy*, doi: 10.4324/9780415249126-DD3589-1 (online: https://www.rep.routledge.com/articles/thematic/imagination-phenomenological-approaches/v-1).

Jaspers, K. (1912). Die phänomenologische Forschungsrichtung in der Psychopathologie. *Zeitschrift für die gesamte Neurologie und Psychiatrie*, 9, 391-408.

Jeannerod, M. (1999). To act or not to act: Perspectives on the representation of actions. *Quarterly Journal of Experimental Psychology* 52A/1, 1-29.

Jeannerod, M. and Pacherie, E. (2004). Agency, simulation, and self-identification. *Mind & Language* 19/2, 113-146.

Jensen, R. (2008). *Perception and Action: An Analogical Approach*. Dissertation. University of Copenhagen.

Johnson, M. (1987). *The Body in the Mind: The Bodily Basis of Meaning, Imagination, and Reason*. Chicago: University of Chicago Press.

Johnson, S. C. (2000). The recognition of mentalistic agents in infancy. *Trends in Cognitive Sciences* 4, 22-28.

Johnson, S. C., Slaughter, V., Carey, S. (1998). Whose gaze will infants follow? The elicitation of gaze-following in 12-month-old infants. *Developmental Science* 1, 233-238.

Jopling, D. A. (2000). *Self-Knowledge and the Self*. London: Routledge.

Kant, I. (1755-1770/1992). Concerning the ultimate ground of the differentiation of directions in space. In D. Walford and R. Meerbote (eds), *Theoretical Philosophy, 1755-1770* (pp. 365-372). The Cambridge Edition of the Works of Immanuel Kant. Cambridge: Cambridge University Press.

——. (1956/1999). *Kritik der reinen Vernunft*. Hamburg: Felix Meiner, trans. by P. Guyer and A. W. Wood as *Critique of Pure Reason*. Cambridge: Cambridge University Press.

Katz, D. (1950). *Gestalt Psychology*, trans. R. Tyson. New York: Ronald Press.

Katz, D. (1989). *The World of Touch*, trans L. E. Krueger. Hillsdale, N.J.: Lawrence Erlbaum Associates.

Keller, P. (1999). *Husserl and Heidegger on Human Experience.* Cambridge: Cambridge University Press.

Kim, J. (2005). *Philosophy of Mind.* Boulder, CO: Westview Press.

Kircher, T. and David, A. (eds). (2003). *The Self in Neuroscience and Psychiatry.* Cambridge: Cambridge University Press.

Kirchhoff, M. D. (2012). Extended cognition and fixed properties: Steps to a third-wave version of extended cognition. *Phenomenology and the Cognitive Sciences* 11, 287-308.

——. (2018). Predictive processing, perceiving and imagining: Is to perceive to imagine, or something close to it? *Philosophical Studies* 175(3), 751-767.

Klein, S. B. (2012). The self and its brain. *Social Cognition*, 30/4, 474-518.

——. and Nichols, S. (2012). Memory and the sense of personal identity. *Mind* 121/483: 677-702.

Klosterkötter, J. (1988). *Basissymptome und Endphänomene der Schizophrenia.* Berlin: Springer.

Knoblich, G. et al. (2006). Joint action: Bodies and minds moving together. *Trends in Cognitive Science* 10/2, 70-76.

Korsgaard, C. M. (2009). *Self-Constitution: Agency, Identity, and Integrity.* Oxford: Oxford University Press.

Kriegel, U. (2003). Consciousness as intransitive self-consciousness: Two views and an argument. *Canadian Journal of Philosophy* 33/1, 103-132.

——. (2004). Consciousness and self-consciousness. *Monist* 87/2, 185-209.

——. (ed). (2013). *Phenomenal Intentionality.* Oxford: Oxford University Press.

——. (ed). (2020). *The Oxford Handbook of the Philosophy of Consciousness.* Oxford: Oxford University Press.

Kyselo, M. (2016). The minimal self needs a social update. *Philosophical Psychology* 29/7, 1057-1065.

Laing, R. D. (1960/1990). *The Divided Self.* Harmondsworth: Penguin Books.

Lakoff, G. and Johnson, M. (1980). *Metaphors We Live By.* Chicago: University of Chicago Press.

Lakoff, G. and Núñez, R. E. (2001). *Where Mathematics Comes From: How the Embodied Mind Brings Mathematics into Being.* New York: Basic Books.

La Mettrie, J. O., de. (1745). *Histoire naturelle de l'âme.* The Hague: Jean Neaulme.

Langland-Hassan, P. (2008). Fractured phenomenologies: Thought insertion, inner speech, and the puzzle of extraneity. *Mind & Language* 23/4, 369-401.

Lavelle, J. S. (2012). Theory-theory and the direct perception of mental states. *Review of Philosophy and Psychology* 3/2, 213-230

Leder, D. (1990). *The Absent Body.* Chicago: University of Chicago Press.

LeDoux, J.E. and Brown, R. (2017). Emotions as higher-order states of consciousness. *Proceedings of the National Academy of Sciences* 114/10, E2016-E2025.

Lee, D. N. and Aronson, E. (1974). Visual proprioceptive control of standing in human infants. *Perception & Psychophysics* 15, 529-532.

Legrand, D. (2006). The bodily self: The sensorimotor roots of pre-reflexive self-consciousness. *Phenomenology and the Cognitive Sciences* 5, 89-118.

León, F., Szanto, T., and Zahavi, D. (2019). Emotional sharing and the extended mind. *Synthese* 196/12, 4847-4867.

Leslie, A. M. (1987). Children's understanding of the mental world. In R. L. Gregory (ed), *The Oxford Companion to the Mind* (pp. 139-142). Oxford: Oxford University Press.

Le Van Quyen, M. and Petitmengin, C. (2002). Neuronal dynamics and conscious experience: An example of reciprocal causation before epileptic seizures. *Phenomenology and the Cognitive Sciences* 1, 169-180.

Le Van Quyen, M., Martinerie, J., Navarro, V., Baulac, M., and Varela, F. (2001). Characterizing the neurodynamical changes prior to seizures. *Journal of Clinical Neurophysiology* 18, 191-208.

Lévinas, E. (1979). *Le temps et l'autre.* Paris: Fata Morgana.

Lewis, M. (2003). The development of self-consciousness. In J. Roessler and N.

Eilan (eds), *Agency and Self-Awareness* (pp. 275-295). Oxford: Oxford University Press.

Libet, B. (1985). Unconscious cerebral initiative and the role of conscious will in voluntary action. *Behavioral and Brain Sciences* 8, 529-566.

Libet, B., Gleason, C. A., Wright, E. W., and Perl, D. K. (1983). Time of conscious intention to act in relation to cerebral activities (readiness potential): The unconscious initiation of a freely voluntary act. *Brain* 106, 623-642.

Lipps, T. (1900). Ästhetische Einfühlung. *Zeitschrift für Psychologie und Physiologie der Sinnesorgane* 22, 415-450.

Locke, J. (1975). *An Essay Concerning Human Understanding,* ed. Peter H. Nidditch. Oxford: Oxford University Press.

Lotze, R. H. (1887). *Metaphysic in Three Books: Ontology, Cosmology, and Psychology,* trans. B. Bosanquet, 2nd edn. Oxford: Clarendon Press.

Lutz, A. (2002). Toward a neurophenomenology as an account of generative passages: A first empirical case study. *Phenomenology and the Cognitive Sciences* 1, 133-167.

Lutz, A. and Thompson, E. (2003). Neurophenomenology: Integrating subjective experience and brain dynamics in the neuroscience of consciousness. *Journal of Consciousness Studies* 10, 31-52.

Lutz, A., Lachaux, J.-P., Martinerie, J., and Varela, F. J. (2002). Guiding the study of brain dynamics using first-person data: Synchrony patterns correlate with ongoing conscious states during a simple visual task. *Proceedings of the National Academy of Science, USA* 99, 1586-1591.

Lycan, W. G. (1987). *Consciousness.* Cambridge, MA: MIT Press.

——. (1997). Consciousness as internal monitoring. In N. Block, O. Flanagan, and G. Güzeldere (eds), *The Nature of Consciousness* (pp. 754-771). Cambridge, MA: MIT Press.

Lyons, W. (1986). *The Disappearance of Introspection.* Cambridge, MA: MIT Press.

McClamrock, R. (1995). *Existential Cognition: Computational Minds in the*

World. Chicago: University of Chicago Press.

McCulloch, G. (2003). *The Life of the Mind: An Essay on Phenomenological Externalism*. London: Routledge.

McDowell, J. (1992). Putnam on mind and meaning. *Philosophical Topics* 20/1, 35-48.

———. (1996). *Mind and World*. Cambridge, MA: Harvard University Press.

———. (1998). *Meaning, Knowledge, and Reality*. Cambridge, MA: Harvard University Press.

———. (2006). Conceptual capacities in perception. In G. Abel (ed), *Kreativität. Sektionsbeiträge: XX. Deutscher Kongreß für Philosophie*. Hamburg: Felix Meiner, at: http://cas.uchicago.edu/workshops/wittgenstein/files/2007/10/McDowell-Conceptual-Capacities-in-Perception-1.pdf (accessed 17 October 2011).

———. (2007). What myth? *Inquiry* 50/4, 338-351.

———. (2008). Avoiding the myth of the given. In J. Lindgaard (ed.), *John McDowell: Experience, Norm and Nature* (pp. 1-14). New York: John Wiley & Sons.

McGinn, C. (1991). *The Problem of Consciousness*. Oxford: Blackwell.

MacIntyre, A. (1985). *After Virtue: A Study in Moral Theory*. London: Duckworth.

McIntyre, R. (1999). Naturalizing phenomenology? Dretske on Qualia. In J. Petitot, F. J. Varela, B. Pachoud, and J.-M. Roy (eds), *Naturalizing Phenomenology* (pp. 429-439). Stanford, CA: Stanford University Press.

McTaggart, J. M. E. (1908). The unreality of time. *Mind*, 17/4, 457-474.

Majid, A., Bowerman, M., Kita, S., Haun, D. B. M., and Levinson, S. C. (2004). Can language restructure cognition? The case for space. *Trends in Cognitive Sciences* 8/3, 108-114.

Marcel, A. J. (1993). Slippage in the unity of consciousness. In G. R. Bock and J. Marsh (eds), *Experimental and Theoretical Studies of Consciousness* (pp. 168-180). Ciba Foundation Symposium 174. New York: Wiley.

——. (2003). The sense of agency: Awareness and ownership of action. In J. Roessler and N. Eilan (eds), *Agency and Awareness* (pp. 48-93). Oxford: Oxford University Press.

Marcel, A. J. and Bisiach, E. (eds). (1988). *Consciousness in Contemporary Science.* Oxford: Oxford Science.

Marchetti, C. and Della Sala, S. (1998). Disentangling the alien and anarchic hand. *Cognitive Neuropsychiatry* 3/3, 191-207.

Margolis, J. (1988). Minds, Selves, and Persons. *Topoi*, 7/1, 31-45.

Marion, J.-L. (1998). *Etant donné: Essai d'une phénoménologie de la donation*, 2nd edn. Paris: Presses Universitaires de France.

Maund, B. (1995). *Colours: Their Nature and Representation.* New York: Cambridge University Press.

Maurer, D. and Barrera, M. E. (1981): Infants' perception of natural and distorted arrangements of a schematic face. *Child Development* 52/1, 196-202.

Mead, G. H. (1962). *Mind, Self and Society. From the standpoint of a Social Behaviorist.* Chicago: University of Chicago Press.

Meltzoff, A. N. (1995). Understanding the intentions of others: Re-enactment of intended acts by 18-month-old children. *Developmental Psychology* 31, 838-850.

Meltzoff, A. N. and Brooks, R. (2001). 'Like me' as a building block for understanding other minds: Bodily acts, attention, and intention. In B. F. Malle, L. J. Moses, and D. A. Baldwin (eds), *Intentions and Intentionality: Foundations of Social Cognition* (pp. 171-191). Cambridge, MA: MIT Press.

Meltzoff, A. N. and Moore, M. K. (1977). Imitation of facial and manual gestures by human neonates. *Science* 198, 75-78.

——. (1994). Imitation, memory, and the representation of persons. *Infant Behavior and Development* 17, 83-99.

Menary, R. (2007). *Cognitive Integration: Mind and Cognition Unbounded.* Basingstoke: Palgrave Macmillan.

——. (2012). Cognitive practices and cognitive character. *Philosophical Explo-*

rations 15/2, 147-164.

Merleau-Ponty, M. (1963). *The Structure of Behavior,* trans. A. L. Fisher. Pittsburgh, PA: Duquesne University Press.

———. (1964). *Signs,* trans. R. C. McCleary. Evanston, IL: Northwestern University Press.

———. (1968). *The Visible and the Invisible.* Evanston, IL: Northwestern University Press.

———. (2003). *Nature: Course Notes from the Collège de France.* Evanston, IL: Northwestern University Press.

———. (2012). *Phenomenology of Perception,* trans. D. Landes. London: Routledge.

Metzinger, T. (2003). *Being No One.* Cambridge, MA: MIT Press.

———. (2009). *The Ego Tunnel.* New York: Basic Books.

Millikan, R. (2004). *Varieties of Meaning: The 2002 Jean Nicod Lectures.* Cambridge, MA: MIT Press.

Minkowski, E. (1927). *La schizophrénie: Psychopathologie des schizoïdes et des schizophrènes.* Paris: Payot.

———. (1997). *Au-delà du rationalisme morbide.* Paris: Éditions l'Harmattan.

Mohanty, J. N. (1972). *The Concept of Intentionality.* St Louis, MO: Warren H. Green.

Moland, L. L. (2004). Ideals, ethics, and personhood. In H. Ikäheimo, J. Kotkavirta, A. Laitinen, and P. Lyyra (eds), *Personhood* (pp. 178-184). Jyväskylä: University of Jyväskyl Press.

Moll, H. and Kadipasaoglu, D. (2013). The primacy of social over visual perspective-taking. *Frontiers in Human Neuroscience* 7, 558.

Moore, D. G., Hobson, R. P., and Lee, A. (1997). Components of person perception: An investigation with autistic, non-autistic retarded and typically developing children and adolescents. *British Journal of Developmental Psychology* 15, 401-423.

Moore, G. E. (1903). The refutation of idealism. *Mind* 12, 433-453.

Moran, R. (2001). *Authority and Estrangement: An Essay on Self-Knowledge.* Princeton, NJ: Princeton University Press.

Murray, L. and Trevarthen, C. (1985). Emotional regulations of interactions between two-month-olds and their mothers. In T. M. Field and N. A. Fox (eds), *Social Perception in Infants* (pp. 177-197). Norwood, NJ: Ablex Publishing.

Myin, E. and O'Regan, J. K. (2002). Perceptual consciousness, access to modality and skill theories. *Journal of Consciousness Studies* 9/1, 27-45.

Nagel, T. (1974). What is it like to be a bat? *Philosophical Review* 83, 435-450.

Nahab, F. B., Kundu, P, Gallea, C., Kakareka, J., Pursley, R., Pohida, T., Miletta, N., Friedman, J., and Hallett, J. (2011). The neural processes underlying self-agency. *Cerebral Cortex* 21, 48-55.

Neisser, U. (1988). Five kinds of self-knowledge. *Philosophical Psychology* 1/1, 35-59.

——. (1993). The self perceived. In U. Neisser (ed.), *The Perceived Self: Ecological and Interpersonal Sources of Self-Knowledge* (pp. 3-21). New York: Cambridge University Press.

Nelson, K. (2003). Narrative and the emergence of a consciousness of self. In G. D. Fireman, T. E. J. McVay, and O. Flanagan (eds), *Narrative and Consciousness* (pp. 17-36). Oxford: Oxford University Press.

Newen, A., De Bruin, L., and Gallagher, S. (eds). (2018). *The Oxford Handbook of 4E Cognition.* Oxford University Press.

Noë, A. (2004). *Action in Perception.* Cambridge, MA: MIT Press.

——. (2007a). The critique of pure phenomenology. *Phenomenology and the Cognitive Sciences* 6/1-2, 231-245.

——. (ed). (2007b) *Dennett and Heterophenomenology.* Special double issue of *Phenomenology and the Cognitive Sciences* 6/1-2, 1-270.

Núñez, R., Allen, M., Gao, R., Rigoli, C. M., Relaford-Doyle, J., and Semenuks, A. (2019). What happened to cognitive science? *Nature Human Behaviour* 3/8, 782-791.

Oberman, L. M. and Ramachandran, V. S. (2007). The simulating social mind:

The role of the mirror neuron system and simulation in the social and communicative deficits of autism spectrum disorders. *Psychological Bulletin* 133/2, 310-327.

Onishi, K. H. and Baillargeon, R. (2005). Do 15-month-old infants understand false beliefs? *Science* 308/5719, 255-258.

O'Shaughnessy, B. (1980). *The Will: A Dual Aspect Theory*. Cambridge: Cambridge University Press.

——. (1985). Seeing the light. *Proceedings of the Aristotelian Society* 85, 193-218.

——. (1995). Proprioception and the body image. In J. Bermúdez, A. J. Marcel, and N. Eilan (eds), *The Body and the Self* (pp. 175-203). Cambridge, MA: MIT Press.

Overgaard, S. (2005). Rethinking other minds: Wittgenstein and Lévinas on expression. *Inquiry* 48/3, 249-274.

——. (2010). Royaumont revisited. *British Journal for the History of Philosophy* 18/5, 899-924.

Paillard, J. (2000). The neurobiological roots of rational thinking. In H. Cruse, J. Dean, and H. Ritter (eds), *Prerational Intelligence: Adaptive Behavior and Intelligent Systems without Symbols and Logic,* vol. 1 (pp.343-355). Dordrecht: Kluwer Academic Publishers.

Parnas, J. (2003). Self and schizophrenia: A phenomenological perspective. In T. Kircher and A. David (eds), *The Self in Neuroscience and Psychiatry* (pp. 217-241). Cambridge: Cambridge University Press.

Parnas, J. and Zahavi, D. (2002). The role of phenomenology in psychiatric diagnosis and classification. In M. Maj, W. Gaebel, J. J. López-Ibor, and N. Sartorius (eds), *Psychiatric Diagnosis and Classification* (pp. 137-162). New York: Wiley.

Parnas, J., Bovet, P., and Zahavi, D. (2002). Schizophrenic autism, clinical phenomenology and pathogenetic implications. *World Psychiatry* 1/3, 131-136.

Parnas, J., Møller, P., Kircher, T., Thalbitzer, J., Jansson, L., Handest, P., and

Zahavi, D. (2005). EASE: Examination of anomalous self-experience. *Psychopathology* 38, 236-258.

Petitmengin, C. (2006). Describing one's subjective experience in the second person: An interview method for the science of consciousness. *Phenomenology and the Cognitive Sciences* 5, 229-269.

Petitmengin, C., Remillieux, A. and Valenzuela-Moguillansky, C. (2019). Discovering the structures of lived experience: Towards a micro-phenomenological analysis method. *Phenomenology and the Cognitive Sciences*, 18/4, 691-730.

Petitot, J., Varela, F., Pachoud, B., and Roy, J.-M. (eds) (1999). *Naturalizing Phenomenology: Issues in Contemporary Phenomenology and Cognitive Science.* Stanford, CA: Stanford University Press.

Phillips, W., Baron-Cohen, S., and Rutter, M. (1992). The role of eye-contact in the detection of goals: Evidence from normal toddlers, and children with autism or mental handicap. *Development and Psychopathology* 4, 375-383.

Plato (1985). *Phaedo.* In *Plato: The Collected Dialogues,* ed. E. Hamilton and H. Cairns. Princeton, NJ: Princeton University Press.

Pockett, S., Banks, W. P., and Gallagher, S. (eds). (2006). *Does Consciousness Cause Behavior?* Cambridge, MA: MIT Press.

Pöppel, E. (1988). *Mindworks: Time and Conscious Experience.* Boston, MA: Harcourt Brace Jovanovich.

Premack, D. and Woodruff, G. (1978). Does the chimpanzee have a theory of mind? *Behavioral and Brain Sciences* 4, 515-526.

Price, D. D. and Aydede, M. (2005). The experimental use of introspection in the scientific study of pain and its integration with third-person methodologies: The experiential-phenomenological approach. In M. Aydede (ed), *Pain: New Essays on Its Nature and the Methodology of Its Study* (pp. 243-273). Cambridge, MA: MIT Press.

Prinz, W. (2003). Emerging selves: Representational foundations of subjectivity. *Consciousness and Cognition*, 12/4: 515-528.

Putnam, H. (1977). Meaning and reference. In S. P. Schwartz (ed), *Naming, Necessity and Natural Kinds* (pp. 119-132). Ithaca, NY: Cornell University Press.

Ramachandran, V. S. and Blakeslee, S. (1998). *Phantoms in the Brain: Probing the Mysteries of the Human Mind*. New York: William Morrow.

Ramachandran, V. S. and Oberman, L. M. (2006). Broken mirrors. *Scientific American* 295/55, 63-69.

Ramsey, W. M. (2007). *Representation Reconsidered*. Cambridge: Cambridge University Press.

Ratcliffe, M. (2017). Selfhood, schizophrenia, and the interpersonal regulation of experience. In C. Durt, T. Fuchs, and C. Tewes (eds), *Embodiment, Enaction, and Culture. Investigating the Constitution of the Shared World* (pp. 149-171). Cambridge, MA.: The MIT Press.

——. (2018). *Real Hallucinations: Psychiatric Illness, Intentionality, and the Interpersonal World*. Cambridge, MA: MIT Press.

Reddy, V. (2008). *How Infants Know Minds*. Cambridge, MA: Harvard University Press.

Ribot, T. (1906). *Essay on the Creative Imagination*, trans. A. H. N. Baron. Chicago: Open Court.

Richardson, L. (2013). Bodily sensation and tactile perception. *Philosophy and Phenomenological Research* 86/1, 134-154.

Ricoeur, P. (1966). *Freedom and Nature: The Voluntary and the Involuntary.* Evanston, IL: Northwestern University Press.

——. (1988). *Time and Narrative*. 3 vols, trans. K. Blamey and D. Pellauer. Chicago: Chicago University Press.

Rizzolatti, G., Fadiga, L., Matelli, M., Bettinardi, V., Paulesu, E., Perani, D., and Fazio, G. (1996). Localization of grasp representations in humans by PET. 1. Observation compared with imagination. *Experimental Brain Research* 111, 246-252.

Robinson, H. (1994). *Perception*. London: Routledge.

Rochat, P. (2001). *The Infant's World*. Cambridge, MA: Harvard University

Press.

Rochat, P. and Zahavi, D. (2011). The uncanny mirror: A re-framing of mirror self-experience. *Consciousness and Cognition* 20/2, 204-213.

Rode, G., Lacour, S., Jacquin-Courtois, S., Pisella, L., Michel, C., Revol, P., Luaut., J., Gallagher, S. Halligan, P., P.lisson, D., and Rossetti, Y. (2015). Long-term sensorimotor and therapeutical effects of a mild regime of prism adaptation in spatial neglect. A double-blind RCT essay. *Annals of Physical and Rehabilitation Medicine* 58(2), 40-53.

Rodemeyer, L. (2006). *Intersubjective Temporality: It's About Time*. Dordrecht: Springer.

Rosenthal, D. M. (1986). Two concepts of consciousness. *Philosophical Studies* 94/3, 329-359.

——. (1993a). Thinking that one thinks. In M. Davies and G. W. Humphreys (eds), *Consciousness: Psychological and Philosophical Essays* (pp. 197-223). Oxford: Blackwell.

——. (1993b). Higher-order thoughts and the appendage theory of consciousness. *Philosophical Psychology* 6, 155-166.

——. (1997). A theory of consciousness. In N. Block, O. Flanagan, and G. Güzeldere (eds), *The Nature of Consciousness* (pp. 729-753). Cambridge, MA: MIT Press.

Rossetti, Y., Jacquin-Courtois, S., Calabria, M., Michel, C., Gallagher, S., Honor., J., Luaut., J., Farn., A., Pisella, L., and Rode, G. (2015). Testing cognition and rehabilitation in unilateral neglect with wedge prism adaptation: Multiple interplays between sensorimotor adaptation and spatial cognition. In K. Kansaku, L. G. Cohen, and N. Birbaumer (eds), *Clinical Systems Neuroscience* (pp. 359-381). Tokyo, Japan: Springer.

Rossetti, Y. and Rode, G. (2002). Reducing spatial neglect by visual and other sensory manipulations: Non-Cognitive (physiological) routes to the rehabilitation of a cognitive disorder. In H. O. Karnath, A. D. Milner, and G. Vallar (eds), *The Cognitive and Neural Bases of Spatial Neglect* (pp. 375-396). Oxford: Oxford University Press.

Rowlands, M. (2003). *Externalism: Putting Mind and World Back Together Again.* Montreal and Kingston: McGill-Queen's University Press.

——. (2006). *Body Language.* Cambridge, MA: MIT Press.

——. (2010). *The New Science of the Mind: From Extended Mind to Embodied Phenomenology.* Cambridge, MA: MIT Press.

Rudd, A. (1998). What it's like and what's really wrong with physicalism: A Wittgensteinian perspective. *Journal of Consciousness Studies* 5/4, 454-463.

——. (2003). *Expressing the World: Skepticism, Wittgenstein, and Heidegger.* Chicago: Open Court.

Ryckman, T. (2005). *The Reign of Relativity: Philosophy in Physics 1915-1925.* New York: Oxford University Press.

Ryle, G. (1949). *The Concept of Mind.* New York: Barnes & Noble.

Sachs, C. (2015). *Intentionality and the Myths of the Given: Between Pragmatism and Phenomenology.* London: Routledge.

Salamon, G. (2018). What's critical about critical phenomenology? *Journal of Critical Phenomenology* 1/1, 8-17.

Salice, A. and Schmid, H.B. (eds.) (2016). *The Phenomenological Approach to Social Reality: History, Concepts, Problems.* Dordrecht: Springer.

Sartre, J.-P. (1957). *The Transcendence of the Ego,* trans. F. Williams and R. Kirkpatrick. New York: Noonday Press.

——. (1967). Consciousness of self and knowledge of self. In N. Lawrence and D. O'Connor (eds), *Readings in Existential Phenomenology* (pp. 113-142). Englewood Cliffs, NJ: Prentice Hall.

——. (1970). Intentionality: A fundamental idea of Husserl's phenomenology. *Journal of the British Society for Phenomenology* 1/2, 4-5.

——. (2004). *The Imaginary*: *A Phenomenological Psychology of the Imagination.* [*L'Imaginaire: Psychologie Phenomenologique de I'imagination,* 1940], trans. J. Webber. London and New York: Routledge.

——. (2012). *The Imagination* [*L'Imagination,* 1936], trans. K. Williford and D.

Rudrauf. London: Routledge.

——. (2018). *Being and Nothingness: An Essay in Phenomenological Ontology*, trans. S. Richmond. London: Routledge.

Sass, L. (2000). Schizophrenia, self-experience, and the so-called 'negative symptoms'. In D. Zahavi (ed.), *Exploring the Self* (pp. 149-182). Amsterdam: John Benjamins.

Sass, L. and Parnas, J. (2006). Explaining schizophrenia: The relevance of phenomenology. In M. Chung, W. Fulford, and G. Graham (eds), *Reconceiving Schizophrenia* (pp. 63-96). Oxford: Oxford University Press.

Schacter, D. L. (1996). *Searching for Memory: The Brain, the Mind, and the Past*. New York: Basic Books.

Schacter, D. L., Reiman, E., Curran, T., Sheng Yun, L., Bandy, D., McDermott, K. B., and Roediger, H. L. (1996). Neuroanatomical correlates of veridical and illusory recognition memory: Evidence from positron emission tomography. *Neuron* 17, 1-20.

Schear, J.K. (2009). Experience and self-consciousness. *Philosophical Studies* 144/1, 95-105.

Scheler, M. (1954). *The Nature of Sympathy*, trans. P. Heath. London: Routledge and Kegan Paul.

Schenk, T. and Zihl, J. (1997). Visual motion perception after brain damage. I. Deficits in global motion perception. *Neuropsychologia* 35, 1289-1297.

Schilbach, L. Timmermans, B., Reddy, V., Costall, A., Bente, G., Schlicht, T. and Vogeley, K. (2013). Toward a second-person neuroscience. *Behavioral and Brain Sciences* 6/4, 393-414.

Scholl, B. J. and Tremoulet, P.D. (2000). Perceptual causality and animacy. *Trends in Cognitive Sciences* 4/8, 299-309.

Schooler, J. W. and Schreiber, C. A. (2004). Experience, meta-consciousness, and the paradox of introspection. *Journal of Consciousness Studies* 11/7-8, 17-39.

Schutz, A. (1967). *Phenomenology of the Social World*, trans. G. Walsh and F.

Lehnert. Evanston, IL: Northwestern University Press.

Searle, J. R. (1983). *Intentionality: An Essay in the Philosophy of Mind.* Cambridge: Cambridge University Press.

——. (1990). Collective intentions and actions. In: P. Cohen et al. (eds), *Intentions in Communication* (pp. 401-415). Cambridge, MA: MIT Press.

——. (1992). *The Rediscovery of the Mind.* Cambridge, MA: MIT Press.

——. (1995). *The Construction of Social Reality.* Cambridge: The Free Press.

——. (1998). *Mind, Language and Society.* New York: Basic Books.

——. (1999a). Neither phenomenological description nor rational reconstruction: Reply to Dreyfus, 30 January, at: http://istsocrates.berkeley.edu/~jsearle/replytodreyfus13099.rtf.

——. (1999b). The future of philosophy. *Philosophical Transactions of the Royal Society of London B: Biological Sciences* 354, 2069-2080.

——. (2005). The Self as a problem in philosophy and neurobiology. In T. E. Feinberg and J. P.

Keenan (eds), *The Lost Self: Pathologies of the Brain and Identity* (pp.7-19). Oxford: Oxford University Press.

——. (2010). *Making the Social World. The Structure of Human Civilization.* Oxford: Oxford University Press.

Seigel, J. (2005). *The Idea of the Self: Thought and Experience in Western Europe Since the Seventeenth Century.* Cambridge: Cambridge University Press.

Sellars, W. (1963). *Science, Perception and Reality.* London: Routledge & Kegan Paul.

Senju, A., Johnson, M. H., and Csibra, G. (2006). The development and neural basis of referential gaze perception. *Social Neuroscience* 1/3-4, 220-234.

Shapiro, L. (ed) (2014). *The Routledge Handbook of Embodied Cognition.* London: Routledge.

Sheets-Johnstone, M. (1990). *The Roots of Thinking.* Philadelphia, PA: Temple University Press.

——. (1999). *The Primacy of Movement.* Amsterdam: John Benjamins.

Shoemaker, S. (1968). Self-reference and self-awareness. *Journal of Philosophy* 65, 556-579.

——. (1984). Personal identity: A materialist's account. In S. Shoemaker and R. Swinburne (eds), *Personal Identity*. Oxford: Blackwell.

Siewert, C. P. (2005). Attention and sensorimotor intentionality. In T. Carman and M. B. N. Hansen (eds), *The Cambridge Companion to Merleau-Ponty*. Cambridge: Cambridge University Press.

——. (2006). Consciousness and intentionality. In E. N. Zalta (ed), *Stanford Encyclopedia of Philosophy* (Spring 2007 edition), at: http://plato.stanford.edu/archives/spr2007/entries/ consciousness-intentionality.

Simons, D. J. and Chabris, C. F. (1999). Gorillas in our midst. *Perception* 28, 1059-1074.

Smart, J. J. C. (1975) My semantic ascents and descents. In C. J. Bontempo and S. J. Odell (eds), *The Owl of Minerva*: *Philosophers on Philosophy* (pp. 57-72). New York: McGraw-Hill.

Smith, D. W. (1989). *The Circle of Acquaintance*. Dordrecht: Kluwer Academic Publishers.

Smith, D. W. and McIntyre, R. (1982). *Husserl and Intentionality*. Dordrecht: D. Reidel.

Smith, J. A. (1996). Beyond the divide between cognition and discourse: Using interpretative phenomenological analysis in health psychology. *Psychology and Health*, 11(2), 261-271.

Smith, J. A., and Osborn, M. (2008). Interpretative phenomenological analysis. In J. A. Smith (ed), *Qualitative Psychology: A Practical Guide to Research Methods* (pp. 53-80). London: Sage.

Snyder, L. (2000). *Speaking our Minds: Personal Reflections from Individuals with Alzheimer's*. New York: W. H. Freeman.

Song, H.-J., Onishi, K. H., Baillargeon, R., and Fisher, C. (2008). Can an agent's false belief be corrected by an appropriate communication? Psychological reasoning in 18-month-old infants. *Cognition* 109/3, 295-315.

Southgate, V., Chevallier, C., and Csibra, G. (2010). Seventeen-month-olds appeal to false beliefs to interpret others' referential communication. *Developmental Science* 13/6, 907-912.

Spaulding, S. (2010). Embodied cognition and mindreading. *Mind and Language*, 25/1, 119-140.

Spelman, E. (1988). *Inessential Woman*. Boston: Beacon Press.

Spiegelberg, H. (1972). *Phenomenology in Psychology and Psychiatry: A Historical Introduction*. Evanston: Northwestern University Press.

Stein, E. (1989). *On the Problem of Empathy,* 3rd rev. edn, trans. W. Stein. Washington, DC: ICS Publishers.

Stephens, G. L. and Graham, G. (2000). *When Self-Consciousness Breaks: Alien Voices and Inserted Thoughts*. Cambridge, MA: MIT Press.

Straus, E. (1966). *Phenomenological Psychology*. New York: Basic Books.

Strawson, G. (1994). *Mental Reality*. Cambridge, MA: MIT Press.

——. (1999). The self and the SESMET. In S. Gallagher and J. Shear (eds), *Models of the Self* (pp. 483-518). Thorverton: Imprint Academic.

——. (2000). The phenomenology and ontology of the self. In D. Zahavi (ed), *Exploring the Self* (pp. 39-54). Amsterdam: John Benjamins.

——. (2009). *Selves: An Essay in Revisionary Metaphysics*. Oxford: Oxford University Press.

——. (2017). *The Subject of Experience*. Oxford: Oxford University Press.

Strawson, P. F. (1959). *Individuals*. London: Methuen.

——. (1994). The first person - and others. In Q. Cassam (ed), *Self-Knowledge* (pp. 210-215). Oxford: Oxford University Press.

Stroud, B. (2000). *Understanding Human Knowledge: Philosophical Essays*. New York: Oxford University Press.

Sutton, J. (2010). Exograms and interdisciplinarity: History, the extended mind and the civilizing process. In R. Menary (ed), *The Extended Mind* (pp. 189-225). Cambridge, MA: MIT Press.

Sutton, J., Harris, C.B., Keil, P., and Barnier, A.J. (2010). The psychology of memory, extended cognition, and socially distributed remembering. *Phenomenology and the Cognitive Sciences* 9, 521-560.

Szanto, T. and Moran, D. (eds). (2015). *The Phenomenology of Sociality. Discovering the 'We'*. London: Routledge.

Tatossian, A. (1979/1997). *La phénoménologie des psychoses*. Paris: L'Art du comprendre.

Taylor, C. (1964). Review of La Philosophie analytique. *Philosophical Review* 73/1, 132-135.

——. (1989). *Sources of the Self*. Cambridge, MA: Harvard University Press.

Thomas, A. (1997). Kant, McDowell and the theory of consciousness. *European Journal of Philosophy* 5/3, 283-305.

Thomasson, A. (2006). Self-awareness and self-knowledge. *Psyche* 12/2, 1-15.

Thompson, E. (2001). Empathy and consciousness. *Journal of Consciousness Studies* 8/5-7, 1-32.

——. (2005). Empathy and human experience. In J. D. Proctor (ed.), *Science, Religion, and the Human Experience* (pp. 261-285). New York: Oxford University Press.

——. (2007). *Mind in Life: Biology, Phenomenology, and the Sciences of Mind*. Cambridge, MA: Harvard University Press.

Thompson, E. and Stapleton, M. (2009). Making sense of sense-making: Reflections on enactive and extended mind theories. *Topoi* 28/1, 23-30.

Thompson, E. and Varela, F. (2001). Radical embodiment: Neural dynamics and consciousness. *Trends in Cognitive Sciences* 5/10, 418-425.

Thompson, E., Lutz, A., and Cosmelli, D. (2005). Neurophenomenology: An introduction for neurophilosophers. In A. Brook and K. Akins (eds), *Cognition and the Brain: The Philosophy and Neuroscience Movement* (pp. 40-97). New York and Cambridge: Cambridge University Press.

Tollefsen, D. and Gallagher, S. (2017). We-narratives and the stability and depth of shared agency. *Philosophy of the Social Sciences* 47/2, 95-110.

Tomasello, M. (1999). *The Cultural Origins of Human Cognition*. Cambridge,

MA: Harvard University Press.

———. (2014). *A Natural History of Human Thinking*. Cambridge, MA: Harvard University Press.

Tomasello, M. and Rakoczy, H. (2003). What makes human cognition unique? From individual to shared to collective intentionality. *Mind & Language* 18/2, 121-147.

Tomasello, M., Carpenter, M., Call, J., Behne, T., Moll, H. (2005). Understanding and sharing intentions: The origins of cultural cognition. *Behavioral and Brain Sciences* 8/5, 675-691.

Tooby, J. and Cosmides, L. (1995). Foreword to S. Baron-Cohen, *Mindblindness: An Essay on Autism and Theory of Mind* (pp. xi-xviii). Cambridge, MA: MIT Press.

Toussaint, B. (1976). Comments on C. H. Seibert's paper: On the body phenomenon in *Being and Time*. *Proceedings of the Heidegger Circle* (pp. 175-178). DePaul University conference, private circulation.

Trevarthen, C. (1979). Communication and cooperation in early infancy: A description of primary intersubjectivity. In M. Bullowa (ed.), *Before Speech: The Beginning of Interpersonal Communication* (pp. 321-347). Cambridge: Cambridge University Press.

Trevarthen, C. and Hubley, P. (1978). Secondary intersubjectivity: Confidence, confiding and acts of meaning in the first year. In A. Lock (ed), *Action, Gesture and Symbol: The Emergence of Language* (pp. 183-229). London: Academic Press.

Tronick, E., Als, H., Adamson, L., Wise, S., and Brazelton, T. B. (1978). The infant's response to entrapment between contradictory messages in face-to-face interaction. *Journal of the American Academy of Child Psychiatry* 17, 1-13.

Tsakiris, M. (2005). On agency and body-ownership. Paper presented at the *Expérience subjective pré-réflexive et action* (ESPRA) conference, CREA, Paris, 12-14 December.

Tsakiris, M. and Haggard, P. (2005). The rubber hand illusion revisited: Visuotactile integration and self-attribution. *Journal of Experimental Psychology: Human Perception and Performance* 31/1, 80-91.

Tuomela, R. (2007). *The Philosophy of Sociality. The Shared Point of View.* Oxford: Oxford University Press.

——. (2013). *Social Ontology: Collective Intentionality and Group Agents.* Oxford: Oxford University Press.

Tye, M. (1995). *Ten Problems of Consciousness.* Cambridge, MA: MIT Press.

van Gelder, T. J. (1999). Wooden iron? Husserlian phenomenology meets cognitive science. In J. Petitot, F. J. Varela, J.-M. Roy, and B. Pachoud (eds), *Naturalizing Phenomenology: Issues in Contemporary Phenomenology and Cognitive Science* (pp. 245-265). Stanford, CA: Stanford University Press.

van Gulick, R. (1997). Understanding the phenomenal mind: Are we all just armadillos? In N. Block, O. Flanagan, and G. Güzeldere (eds), *The Nature of Consciousness* (pp. 559-566). Cambridge, MA: MIT Press.

——. (2000). Inward and upward: Reflection, introspection, and self-awareness. *Philosophical Topics* 28/2, 275-305.

——. (2006). Mirror mirror - Is that all? In U. Kriegel and K. Williford (eds), *Self-Representational Approaches to Consciousness* (pp. 11-39). Cambridge, MA: MIT Press.

van Manen, M. (2014). *Phenomenology of Practice: Meaning-giving Methods in Phenomenological Research and Writing.* Walnut Creek, CA: Left Coast Press.

——. (2017a). But is it phenomenology? *Qualitative Health Research*, 27, 775-779.

——. (2017b). Phenomenology it its original sense. *Qualitative Health Research*, 27, 810-825.

——. (2018). Rebuttal rejoinder: Present IPA for what it is—Interpretative psychological analysis. *Qualitative Health Research*, 28, 1959-1968.

——. (2019). Rebuttal: Doing phenomenology on the things. *Qualitative Health Research*, 29, 908-925.

Varela, F. J. (1995). Resonant cell assemblies: A new approach to cognitive functioning and neuronal synchrony. *Biological Research* 28, 81-95.

——. (1996). Neurophenomenology: A methodological remedy to the hard problem. *Journal of Consciousness Studies* 3, 330-350.

——. (1997). The naturalization of phenomenology as the transcendence of nature: Searching for generative mutual constraints. *Alter*, 5, 355-381.

——. (1999). The specious present: A neurophenomenology of time consciousness. In J. Petitot, F. J. Varela, J.-M. Roy, and B. Pachoud (eds), *Naturalizing Phenomenology: Issues in Contemporary Phenomenology and Cognitive Science* (pp. 266-329). Stanford, CA: Stanford University Press.

Varela, F. J. and Depraz, N. (2000). At the source of time: Valance and the constitutional dynamics of affect. *Arobase: Journal des Lettres et Sciences Humaines* 4/1-2, 143-66.

Varela, F. J., Toro, A., John, E. R., and Schwartz, E. (1981). Perceptual framing and cortical alpha rhythms. *Neuropsychologia* 19, 675-686.

Varela, F. J., Thompson, E., and Rosch, E. (1991). *The Embodied Mind: Cognitive Science and Human Experience*. Cambridge, MA: MIT Press.

Varela, F. J., Lachaux, J. P., Rodriguez, E. and Martinerie, J. (2001). The brainweb: Phase-synchronization and long-range integration. *Nature Reviews Neuroscience* 2, 229-239.

Varga, S. and Heck, D. H. (2017). Rhythms of the body, rhythms of the brain: Respiration, neural oscillations, and embodied cognition. *Consciousness and Cognition* 56, 77-90.

Vincini, S. Jhang, Y., Buder, E. H., and Gallagher, S. (2017). Neonatal imitation: Theory, experimental design and significance for the field of social cognition. *Frontiers in Psychology – Cognitive Science*. 8, 1323.

Walker, A. S. (1982). Intermodal perception of expressive behaviors by human infants. *Journal of Experimental Child Psychology* 33, 514-515.

Walther, G. (1923). Zur Ontologie der sozialen Gemeinschaften. *Jahrbuch für Philosophie und Phänomenologische Forschung* 6, 1-158.

Watson, J. (1913). Psychology as the behaviorist views it. *Psychological Review* 20, 158-177.

———. (1924). *Behaviourism.* New York: People's Institute.

Wegner, D. (2002). *The Illusion of Conscious Will.* Cambridge, MA: MIT Press.

Weiss, G. (1999). *Body Images: Embodiment as Intercorporeality.* New York: Routledge.

———. (2015). The normal, the natural, and the normative: A Merleau-Pontian legacy to feminist theory, critical race theory, and disability studies. *Continental Philosophy Review* 48/1, 77-93.

Wellman, H.M., Cross, D., and Watson, J. (2001). Meta-analysis of theory-of-mind development: The truth about false belief. *Child Development* 72, 655-684.

Welton, D. (2000). *The Other Husserl: The Horizons of Transcendental Phenomenology.* Bloomington: Indiana University Press.

Wheeler, M. (2005). *Reconstructing the Cognitive World.* Cambridge, MA: MIT Press.

Wider, K. (1997). *The Bodily Nature of Consciousness.* Ithaca, NY: Cornell University Press.

Williams, B. A. O. (2005). *Philosophy as a Humanistic Discipline.* Princeton: Princeton University Press.

Wittgenstein, L. (1958). *Ludwig Wittgenstein: The Blue and Brown Books.* Basil Blackwell.

———. (1980). *Remarks on the Philosophy of Psychology,* vol. 1. Oxford: Blackwell.

———. (1992). *Last Writings on the Philosophy of Psychology,* vol. 2. Oxford: Blackwell.

Wolpert, D. M. and Flanagan, J. R. (2001). Motor prediction. *Current Biology* 11/18, 729-732.

Woodward, A. L. and Sommerville, J. A. (2000). Twelve-month-old infants interpret action in context. *Psychological Science* 11, 73-77.

Wundt, W. (1900). *Völkerpsychologie: Eine Untersuchung der Entwicklungsgesetze von Sprache, Mythus und Sitte.* Leipzig: Kröner.

Yancy, G. (2014). White gazes: What it feels like to be an essence. In E. S. Lee (ed), *Living Alterities: Phenomenology, Embodiment, and Race* (pp. 43-64). Albany, NY: SUNY Press.

Yarbus, A. (1967). *Eye Movements and Vision.* New York: Plenum Press.

Yoshimi, J. (2011). Phenomenology and connectionism. *Frontiers in Theoretical and Philosophical Psychology* 2, 288.

Young, I. M. (1980). Throwing like a girl: A phenomenology of feminine body comportment motility and spatiality. *Human Studies* 3/1, 137-156.

Zahavi, D. (1994). Husserl's phenomenology of the body. *Études Phénoménologiques* 19, 63-84.

——. (1997). Horizontal intentionality and transcendental intersubjectivity. *Tijdschrift voor Filosofie* 59/2, 304-321.

——. (1999). *Self-Awareness and Alterity: A Phenomenological Investigation.* Evanston, IL: Northwestern University Press.

——. (ed) (2000). *Exploring the Self: Philosophical and Psychopathological Perspectives on Self-Experience.* Amsterdam: John Benjamins.

——. (2001). *Husserl and Transcendental Intersubjectivity.* Athens: Ohio University Press.

——. (2002). First-person thoughts and embodied self-awareness: Some reflections on the relation between recent analytical philosophy and phenomenology. *Phenomenology and the Cognitive Sciences* 1, 7-26.

——. (2003a). *Husserl's Phenomenology.* Stanford, CA: Stanford University Press.

——. (2003b). Inner time-consciousness and pre-reflective self-awareness. In D. Welton (ed), *The New Husserl: A Critical Reader* (pp. 157-180). Bloomington: Indiana University Press.

——. (2003c). How to investigate subjectivity: Heidegger and Natorp on reflection. *Continental Philosophy Review* 36/2, 155-176.

——. (2004a). Husserl's noema and the internalism-externalism debate. *Inquiry* 47/1, 42-66.

——. (2004b). Back to Brentano? *Journal of Consciousness Studies* 11, 66-87.

——. (ed) (2004c). *Hidden Resources: Classical Perspectives on Subjectivity.* Special double issue of *Journal of Consciousness Studies* 11/10-11.

——. (2005a). *Subjectivity and Selfhood: Investigating the First-Person Perspective.* Cambridge, MA: MIT Press.

——. (2005b). Being someone. *Psyche* 11/5, 1-20.

——. (2006). Merleau-Ponty on Husserl: A reappraisal. In T. Toadvine (ed), *Merleau-Ponty — Critical Assessments of Leading Philosophers,* vol. 1 (pp. 421-445). London: Routledge.

——. (2007). Killing the strawman: Dennett and phenomenology. *Phenomenology and the Cognitive Sciences* 6/1-2, 21-43.

——. (ed.) (2008a). *Internalism and Externalism in Phenomenological Perspective.* Special issue of *Synthese* 160/3,

——. (2008b). Phenomenology. In D. Moran (ed), *Routledge Companion to Twentieth-Century Philosophy* (pp. 661-692). London: Routledge.

——. (2008c). Simulation, projection and empathy. *Consciousness and Cognition,* 17, 514-522.

——. (2010). Empathy, embodiment and interpersonal understanding: From Lipps to Schutz. Inquiry 53/3, 285-306.

——. (2011a), Empathy and direct social perception: A phenomenological proposal. *Review of Philosophy and Psychology* 2/3, 541-558.

——. (2011b). The experiential self: Objections and clarifications. In M. Siderits, E. Thompson, and D. Zahavi (eds), *Self, No Self? Perspectives from Analytical, Phenomenological, & Indian Traditions* (pp. 56-78). Oxford: Oxford University Press.

——. (2012). Empathy and mirroring: Husserl and Gallese. In R. Breeur and U. Melle (eds), *Life, Subjectivity and Art*: *Essays in Honor of Rudolf Bernet* (pp.217-254). Dordrecht: Springer.

——. (2013). Mindedness, mindlessness and first-person authority. In J. Schear (ed), *Mind, Reason and Being-in-the-World: The Dreyfus-McDowell Debate* (pp. 320-343). London: Routledge.

——. (2014). *Self and Other: Exploring Subjectivity, Empathy, and Shame*. Oxford: Oxford University Press.

——. (2015). You, me, and we: The sharing of emotional experiences. *Journal of Consciousness Studies* 22/1-2, 84-101.

——. (2017a). Phenomenology, empathy, and mindreading. In H.L. Maibom (ed), *The Routledge Handbook of Philosophy of Empathy* (pp. 33-43). New York: Routledge.

——. (2017b). *Husserl's Legacy: Phenomenology, Metaphysics, and Transcendental Philosophy*. Oxford: Oxford University Press.

——. (2018a). Consciousness, self-consciousness, selfhood: A reply to some critics. *Review of Philosophy and Psychology* 9, 703-718.

——. (2018b). Intersubjectivity, sociality, community: The contributions of the early phenomenologists. In D. Zahavi (ed), *The Oxford Handbook of the History of Phenomenology* (pp. 734-752). Oxford: Oxford University Press.

——. (2018c). Brain, mind, world: Predictive coding, neo-kantianism, and transcendental idealism. *Husserl Studies* 34/1, 47-61.

——. (2019a). *Phenomenology: The Basics*. London: Routledge.

——. (2019b). "Varieties of phenomenology. In W. Breckman and P.E. Gordon (eds), *The Cambridge History of Modern European Thought. Volume II. The Twentieth Century* (pp. 102-127). Cambridge: Cambridge University Press.

——. (2019c). Getting it quite wrong: Van Manen and Smith on phenomenology. *Qualitative Health Research*, 29/6, 900-907.

——. (2019d). Second-person engagement, self-alienation, and group-identification. *Topoi* 38/1, 251-260.

——. (2020a). Applied phenomenology: Why it is safe to ignore the epoché. *Continental Philosophy Review* (in press). doi: 10.1007/s11007-019-09463-y.

——. (2020b). The practice of phenomenology: The case of Max van Manen.

Nursing Philosophy 21/2, e12276.

——. (2020c). Consciousness and selfhood: Getting clearer on for-me-ness and mineness. In U. Kriegel (ed), *The Oxford Handbook of the Philosophy of Consciousness* (pp. 635-653). Oxford: Oxford University Press.

Zahavi, D. and Parnas, J. (2003). Conceptual problems in infantile autism research: Why cognitive science needs phenomenology. *Journal of Consciousness Studies* 10/9, 53-71.

Zahavi, D. and Rochat, Ph. (2015). Empathy ≠ sharing: Perspectives from phenomenology and developmental psychology. *Consciousness and Cognition* 36, 543-553.

Zahavi, D. and Salice, A. (2017). Phenomenology of the we: Stein, Walther, Gurwitsch. In J. Kiverstein (ed), *The Routledge Handbook of Philosophy of the Social Mind* (pp. 515-527). New York: Routledge.

Zahavi, D. and Stjernfelt, F. (eds). (2002). *One Hundred Years of Phenomenology: Husserl's Logical Investigations Revisited.* Dordrecht: Kluwer Academic Publishers.

Zajac, F. E. (1993). Muscle coordination of movement: A perspective. *Journal of Biomechanics* 26 (suppl. 1), 109-124.

Zeki, S. (2002). Neural concept formation and art: Dante, Michelangelo, Wagner. *Journal of Consciousness Studies* 9/3, 53-76

Zihl, J., von Cramon, D., and Mai, N. (1983). Selective disturbance of movement vision after bilateral brain damage. *Brain* 106, 313-340.

索 引

（索引中的页码为原书页码，即本书边码）

A

action 行动 3, 8, 12, 28, 44
 agency 行动与能动性 177–182
 and consciousness 行动与意识 70
 and embodiment 行动与具身性 145–149, 154–158, 160–173
 human 人类行动 13, 181
 intentional 意向行动 164, 165, 170, 179–181, 183–185, 190, 193, 204–205
 and intersubjectivity 行动与交互主体性 202–206, 208, 212, 216–229
 motor 动觉行动 126, 249
 motor-controlled 动觉控制行动 189, 241
 non-pathological 非病理学的行动 13
 and perception 行动与感知 120, 127–128, 132, 136, 140
 physical 身体行动 241
 pragmatic 实践行动 161
 and self 行动与自身 140, 239–243, 248–249, 253–254
 and time 行动与时间 76, 85, 90
 unintentional 无意向行动 181

Action in Perception (Noë)《感知中的行动》(诺伊) 131
active externalism 主动的外在论 159
affectivity 感触性 86, 92, 104, 133, 142, 208, 217
affordance 支撑性 132, 137, 140, 148, 154, 166, 183, 219, 242
agency 能动性 177–182
 attributions of 能动性归属 187
 joint 共同能动性 225
 my actions and yours 我的行动与你的行动 192–195
 phenomenology of 能动性现象学 182–189
 reflective attribution of 反思性归属的能动性 185
 sense of 能动感 44–45, 158, 183,

185ff, 244, 246, 250
agent neutrality 施动者中立性 195–196n5
Ahmed, S. 阿梅德 171
Albahari, M. 阿尔巴哈里 246
Alien Hand Syndrome 异手综合征 250n3
Allen, A. 艾伦 171
allocentric space 全域中心空间 160–163
Alzheimer's disease 阿尔茨海默病 243–244
ambiguity, and perception 含混性与感知 133–137
American pragmatism 美国实用主义 2
analogy: empathy and argument from 同感与类比论证 206–211
"anarchic hand syndrome" 反常手综合征 250n3
animate beings 动物存在者 222
Anscombe, G. E. M. 安斯康 195n2
anthropology 人类学 33, 46
anticipation 预持 9, 79, 81, 85, 90, 92, 126, 129, 179, 187, 212
  and time 预持与时间 80, 81, 85, 86, 90, 92
argument from analogy 类比论证
  defined 类比论证的定义 206
  empathy and 同感与类比论证 206–

211
  Scheler on 舍勒对类比论证的看法 207
  ST and 模仿理论与类比论证 207
  TT and 理论理论与类比论证 207
Aristotle 亚里士多德 57, 74, 87, 95, 149, 179
Armstrong, D. M. 阿姆斯特朗 69
artificial intelligence 人工智能 1, 5
attention 注意 3, 17–18, 25, 27, 47, 75, 85, 91, 106, 164–166, 184–185, 191, 219, 221, 232, 242, 254
  and consciousness 注意与意识 50–51, 65–66, 69, 70
  and perception 注意与感知 130, 133, 140, 144
attributions 归属
  of agency 能动性归属 187
  of subjectivity 主体性归属 186
Augustine 奥古斯丁 79
autobiographical self 自传式自身 232, 237, 244
autophenomenologizing 自现象学思考 197
autoscopy (AS) 自窥症 173n4
Aydede, M. 艾德德 16–17

B

Baillargeon, R. 拜拉吉安 135
Baker, L. R. 巴克 52

Baron-Cohen, S. 贝隆-柯亨 199
Bartky, S. 巴尔特齐 171
Bartlett, F. 巴尔列特 90
Bauer, N. 鲍尔 171
de Beauvoir, S. 波伏娃 170–171
behaviorism 行为主义 3, 16, 214
    animal and human psychology, study of, and 动物心理学以及人类心理学，关于行为主义的研究 3
    Katz on 卡茨对行为主义的看法 40
    mechanistic 机械论行为主义 4
behaviorist psychology 行为主义心理学 4
Being and Nothingness (Sartre)《存在与虚无》（萨特）51, 104, 152, 237
Being No One (Metzinger)《成为无人》（梅青格尔）233
Bennett, M. R. 本内特 213
Bermúdez, J. L. 贝尔木德斯 162, 174n5, 188–189
Bernau Manuscripts 1917-1918 (Husserl)《贝尔瑙手稿 1917–1918》（胡塞尔）85
Berze, J. 贝尔兹 245
Binswanger, L. 宾斯旺格 40, 157
biological bodies 生理学身体 149–157
Bisiach, E. 比西雅克 5
de Biran, M. 比朗 151

Black Skin, White Masks (Fanon)《黑皮肤，白面罩》（法农）167
Blanke, O. 布兰科 63, 173n4
Blankenburg, W. 布朗肯伯格 157
Bloom, P. 布鲁姆 210–211
body 身体
    biological 生理学身体 149–157
    defining space of experience 界定经验空间的身体 160–164
    as experientially transparent 作为经验上透明的身体 164–167
    "external" environment of 身体的"外部"环境 155
    "internal" environment of 身体的"内在的"环境 155
    lived 活生生的身体 12, 150–155, 157, 160, 162, 164, 167, 208
    objective 客观身体 12, 152–153, 160
    phenomenology of 身体现象学 150–151
    robotic 机器身体 149–157
body image 身体图像 165, 168
body schema 身体图式 157, 165, 167–169, 191
Bohr, N. 波尔 46–47n2
Borrett, D. 博瑞特 215
Botterill, G. 波特瑞尔 224
brain-in-a-vat thought experiment 缸中之脑思想实验 147
Bratman, M. 布拉特曼 225, 226

Brentano, F. 布伦塔诺 2, 43, 57–58, 62, 95–96, 99
Brooks, R. 布鲁克斯 149–150, 152, 158
Brown, R. 布朗 57
de Bruin, L. 德·布瑞恩 186
Bruner, J. 布鲁纳 224, 235, 243–244
Buytendijik, F. J. J. 拜腾迪克 40, 104

C

Cabanis, P. 卡班尼斯 150
Campbell, J. 坎贝尔 247
Carruthers, P. 卡卢瑟 56–57, 216
Cartesian materialism 笛卡尔式的唯物主义 110, 151
Cartesian mind-body dualism 笛卡尔式身心二元论 5, 151
causation, and intentionality 因果性与意向性 97–99
Chabris, C. F. 查布利斯 144n9
Chalmers, D. 查尔默斯 5, 58, 93–94, 159
Chamberlain, N. 张伯伦 182
change blindness 变化盲视 130, 144n9; see also inattentional blindness 另见非注意性盲视
Chevalier, M. 切瓦利尔 142
Chipman, S. 齐丕曼 255n1
Chopin, F. 肖邦 180
Churchland, P. 邱启兰 96

Clark, A. 克拉克 5, 159
classical cognitive science 经典的认知科学 147
Clay, E. R. 凯利 12; 另参见 Kelly, R.
clinical psychology 临床心理学 42
cognition 认知 147
    disembodied 离身认知 5
    distributed 分布式认知 225
    embodied 具身认知 5–6, 87, 147, 150, 253
    incorporating world and extending 整合世界与延展认知 157–160
    prelinguistic 前语言认知 121
    social 社会认知 172–173, 197, 211, 214–216, 222–223, 253
cognitive phenomenology 认知现象学 102
cognitive psychology 认知心理学 1, 33, 74
cognitive self 认知的自身 232
Cole, J. 科尔 33
collective intentionality 集体意向性
    contemporary debate on 当代关于集体意向性的争论 226–227
    philosophical debates on 对集体意向性的哲学论辩 227
    and social ontology 集体意向性与社会本体论 225–229
competency, narrative 叙事能力 222–225

computationalism 计算主义 5
The Concept of Mind（Ryle）《心的概念》（赖尔）4
conceptuality 概念性
 and ambiguity 概念性与含混性 133–137
 differentiation and 区别与概念性 135–136
 perception 感知概念性 133–137
conceptual self 概念的自身 231
de Condillac, É. B. 孔狄拉克 126, 140
Confessions（Augustine）《忏悔录》（奥古斯丁）79
The Conscious Mind（Chalmers）《有意识的心灵》（查尔默斯）93–94
consciousness 意识
 core 核心意识 237
 "easy problems" of 意识的"易问题" 93–94
 extended 扩展意识 77, 237
 fantasies in science of 意识科学中的幻觉 16–21
 first-order accounts of 一阶的意识解释 56–61
 "hard problem" of 意识的"难问题" 93–94
 higher-order accounts of 高阶的意识解释 56–61
 intentionality and 意向性与意识 106–108
 microstructure of 意识的微观结构 82–84
 and pre-reflective self-consciousness 意识与前反思的自身意识 50–53
 protention-primal impression-retention structure of 意识的预持–源印象–滞留结构 82
 of temporal process itself temporally extended 在时间上延展的关于时间进程的意识本身 87–89
Consciousness Explained（Dennett）《解释意识》（丹尼特）21, 254
constitution 构造 26
 transcendental 超越论构造 31
The Construction of Social Reality（Searle）《社会实在的建构》（塞尔）226
context 语境 8, 13, 101, 157, 172, 229, 232, 241, 253
 and agency 语境与能动性 177–179, 182
 and intersubjectivity 语境与交互主体性 203, 208, 219–225
 and perception 语境与感知 127–128, 137, 140
 and time 语境与时间 80–81, 85
contextualized self 语境化的自身 232
Copernican turn 哥白尼转向 25

core consciousness 核心意识 237

core self 核心自身 232

    and autobiographical self 核心自身与自传式自身 244

    experiential 经验上的核心自身 239

    experiential reality and 经验上的实在性与核心自身 238

    primitive 源始的核心自身 249n2

Costall, A. 科斯塔尔 4

Crane, T. 克瑞恩 97

Crick, F. 克里克 123

critical phenomenology 批判性现象学 167–171

Critique of Pure Reason (Kant)《纯粹理性批判》(康德) 234

Csibra, G. 西布拉 217

Currie, G. 科里 215–216

D

Dainton, B. 丹顿 63–64, 77, 188–189, 195n4

Damasio, A. 达马西奥 5, 123, 225, 236–237, 244

Danziger, S. 丹齐格 154

Davidson, D. 戴维森 211

de Haan, S. 德·汉 186

Dennett, D. 丹尼特 5, 15, 18–21, 46n1, 96, 129, 145–146, 183, 187, 197, 225, 236, 252, 254

Derrida, J. 德里达 22

Der sinnhafte Aufbau der sozialen Welt (Schutz)《社会世界的意义建构》(许慈) 226

Descartes, R. 笛卡尔 4, 31, 140, 150, 153

developmental psychology 发展心理学 13, 33, 53, 216, 225, 231, 249, 252–253, 255

de Vignemont, F. 德·维尼蒙特 195n5

Dewey, J. 杜威 130

dialogical self 对话的自身 232

Dilthey, W. 狄尔泰 90

disembodied cognition 离身认知 5

distributed cognition 分布式认知 225

Dretske, F. 德雷斯克 62, 96, 104–106

Dreyfus, H. 德雷福斯 2, 5, 137, 182–183

dualism 二元论 6, 11

    Cartesian mind-body 笛卡尔式身心二元论 5, 151

    Cartesian subject-world 笛卡尔式的主体与世界二元论 95

    epistemic 认知二元论 124

    supernatural 超自然的二元论 60

Durkheim, É. 涂尔干 226

dynamical systems 动力系统理论 38, 39

    and time 动力系统理论与时间 84–87

E

Ebbinghaus illusion 艾宾豪斯错觉 128, 143n7

ecological self 生态学自身 231, 241–242

egocentric frame of reference 自我中心的参照系 160, 162–163

egocentric space 自我中心的空间 160–62

eidetic variation 本质变更 28
    Husserl on 胡塞尔关于本质变更的观点 29
    and intersubjective verification 本质变更与交互主体性确证 28–30

eidos 艾多斯 29

Einstein, A. 爱因斯坦 46n2, 143

eliminativism 取消主义 6, 62

embeddedness 嵌入性 8, 53, 70, 82, 87, 91, 119, 235, 241
    and embodiment 嵌入性与具身性 149, 157, 161
    and intentionality 嵌入性与意向性 103, 107, 109
    and intersubjectivity 嵌入性与交互主体性 208, 218, 225

embodied cognition 具身认知 5–6, 87, 147, 150, 253

embodied self 具身的自身 232, 241

embodiment 具身性
    body schematic aspect of 具身性的身体图式方面 166
    Merleau-Ponty and 梅洛-庞蒂与具身性 150–151
    Scheler on 舍勒关于具身性的看法 208
    sensorimotor 感觉动觉具身性 84
    and social cognition 具身性与社会认知 172–173

emotion 情绪 3, 16, 33, 57, 64, 102, 127, 154, 165, 172, 178, 185, 188, 198, 200, 202, 203, 206, 208–210, 215–218, 220, 223, 224, 227–229, 252

empathy 同感 209–211
    and argument from analogy 同感与类比论证 206–211

empirical self 经验上的自身 232

enactive perception 实行感知 12, 126, 130–132, 113, 147, 149, 206, 217, 253

environment 环境 8, 15, 69, 74, 86–87, 178, 181, 183, 211, 219, 239, 241, 253
    and embodiment 环境与具身性 148–150, 154–155, 164, 166
    and intentionality 环境与意向性 93, 104, 108, 110
    and perception 环境与感知 88, 126, 132, 137, 144

episodic memory 短期记忆 34, 69, 75–76, 81
epistemic dualism 认知二元论 124
epoché 悬搁 24, 28
　purpose of 悬搁的目的 24, 26
　and reduction 悬搁与还原 26, 28, 42–43, 45
erotic intentionality 情欲意向性 154–155
Evans, G. 伊万斯 17, 194
existentialism 存在主义 6
experience 经验/体验
　perceptual 感知经验 7–8, 10, 54, 59, 126–127, 131–132, 216
　perspectival ownership of 经验的视角所有性 54, 246, 248
　prelinguistic 前语言经验 143n2
experiential notion of self 经验的自身概念 237
experiential sense of agency 体验上的能动感 185
experiential sensitivity 体验上的敏感性 116n8
experimental psychology 实验心理学 12, 18, 40
experimenting with sense of agency 对能动感进行实验 189–192
experiments of Bach-y-Rita with sensory substitution 巴基-瑞达的感觉替代实验 157

Expressing the World（Rudd）《表达世界》（鲁德）111
expression (expressive movement) 表达（表达性动作）103, 107, 121, 155, 172, 178
　and intersubjectivity 表达与交互主体性 203, 208–209, 212–213, 218–222, 229
　"expressive unity"（Ausdruckseinheit）"表达统一体" 208
extended consciousness 扩展意识 77, 237
extended mind: body as experientially transparent 延展心灵：作为经验上透明的身体 164–167
　body defining space of experience 身体界定经验的空间 160–164
　critical phenomenology 批判性现象学 167–171
　embodiment and social cognition 具身性与社会认知 172–173
　incorporating the world and extending cognition 整合世界与延展认知 157–160
　robotic and biological bodies 机器身体与生理学身体 149–157
extended mind hypothesis (EMH) 延展心灵假设 159
extended mind literature 延展心灵的文献 159

extended self 延展的自身 231, 239
extending cognition, incorporating world and 整合世界与延展认知 157–160
externalism 外在论
  active 主动的外在论 159
  Kantian 康德式的外在论 111
  metaphysical realism and 形而上学的实在论与外在论 108–114
  phenomenology and 现象学与外在论 108–114
  realist 实在论的外在论 111

F

false-belief tests 错误信念测试 199–200
Fanon, F. 法农 167–169, 171, 174n7
fantasies, in science of consciousness 意识科学中的幻觉 16–21
Farrer, C. 法尔 190
Fechner, G. T. 费希纳 2
The Feeling of What Happens (Damasio)《感觉所发生之事》(达马西奥) 236
fictional self 虚构的自身 232
first-order accounts of consciousness 一阶的意识解释 56–61
first-person 第一人称 7, 88, 95, 152, 233, 252
  methodology 第一人称方法论 15–23, 25, 27, 35–39, 46, 51
  consciousness 第一人称意识 51–52, 58–59, 61, 68
  and intentionality 第一人称与意向性 95–97, 106, 114
  and intersubjectivity; 第一人称与交互主体性 202, 205, 209, 212–214
  knowledge 第一人称知识 58–59
  ontology 第一人称本体论 51
  phenomena 第一人称现象 52
  and self; 第一人称与自身 238–239, 243, 245–247
Flanagan, O. 弗拉纳甘 5, 55, 116n8
Fodor, J. 佛多 96
folk psychology 大众心理学 20, 198, 201
for-me-ness (mineness or ownership) "为我性"("属我性"或"所有性") 44, 54, 62–64, 70n1, 84, 248
Fotopoulou, A. 富特普洛 242–243
fragmented readiness (FR) 断断续续的准备 37
Franconnay, C. 法兰康尼 142
Frank, M. 弗朗克 227
Frankfurt, H. 法兰克福 55
Frege, G. 弗雷格 2
French phenomenology 法国现象学 150
Freud, S. 弗洛伊德 57

Friedenberg, J. 福里登伯格 251, 255n1
Frith, C. 弗里茨 124, 190, 247
front-loading phenomenology 前置现象学 43–45
functionalism 功能主义 5–6, 11, 146

G

Gallese, V. 格雷瑟 204–206, 229n1
Gallup, G. G. 盖路普 57
Garfield, J. 加菲尔德 62
generativity 世代性 173
Georgieff, N. 乔治吉夫 193
gestalt psychology 格式塔心理学 57
gesture 姿态 172, 206, 207, 213, 217–221
Gibson, J. J. 吉布森 130, 132, 148, 219, 241–242
Gilbert, M. 吉尔伯特 225–226
Giorgi, A. 吉奥尔吉 41–42
Goldman, A. 戈德曼 55, 200–205, 211
Gopnik, A. 戈普尼克 211, 218, 229n4
Gordon, L. 戈登 169
"gorillas in our midst" experiment "人群中的大猩猩"实验 144n9
Graham, G. 格拉罕 186–188, 191, 194
Gregory, R. 格里高里 124
Grush, R. 格鲁师 85
"guaranteed self-reference" "确定的自身指涉" 246
Guenther, L. 君瑟 171
Guillot, M. 桂罗特 70n1
Gurwitsch, A. 古尔维奇 220–221, 227

H

Hacker, P. M. S. 哈克 213
Haggard, P. 豪格 190
Head, Sir H. 赫德 157
Hegel, G. W. F. 黑格尔 102
Heidegger, M. 海德格尔 1, 6, 22, 24, 33, 41, 51, 58, 66, 104, 109, 111, 126, 174n8, 177–178, 220–221, 227, 239, 251
  and intentionality 海德格尔与意向性 104, 109, 111–112
  and intersubjectivity 海德格尔与交互主体性 220–221
  and perception 海德格尔与感知 132
  and practical action 海德格尔与实践行动 177–178
  and pre-reflective self-consciousness 海德格尔与前反思的自身意识 51, 66–67
Henriksen, M. G. 亨里克森 248
Henry, M. 亨利 68, 150, 151, 238
hermeneutics 诠释学 6
heterophenomenologists 异质性现象学家 15, 252
heterophenomenology 异质性现象学 18–20, 46n1, 183, 252

higher-order accounts of consciousness 高阶的意识解释 56–61
historicity 历史性 89–91, 173
historico-racial schema 历史-种族的图式 168–169
Hobson, J. 霍布森 228
Hobson, P. 霍布森 172, 228
Hodgson, S. 郝奇森 150
holism, perceptual 感知整体论 126–133
horizonal intentionality 视域意向性 129, 139
Howell, R. J. 豪威尔 63–64
Hume, D. 休谟 232, 249n1
Husserl, E. 胡塞尔 1, 2, 227
    and embodiment 胡塞尔与具身性 150–151
    and externalism 胡塞尔与外在论 109
    and historicity 胡塞尔与历史性 90–91
    and intentionality 胡塞尔与意向性 99–103
    and intersubjectivity 胡塞尔与交互主体性 178
    and mineness 胡塞尔与"属我性" 54
    and motor intentionality 胡塞尔与动觉意向性 154
    and natural attitude 胡塞尔与自然态度 24
    and perception 胡塞尔与感知 120–123
    and phenomenology of perception 胡塞尔与感知现象学 120–121, 128–129
    and pre-reflective self-consciousness 胡塞尔与前反思的自身意识 50–51
    and reflection 胡塞尔与反思 66–68
    on time-consciousness 胡塞尔关于时间意识的看法 79–84, 88–89
Hutto, D. 胡托 223
Huxley, T. H. 赫胥黎 150

I

Iacoboni, M. 亚科波尼 229n1
Ichstörungen (disturbances of the self) 自我障碍 245
Ideas II (Husserl)《观念II》(胡塞尔) 228
identity theory 同一性理论 6, 11
illusionism 错觉主义 20
imagination, and perception 感知与想象 140–143
"immunity to error through misidentification" (IEM) "免于因误认而犯错" 246–248
implicit simulation 隐性模仿 203–206
inattentional blindness; see also change blindness 非注意性盲视；另见变化

盲视 130, 144n9
infant's ecological self 婴儿的生态学意义上的自身 241
informational sensitivity 信息上的敏感性 116n8
inserted thought 被植入的思想 246–248
intentional agents 意向性行动者 222
intentional feedback 意向反馈 191
intentionalism 意向主义 103–106
intentionality 意向性
  collective 集体意向性 225–229
  concept of 意向性的概念 95–97
  and consciousness 意向性与意识 106–108
  erotic 情欲意向性 154–155
  horizonal 视域意向性 129, 139
  intentionalism 意向主义 103–106
  motor 动觉意向性 109, 154
  object-directed 指向对象的意向性 103
  overview 概述 93–95
  phenomenology, externalism, and metaphysical realism 现象学、外在论以及形而上学的实在论 108–114
  positive account 正面的解释 99–103
  resemblance, causation, and mental representation 相似性、因果性以及心灵表征 97–99
  shared 共有意向性 225
interaction and narrative 互动与叙事 216–225
  narrative competency 叙事能力 222–225
  primary intersubjectivity 初始的交互主体性 216–218
  secondary intersubjectivity 二阶的交互主体性 218–221
internalism 内在论 12, 108–113, 115, 116, 146, 253
International Classification of Diseases（ICD-10）《国际疾病分类》245
interpersonal self 人际间的自身 231
interpretative phenomenological analysis（IPA）解释的现象学分析 41
intersubjectivity 交互主体性
  open 开放的交互主体性 139
  primary 初始的交互主体性 216–218
  secondary 二阶的交互主体性 218–221
intrinsic temporality 内在时间性 84–87
introspectionists 内省主义者 4, 15
introspective psychology 内省心理学 22–23, 25
intuition 直观 111
  phenomenological 现象学直观 23

索　引

unmediated 直接的直观 82
ipseity 自身性 237–238, 245

J

Jack, A. 杰克 16, 20
James, W. 詹姆斯 2, 12, 16, 43, 77, 82, 154, 248
Jaspers, K. 雅斯贝尔斯 40, 45, 245
Jeannerod, M. 简内罗德 193–194, 229n1, 250n4
"joint agency" 共同能动性 225

K

Kant, I. 康德 25, 31, 111–112, 161, 234
Kantian externalism 康德式的外在论 111
Katz, D. 卡茨 40, 45
Kelly, R. 凯利 12; 另参看 Clay, E. R.
Kelly, S. 肖恩·凯利 183, 215
Klein, S. B. 克莱因 244
knowledge 知识 113
　　first-person 第一人称知识 58–59
　　indubitable 不可置疑的知识 207
　　scientific 科学知识 32, 119–220, 254
Korsakoff's syndrome 科尔萨科夫综合征 91n1
Korsgaard, C. M. 科斯佳 68
Kriegel, U. 克里格尔 56, 97

Kwan, H. 关 215

L

La Mettrie, J. O., de. 拉·梅特里 150
Langland-Hassan, P. 朗兰-哈桑 185
language 语言 13, 36, 52, 90, 121, 133–135, 204, 213, 222–223, 236–237, 239, 246
Lavelle, S. 拉维乐 215–216
Leder, D. 莱德 157
LeDoux, J. E. 乐多斯 57
Leibniz, G. W. 莱布尼茨 160
Lévinas, E. 列维纳斯 22, 33, 171, 210
Libet, B. 本雅明·李贝特 192
Lipps, T. 利普斯 203
lived body 活生生的身体 12, 150–155, 157, 160, 162, 164, 167, 208
Logical Investigations (Husserl)《逻辑研究》(胡塞尔) 2, 22, 99, 111, 232
"longitudinal intentionality" (Längsintentionalität) of retention 滞留的"纵意向性" 83
Löwith, K. 洛维特 227
Ludwig, K. 路德维希 226
Lutz, A. 鲁慈 35–39
Lyons, W. 里昂斯 16

M

McCulloch, G. 麦克库洛赫 110, 211

McDowell, J. 麦道 110, 133–134, 137
McGinn, C. 麦金 107
MacIntyre, A. 麦金泰尔 224, 235
McTaggart, J. M. E. 麦塔格 87
Majid, A. 马吉德 174n6
Making Stories（Bruner）《制造故事》（布鲁纳）243
Marcel, A. J. 马塞尔 5, 18
Marchetti, C. 马尔彻蒂 250n3
Marion, J.-L. 马里翁 2
materialism 唯物主义 6
  Cartesian 笛卡尔式的唯物主义 110, 151
  dialectical 辩证唯物主义 169
material self 物质自身 231
Mead, G. H. 米德 52
meaning 意义 / 意指
  of action 行动的意义 178–179
  and consciousness 意义与意识 94–95
  and externalism 意指与外在论 109–110
  linguistic 语言意义 121
  non-descriptive 非描述性的意指 111
  and perception 意义与感知 7–8
  and reference 意指与指称 110–111, 114
medium conception 中介概念 107
Meltzoff, A. 梅尔佐夫 218, 229n4

Memento《记忆碎片》75
memory 记忆
  conventional 习俗的记忆 237
  episodic 短期记忆 34, 69, 75–76, 81
  procedural 程序性记忆 75–76
  semantic 语义记忆 75
  working 工作记忆 75, 237
mental agents 心灵施动者 222
mentalism 心灵主义
  behavior-rejecting 拒绝行为的心灵主义 211
  and conceptual problem of other minds 心灵主义与他心的概念问题 211–214
mental representation 心灵表征 97–99, 105, 115n2, 122
Merleau-Ponty, M. 梅洛-庞蒂 1, 5–6, 13n2, 20, 23, 25, 32–33, 41, 67–68, 76, 105, 109, 112, 139, 150–154, 157, 160–163, 165, 167–171, 173n3, 209, 212, 221, 251
  and consciousness 梅洛-庞蒂与意识 237–238
  and egocentric space 梅洛-庞蒂与自我中心的空间 161
  and embodiment 梅洛-庞蒂与具身性 150–151
  and erotic intentionality 梅洛-庞蒂与情欲意向性 154

  and externalism 梅洛-庞蒂与外在论 109
  and intersubjectivity 梅洛-庞蒂与交互主体性 138
  and motor-intentionality 梅洛-庞蒂与动觉意向性 109
  and perception 梅洛-庞蒂与感知 119, 121, 126, 131, 134, 136–137
  and "praktognosia" 梅洛-庞蒂与"实践知识" 154
  and "schéma corporel" 梅洛-庞蒂与"身体图式" 165
  and time 梅洛-庞蒂与时间 76
metaphysical realism 形而上学的实在论 113
  externalism and 外在论与形而上学的实在论 108–114
  phenomenology and 现象学与形而上学的实在论 108–114
Metaphysische Anfangsgründe der Logik im Ausgang von Leibniz (Heidegger)《莱布尼茨哲学中逻辑的形而上学基础》(海德格尔) 174n8 Metzinger, T. 梅青格儿 21–22, 63, 125, 233
microphenomenology 微观现象学 34–40, 42
microstructure 微观结构
  of consciousness 意识的微观结构 82–84
  of self-consciousness 自身意识的微观结构 82–84

Millikan, R. 米立坎 115n2
Mind and World (McDowell)《心灵与世界》(麦道) 134
minimal self 极小的自身 232, 238–239, 242–244
Minkowski, E. 闵可夫斯基 40, 45, 157, 245
mirror neurons 镜像神经元 193, 203–204, 229
mirror-recognition task 镜像识别任务 53
Moore, G. E. 摩尔 104, 106
Moran, R. 理查德·莫兰 68
motor intentionality 动觉意向性 109, 154
movement 动作 13, 44, 69, 130–131, 140, 112, 253
  and agency 动作与能动性 179–180, 184–193, 218
  and embodiment 动作与具身性 148, 157, 164–167
  and perception 动作与感知 74, 81–82, 86–87, 89
  and self 动作与自身 242, 244, 250
  and time 动作与时间 74, 79, 81–82, 86–89
Müller-Lyer illusion 米勒-吕尔错觉 128, 143n7
Murray, L. 穆雷 217

mutual enlightenment 相互启发 34
"myth of the given" 所予之神话 26

N

Nagel, T. 托马斯·内格尔 5, 9–11
narrative 叙事
   competency 叙事能力 222–225
   construction, self as 作为叙述性构造的自身 234–236
   interaction and 互动与叙事 216–225
natural attitude 自然态度 24, 26, 30, 33, 40, 43
naturalism 自然主义 4, 24, 31, 61
Neglect, Unilateral 单侧忽略 12, 156, 244
Nelson, K. 内尔森 225, 241
neural self 神经的自身 232
neurologism 神经学主义 13n1
neuropathology 神经病理学 74–75, 244
neurophenomenologists 神经现象学家 15, 39
neurophenomenology 神经现象学 34–40
neuroskepticism 神经怀疑主义 233
   and the no-self doctrine 神经怀疑主义和无自身学说 232–33
"neutralized perceptual experience" 一个中立化的感知经验 141
nociception (pain sensation) 痛感 250n5
Noë, A. 诺伊 125–126, 131
"noema" 意向相关项 115–116n6
nonconscious intentionality 无意识意向性 108
normality 规范性 90, 178, 195n1
no-self doctrine 无自身学说 232–233, 236

O

Oberman, L. M. 奥贝曼 229n1
object-as-intended 被意指的对象 115n6
object-directed intentionality 指向对象的意向性 103
objective body 客观身体 12, 152–153, 160
object-that-is-intended 被意指的那个对象 115–116n6
Oksala, J. 奥克萨拉 171
On the Problem of Empathy (Stein) 《论同感问题》(施泰因) 227
On the Several Senses of Being in Aristotle (Brentano) 《亚里士多德中存在的多重意义》(布伦塔诺) 57
ontology 本体论
   first-person 第一人称本体论 51
   social 社会本体论 13, 225–229
open intersubjectivity 开放的交互主体性 139
O'Shaughnessy, B. 奥商内西 163, 179

out-of-body experiences (OBEs) 外身体体验 173n4
Overgaard, S. 奥维果 13n2, 213
ownership 所有性
    experiential 经验的所有性 63–64
    first-order experiences of 所有性的一阶经验 187–188
    perspectival 视角所有性 54, 246, 248
    sense of 所有感 44, 64, 185–190, 244, 245–246, 248, 250
The Oxford Handbook of Cognitive Science (Chipman)《牛津认知科学手册》(齐丕曼) 255n1

P

Pacherie, E. 帕澈里 193–194, 195n5, 229n1, 250n4
Parnas, J. 帕纳斯 245
pathologies of the self 关于自身的病理学 243–248
perception 感知
    conceptuality and ambiguity 感知的概念性与含混性 133–137
    Husserl's phenomenology of 胡塞尔的感知现象学 120–121
    and imagination 感知与想象 140–143
    as non-representational 作为非表征的感知 121–126
    overview 概述 119–120
    perceptual holism 感知整体论 126–133
    primacy of 感知的首要性 126
    role of others 他人的角色 137–140
perceptual abilities 感知能力 126, 136, 148
perceptual attention 感知的专注 142, 165
perceptual experience 感知经验 7–8, 10, 54, 59, 126–127, 131–132, 216
perceptual fulfilment 感知充实 121
perceptual holism 感知整体论 126–133
personality, and sociality 社会性和人格 239–241
perspectival ownership of experience 经验的视角所有性 54, 246, 248
Petitmengin, C. 佩蒂特孟津 39–40
Phaedo (Plato)《斐多》(柏拉图) 147
phenomenological method(s) 现象学方法 21–30
    eidetic variation and intersubjective verification 本质变更与交互主体性确证 28–30
    phenomenological reduction 现象学还原 23–28
phenomenological psychology 现象学心理学
    Giorgi on 吉奥尔吉对现象学心理

学的看法 42
    Katz on　卡茨对现象学心理学的看法 40
    and qualitative research　现象学心理学与定性研究 40–43
phenomenological reduction　现象学还原 23–28, 30, 35, 42
phenomenology　现象学 6–11
    of agency　能动性现象学 182–189
    applying　应用现象学 30–45
    of the body　身体现象学 150–151
    cognitive　认知现象学 102
    critical　批判性现象学 167–171
    externalism　外在论现象学 108–114
    French　法国现象学 150
    front-loading　前置现象学 43–45
    and metaphysical realism　现象学与形而上学的实在论 108–114
    neuro- and microphenomenology　神经现象学与微观现象学 34–40
    phenomenological psychology　现象学心理学 40–43
    problems with　现象学的问题 214–216
    qualitative research and　定性研究与现象学 40–43
    of time-consciousness　时间意识现象学 79–82
Phenomenology and the Cognitive Sciences《现象学与认知科学》46n1

Phenomenology in Psychology and Psychiatry（Spiegelberg）《心理学与精神病学中的现象学》（斯皮尔格伯格）45
Phenomenology of Perception（Merleau-Ponty）《感知现象学》（梅洛-庞蒂）20, 25, 126, 151, 165
Philosophy and Phenomenology of the Body（Henry）《哲学与身体现象学》（亨利）238
The Philosophy of Sociality: The Shared Point of View（Tuomela）《社会性哲学：分有的观点》（陀梅拉）226
Picasso, P.　毕加索 234
Plato　柏拉图 29, 147
positive account, and intentionality　意向性与正面的解释 99–103
"praktognosia"　实践知识 154
prediction error minimization（PEM）, see predictive coding 预测错误极小化，见预测编码
predictive coding　预测编码 124–125
predictive processing, see predictive coding　预测处理，见预测编码
prelinguistic cognition　前语言认知 121
prelinguistic experience　前语言经验 143n2
Premack, D.　佩雷马克 216
pre-reflective self-consciousness　前反

思的自身意识
  consciousness and 意识与前反思的自身意识 50–53
  first-order accounts of consciousness 意识的一阶解释 56–61
  higher-order accounts of consciousness 意识的高阶解释 56–61
  transparency and universality 透明性与普遍性 61–64
  and "what it is like" 前反思的自身意识与"何所似" 54–64
Price, D. D. 普莱斯 16–17
primacy of perception 感知的首要性 126
The Primacy of Perception (Merleau-Ponty)《感知的首要性》(梅洛-庞蒂) 119
primary intersubjectivity 初始的交互主体性 216–218
principle of simultaneous awareness 同时觉知原则 77–78
Principles of Psychology (James)《心理学原理》(詹姆斯) 2
Prinz, W. 普林茨 243
private self 私己的自身 231
procedural memory 程序性记忆 75
proprioception (sense of limb position) 本体感(对于肢体位置的感觉) 162, 250n5
proprioceptive awareness 本体感觉知 162–163, 165–166, 241–242
proprioceptive frame of reference 本体感的参照系 162–163
psychologism 心理主义 2, 13n1, 22
psychology 心理学
  applied 应用心理学 41
  behaviorist 行为主义心理学 4
  clinical 临床心理学 42
  cognitive 认知心理学 1, 33
  developmental 发展心理学 13, 33, 53, 216, 225, 231, 249, 253, 255
  experimental 实验心理学 12, 18, 40
  folk 大众心理学 20, 198, 201
  gestalt 格式塔心理学 57
  introspective 内省心理学 22–23, 25
  phenomenological 现象学心理学 40–43
  social 社会心理学 52
Psychology from an Empirical Standpoint (Brentano)《从经验观点而来的心理学》(布伦塔诺) 57, 95
psychopathology 精神病理学 1, 33, 157

Q

qualitative research 定性研究 12, 39, 40–43
quantitative research 定量研究 40
Quine, W. V. O. 奎因 13n2, 96

R

radical neuro-representationalism 激进的神经表征主义 124
Ramachandran, V. S. 拉马钱德兰 229n1
"readiness potential" 预备电位 192
realism 实在论
    metaphysical 形而上学的实在论 108–114
    scientific 科学实在论 113–114
realist externalism 实在论的外在论 111
receptivity 接受性 133
reduction, and epoché 还原与悬搁 26, 28, 42–43, 45
reductionism 还原主义 10, 94–95, 105
reference 参照
    egocentric frame of 自我中心的参照系 160, 162–163
    proprioceptive frame of 本体感的参照系 162–163
Reinach, A. 莱纳赫 227
representation 表征
    higher-order 高阶表征 56–58
    mental 心灵表征 97–99
    shared 共有表征 193, 203–205
representational mental states 表征性心灵状态 202
res cogitans 思维 151
research 研究

memory 记忆研究 74–75
    qualitative 定性研究 12, 39, 40–43
    quantitative 定量研究 40
resemblance, and intentionality 意向性与相似性 97–99
res extensa 广延 151
retention 滞留
    "longitudinal intentionality" (Längsintentionalität) of 滞留的"纵意向性" 83
    "transverse intentionality" (Querintentionalität) of 滞留的"横意向性" 83
Ribot, T. 里波特 141
Rizzolatti, G. 理佐拉蒂 229n1
robotic bodies 机器身体 149–157
Rochat, P. 罗刹特 241
Roepstorff, A. 罗普斯托夫 16, 20
Rosenthal, D. M. 罗森塔尔 56, 60
Rowlands, M. 罗兰斯 180
Rudd, A. 鲁德 111
Russell, B. 罗素 2
Ryle, G. 赖尔 4–5, 13n2, 143

S

Sala, D. 萨拉 250n3
Salamon, G. 萨拉门 171
Sartre, J.-P. 萨特 1, 6, 22, 33, 41, 67–68, 93, 104–105, 109, 112–113, 164, 168, 183, 195n1, 208, 224

and embodiment 萨特与具身性 150–151
and externalism 萨特与外在论 109
and intentionality 萨特与意向性 105
and intersubjectivity 萨特与交互主体性 208
and neuroskepticism 萨特与神经怀疑主义 232–233
and perception 萨特与感知 138–143
and pre-reflective self-consciousness 萨特与前反思的自身意识 51, 58
and reflection 萨特与反思 104
and self 萨特与自身 233, 237
and self-consciousness 萨特与自身意识 51, 58, 65
Sass, L. 萨斯 245
Schacter, D. L. 沙克特 90
Scheler, M. 舍勒 33, 207–209, 220, 227
Schilder, P. F. 希尔德 40
schizophrenia 精神分裂症 13, 128, 186, 191, 244, 245, 247, 248
Schmalenbach, H. 施马棱巴赫 227
Schutz, A. 许慈 45, 221, 226
science of consciousness, fantasies in 意识科学中的幻觉 16–21
scientific knowledge 科学知识 32, 119–120, 254
scientific realism 科学实在论 113–114

scientific reductionism 科学还原论 105
scientism 科学主义 31, 119, 249
Searle, J. 塞尔 2, 5, 51, 97, 146, 184, 225–226, 234
secondary intersubjectivity 二阶的交互主体性 218–221
Seigel, J. 塞格尔 71n5
self 自身
　as an experiential dimension 作为经验维度的自身 236–239
　autobiographical 自传性自身 232, 237, 244
　cognitive 认知的自身 232
　conceptual 概念的自身 231
　contextualized 语境化的自身 232
　developmental story 发展故事的自身 241–243
　dialogical 对话的自身 232
　ecological 生态学自身 231, 241–242
　embodied 具身的自身 232, 241
　empirical 经验的自身 232
　experiential notion of 经验上的自身概念 237
　extended 延展的自身 231, 239
　fictional 虚构的自身 232
　interpersonal 人际间的自身 231
　material 物质自身 231
　minimal 极小的自身 232, 238–239, 242–244

as a narrative construction 作为叙述性构造的自身 234-236
neural 神经的自身 232
notions of 自身概念 234-239
pathologies of 关于自身的病理学 243-248
private 私己的自身 231
as a pure identity pole 作为纯粹的同一性极的自身 234
social 社会自身 231
sociality and personality 社会性和人格 239-241
spiritual 精神自身 231
self-consciousness 自身意识
　different forms of 自身意识的不同形式 52-53
　microstructure of 自身意识的微观结构 82-84
　pre-reflective 前反思的自身意识 50-53
　and reflection 自身意识与反思 64-68
self-specifying information 自身确定性信息 242
semantic memory 语义记忆 75
sense of agency 能动感 183, 187, 244
　controversies about 关于能动感的争议 186-189
　experiential 体验上的能动感 185
　experimenting with 对能动感进行试验 189-192
　sense of ownership and 能动感与所有感 190, 244, 246
sense of ownership 所有感 187, 244
　sense of agency and 能动感与所有感 190, 244, 246
sensory (afferent) feedback 感觉（输入）回馈 191
sexuality 性别 173
shared intentionality 共有意向性 225
Shoemaker, S. 肖梅克 194, 246, 247
Siewert, C. P. 西威特 97
Silverman, G. 希尔维曼 251, 255n1
Simmel, G. 齐美尔 226
Simons, D. J. 西蒙斯 144n9
simulation 模仿 201, 206, 229n1
　defined 模仿的定义 204
　explicit 显性模仿 203-204
　implicit 隐性模仿 203-206
simulation theory (ST) of mind 心灵的模仿理论 198, 200-205, 207, 211, 216, 223
Smart, J. 杰克·斯玛特 2
Smith, J. 史密斯 41
social cognition 社会认知 172-173, 197, 211, 214-216, 222-223, 253
　embodiment and 具身性与社会认知 172-173
social dimension of selfhood 自身性的社会维度 235

sociality 社会性
 and personality 社会性和人格 239-241
 self 社会性和自身 239-241
social ontology 社会本体论 13, 225-229
social psychology 社会心理学 52
social self 社会自身 231
solipsism 唯我论 139, 197, 233
Solitary Confinement（Guenther）《孤独的幽闭》（君瑟）171
space of experience, body defining 身体界定经验的空间 160-164
Spaulding, S. 斯保丁 214-215
Spelman, E. 斯佩尔曼 203
Spiegelberg, H. 斯皮尔格伯格 45
spiritual self 精神自身 231
spontaneous "false-belief" experiments 自发的"错误信念"实验 134
Stauffer, J. 斯陶菲 171
steady readiness（SR）充分的准备 37
Stein, E. 施泰因 33, 210, 227
Stephens, G. L. 斯特芬斯 186-188, 194, 195n3
Straus, E. 施特劳斯 40, 45, 148, 169
Strawson, G. 斯特劳森, G. 5, 97, 238, 248-249
Strawson, P. F. 斯特劳森, P. 211, 246
stream of consciousness 意识流 46, 59, 67, 70, 232, 234, 237, 238, 248

and time 意识流与时间 76, 79, 84, 88-89
The Structure of Behavior（Merleau-Ponty）《行为的结构》（梅洛-庞蒂）32
Stumpf, C. 施通普夫 2
subjective parameters 主观参数 35-39
supernatural dualism 超自然的二元论 60

T

tactile-vision sensory substitution（TVSS）触觉和视觉的感觉替代 158
Tatossian, A. 塔坨思安 157
Taylor, C. 查尔斯·泰勒 13n2
"team reasoning" 团队思考 225
teleosemantic account 目的语义学理论 115n2
temporal dimension of selfhood 自身性的时间维度 235
temporality 时间性
 of experience 经验的时间性 253
 intrinsic 内在时间性 84-87
theory-of-mind debate 心灵理论论辩 197-203
theory theory（TT）of mind 心灵的理论理论 198-202, 207, 211, 216, 223-224
Thing and Space（Husserl）《事物与

空间》(胡塞尔) 150
third-person perspective 第三人称视角 7, 120, 152, 245
  and intersubjectivity 第三人称视角与交互主体性 202, 209, 223
  and method 第三人称视角与方法 15–16, 18–21, 39
Thomas, A. 托马斯 133
Thompson, E. 汤普森 47n6, 63, 92n5, 150
thought insertion 思想植入 186, 188, 245–248
time 时间
  default account 时间的缺省解释 74–79
  dynamical nature of intrinsic temporality 内在时间性的动态本质 84–87
  historicity 历史性 89–91
  microstructure of consciousness and self-consciousness 意识与自身意识的微观结构 82–84
  overview 概述 73–74
  phenomenology of time-consciousness 时间意识现象学 79–82
  temporal process, consciousness of 关于时间进程的意识 87–89
time-consciousness 时间意识
  defined 时间意识的定义 76
  Husserl on 胡塞尔关于时间意识的看法 88–89
  phenomenology of 时间意识现象学 79–82
  structure of 时间意识的结构 80
Tomasello, M. 托马塞罗 222
Toussaint, B. 陶桑特 167
The Transcendence of the Ego (Sartre)《自我的超越性》(萨特) 232
transcendental idealism 超越论观念论 47n2
transcendental philosophy 超越论哲学 32
transparency 透明性
  and universality 透明性与普遍性 61–64
  view 透明性观点 62
"transverse intentionality" (Querintentionalität) of retention 滞留的"横意向性" 83
Trevarthen, C. 特瑞瓦尔森 216, 217, 219
Tronick, E. 特龙尼克 217
Tsakiris, M. 特萨吉瑞斯 190, 195n3, 242–243
Tuomela, R. 陀梅拉 25–26
Tye, M. 泰尔 104–105

U

"unconscious zombies" "无意识的僵尸" 243

universality, and transparency 透明性与普遍性 61–64
unmediated intuition 直接的直观 82
Unreflective Naive Transparency thesis 非反思性的素朴透明性论题 63

V

van Manen, M. 梵·曼能 41–42
Varela, F. 瓦雷拉 5, 34–36, 39, 85, 126, 150
Vergegenwärtigung 再现 97
vision 视觉 74, 124, 129–132, 142, 148, 158, 162, 166, 242
von Helmholtz, H. 冯·赫姆霍兹 124
von Hildebrand, D. 冯·希尔德布兰德 227

W

Walther, G. 瓦尔瑟 227–228
Waterman, I. 伊安·华特曼 33
Watson, J. 华生 3, 4, 16
Weber, M. 韦伯 226
we-intentionality 我们意向性 225
Weiss, G. 维斯 169, 171
Welton, D. 沃尔顿 25
Weyl, H. 赫尔曼·外尔 46n2
Wheeler, M. 维乐 150
Wittgenstein, L. 维特根斯坦 194, 203, 213, 220, 246
Woodruff, G. 伍德鲁夫 216
working memory 工作记忆 75
World War I 第一次世界大战 227
World War II 第二次世界大战 151
Wundt, W. 冯特 2, 4, 43

Y

Yarbus, A. 亚布斯 180
Yoshimi, J. 吉见杰夫 87
Young, I. M. 爱丽丝·马里翁·杨 169–171

Z

Zeki, S. 塞米尔·策基 13n1
Zur Ontologie der sozialen Gemeinschaften (Walther)《论社会共同体的本体论》(瓦尔瑟) 227

译 后 记

在跟随丹念博士时,我曾动过翻译本书的念头;但因其中涉及众多学科,唯恐自己一人无法胜任,当时设想的是找一位合作者共同翻译。博士毕业之后回国,中间经历了许多周折,翻译的事也即搁置。在2017年中,倪梁康老师嘱咐我将本书翻译成中文,我得以有机缘重拾译事。在此非常感谢倪梁康老师的信任,也非常感激他帮忙联系商务印书馆,顺利解决了版权等问题,使得我能够心无旁骛地翻译本书。

我自己在中山大学的硕士生课程中也以本书作为教材,一边翻译、一边教学,其中大部分章节的中译稿都作为讨论材料提交过课堂讨论。2019年9月,我大体翻译并校对了本书第二版的译稿。当时预备着丹在2019年10月份到珠海讲学时,能够给他展示一份清样。哪知丹后来告知,他与本书的合作者加拉格尔正在准备本书的第三版,并准备在次年(2020年)3月份提交给出版社。当时他建议我再等一下第三版的稿件,因为第三版会"好得多"(far better);并且现在出版第二版的话,马上就面临着过时的问题。期间与导师、师姐文菁师门小聚,暌隔多年、相叙甚欢,也算是圆了自己多年前的一个小目标。

2020年初,在大家准备过春节之际,突发新冠,一时间所有社会活动尽数取消。及至新冠蔓延全球，所有学校停课，全球的科研人员也不得不过起了居家隔离、照料家务的生活。丹年前许诺给我的第三版稿件亦一延再延。我在 8 月初收到本书第三版的英语清样，便赶紧进行核对与翻译，并于国庆期间大致校定。

在此我要感谢我的朋友朱林蕃博士，硕士生张珺、冯潇屹，以及本科生李羽基，他们核对了第二版和第三版译稿的不同章节，帮我纠正了一些翻译上的错漏。特别感谢我的硕士杨笛，她通校了全书并核对了索引，指出了不少错漏，使得译文更加准确。虽然本书经过了多次校对，错讹之处仍在所难免，一应翻译上的错讹均是我的责任。亦请诸位读者在翻译上不吝赐教，有待后续版本再做改进。

2020 年 10 月 10 日于
中山大学珠海校区

《现象学原典译丛》已出版书目

胡塞尔系列

现象学的观念
现象学的心理学
内时间意识现象学
被动综合分析
逻辑研究(全两卷)
逻辑学与认识论导论
文章与书评(1890—1910)
哲学作为严格的科学
关于时间意识的贝尔瑙手稿

扎哈维系列

胡塞尔现象学
现象学入门
现象学的心灵
自身觉知与他异性

海德格尔系列

存在与时间
荷尔德林诗的阐释
同一与差异
时间概念史导论
现象学之基本问题
康德《纯粹理性批判》的现象学阐释
论人的自由之本质
形而上学导论
基础概念
时间概念
哲学论稿(从本有而来)
《思索》二至六(黑皮本1931—1938)
亚里士多德哲学的基本概念

* *

来自德国的大师	〔德〕吕迪格尔·萨弗兰斯基 著
现象学运动	〔美〕赫伯特·施皮格伯格 著
道德意识现象学	〔德〕爱德华·封·哈特曼 著
心的现象	〔瑞士〕耿宁 著
人生第一等事(上、下册)	〔瑞士〕耿宁 著
回忆埃德蒙德·胡塞尔	倪梁康 编
现象学与家园学	〔德〕汉斯·莱纳·塞普 著
活的当下	〔德〕克劳斯·黑尔德 著
胡塞尔现象学导论	〔德〕维尔海姆·斯泽莱锡 著
性格学的基本问题	〔德〕亚历山大·普凡德尔 著
人在宇宙中的地位	〔德〕马克斯·舍勒 著
人的可疑问性	〔德〕沃尔夫哈特·亨克曼 著
舍勒的心灵	〔美〕曼弗雷德·弗林斯 著

图书在版编目(CIP)数据

现象学的心灵:第三版/(美)肖恩·加拉格尔,(丹)丹·扎哈维著;罗志达译.—北京:商务印书馆,2025
(中国现象学文库.现象学原典译丛.扎哈维系列)
ISBN 978-7-100-23443-6

Ⅰ.①现… Ⅱ.①肖… ②丹… ③罗… Ⅲ.①现象学—心灵学—研究 Ⅳ.①B81-06②B846

中国国家版本馆 CIP 数据核字(2024)第 092323 号

权利保留,侵权必究。

中国现象学文库
现象学原典译丛·扎哈维系列
现象学的心灵
(第三版)
〔美〕肖恩·加拉格尔 著
〔丹麦〕丹·扎哈维
罗志达 译

商 务 印 书 馆 出 版
(北京王府井大街36号 邮政编码100710)
商 务 印 书 馆 发 行
北京市白帆印务有限公司印刷
ISBN 978-7-100-23443-6

2025年1月第1版　　　开本 880×1230　1/32
2025年1月北京第1次印刷　印张 16½
定价:98.00元